学ぶ人は、
変えてゆく人だ。

目の前にある問題はもちろん、
人生の問いや、
社会の課題を自ら見つけ、
挑み続けるために、人は学ぶ。
「学び」で、
少しずつ世界は変えてゆける。
いつでも、どこでも、誰でも、
学ぶことができる世の中へ。

旺文社

最高クラス
問題集
国　語
小学4年

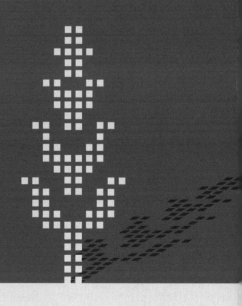

旺文社

目次

編集協力　有限会社マイプラン
装丁・本文デザイン　内津剛（及川真咲デザイン事務所）
校正　東京出版サービスセンター、鶴川深奈萌

中学入試を視野に入れたハイレベル問題集シリーズ

●中学入試に必要な学力は早くから養成することが大切！

中学入試では小学校の教科書を超える高難度の問題が出題されますが、それらの問題を解くための「読解力」や「思考力」は短期間で身につけることは困難です。早い時期から取り組むことで本格的な受験対策を始める高学年以降も余裕をもって学習を進めることができます。

●3段階のレベルの問題で確実に学力を伸ばす！

本書では3段階のレベルの問題を収録しています。教科書レベルの問題から徐々に難度を上げていくことで、確実に学力を伸ばすことができます。

●過去問題で実際の入試をイメージ！

本書では実際の中学入試の過去問題も掲載しています。全問正解は難しいかもしれませんが、現時点の自分のレベルとの差や受験当日までに到達する学力のイメージを持つためにぜひチャレンジしてみて下さい。

本書の３段階の難易度

★	**標準レベル** …	当該学年の教科書と同程度のレベルの問題です。確実に基礎から固めていくことが学力を伸ばす近道です。
★★	**上級レベル** …	教科書よりも難度の高い問題で、応用力を養うことができます。上の学年で扱う内容も一部含まれています。
★★★	**最高レベル** …	上級よりもさらに難しい、中学入試に近いレベルの問題です。

別冊・問題編

問題演習

標準レベルから順に問題を解きましょう。

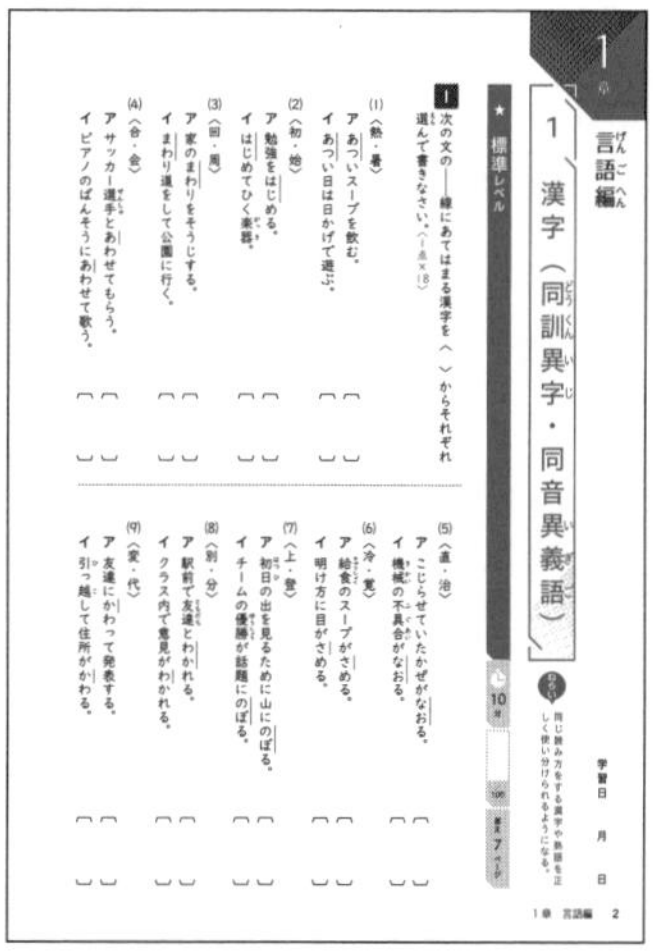

復習テスト

2～3単元に一度、学習内容を振り返るためのテストです。

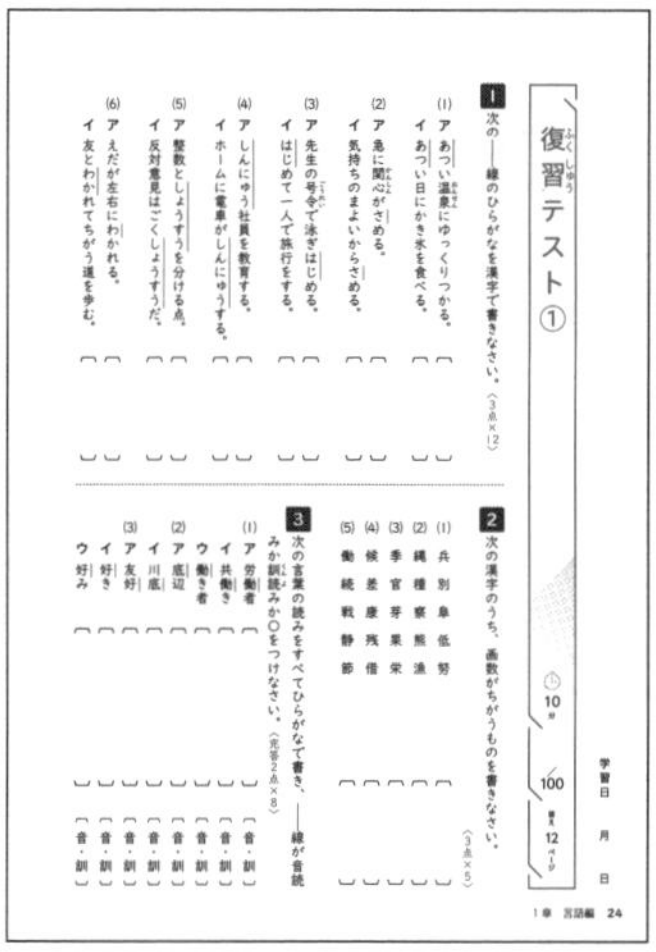

過去問題にチャレンジ

中学入試を意識して挑戦してみましょう。

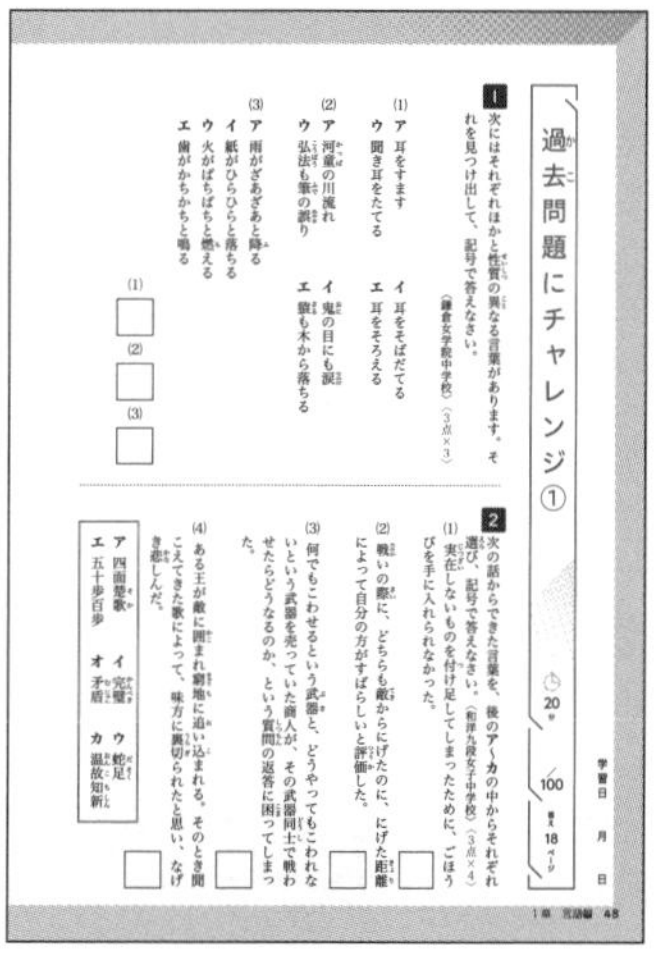

総仕上げテスト

本書での学習の習熟度を確認するためのテストを2セット用意しています。

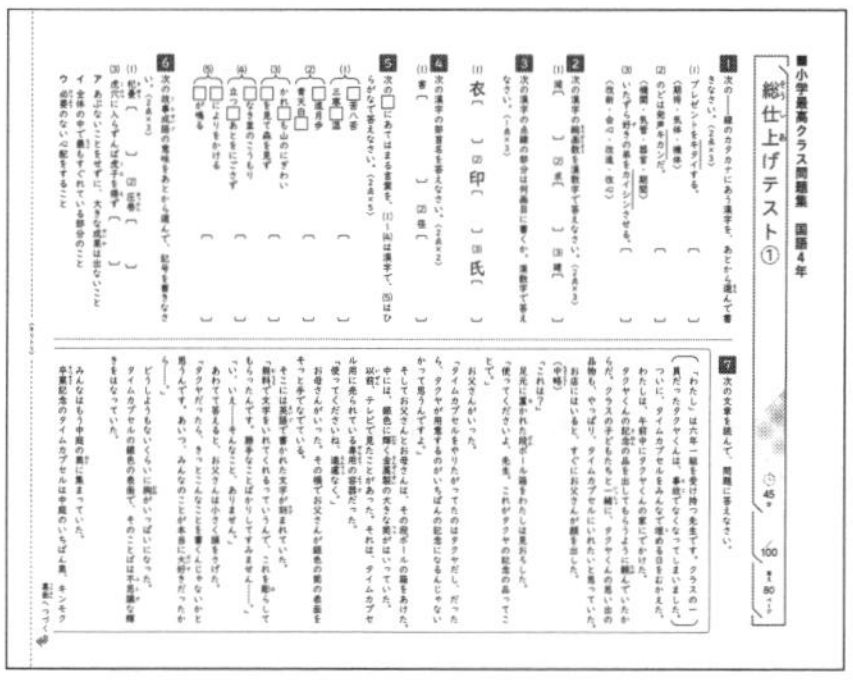

本冊・解答解説編

解答解説

丁寧な解説と、解き方のコツがわかる「中学入試に役立つアドバイス」のコラムも掲載しています。

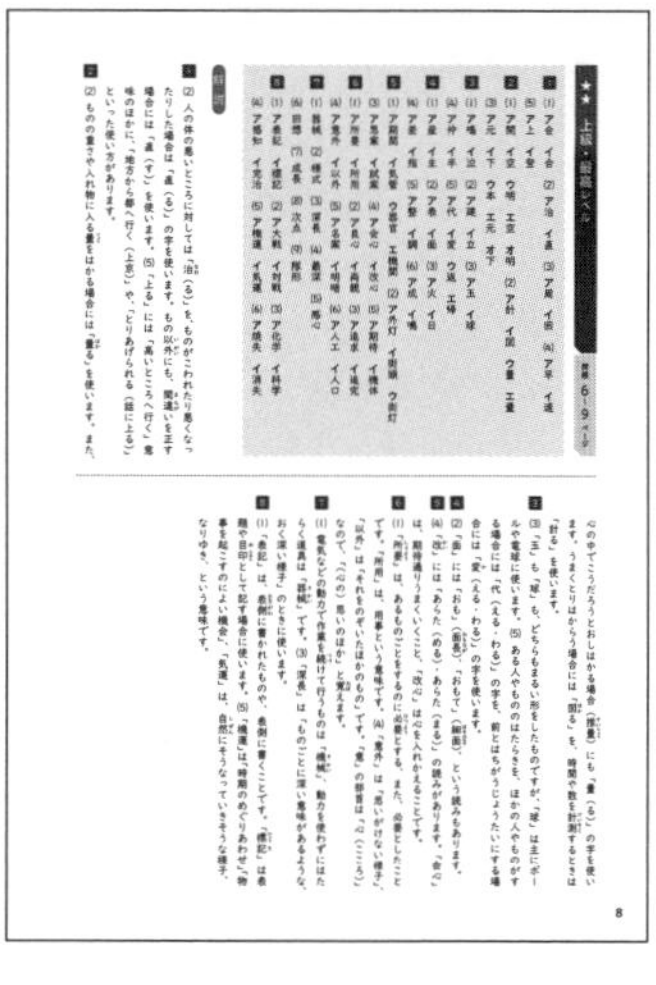

解答解説

編

これ以降のページは別冊問題編の解答解説です。問題を解いてからお読み下さい。

満点の8割程度を習熟度の目安と考えて下さい。また、間違えた問題の解き直しをすると学力向上に効果的です。

「中学入試に役立つアドバイス」のコラムでは、類題を解く際に役立つ解き方のコツを紹介しています。

■1章 言語《げんご》編《へん》

1 漢字（同訓異字《どうくんいじ》・同音異義語《いぎご》）

★標準レベル

問題 2～5ページ

1 (1) ア熱 イ暑 (2) ア始 イ初 (3) ア周 イ回 (4) ア会 イ合
(5) ア治 イ直 (6) ア冷 イ覚 (7) ア登 イ上
(8) ア別 イ分 (9) ア代 イ変

2 (1) エ (2) ア (3) キ (4) カ (5) ウ (6) ケ (7) オ
(8) シ (9) ク (10) サ (11) イ (12) コ (13) セ (14) ス

3 (1) ア街 イ町 (2) ア赤 イ明 (3) ア挙 イ上 (4) ア着 イ付
(5) ア開 イ空 ウ明 (6) ア計 イ量

4 (1) ア人工 イ人口 (2) ア少数 イ小数 (3) ア良心 イ両親
(4) ア名案 イ明暗 (5) ア成長 イ生長 (6) ア意外 イ以外
(7) ア会心 イ改心 (8) ア辞典 イ事典 (9) ア機械 イ機会
(10) ア競争 イ競走 (11) ア最新 イ細心 (12) ア関心 イ感心

5 (1) キ (2) カ (3) オ (4) エ (5) イ (6) サ
(7) ク (8) シ (9) ケ (10) コ (11) ア (12) ウ

6 (1) ア新調 イ身長 (2) ア協同 イ共同 (3) ア景色 イ気色
(4) ア前面 イ全面 (5) ア洋式 イ様式 (6) ア回送 イ海草 ウ回想

解説

1 (1) 気温は「暑い」、それ以外《いがい》のものの温度は「熱《あつ》い」と覚《おぼ》えます。(2) 最初《さいしょ》を表すときは「初《はじ》め」、「勉強をはじめる」のように、ものごとを新たに行うことを表すときは「始め」を使います。

2 (1)(10)「人」が「なく」場合は「泣《な》く」を使います。(4)(11) 指などでしめす場合、目当ての方向に向かう場合は「指す」を、光が当たる、表にあらわれる場合は「差《さ》す」を使います。「差す」は、「入れる（水を差す）」「間にはさむ（刀を差す）」「上に広げる（かさを差す）」などの場合にも使います。

3 (5) とじていたものを開くときは「開ける」、空（から）にするときは「空ける」、次のじょうたいに進むときは「明ける」を使います。

4 (5) 人や動物には「成長《せいちょう》」、植物には「生長」と覚えます。(8) 言葉の読み方や意味、使い方を説明《せつめい》しているのが「辞典《じてん》」、事物やことがらを表す言葉について説明しているのが「事典」です。(12) 興味《きょうみ》をもつ、心をひかれる場合は「関心《かんしん》」、立派《りっぱ》だと感じ入る場合は「感心」を使います。ぞっとする、心配する場合に使う「寒心」もあります。

5 (1)(4) せきつい動物の、のどからはいに通じる管《くだ》は「気管《きかん》」と覚えます。
(7)(12)「思案《しあん》」は「考えをめぐらせること」、「試案《しあん》」は「試《ため》しに出した考え」。
(6)(11) 目的《もくてき》のものを手に入れようと、どこまでも追い求《もと》めることを「追求《ついきゅう》」、学問的に明らかにしようと調べきわめることを「追究」と使い分けます。

6 (2)「共同《きょうどう》」は二人以上の人が同じ目的のために力を合わせたり、同じしかくやじょうけんで関《かか》わったりする意味で、「共同生活」などと広い意味で使われます。「協同《きょうどう》」は心や力を合わせて仕事をすることで、「協同組織《そしき》」などと使われます。また、**ア**は、同じ目的のために対等な立場で働《はたら》くという意味の「協働《きょうどう》」と答えてもよいです。

★★ 上級・最高レベル

問題 6〜9ページ

1
(1) ア会 イ合 (2) ア治 イ直 (3) ア周 イ回 (4) ア早 イ速
(5) ア上 イ登

2
(1) ア開 イ空 ウ明 エ空 オ明 (2) ア計 イ図 ウ量 エ量
(3) ア元 イ下 ウ本 エ元 オ下

3
(1) ア鳴 イ泣 (2) ア建 イ立 (3) ア玉 イ球
(4) ア仲 イ半 (5) ア代 イ変 ウ返 エ帰

4
(1) ア産 イ生 (2) ア表 イ面 (3) ア火 イ日
(4) ア差 イ指 (5) ア整 イ調 (6) ア成 イ鳴

5
(1) ア期間 イ気管 ウ器官 エ機関 (2) ア外灯 イ街頭 ウ街灯
(3) ア思案 イ試案 (4) ア会心 イ改心 (5) ア期待 イ機体

6
(1) ア所要 イ所用 (2) ア良心 イ両親 (3) ア追求 イ追究
(4) ア意外 イ以外 (5) ア名案 イ明暗 (6) ア人工 イ人口

7
(1) 器械 (2) 様式 (3) 深長 (4) 最深 (5) 感心
(6) 回想 (7) 成長 (8) 次点 (9) 隊形

8
(1) ア表記 イ標記 (2) ア大戦 イ対戦 (3) ア化学 イ科学
(4) ア感知 イ完治 (5) ア機運 イ気運 (6) ア焼失 イ消失

解説

1
(2) 人の体の悪いところに対しては「治《なお》(る)」を、ものがこわれたり悪くなったりした場合は「直(る)」の字を使います。もの以外《いがい》にも、間違《まちが》いを正す場合には「直(す)」を使います。(5)「上る」には「高いところへ行く」意味のほかに、「地方から都へ行く(上京)」や、「とりあげられる(話に上る)」といった使い方があります。

2
(2) ものの重さや入れ物に入る量《りょう》をはかる場合には「量《はか》る」を使います。また、心の中でこうだろうとおしはかる場合(推量《すいりょう》)にも「量(る)」の字を使います。うまくとりはからう場合には「図《はか》る」を、時間や数を計測《けいそく》するときは「計る」を使います。

3
(3)「玉」も「球」も、どちらもまるい形をしたものですが、「球」は主にボールや電球に使います。(5) ある人やもののはたらきを、ほかの人やものがする場合には「代(える・わる)」の字を、前とはちがうじょうたいにする場合には「変《か》(える・わる)」の字を使います。

4
(2)「面」には「おも」(面長《おもなが》)、「おもて」(細面《ほそおもて》)、という読みもあります。

5
(4)「改《かい》」には「あらた(める)・あらた(まる)」の読みがあります。「会心」は、期待通りうまくいくこと、「改心」は心を入れかえることです。

6
(1)「所要《しょよう》」は、あるものごとをするのに必要《ひつよう》とする、また、必要としたことです。「所用」は、用事という意味です。(4)「意外」は「思いがけない様子」、「以外」は「それをのぞいたほかのもの」です。「意」の部首は「心(こころ)」なので、「(心の)思いのほか」と覚《おぼ》えます。

7
(1) 電気などの動力で作業を続《つづ》けて行うものは「機械《きかい》」、動力を使わずにはたらく道具は「器械《きかい》」です。(3)「深長」は「ものごとに深い意味があるような、おく深い様子」のときに使います。

8
(1)「表記」は、表側《おもてがわ》に書かれたものや、表側に書くことです。「標記《ひょうき》」は表題や目印《めじるし》として記す場合に使います。(5)「機運」は「時期のめぐりあわせ」「物事を起こすのによい機会」、「気運」は、自然《しぜん》にそうなっていきそうな様子、なりゆき、という意味です。

2 画数・筆順《ひつじゅん》・部首・音読み訓読《くんよ》み

★ 標準レベル

問題 10～11 ページ

1 (1) 印 (2) 勇 (3) 配 (4) 愛

2 (1) 度 (2) 芽 (3) 望 (4) 静

3 (1) 馬 (2) 反

4 (1) 四 (2) 四 (3) 三 (4) 一 (5) 二 (6) 四 (7) 八 (8) 六 (9) 五 (10) 五

5 (1) 貝（かい） (2) 宀（うかんむり） (3) ⺮（たけかんむり） (4) 言（ごんべん） (5) 心（こころ） (6) 頁（おおがい） (7) 扌（てへん） (8) 女（おんなへん）

6 (1) **ウ**かわぞこ (2) **ア**まちかど

7 (1) **ア**平 **イ**平屋 **ウ**平和 (2) **ア**関 **イ**関係 **ウ**関所

解説

1 (1)「印（イン・しるし）」の右側《みぎがわ》は二画で書きます。(2)「勇（ユウ・いさ - む）」の一・二画目を「々」としないように注意します。「勇」の部首は「力（ちから）」です。(4)「愛（アイ）」には「親愛」「愛用」などの読みのほかに「愛媛《えひめ》県」という読み方があります。

2 (3)「望（ボウ・のぞ - む）」には「希望《きぼう》」「願望《がんぼう》」などの読みのほかに「本望《ほんもう》」という読み方があります。(4)「静（セイ・しず・しず - か・しず - まる・しず - める）」には「安静」「冷静《れいせい》」などの読みのほかに、血管《けっかん》の種類《しゅるい》の「静脈《じょうみゃく》（⇔動脈）」という読み方があります。

3 (1)「馬」の一画目は「縦画《たてかく》」、二画目が「横画」です。「医」は、筆順《ひつじゅん》を間違《まちが》えやすい漢字です。一画目は「横画」、二～六画目に「矢」を書きます。(2)「反」の一画目は「横画」、二画目が「はらい」です。「門」の一画目は「縦画」です。

4 (5)「宮（キュウ・みや）」には「王宮」「宮参《まい》り」などの読みのほかに「神宮《じんぐう》」という読み方があります。(10)「申（もう - す）」には「申しこむ」「申し出る」などの読みのほかに「上申《じょうしん》」（上役や上官《じょうかん》に意見を申し上げること）という読み方があります。

5 (3)「笑（わら - う）」には「苦笑い」「笑い話」などの読みのほかに「談笑《だんしょう》」「笑顔《えがお》」という読み方があります。(6)「頭・顔・類（ルイ・たぐ - い）」に共通《きょうつう》する部首は「おおがい（いちのかい）」です。おもに人の頭や顔、すがたなどに関係《かんけい》した漢字です。

6 (2)「街（ガイ・まち）」には、ほかに「街道《かいどう》」という読みがあります。

7 (1)「平」には「ヘイ」「ビョウ」という音読みと、「たい（ら）」「ひら」という訓読《くんよ》みがあります。

★★ 上級・最高レベル

問題 12～15 ページ

1 (1) 八 (2) 七 (3) 十 (4) 二十 (5) 六 (6) 八 (7) 十四 (8) 十一 (9) 十二 (10) 五 (11) 六 (12) 十六 (13) 十五 (14) 九 (15) 五 (16) 十

2 (1) 労 (2) 副 (3) 司 (4) 徳 (5) 類

3 (1) 滋 (2) 底 (3) 養 (4) 城

4 帯・協（順不同）

5 成・関（順不同）

6 (1) **イ** (2) **イ** (3) **ア** (4) **イ**

7 (1) 七 (2) 八 (3) 四 (4) 八 (5) 三 (6) 五 (7) 三 (8) 九 (9) 一 (10) 三

8 (1) き (2) ふしづくり・わりふ (3) ゆきがまえ・ぎょうがまえ (4) くち (5) みる (6) れっか・れんが

(7) おおざと (8) こころ

9 (1) りっとう・**ア** (2) くるま・**ウ** (3) おおがい・**エ**
(4) ほこづくり・**オ** (5) ちから・**イ**

10 (1) **イ**ふしめ (2) **ウ**はつゆき (3) **ア**ひだね
(4) **イ**はなふだ (5) **エ**あおな

11 (1) 鏡 (2) 側 (3) 輪 (4) 末 (5) 梅
(6) 的 (7) 辺 (8) 仲 (9) 底・岸

12 (1) **ア**結 **イ**結束力 (2) **ア**好感 **イ**好 (3) **ア**加 **イ**追加
(4) **ア**満 **イ**満足 (5) **ア**伝記 **イ**伝 (6) **ア**祝日 **イ**祝
(7) **ア**分別 **イ**別

解説

1 (3)「郡」の右側《みぎがわ》は八～十画目に書きます。

2 (1)「阜（フ）」、(4)「徳（トク）」、(5)「潟（かた）」は、日本の都道府県《とどうふけん》名などで使用する漢字です。総画数《そうかくすう》や筆順《ひつじゅん》もおさえておきましょう。

3 (2)「低」「底」は「氏」の部分の画数に注意しましょう。

4 「帯」は上の部分の横画から、「協」は左の部分の横画から書きます。

5 「成」は左側のはらいから、「関」は左側の縦画《たてかく》から書きます。

7 (6)「包」の「己」の部分は三画目から五画目に書きます。

8 (1)(3)(8)の部首名は、辞書《じしょ》によってはそれぞれ、うかんむり、ぎょうにんべん、つかんむりとなっています。この答えでも正解《せいかい》ですが、解答にある一般的《いっぱんてき》な部首名も覚《おぼ》えておきましょう。(7)「郡（グン）」の部首は⻖（おおざと）で、地名や人が住む場所などに関係《かんけい》した字が多くあります。よくにた部首に「院（イン）」「陸（リク）」などで使われる⻖（こざとへん）があります。

10 (5)「菜」は「な」が訓読《くんよ》み、「サイ」が音読みです。

3 ことわざ・慣用句《かんようく》・四字熟語《じゅくご》・故事成語《こじせいご》

問題 16～19ページ

★ 標準レベル

1 (1) 頭 (2) 馬 (3) 虫 (4) かわず (5) まこと (6) おに (7) わら
(8) かえる (9) 目 (10) 聞く

2 (1) **イ** (2) **ア** (3) **イ** (4) **イ**

3 (1) 息・**エ** (2) かた・**イ** (3) 火・**ク** (4) 図・**ア** (5) かじる・**ウ**
(6) さぐる・**オ** (7) 折《お》れる・**キ** (8) たこ・**カ**

4 (1) **エ** (2) **オ** (3) **イ** (4) **ア** (5) **ウ**

5 (1) 以心伝心・**エ** (2) 完全無欠・**カ** (3) 急転直下・**ウ**
(4) 公明正大・**ア** (5) 他力本願・**オ** (6) 平身低頭・**イ**

6 (1) 公平 (2) 整然 (3) 問答 (4) 半死 (5) 心機 (6) 千差
(7) 末節 (8) 一夕

7 (1) **オ** (2) **ク** (3) **キ** (4) **ア** (5) **ケ** (6) **イ** (7) **エ** (8) **カ** (9) **ウ**

8 (1) 飛んで火にいる夏の虫 (2) 馬耳東風 (3) 良薬は口に苦し
(4) 一を聞いて十を知る (5) 漁夫の利

解説

1 (1)「頭隠《かく》して尻《しり》隠さず」は、一部だけ隠して全部隠したつもりになっているおろかさをいいます。(2)「生き馬の目を抜《ぬ》く」は、すばしこくずるくて、油断《ゆだん》がない様子です。(8)「かえるの子はかえる」は、なにごとも子どもは親ににるものだ、ということをたとえたもので、反対の意味を表すことわざに「とびが鷹《たか》を生む」があります。

2 (1)「石橋をたたいて渡《わた》る」は、用心深くものごとをすることのたとえです。
(2)「待てば海路の日和《ひより》あり」は、がまん強く待っていれば好機《こうき》がおとずれる、という意味です。(3)「二兎《にと》を追う者は一兎をも得《え》ず」は、同時に二つのことをしようとすれば、どちらも成功《せいこう》しないことのたとえです。(4)「後は野となれ山となれ」は、あとのことはどうなってもよい、という意味です。

3 (3)「口火を切る」の「口火」は、火縄銃《ひなわじゅう》や爆薬《ばくやく》などの点火に使う火のことで、そこから「ものごとの初《はじ》め」を意味します。(4)「図に乗る」を「頭《ず》に乗る」とする間違《まちが》いが多いので気をつけましょう。

4 (1)「喉《のど》から手が出る」は、あるものがほしくてたまらない様子のたとえです。(2)「折《お》り紙付《つ》き」の「折り紙」には、保証《ほしょう》や証明書の意味があり、そこから、たしかなものだとうけあうこと、保証することのたとえとなっています。(3)「羽を伸《の》ばす」は、鳥がのびのびと羽を広げる様子から、思うままにふるまうことのたとえです。(4)「くぎを刺《さ》す」は、相手がわすれないように、はっきりと念《ねん》をおすことをいいます。(5)「耳が痛《いた》い」は、自分の弱点をつかれた言葉で、聞くのがつらい様子のたとえです。

5 (1)「以心伝心《いしんでんしん》」の「以」を、「意」と間違えないように気をつけましょう。(5)「他力本願《たりきほんがん》」の「本願」は、ほとけがすべての人をすくおうと、立てたちかいのことです。(6)「平身低頭《へいしんていとう》」は、あやまったり、たのんだりするときの、体をかがめて頭を低《ひく》く下げる様子です。

6 (1)「公平無私《こうへいむし》」は、どちらにもかたよらずに公平で、自分の利益《りえき》や感情《かんじょう》にとらわれないこと、という意味です。(2)「理路整然《りろせいぜん》」は、話や文章などの筋道《すじみち》が整っている様子です。(3)「問答無用《もんどうむよう》」は、話し合う必要《ひつよう》がないこと、という意味です。(4)「半死半生」は、もう少しで死にそうなこと、という意味です。(5)「心機一転《しんきいってん》」は、気持ちがすっかり変《か》わることです。(6)「千差万別《せんさばんべつ》」は、種類《しゅるい》やちがいがとても多いこと、という意味です。(7)「枝葉末節《しようまっせつ》」は、大事な部分ではないどうでもいい部分のことです。(8)「一朝一夕《いっちょういっせき》」は、短い日時のことです。

8 「馬耳東風《ばじとうふう》」ににた意味のことわざに「馬の耳に念仏《ねんぶつ》」があります。

★★ 上級・最高レベル

問題 20〜23 ページ

1 1 **ア**・**オ**・**コ**　2 A皮　B功

2 **エ**

3 (1) なすび　(2) ほとけ　(3) はな　(4) に　(5) おに

4 (1) **カ**　(2) **オ**　(3) **エ**　(4) **ウ**　(5) **イ**　(6) **キ**

5 (1) **イ**　(2) **ア**　(3) **エ**

6 (1) 天変地異　(2) 問答無用　(3) 空前絶後　(4) 門外不出　(5) 晴耕雨読
(6) 起死回生

7 (例) たいした相手ではないと高をくくっていたら、大差で完敗した。

8 (1) 道　(2) 水　(3) 下

9 (1) **ウ**　(2) **エ**　(3) **オ**　(4) **ウ**　(5) **イ**

解説

2 **ア**・**イ**・**ウ**・**オ**は「おどろいた様子」をたとえたもの、**エ**の「顔から火が出る」は、たいへんはずかしい思いをすることをたとえたものです。

3 (1)「一富士《ふじ》二鷹《たか》三茄子《なすび》」は、えんぎのよいゆめを順《じゅん》に挙《あ》げたもの、「瓜《うり》の蔓《つる》に茄子はならぬ」は、平凡《へいぼん》な親からすぐれた子どもは生まれない、という意味のことわざです。(2)「仏《ほとけ》作って魂《たましい》入れず」は、肝心《かんじん》なところがぬけ落ちていること、「仏の顔も三度」は、どんなにおとなしい人も、道理にはずれたことを三度もしむけられるとおこる、という意味のことわざです。(3)「隣《となり》の花は赤い」は、他人のものはなんでもよく見えるものだ、「花より団子《だんご》」は、美しいものより、実際《じっさい》に役立つもののほうがよいことをたとえたことわざです。(4)「二階から目薬」は、思うようにできず、きき目もあてにならないこと、「二兎《にと》を追うものは一兎をも得《え》ず」は、同時に二つのことをしようとすると、どちらも成功《せいこう》しないという意味のことわざです。(5)「渡《わた》る世間に鬼《おに》はない」は、世間は無情《むじょう》のようだが、情《なさ》け心のある人はどこに行ってもいるものだ、「鬼《おに》の居《い》ぬ間に洗濯《せんたく》」は、こわい人がいない間に、くつろいで好《す》き勝手なことをすることをたとえたことわざです。

4 (1)「泣《な》きを見る」は、泣くことになるという意味です。(2)「長い目で見る」は、気を長くもって見守るという意味です。(3)「血を見る」は、けんかや争《あらそ》いごとで死傷者《ししょうしゃ》が出るという意味です。(4)「白い目で見る」は、冷《ひ》ややかな目つきで見るという意味です。(5)「大目に見る」は、ゆるやかにあつかって、とがめないという意味です。(6)「ななめに見る」は、ひねくれた見方でものごとをとらえるという意味です。

5 (1)「舌《した》が回る」は、よくしゃべるという意味です。(2)「舌を出す」は、かげで人をけいべつする様子のほかに、自分の失敗《しっぱい》をきまり悪がる様子を表します。(3)「舌を巻《ま》く」は、感心してひどくおどろく様子を表します。

6 二字を足してできる四字熟語《よじじゅくご》は、(1)「天変地異《てんぺんちい》」、(2)「問答無用《もんどうむよう》」、(3)「空前《くうぜん》絶後《ぜつご》」、(4)「門外不出《もんがいふしゅつ》」、(5)「晴耕雨読《せいこううどく》」、(6)「起死回生」です。

7「高《たか》をくくる」は、たいしたことはないと、軽く見る様子を表しています。

8 (1)「言語道断《ごんごどうだん》」は「もってのほか・とんでもないこと」という意味です。「言語」を「げんご」と読まないように、また、「道断」を「同断」と書かないように注意しましょう。(2)「我田引水《がでんいんすい》」は「自分に都合のいいようにとりはからうこと」を表します。

9 (1) **ア**「犬」**イ**「馬」**ウ**「こい」**エ**「牛」**オ**「猫《ねこ》」なので、**ウ**以外《いがい》はほにゅう類《るい》。(2) **ア**「鶴《つる》」**イ**「烏《からす》」**ウ**「鳩《はと》」**エ**「蜂《はち》」**オ**「雉《きじ》」なので、**エ**以外は鳥類。(3) **ア**「目」**イ**「口」**ウ**「手」**エ**「足」**オ**「虫」なので、**オ**以外は体の部分。(4) **ア**「もち」**イ**「ぼたもち」**ウ**「すみ」**エ**「豆腐」**オ**「団子」なので、**ウ**以外は食べ物。(5) **ア**「襟《えり》」**イ**「団扇《うちわ》」**ウ**「白袴《しらばかま》」**エ**「袖《そで》」**オ**「褌《ふんどし》」なので、**イ**以外は身に着けるもの。

復習《ふくしゅう》テスト①

問題 24〜25ページ

1 (1) **ア**熱 **イ**暑 (2) **ア**冷 **イ**覚 (3) **ア**始 **イ**初 (4) **ア**新入 **イ**進入 (5) **ア**小数 **イ**少数 (6) **ア**分 **イ**別

2 (1) 阜 (2) 縄 (3) 栄 (4) 康 (5) 静

3 (1) **ア**ろうどうしゃ・音 **イ**ともばたらき・訓 **ウ**はたらきもの・訓 (2) **ア**ていへん・音 **イ**かわぞこ・訓 (3) **ア**ゆうこう・音 **イ**すき・訓 **ウ**このみ・訓

4 (1) こころ (2) ちから

5 (1) 楽 (2) つえ (3) 好き (4) つめ (5) 種 (6) 虫

6 (1) たこ・**エ** (2) 横車・**イ** (3) 羽・**オ** (4) さじ・**ウ** (5) みがく・**ア**

解説

1 (2) 熱《あつ》いものの温度が下がるときや、興味《きょうみ》などがなくなる場合は「冷《さ》める」を、意識《いしき》がはっきりともどるような場合には「覚《さ》める」を使います。(4)「進入」は「進み入ること」という意味です。

2 (2)「縄《なわ》」には「縄とび」「沖縄県《おきなわけん》」などのほかに「縄文《じょうもん》時代」という読み方があります。

3 (3)「友好《ゆうこう》」は「仲《なか》のよいつきあい」という意味です。

4 (1)「必（ヒツ・かなら-ず）」は筆順《ひつじゅん》を間違《まちが》えやすい漢字です。「必」の一画目は「心」の一画目と同じではないので気をつけましょう。

5 (1)「苦あれば楽あり」は「苦しいことのあとには、必ず楽しいこともあるものだ」という意味と同時に、「いいことばかりが続《つづ》くことはない」という意味があります。

6 (2)「横車《よこぐるま》をおす」の「横車」は「車を横に押《お》すこと」から、無理《むり》を通すことを意味します。

4 文《ぶん》節《せつ》と単《たん》語《ご》

★ 標準レベル

問題 26〜29ページ

1 (1) 三 (2) 四

2 (1) 六 (2) 五 (3) 六 (4) 五 (5) 五

3 (1) 十一 (2) 九 (3) 十一 (4) 八 (5) 十

4 (1) (主語) 姉が (述語《じゅつご》) 着た・(主語) 洋服は (述語) かわいい
(2) (主語) 先生が (述語) 笑った・(主語) 顔が (述語) 和らげた
(3) (主語) 弟が (述語) 打った・(主語) 打球が (述語) 落ちた
(4) (主語) 父は (述語) 歯科医で・(主語) 母は (述語) 眼科医だ
(5) (主語) あれは (述語) 写真です・(主語) 兄が (述語) とった

5 (1) 親切な (2) 心地いい (3) 熱い (4) きらきら

6 (1) わすれた (2) 種を・わたしに (3) 姉から・クッキーを・三まい

7 (1) 休む (2) 知る (3) やめる (4) 来る (5) 置く (6) すく (7) する (8) 泳ぐ (9) 遊ぶ (10) 飲む

8 (1) 深い (2) 静かだ (3) おだやかだ (4) 不安だ (5) ねむい (6) 遠い (7) さわやかだ (8) あたたかい (9) 安全だ (10) 美しい

9 (1) 建つ (2) 終える (3) 治る (4) 始める (5) よごれる (6) つける (7) 温まる (8) みだす (9) とどく

10 (1) もし (2) おそらく (3) 必ず (4) どうして (5) まるで (6) どうか (7) ちっとも (8) まさか

解説

1 (1)「朝起きて〜広がっていた。」「気分は〜入ってきた。」「数歩〜満《み》たされた。」の三文です。(2)「昨日《きのう》、〜歩いていた。」「その辺《あた》りの〜下ろしていた。」「『昔はにぎやかだったんだよ。』」「以前《いぜん》、〜思い出した。」の四文です。

2 (1)「庭の／木に／緑色の／鳥が／止まって／いる。」(2)「夏休みに／家族で／キャンプを／する／予定だ。」(3)「昨夜《さくや》／見た／ゆめが／現実《げんじつ》に／なれば／いいな。」(4)「借《か》りた／本を／ずっと／返しわすれて／いる。」(5)「学校を／出た／とたんに／雨が／ふり出した。」

3 (1)「庭／の／木／に／緑色／の／鳥／が／止まっ／て／いる。」(2)「夏休み／に／家族／で／キャンプ／を／する／予定／だ。」(3)「昨夜／見／た／ゆめ／が／現実／に／なれ／ば／いい／な。」(4)「借り／た／本／を／ずっと／返しわすれ／て／いる。」(5)「学校／を／出／た／とたん／に／雨／が／ふり出し／た。」

4 (2) きんちょうを和《やわ》らげたのは先生ですが、(先生が笑《わら》った) 顔が (ぼくのきんちょうを) 和らげた、ということをしっかりおさえましょう。

5 (1)「人」という言葉につながるように「親切な」を選《えら》びます。(3) 気温以外の「あつい」は「熱《あつ》い」を使うと覚《おぼ》えておきましょう。

6 修飾語《しゅうしょくご》は主語と述語《じゅつご》以外の部分です。(3)の文は「わたしは (わたしが)」という主語が省略《しょうりゃく》されていることをおさえましょう。

7 動詞《どうし》は、言い切ったとき最後《さいご》の音 (おん) がウ段《だん》の音で終わります。(4)の言い切りは「来る」、(7)の言い切りは「する」です。それぞれ特別《とくべつ》な活用をする動詞なので、しっかり覚えておきましょう。

8 形容詞《けいようし》も形容動詞も、ものごとの (大きい・静《しず》かだ) といったじょうたいや、(やさしい・真面目《まじめ》だ) といったせいしつを表します。形容詞は、言い切ったとき「い」の言葉で終わり、形容動詞は、「だ」の言葉で終わります。

9 その動詞に「〜を」が必要《ひつよう》なら「他動詞」、必要がなければ「自動詞」です。

10 受ける部分が決まった言い回しになる副詞《ふくし》の問題です。短文を作って覚えましょう。(8)「まさか一位《いちい》になるなんて!」は、「まさか一位になるなんて (思わなかった)!」が省略されていることをおさえましょう。

★★ 上級・最高レベル

問題 30~33ページ

1 人工知能も

2 話した

3 (1)**ウ** (2)**カ** (3)**カ** (4)**オ**

4 (1)たじろぎ（ながらも） (2)なだめ（ても） (3)たぎらせ（ながら）

5 **エ**

6 (1)とざし (2)のびれ (3)飛ん (4)おこり (5)泣い

7 (1)**ア** (2)**ウ**

8 (1)**オ** (2)**ウ** (3)**イ** (4)**オ** (5)**ア**

解説

1 文を入れかえて「いまや人工知能《じんこうちのう》も」「ヒトならではの特権《とっけん》だと思われていた柔軟《じゅうなん》な勘《かん》を」「備《そな》え始めるようになっています。」と考えるとわかりやすいです。主語になる言葉は、「は・が」以外《いがい》に「も・こそ・さえ・だけ・の・だって・まで」などたくさんあるので、文をしっかり読んで意味をとらえるようにしましょう。

2 受ける部分が決まった言い回しになっている副詞《ふくし》とはちがい、この――線部の言葉は、受ける部分が決まった言い回しになりません。そこで、文章の意味をよく考えて、受ける部分を決める必要《ひつよう》があります。――線部の直後「夏休みには……したいなあ」は、かぎかっこでくることのできる内容《ないよう》です。つまり、このかぎかっこ内には、――線部を受ける部分はありません。「なにかあると」どうであるのかと考えながら文を読み進めると、「話した」が見つかります。この部分に――線部がかかると考えて、ここまでの内容を読んでみると、父は、「……なにかあると、『夏休みには……したいなあ』、と話した」となり、文意が通るので、「話した」が正解《せいかい》です。

3 (1)(3)(4)は受ける部分が決まった言い回しになっている副詞です。「ほとんど～ない」、「おそらく～だろう」「きっと～だろう」ですが、(4)は「きっと～悪くなる（だろう）と思う」のように、「だろう」が省略《しょうりゃく》されていることをとらえましょう。(2)「たちまち」は「すぐに、急に」という意味です。

4 (1)「たじろぐ」は「しりごみする・たじたじとなる」という意味です。(3)「たぎらせる」の「たぎる」は、「湯がぐらぐらとにえ立つ」ことをいいます。そこから「気持ちが強くわきおこる」ようすを表します。

5 **ア**「楽しい」は形容詞《けいようし》、**イ**「むずかしく」は形容詞「むずかしい」の連用形《れんようけい》、**ウ**「冷《つめ》たい」は形容詞、**オ**「早く」は形容詞「早い」の連用形、**カ**「明るい」は形容詞です。**エ**「かなり」のみ副詞です。

6 前後の文のつながりを考えて、語群《ごぐん》の動詞《どうし》の形を変《か》えることをわすれないように気をつけましょう。

7 ――線部の部分だけについて問われていることに注意しましょう。(1)「村人の／集まる」の「の」は、「村人が集まる」と置《お》きかえることができるので、主語・述語《じゅつご》の関係《かんけい》であるとわかります。(2)「野菜《やさい》や／果物《くだもの》は」は文節《ぶんせつ》どうしが対等にならんでいるので、並立《へいりつ》の関係です。

8 (1)**ア**「しかも」**イ**「そして」**ウ**「すると」**エ**「つまり」は接続詞《せつぞくし》、**オ**「どうして」は副詞です。(2)**ア**「さむい」**イ**「あかい」**エ**「うれしい」**オ**「たのしい」はすべて言い切りの語尾《ごび》が「～い」なので形容詞だとわかります。**ウ**「いっぱい」も「い」で終わっていますが、「いっぱい」をあとに続《つづ》く語にあわせて活用させることはできないので、形容詞ではなく副詞だとわかります。(3)**イ**以外はほかの言語から入ってきた外来語です。**イ**のみ固有名詞《こゆうめいし》です。(4)**ア**「燃《も》える」**イ**「流れる」**ウ**「落ちる」**エ**「ふくらむ」は動詞、**オ**「たのしい」は形容詞です。(5)**ア**「この」は連体詞、**イ**「ここ」**ウ**「これ」**エ**「そこ」**オ**「どれ」は代名詞です。

5 敬語《けいご》

★ 標準レベル 問題 34～35ページ

1 (1) イ (2) ウ (3) ア

2 (1) (例) いらっしゃった (2) しましょう (3) (例) いただいた
(4) (例) うかがった (5) 高校です (6) くださった

3 (1) ウ (2) イ (3) ア (4) ア (5) ウ (6) イ
(7) ア (8) イ (9) ア (10) ア

4 (1) イ (2) イ (3) ア (4) イ

解説

2 ――線の言葉が過去形《かこけい》の場合は、敬語《けいご》に直したあとも過去形にすることをわすれないように注意しましょう。(1)「来る」の尊敬語《そんけいご》は「いらっしゃる」のほかに、「おいでになる・お見えになる・おこしになる」などがあります。

3 (2)「いただく」は「食べる」の謙譲語《けんじょうご》です。「食べる」の尊敬語は「めしあがる」です。ほかに「お食べになる」「食べられる」などがあります。(6)「お～する」「ご～する」の形で表した謙譲語です。「お持ちする」以外《いがい》にも、「お渡《わた》しする」「ご説明《せつめい》する」などの形で使います。(8)「申し上げる」は「言う」の謙譲語で、「申し上げる」のほかに「申す」もあります。(10)「おっしゃる」は「言う」の尊敬語です。「言われる」を使う場合もあります。

4 (1) 母は自分の身内なので謙譲語を使います。「行く」の謙譲語は「うかがう」です。アの「いらっしゃる」は「いる・行く・来る」の尊敬語です。(2) 校長先生に対しては尊敬語を使います。「参加《さんか》」に「ご」をつけて「ご参加」とするだけでなく、「する」を「になる」にする必要《ひつよう》があります。(3)「もらう」の謙譲語は「いただく」です。イの「くださる」は「くれる」の尊敬語です。

★★ 上級・最高レベル 問題 36～39ページ

1 うかがう

2 ウ

3 (1) カ (2) ウ (3) ク (4) ア (5) エ

4 (1) ご出発になる (出発される) (2) ご説明する (3) お持ちする
(4) お休みになる (休まれる) (5) お会いする (6) おとどけする
(7) おもどりになる (もどられる) (8) ご質問になる (質問される)
(9) お聞きになる (聞かれる) (10) お返しする (11) おさそいする
(12) おことわりになる (ことわられる)

5 ① いただく ② たべる

6 (1) いらっしゃる (行かれる)・ア (2) します・ウ (3) いただいた・イ
(4) どなた・ア (5) 申し上げる (申す)・イ
(6) あります (ございます)・ウ

7 エ・お聞きになったら

8 オ

解説

1 自分が「聞く」ので、先生をうやまうために「聞く」を謙譲語《けんじょうご》にします。

2 ウをふつうの文に直すと「先生が教室に残《のこ》っていなさいと言った」です。先生の「言った」という行動をうやまう表現《ひょうげん》にするので、「言った」は尊敬語《そんけいご》「おっしゃった」とします。「申す」は「言う」の謙譲語です。

3 (1)「帰ってきます」を謙譲語にするので、「来る」の謙譲語「参《まい》る」が入ります。(2) 相手に「見ますか」とたずねているので、「見ますか」を尊敬語にします。「見る」の尊敬語は「ごらんになる」です。(3) 自分の身内である父が「会いたい」と言っているので、「会う」を謙譲語にします。「会う」の謙譲語は「お目にかかる」です。(4)は、「ねこ」のことなので敬語《けいご》表現は使いません。(5)相手に「しますか」とたずねているので、「しますか」を尊敬語《そんけいご》にします。「する」の尊敬語は「なさる」ですが、「～ますか」に続《つづ》くように形を変《か》えて、「なさいますか」となります。

4 尊敬語か謙譲語《けんじょうご》かをそれぞれ考えて答えましょう。

5 空欄《くうらん》②のあとの「へりくだって」は、相手をうやまう気持ちを表すために、自分を低《ひく》くあつかうことをいいます。

6 (1)「行く」の尊敬語は「いらっしゃる・行かれる」、謙譲語は「うかがう・参《まい》る」です。ここでは、お客様へかけた言葉なので尊敬語を使用します。(2)友達《ともだち》のことを話しているので敬語は使わず、丁寧語《ていねいご》で「します」です。(4)「だれ」の尊敬語は「どなた」です。人を指す敬語表現は、ほかに、「あの人」の場合は「あの方・あちら様」などがあります。

7 **イ**先生からチケットをもらった私《わたし》の行動を、謙譲語を使って表し先生を高めます。したがって、「もらう」の謙譲語「いただく」を使って「いただいたのよ」と言うのは適切《てきせつ》です。**ウ**は私が「私の父」のことを話しています。自分と自分の身内の行動には謙譲語を使います。私の父が先生の曲を聞きたいと言っていたという内容《ないよう》なので、「聞きたい」に謙譲語を使います。よって、「お聞きしたい」は適切です。**エ**先生が、あなたとお父様が一緒《いっしょ》に演奏会《えんそうかい》に行くと聞いたら喜《よろこ》ぶだろう、という内容です。先生が「聞いたら」の部分を「お聞きになる」と尊敬語にします。「うかがう」は「聞く」の謙譲語なので、先生が「うかがったら」という使い方は不適切《ふてきせつ》です。**オ**先生が「喜ぶ」を尊敬語にするので、「お喜びになる」は適切です。

8 **ア**「小生」は自分をへりくだっていう言葉、**イ**「拙宅《せったく》」は自分の家をへりくだっていう言葉、**ウ**「粗品《そしな》」は人におくる品物をへりくだっていう言葉、**エ**「愚考《ぐこう》」は自分が考えることをへりくだっていう言葉、**オ**「御社《おんしゃ》」は相手の会社を高めていう言葉です。したがって、正解《せいかい》は**オ**です。

---

6 類《るい》義語《ぎご》・対《たい》義語《ぎご》・和語・漢語・外来語

★ 標準レベル 問題 40〜41ページ

1 (1)方法 (2)短所 (3)失礼 (4)自然 (5)動機 (6)景色

2 (1)悪意 (2)出発 (3)全体 (4)返信 (5)当番 (6)戦争 (7)円満 (8)有害

3 (1)**ア** (2)**ウ** (3)**ア** (4)**ア** (5)**ウ** (6)**ア** (7)**ア** (8)**ウ** (9)**ア** (10)**ア** (11)**ウ** (12)**ウ** (13)**ア** (14)**ア** (15)**イ** (16)**イ**

4 類義語 (1)度 (2)体 (3)正 (4)候 (5)終 (6)持 (7)無 (8)日 (9)対

対義語 (1)向 (2)信 (3)無 (4)等 (5)エ (6)好 (7)流 (8)運 (9)産

解説

1 類義語《るいぎご》や対義語《たいぎご》の問題では、(3)(4)(6)のように一字だけちがうものは答えを類《るい》推《すい》しやすいですが、(1)(2)(5)のように二字ともちがうものが多くあります。一《いち》覧表《らんひょう》などを利用《りよう》して、セットで覚《おぼ》えるようにしましょう。

2 (7)「不和《ふわ》」は「仲《なか》が悪いこと」という意味です。対義語の「円満《えんまん》」は「争《あらそ》いなどがなくて角が立たない様子」という意味のほかに、おだやかなせいかくの人を指して「円満な人がら」のように使います。

3 「和語」は、もともと日本で使われていた日本固有《こゆう》の言葉で、ひらがなや漢字の訓読《くんよ》みで表されます。「漢語」は、古くに中国から日本に入った言葉で、漢字の音読みで表されますが、ひらがなやカタカナを使って表すものもあります。「外来語」は、近代以降《きんだいいこう》、日本語の中に取り入れた言葉で、カタカナで表しますが、ひらがなや漢字で表すものもあるので気をつけましょう。

4 類義語 (9)「応接《おうせつ》」は、「相手になって応対をすること」という意味です。「応接室」「応接間」などの言葉があります。対義語 (9)「消費《しょうひ》」は、「金、ものなどを使いへらすこと」という意味です。

★★ 上級・最高レベル

問題 42～45ページ

1 (1)長 (2)向 (3)後 (4)出

2 **イ**

3 (1)小・**エ** (2)失・**イ** (3)開・**カ** (4)消・**ウ** (5)散・**オ** (6)和・**ア**

4 (1)**カ** (2)**オ** (3)**イ** (4)**ケ** (5)**コ** (6)**キ** (7)**エ** (8)**ウ** (9)**ク** (10)**ア**

5 **ア・エ**（順不同）

6 (1)**イ** (2)**エ** (3)**ウ** (4)**ア**

7 (は)れがまし(い)

8 (1)**カ** (2)**ウ** (3)**エ**

9 (1)**ク** (2)**エ** (3)**ア** (4)**キ** (5)**カ** (6)**ウ**

10 (1)**オ** (2)**イ** (3)**ア** (4)**ウ** (5)**エ**

解説

1 問いの文の「同義語《どうぎご》」は「類義語《るいぎご》」と同じと考えて問題ありません。(1)「美点」は「よいところ」という意味で「長所」と同義です。「長所」の対義語が「短所」であることも覚《おぼ》えておきましょう。「美点」の対義語は「欠点《けってん》」です。(3)「前進」の対義語「後退《こうたい》」の「退《たい》」の訓読《くんよ》みは「しりぞ-く・しりぞ-ける」で、「あとへさがる」という意味です。

2 「終世（しゅうせい）」は「死ぬまでの間」という意味で、**イ**「一生」と同じ意味です。**ア**「臨終《りんじゅう》」は「死にぎわ」、**ウ**「一心」は「心を一つのことに集中すること」、**エ**「生死」は「生きることと死ぬこと」という意味です。

4 (1)「オブラート」は、食用のでんぷんで作ったうすい紙状《かみじょう》のもので、飲みにくい粉薬《こなぐすり》を包《つつ》んでそのまま飲むことなどに使われることから、「オブラートに包む」は「直接的《ちょくせつてき》に言わずに遠回しに言う」ことを意味します。(2)「パフォーマンス」は、ここでは「人目をひこうとする行為《こうい》」という意味で使われています。(3)「提言《ていげん》」は「意見を出すこと」です。(6)「やおら」は「静《しず》かに、ゆっくりと動き始める様子」を表す副詞《ふくし》です。「急に、いきなり」といった意味と間違《まちが》えて覚えないように注意しましょう。(9)の「やにわに」は「いきなり、だしぬけに」という意味です。

7 「はれがましい」は漢字で「晴れがましい」と書きます。「表立っていてとても晴れやかな様子」を意味します。

8 選択肢《せんたくし》はいずれも形容詞《けいようし》で、終止形は「～い」。**ア**「おびただしく」は「たくさんある様子」、**イ**「いかめしく」は「おごそかである、ものものしい様子」、**ウ**「つたなく」は「まずい、へたな様子」、**エ**「もどかしく」は「思うようにならなくて、はがゆい、じれったい様子」、**オ**「いまわしく」は「ふきつな、いやな様子」、**カ**「いぶかしく」は「変《へん》だ、あやしい、うたがわしい様子」という意味です。これらの特有《とくゆう》の言い回しや意味を持つ言葉は、意味だけでなく、例文《れいぶん》での使われ方もおさえておきましょう。

9 **ア**「あっけらかん」は「あきれてぽかんとしている様子・けろりとして平気な様子」です。(3)の場合は後者の意味です。**イ**「けんもほろろ」は「とりつくしまもない様子、つっけんどんな様子」、**ウ**「うんともすんとも」は「ぜんぜん返事をしない様子」、**エ**「てんやわんや」は「いそがしくて、ごたごたする様子」、**オ**「とんとんびょうし」は、「ものごとが具合よく進行する様子」、**カ**「ほうほうのてい」は、「あわてふためいてにげる様子」で、漢字を使う場合は「ほうほうの体《てい》」と書きます。**キ**「ざっくばらん」は「気持ちがむきだしで、さっぱりしている様子」、**ク**「とんちんかん」は「ちぐはぐな様子、つじつまが合わない様子」といった意味です。

10 選択肢の言葉の意味はそれぞれ、**ア**「あらかじめ」は「前もって」、**イ**「おくゆかしく」は「上品で深みがあり、心をひかれるようす」、**ウ**「あからさまに」は「ありのまま、むきだし、ろこつなようす」、**エ**「つぶさに」は「くわしく」、**オ**「あながち」は「必《かなら》ずしも」といった意味です。

復習《ふくしゅう》テスト②

問題46～47ページ

1 (1) ドラマが (2) 北極星が (3) 音は
2 (1) 買った (2) ある (3) さけんだ
3 (1) 泳いだ (2) 雲 (3) 風
4 (1) まったく (2) 古い (3) 遠くに
5 (1) よかっ (2) 寒けれ (3) 元気に (4) 安全なら
6 (1) よもや (2) 少しも (3) とうてい
7 (1) **ア** (2) **イ** (3) **ア** (4) **ウ**
8 (1) 空間 (2) 消息 (3) 失敗 (4) 同意（賛同）

解説

1 (1)「面白《おもしろ》い」、(2)「見えた」、(3)「チャイムです」に対して、「誰《だれ》が」「何が」にあたる言葉を答えましょう。

3 (1)「プールで」どうしたのか、(2)「青黒い」何なのか、(3)「すずしい」何なのかを答えましょう。

6 (1)「よもや」は「まさか・いくらなんでも」という意味で、あとに「～ない・～まい」などの言葉がきます。(2)「少しも」は「ぜんぜん・まったく」という意味、(3)「とうてい」は「どうしても・とても」という意味で、どちらもあとに「～ない」という言葉がきます。

8 (1)「時間」の対義語《たいぎご》が「空間」である理由はいろいろ挙《あ》げられるようですが、時間は「過去《かこ》―現在《げんざい》―未来《みらい》」の時の一方向の流れであるのに対し、空間は「上下・前後・左右など」四方への広がりがある、また、時間は目に見えないのに対して、空間は目に見える、などがあるので「時間↕空間」はセットで覚《おぼ》えておきましょう。

過去《かこ》問題にチャレンジ①

問題48～51ページ

1 (1) **エ** (2) **イ** (3) **イ**
2 (1) **ウ** (2) **エ** (3) **オ** (4) **ア**
3 (1) **エ** (2) **エ**
4 のれん
5 (1) **オ** (2) **イ** (3) **ア** (4) **エ** (5) **ウ**
6 **イ**
7 A **ウ** B **イ** C **オ**
8 **イ**・**オ**（順不同）
9 **イ**
10 (1) **エ** (2) **カ** (3) **ウ** (4) **ア** (5) **イ** (6) **オ**
11 子ども（子どもは／人／人は）

解説

1 (3) **ア**「ざあざあ」**ウ**「ぱちぱち」**エ**「かちかち」はいずれも「音」を表しています（擬音語《ぎおんご》）。**イ**「ひらひら」は落ちる様子を表しています（擬態語《ぎたいご》）。

4 「豆腐《とうふ》にかすがい」の「かすがい」は、材木《ざいもく》をつなぐためのくぎです。やわらかい豆腐にくぎを打ちこんでも、役に立たないことから、いくら言っても手応《てごた》えやきき目がないことをたとえたことわざです。「のれんに腕押《うでお》し」も、のれんを押しても手応えがないことから同様の意味を表します。

6 「漠然《ばくぜん》と」が、**ア**「考えている」にかかっていると間違《まちが》えやすい問題です。この文の前半の主語は「我々《われわれ》は」、述語《じゅつご》は「勘違《かんちが》いしている」です。「考えている」には「ように」が続《つづ》き、「勘違いしている」にかかっています。したがって、「漠然と―勘違いしている」とかかることがわかります。

8 **イ**「木に竹を接《つ》ぐ」は「すじがとおらないこと・不調和《ふちょうわ》なこと」のたとえです。

11 傍線部《ぼうせんぶ》「生きることはできない」のある一文の主語は省略《しょうりゃく》されています。このような場合は、前後の文章から主語を読み取る必要《ひつよう》があります。

2章 物語の読解《どっかい》

7 場面

★ 標準レベル

問題 52〜53ページ

1

(1) a広町公園グラウンド　b練習試合
(2) キャプテン
(3) **エ**　(4) **ウ**　(5) 負けてしまった

解説

1 (1) 場面の場所と登場人物の行動をとらえる問題です。この文章は、前半に和馬《かずま》がエラーしたことがえがかれ、途中《とちゅう》の「和馬が所属《しょぞく》しているのは……竜《たつ》田川《たがわ》ファイターズが来てくれた」の部分で、場面の説明《せつめい》がされています。ここで、和馬たちの少年野球チームは、「いつも使っている広町《ひろまち》公園グラウンド」で「現在《げんざい》、練習試合《じあい》の真《ま》っ最中《さいちゅう》」であることが読み取れます。空欄《くうらん》aには場所を表す「広町公園グラウンド」、空欄bには登場人物の行動の「練習試合」があてはまります。

(2) (1)の場面の説明に続《つづ》く部分で、和馬についての説明がされています。また、「□をつとめる」という表現《ひょうげん》から、空欄には、和馬の少年野球チームでの役割《やくわり》が入ることをおさえましょう。「和馬は六年生でキャプテン」という部分で、和馬のチームでの役割がわかります。したがって、「キャプテン」をぬき出します。

(3) 空欄に入る言葉を考えるときは、空欄の前やあとの人物の行動や展開《てんかい》をとらえる必要《ひつよう》があります。空欄の前後の部分に着目すると、和馬がケガをしていないか心配して近寄《ちかよ》ってきてくれたチームメイトに対し、「だいじょうぶ」と返しているので、自分が無事《ぶじ》なことを知らせるために、「あわてて」立ち上がったのだと考えられます。

(4) 登場人物の言動の理由をとらえるときは、傍線部《ぼうせんぶ》の前後のえがかれ方に着目しましょう。傍線部②の前では、和馬が「自分のエラーのせいで、ランナーが出てしまったので、『わりぃ（悪い）』」と言った様子がえがかれています。エラーしたことをもうしわけなく感じて、和馬はチームメイトに謝《あやま》ったのです。したがって、**ウ**が正解《せいかい》です。**ア**は、和馬は立ち上がるときに「だいじょうぶ」と言っていますが、これは謝る理由ではないので、「ケガをしていないことを伝《つた》えたかった」は合っていません。**イ**は「はずかしく、ごまかしたかった」様子はえがかれていないので、合っていません。**エ**は、和馬は自分のエラーをみとめており、「自分は悪くない」とは思っていないので、合っていません。

(5) (1)で考えたように、この文章でえがかれているのは「練習試合」が行われている場面ですが、問いでは「どのような出来事がおこった場面」かを聞いているので、文章全体から展開をとらえる必要があります。最初《さいしょ》から「和馬は……手を挙《あ》げて謝った」までの部分と、「なのに……油断《ゆだん》してしまったようだ。……おくれてしまったのだった」の部分では、和馬が試合中にエラーしたことがえがかれています。最後の三文では、そのあとも守りのミスが続き、打つこともできず、チームが「結局《けっきょく》0－6で負けてしまった」という展開がえがかれています。

★★ 上級レベル

問題 54〜55ページ

1

(1) **ウ**
(2) （例）気まずく感じる気持ち。
(3) **イ**
(4) （例）知らん顔して、無視しようとした
(5) a声をかけた　b中学生

解説

I

(1) 空欄《くうらん》の前後にふさわしい様子を表す言葉を選《えら》ぶ問題です。空欄の直後には、「足取り重く歩いたり」とあることから、「私《わたし》」は暗い気分になっていることがわかります。このような様子に合うのは、重苦しいことを表す、**ウ**「どんよりと」です。**ア**「きびきびと」は動きが気持ちがよいほどすばやい様子、**イ**「さっさと」はまようことなくすばやく動く様子、**エ**「ゆったりと」は緊《きん》張感《ちょうかん》がなくゆっくりとしている様子です。

(2) 傍線部《ぼうせんぶ》①のすぐ前やあとにははっきりと心情《しんじょう》が読み取れる部分がないので、文章を読み進めて「及川《おいかわ》が自転車に乗ってくるのを見つけた」ときのことがえがかれている部分をさがします。すると、「及川も私の姿《すがた》を認《みと》めたようだ」という、「私」が及川を見つけたときに及川も「私」に気づいたことをしめす部分があります。この前後をたしかめると、「及川も私の姿を認めた」の前に「中学に入ってからは、姿を見かけることはあっても、声をかけたこともかけられたこともない」ので、「私はなぜか一瞬《いっしゅん》マズイと思い、身を隠《かく》したかった」という心情が書かれています。したがって、及川とすれ違《ちが》うことを気まずいと感じる気持ちを書いてまとめましょう。

(3) 「急に口笛なんかを吹《ふ》いてる」ことから、及川は「私」とすれ違うまでは口笛を吹いていなかったのに、「私」の姿を認めてから口笛を吹いていることが読み取れます。また、傍線部②のあとには、及川の様子について、「すれ違いざま少しだけ顔を上げたら、『よっ』と及川が片手《かたて》を上げた。そしてそのまま通り過《す》ぎていった」ことが書かれています。このことについて、「私」は「ありがとう」とつぶやいています。「私」の姿を認めた及川が急に口笛を吹き、あいさつの声だけかける様子を見て、及川も「私」と同様に相手を意識《いしき》して気まずさを感じながらも、さりげない態度《たいど》をとりながらあいさつをしてくれたことに、「私」が気づいたのだと考えられます。したがって、**イ**が正解《せいかい》です。

(4) 傍線部③の直前に「ありがとう、と小さくつぶやいて、そのあとに『ごめんね』と今度は少しだけ大きな声で言った」とあります。「声をかけてくれたことは正直うれしかった」という心情から、声をかけてくれた及川に感《かん》謝《しゃ》する気持ちが読み取れます。しかし、そのような態度をとってくれた及川に対して「私」は、「無視《むし》し合うのが一番いいだろう」とか「ここはお互《たが》い知らん顔がいい」とおじけづいていました。あいさつをしてくれた及川と違って、無視をしようとした自分の弱さがなさけなかったのだと考えられます。

(5) 説明《せつめい》した文をたしかめると、空欄aには、この場面でえがかれている「私」と及川の現在《げんざい》の関係性《かんけいせい》をしめす言葉が入ると考えられます。「中学に入ってからは、姿を見かけることはあっても、声をかけたこともかけられたこともない」という部分が現在の二人の関係性をしめす部分なので、「声をかけたこともかけられたこともない」があてはまります。また、この部分にも書かれているように、及川と「私」は「中学に入ってから」話すことがなくなりました。空欄bは、登場人物がどのような時期にいるのかをしめす言葉が入るので、「中学生」があてはまります。

★★★ 最高レベル

問題 56～59ページ

I

(1) **エ**

(2) **ウ**

(3) 1 (例) 自分が教えたすごい才能をもつピアニストが、やがてあらわれるということ。

2 (例) いつか世界中の人があっとおどろくようなピアニストになる、ということをあらわすため。

(4) **イ**

解説

I (1)「引《ひ》っ掛《か》かる」とは、技術《ぎじゅつ》が拮抗《きっこう》している候補者《こうほしゃ》たちに突出《とっしゅつ》した才能《さいのう》や明らかな個性《こせい》はなくても、「気になる」「ざわざわする」「目が吸《す》い寄《よ》せられる」という感覚《かんかく》になることを指しています。

(2) 傍線部《ぼうせんぶ》②のあとの部分に「書類《しょるい》がフランス語で書かれているのでどんな漢字を当てるのか分からないが、日本人らしい」と、この名前を目にしたときの三枝子《みえこ》の率直《そっちょく》な印象《いんしょう》がのべられていることに着目しましょう。三枝子が書類を見たときに、「ジン　カザマ」の漢字はわからず、読み方（発音）だけがわかったことを表現《ひょうげん》しています。この内容《ないよう》に合う**ウ**が正解《せいかい》です。**ア**の「特別《とくべつ》な人物」や**イ**の「正体不明《ふめい》」の人物といった点は本文中にも、そのような内容がありますが、傍線部②はあくまでも三枝子が書類を目にしたときの状態《じょうたい》、印象を表していることに注意しましょう。

(3) I　まず、「僕《ぼく》は爆弾《ばくだん》をセットしておいたよ」は、ユウジ・フォン＝ホフマンが「亡《な》くなる前」に「知り合いに残《のこ》した言葉」であることをとらえましょう。また、「爆弾」とは「人をおどろかせるもの、おそろしいもの」のたとえとして用いられることもおさえておきます。この「おどろかせるもの、おそろしいもの」が何を指すのかを、文章から読み取る必要《ひつよう》があります。この文章は、三枝子が若手《わかて》ピアニストのオーディションの選考《せんこう》を行っている場面です。三枝子は「ジン　カザマ」の書類に「ユウジ・フォン＝ホフマンに五《ご》歳《さい》より師事《しじ》」とあること、「推薦状《すいせんじょう》あり」のマークがあることに心を動かされています。その後、「あの時、彼《かれ》は、今年二月に」で始まる部分のあとで「ユウジ・フォン＝ホフマン」が伝説的《でんせつてき》な音楽家であったことや、ホフマンが残した傍線部の言葉が説明《せつめい》されます。さらに、傍線部③以外《いがい》にも、ホフマンが「僕がいなくなったら、ちゃんと爆発《ばくはつ》するはずさ」という言葉を残していたことが書かれています。このような展開《てんかい》から、ホフマンのいう「爆弾」は「ジン　カザマ」であると考えられます。ホフマンは、自分が教えたピアニストである「ジン　カザマ」のことを爆弾にたとえ、まるで爆弾のようにやがて彼がその才能《さいのう》を爆発させ、人々をおどろかせる存在《そんざい》になるであろう、と予告《よこく》しているのだと考えられます。

2　傍線部③よりあとの部分に、「世にも美しい爆弾」とあることに着目しましょう。この表現から「ジン　カザマ」は、ホフマンがみとめるすばらしい才能があるということが想像《そうぞう》できます。実際《じっさい》に「ジン　カザマ」がホフマンに師事していたことや推薦状マークがあることを知った三枝子はおどろいて、心を動かされています。これらの内容から、ホフマンは爆弾にたとえることで、世にも美しいピアノを演奏《えんそう》するようになるであろう「ジン　カザマ」の、その才能のすばらしさを表現したのだと考えられます。

(4) この文章はすべて三枝子の視点《してん》からえがかれていることに注意しましょう。「私《わたし》は～」などの表現はありませんが、オーディションの書類に目を通して感じたこと、前日のことやホフマンに関《かん》する話を思い出している内容は、すべて三枝子の視点によるものです。したがって、**イ**が最《もっと》も適切《てきせつ》です。**ア**は、「擬人法《ぎじんほう》を多用して」の部分があやまりです。**ウ**は、三枝子は自分の感情《かんじょう》をおさえようと心がけながら審査《しんさ》にのぞんでいるので、あやまりです。**エ**は、回想シーンでのなぞの答えが現在の場面と結《むす》びつくようにえがかれているので、「なぞ解《と》き」の部分があやまりです。**オ**は、三枝子の心の中の声以外の「言葉」もえがかれているので、あやまりです。

中学入試に役立つアドバイス

場面をつかむ

①**登場人物**（だれ）　②**時間**（いつ）
③**場所**（どこ）　④**出来事**（どうした）
の四つに着目し、大まかなあらすじをとらえましょう。

8 場面の変化《へんか》

★ 標準レベル

問題 60～61 ページ

1

(1) しょうがない
(2) 弱虫、弱虫
(3) **ウ**
(4) a 帰りのホームルーム　b 家　c 三　d 一

解説

1

(1) 勇平《ゆうへい》が「雷《かみなり》ぐらいで、がたがた震《ふる》え」るのは「かっこう悪い」と言ったことに対して、恵介《けいすけ》が「そうかなあ？」と疑問《ぎもん》をしめしている部分です。恵介は雷で震えてしまうことを「かっこう悪い」とは思っていません。この理由は、傍線部《ぼうせんぶ》①よりあとの、恵介の言葉からとらえましょう。恵介は「雷が大の大の苦手」で、「怖《こわ》いから、どうしても震えちゃう」ことは「しょうがない」と話しています。このことが、恵介が雷で震えることをかっこう悪いとは思わない理由です。

(2) 傍線部②のすぐあとの部分に、「……ような気がしたのだ」と一《はじめ》の気持ちがのべられていることに着目しましょう。「自分のことをからかわれているような気がした」とあるように、恵介が勇平から「弱虫」と言われるのを聞いていると、まるで自分に言われているような気持ちになってつらくなり、勇平に対して「もう、やめろよ」と言ったのです。

(3) 傍線部③の前後の一の気持ちを読み取りましょう。怖いものはしょうがないという恵介の態度《たいど》について、一は「そうだよな」と共感《きょうかん》して、「怖いものは怖い」と考えています。また、「恵介のようにさらりと言えたら、みんなの前で堂々《どうどう》と震えることができたら、どんなにせいせいするだろう」とうらやましさを感じています。しかし、「やっぱり、言えない」と書かれており、恵介のようにはできないとあきらめている気持ちが読み取れます。これに合うのは、**ウ**です。**ア**は、一はあきらめているので「強い人間になろう」という気持ちになっていません。よって、合っていません。**イ**は、一は恵介のことがうらやましいので「図太いせいかくが信《しん》じられない」は合っていません。**エ**は、「せいせいするだろう」とは考えていますが結局《けっきょく》「言えない」という気持ちになっているため、「みんなを見返したい」は合っていません。

(4) この文章では、場所や人物の変化《へんか》によって、「場面の変化」を表現《ひょうげん》しています。最初《さいしょ》の場面は、「帰りのホームルーム」後の教室で三人（一・恵介・勇平）が会話する場面です。次の場面は、「外に走り出た」一が一人で「家まで走って帰った」場面です。そして最後の場面は、「今、塾《じゅく》への道をゆっくりと歩きながら」とあることから、一が一人で塾に向かっている場面となります。

★★ 上級レベル

問題 62～63 ページ

1

(1) 合唱部の規
(2) (例) 自分は、パート別練習をさぼったという点で、練習に真面目に取り組まなかった男子部員たちと同じだと考えたから。
(3) 雨の降る～っていた
(4) a 放課後　b (例) とてもひどい出来のもの (11字)
c 次の日　d (例) 早くエリに登校してきてほしい (14字)

解説

1

(1) 辻《つじ》エリがどのような人物なのかをおさえ、合唱部《がっしょうぶ》ではどのようなそんざいだったのか書かれている部分をさがしましょう。前書きにあるように、辻エリは真面目《まじめ》でない部員と言い合いとなるなど、練習に熱心《ねっしん》であることがうかがえます。辻エリが「学校を休むことになった」とき、「合唱の練習はひどい出来」になり、「辻エリは合唱部の規律《きりつ》そのものだったのだと、いなくなってはじめて全員がしる」と書かれています。この部分から、辻エリは「合唱部の規律そのもの」のようなそんざいであるとわかります。

(2) 傍線部《ぼうせんぶ》②のすぐあとの辻エリの言葉に着目しましょう。辻エリは「私《わたし》はただ、パト練の指導《しどう》ば、さぼっただけです。男子とおなじばい」と言っています。真面目に練習をしない男子部員と言い合いになったものの、エリもパート練習の指導の時間に教室にいなかったため、自分も男子と同じようにさぼってしまったのだと考えています。さぼってしまった自分は、男子から謝《あやま》ってもらうような立場ではないと思い、男子が謝ることも受《う》け付《つ》けなかったのです。

(3) 傍線部③より前の部分の出来事をおさえましょう。風邪《かぜ》をひく前日、エリは男子部員と言い合いをして教室を出ます。そのあと帰ってきたとき「全身がずぶ濡《ぬ》れ」の状態《じょうたい》でした。こうなったのは、「雨の降《ふ》る中、頭を冷《ひ》やすため屋上に立っていた」ためです。雨の中ずぶ濡れになってしまい、風邪をひいたと考えられます。その原因《げんいん》である「雨の降る……っていた」の部分が、理由としてあてはまります。

(4) この文章では、時間（日づけ）の変化《へんか》によって、「場面の変化」を表現《ひょうげん》しています。エリが教室を出ていった日、その翌日《よくじつ》、さらにその翌日、という三日間のそれぞれの場面の内容《ないよう》を整理しましょう。
まず、第一場面は、最初《さいしょ》から「翌日は学校を休むことになった」までです。エリが教室を出ていった日の出来事が中心にえがかれています。

第二場面は（中略《ちゅうりゃく》）の直後から「そのように全員をはげました」までです。空欄《くうらん》aは、場面の時間が入ります。（中略）の前で、「翌日は学校を休むことになった」とあり、（中略）直後に「放課後《ほうかご》」とあるので、「翌日の放課後」の出来事がえがかれている場面だとわかります。空欄bには、その日の練習がどのような様子だったかを表す内容が入ります。エリがいなかったため、「合唱の練習はひどい出来だった」と書かれています。その具体的《ぐたいてき》な様子は「若気《わかげ》のいたりで……不協和音《ふきょうわおん》だった」でえがかれています。空欄bは十五字以内《いない》におさまるようにひどい出来であったことを書きましょう。

第三場面は、「しかし次の日も」から最後《さいご》までです。エリが教室を出ていった翌日のその次の日の出来事がえがかれています。空欄cには「いつ」を表す言葉が入るので「（さらに）次の日」が入ります。空欄dには、第三場面で、隣《となり》の教室をのぞいたときの「僕《ぼく》」の心情《しんじょう》があてはまります。ここでは、教室をのぞいて、エリが休んでいることを知った「僕」が、「彼女《かのじょ》の登校を待ちわび」るという心情になっています。この心情を、字数に注意しながらまとめましょう。

★★★ 最高レベル

問題 64～67 ページ

1
(1) あいつの形見
(2) 石たちの息遣いが聞こえてきそうな気がした
(3) **ア**
(4) **イ**
(5) 声をかけて
(6) 祖父はこれ
(7) ありがとう
(8) （例）ガラスケースに顔を寄せる祖父の隣に立ち、いっしょに石を見つめていること。

解説

1
(1) 澪二《れいじ》の祖父《そふ》の発言から、「石たち」について話している部分をさがしましょう。まず、「ここにある石のほとんどは、真鍋《まなべ》のものだ」とあります。真鍋は、澪二の祖父の親友で、三十八年前に亡《な》くなっています。そのため、細君から真鍋の石を譲《ゆず》ってもらったことを、澪二の祖父は「あいつの形見を譲り受けた」と話しています。したがって、「あいつの形見」をぬき出します。

(2) 傍線部《ぼうせんぶ》②「ひっそりと静《しず》かに」のある一文は「石たち」が博物館《はくぶつかん》の中で「ひっそりと静かにその存在《そんざい》を光らせている」という内容《ないよう》です。石たちの存在感がきわだつような静けさを表す部分をさがします。文章中には、博物館の中の様子や雰囲《ふんい》気《き》についてえがかれた部分がいくつかあります。その中でも「ひっそりと静かに」と同じような雰囲気を表している部分がないかさがすと、「静寂《せいじゃく》しかないこの場所に祖父《そふ》と二人きりでいれば、石たちの息遣《いきづか》いが聞こえてきそうな気がした」とあります。この部分の「石たちの息遣いが聞こえてきそうな気がした」が、石の存在感《そんざいかん》がきわだつような静けさを表しているので、この部分をぬき出します。

(3) 問われているのは、真鍋《まなべ》から見た家族にあてはまらない人物であることに注意しましょう。文中には真鍋の息子《むすこ》である「毅《つよし》」と、その毅の「子供《こども》たち」(真鍋の孫《まご》)、「真鍋の親父《おやじ》さん」が出ています。また、選択肢《せんたくし》にはありませんが、真鍋の妻《つま》と、真鍋の両親、真鍋の息子の「妻」が、真鍋の家族としてえがかれています。

(4) 文章中に、真鍋が亡《な》くなったのは「いまから三十八年も前」とあります。また、博物館《はくぶつかん》を開くという真鍋の家族との約束《やくそく》をはたせたのは「真鍋が亡くなって十五年以上《いじょう》月日が経《た》ってからだった」とあります。この二点から、博物館が開館したのは「二十年以上前」であると考えることができます。

(5) この文章では、真鍋がどのような人物であったかについてほとんど澪二《れいじ》の祖父の口から語られています。ここでも、祖父の発言から、真鍋がどういうことを祖父にしてくれたのかを話している部分をさがしましょう。澪二の祖父は、「あの頃《ころ》(真鍋とすごした頃)のこと」を思い出して、「声をかけてくれたこと、……実家に招《まね》いてもらったこと」と話しています。

(6) この文章の多くは、祖父の話でしめられています。澪二の思いが続《つづ》きの二文でえがかれている部分は、一か所しかありません。あてはまるのは、「祖父はこれまで……続けてきたのだろう。もう会うことのない……語りかけていたのか」という部分です。「〜だろう」「〜のか」という問いかける形の文《ぶん》末《まつ》に、澪二の気にかかる思いが表れていることを読み取ります。

(7) 文章中の真鍋の葬式《そうしき》の日の、祖父と毅のやりとりに着目すると、「おじさんもきみのお父さんにありがとうを言いそびれた」とあることから、「伝《つた》えそびれた言葉」とは、「ありがとう」であると考えられます。そのあとの部分に「一度もお礼を言えなかった」ともありますが、「お礼」は「言葉」ではないので、注意しましょう。

(8) 文章の最後《さいご》の二文に着目しましょう。祖父が「寂《さび》しそうに笑《わら》いながら」、亡くなった親友の石をおさめるガラスケースに顔を寄《よ》せています。澪二は、「祖父の隣《となり》に立ち、ガラスケースの中の石を見つめる」ことによって、真鍋のことを思って寂しそうな顔で笑う祖父の気持ちに寄《よ》り添《そ》おうとしていることがわかります。

中学入試に役立つアドバイス

場面の変化《へんか》 「時間」・「場所」・「登場人物」の変化に注意することで、場面の変化をはあくする。

①**時間**…日付《ひづけ》、時間帯《じかんたい》(朝・昼・夜)などが変《か》わる部分に注意。
↓時間がたったことがわかる表現《ひょうげん》は見落とさないようにしましょう。
(例《れい》 空には、いつしか丸い月がうかんでいた。↓夕方から夜へ)

②**場所**…登場人物が移動《いどう》する部分に注意。
↓どこからどこへ移動したのかをおさえましょう。

③**登場人物**…登場人物がふえたりへったりする部分に注意。
↓場面に登場している人物と主人公との関係《かんけい》にも注意しましょう。

9 せいかく・人物像《じんぶつぞう》

★ 標準レベル　問題 68~69 ページ

I

(1) a 遠泳に参加する　b 係にはなれない
(2) **ア**
(3) **イ**
(4) a あきれかえった　b やってみようか
(5) **ウ**

解説

I

(1) 傍線部《ぼうせんぶ》①の前で、太《ふとし》が女子から応援旗《おうえんき》の「竹の棒係《ぼうがかり》になってよ」とたのまれたことに対して、「太はだめだよ」と、ヤッチンがことわっています。この理由について、あとの部分でヤッチンが「遠泳に出るやつは、旗作《はたづく》りをしなくていいんだろ。だから太は係《かかり》にはなれない」と話しています。「遠泳に出る」の部分は字数に合わせて、さらにあとの部分の「遠泳に参加《さんか》する」を書きましょう。

(2) 傍線部②の前に、「遠泳に参加することになっている三人の少年は、顔にうすらわらいをうかべて」いるという様子がえがかれています。そのほかにも、太が遠泳に参加することに教室からおどろきの声があがっています。これらから、「完全《かんぜん》にばかにしていた」は、太が遠泳に参加するには泳ぎが下手であることをしめしているのではないかと考えられます。

(3) 空欄《くうらん》に様子を表す言葉をあてはめる問題は、空欄の前後の内容《ないよう》をまずとらえます。空欄の直後に「やってみようか、と昨日以上《きのういじょう》に決心がかたまってきた」という太の気持ちが書かれています。「遠泳に出なきゃいけなくなった」と言いながら、心の中では出ようと決心しているので、もやもやした気持ちがなくなるという意味の**イ**「ふっきれた」があてはまります。

(4) 問いの文は、具体的《ぐたいてき》な出来事や太の心情《しんじょう》を取り上げて、「前向きなせいかく」と説明《せつめい》しています。太が前向きなことがわかる部分をさがしましょう。太が遠泳大会に参加することについて、「太を応援《おうえん》する雰囲気《ふんいき》はなく、ただあきれかえった顔」をされています。しかし、太は「やってみようか」という気持ちになっています。空欄aは教室のみんなの様子を表す言葉が入るので「あきれかえった」、空欄bは太の気持ちを表す言葉が入るので、「やってみようか」があてはまります。

(5) ヤッチンは、女子から太が竹の棒係をたのまれたのをことわるために、その場の流れで先走って、「太の遠泳参加を宣言《せんげん》して」しまいました。ここから、ものごとを深く考えて行動しないせいかくがわかります。しかし、そのことについて、あとで太に「ごめん」「おこってるか」と気づかう様子が見られます。このことから、**ウ**が正解《せいかい》です。**ア**は、太は勝手に遠泳参加を宣言されてこまっていますが、ヤッチンは深く考えずに宣言しただけで気づかう様子も見せているように「意地悪」ではないので、合っていません。**イ**は、太を気づかってはいますが、「おくびょう」にこわがる様子はないので合っていません。**エ**は、その場の流れで遠泳参加を宣言してしまったのであり、太の背中《せなか》をおそうとしたわけではないので、合っていません。

★★ 上級レベル　問題 70~71 ページ

I

(1) ふるえる
(2) **イ**
(3) (例) 成功しそうだと分かり、軽い高ぶり (16字)
(4) **イ・ウ** (順不同)
(5) (例) 小さい者たちのことをいつも気にかける、めんどう見のよい (27字)

解説

I

(1) 傍線部《ぼうせんぶ》①のあとに、サチの心情《しんじょう》が書かれていることに着目しましょう。「釣《つ》り上げられないかもしれないという気持ちと、釣り上げたいという気持ちが、魚のあばれるままにふりまわされ」ていることを「ふるえる竿先《さおさき》のままの気分だった」と表現《ひょうげん》しています。「ような」や「みたいな」など、たとえをしめす表現は使われていませんが、釣り上げられないかもしれないという不安《ふあん》と釣り上げたいという願《ねが》いの二つの対照的《たいしょうてき》な思いにふりまわされていることを「ふるえる竿先」のようだとたとえているのです。

(2) 空欄《くうらん》の前のケンチンの言葉や様子をとらえましょう。「ケンチンのところからは、かかった魚が見えた」ため、サチが釣り上げようとしている魚について「おおきいぞ」と言っています。このことから、大きい魚が見えたためこうふんして、体を前に出すようにしていると考えられます。したがって、**イ**「身をのりだす」が正解《せいかい》です。**ア**「身をちぢめる」は、こわさなどで体を小さくすること、**ウ**「身をすくめる」も、体を小さくすることです。**エ**「身を引く」は後ろに下がることです。

(3) 傍線部②の前で「手にかかってくる重みもふるえもちがった感触《かんしょく》」になって「軽くなった」とあるので、「魚が水面からすがたをあらわした」とは魚を釣り上げられそうだということです。傍線部②の直後では、「軽い高ぶりを感じたまんま」というサチの心情が書かれています。二十字以内《いない》で書くように指定されていますが、八割《はちわり》以上は書くようにしましょう。「軽い高ぶり」だけではなく、どのようなことに対して「軽い高ぶり」を感じているのかもふくめてまとめます。

(4) サチの発言や行動、様子からサチがどのような人物なのかをとらえましょう。**ア**は、サチがだれかをうたがっている様子がえがかれていないので、合っていません。**イ**は、サチがテツオの様子を見て「ちょっと変《へん》だ」と思い、テツオが小さい者の動きを気にしていることに気づいたことから、人をよく観《かん》察《さつ》してさっすることのできるせいかくだとわかるので、合っています。**ウ**は、サチは手伝《てつだ》ってくれたテツオに「ありがとう」と感謝《かんしゃ》の思いをすぐに伝《つた》えたり、テツオのエサがなくなっていることに気づくと「サチのえさ使ってもええよ」と声をかけるような思いやりの気持ちをもてたりする、素直《すなお》なせいかくであることが読み取れるので、合っています。**エ**は、サチは、魚を釣るときはこうふんしているものの、相手の話を聞いて行動しているので、合っていません。

(5) テツオの発言や行動に着目してどのような人物かをとらえましょう。この問題では、問いの文に「たいくつそうに見せながらも」とあり、「小さい者たち」という言葉を使う、という指示《しじ》があるので、最後《さいご》の段落《だんらく》でえがかれているテツオの様子に着目しましょう。「小さい者たちの動きを気にしている」、「ケンチンのつれてきた男の子や……幼《おさな》い兄弟の動きがあるたびに、神経《しんけい》をその方に集めている」と書かれているように、テツオは小さい子どもたちの様子をよく見て、気にかけています。ここから、テツオが年長者としてとてもめんどう見のよい人物であることがわかります。この内容《ないよう》をまとめて「人物」につながるように書きましょう。

★★★ 最高レベル

問題 72〜75ページ

1 (1) (ムッチ) **オ**・(陸くん) **ア** (2) **エ**

2 (1) **ウ**

解説

I

(1) (ムッチ) ムッチの発言や行動、ムッチに対するほかの人物からのひょうかなどが書かれている部分はないかを、おさえていきましょう。ムッチは、なぜ怒《おこ》られたのかたずねられても、理由をわかっておらず、「逃《に》げる癖《くせ》がついてる」といい、「頭をポリポリ」かいています。また、怒られたために「もうここで化石を探《さが》せない」という言葉に対しては、「毎日、見張《みは》りに来ない」「今日は、たまたまだった」と「能天気《のうてんき》に言う」様子です。これらから楽天的で子供《こども》っぽい面が読み取れます。また、化石を見つけた世夏《せな》に「世夏ちゃん、やったね」とすかさず声をかける部分からは友達《ともだち》思いで優《やさ》しい面が読み取れます。したがって、**オ**が正解《せいかい》です。

（陸《りく》くん）同じように発言や行動などに着目していきます。化石探しをしているときに、おじさんに怒られたことについて「山を荒《あ》らされてると思ったんじゃないか？　山の所有者かもしれない」と落ち着いて分析《ぶんせき》しています。また、「今度、見つかったら、きちんと理由を話して探させてもらおう」と「真剣《しんけん》な顔をして言った」ことから、これからも化石探しをしたいという情《じょう》熱《ねつ》と、今後のことをしっかり考える冷静《れいせい》さもわかります。また、世夏が見つけた化石について「シダとはちがうね。たぶん裸子《らし》植物だと思う」とすぐさま落ち着いてはんだんし、化石への知識《ちしき》の深さ、熱心《ねっしん》さも見せています。したがって、**ア**が正解です。

(2) まず、葉っぱの化石を見つけたときの「これが1億年《おくねん》以上前《いじょうまえ》の植物だと思うと感動する」という世夏の心情に着目しましょう。おじさんに怒鳴《どな》られたことで不安《ふあん》になっていた世夏の気持ちが、葉っぱの化石を見つけるという出来事をきっかけに変《か》わったことがわかります。それからは、「だんだんわたしも慣《な》れてきたみたい。石を割《わ》るのがおもしろくてたまらない」というように、感動と興奮《こうふん》の気持ちでいっぱいになっているため、見る石が「みんな化石に見えてきてしまう」のです。したがって、**エ**が正解です。**ア**は「不思議《ふしぎ》に思っている」が合っていません。**イ**は、「化石を見つけるのは簡単《かんたん》だ」とは思っていないので、合っていません。**ウ**は、世夏は化石を自分で見つけたので「化石を触《さわ》らせてもらうことができた」は合っていません。また、「強い友情《ゆうじょう》を実感し」たことも書かれていません。**オ**は、「簡単に化石を見つけることができた」と「気持ちが冷《さ》めた」が合っていません。

2

祥子《しょうこ》がPTAについて考えている文章の前半部分と、梶尾《かじお》さんについて考えている（中略《ちゅうりゃく》）直後の部分において、それぞれ読み取れる内容《ないよう》から考えましょう。PTAについては、最初《さいしょ》はその大変《たいへん》さにおどろき、改革《かいかく》が必要《ひつよう》だと考えていましたが、次第《しだい》に「学校だって万能《ばんのう》ではない。何か問題が生じたとき、対処《たいしょ》できる組織《そしき》がPTAのはずだ」と感じ、その重要性《じゅうようせい》をみとめています。梶尾さんについては、毎年決めるのに困難《こんなん》を極《きわ》める会長に「珍《めずら》しく立候補《りっこうほ》」したことや、「仕事ができそうな人に決まった」という表現《ひょうげん》から、祥子は、積極性《せっきょくせい》がある人だろうと感じていることが読み取れます。したがって、**ウ**が正解です。**ア**は、「各《かく》委員会の意見に耳をかたむけよう」という梶尾さんの様子は書かれていないので、合っていません。**イ**は、梶尾さんが「みんなの意見をまとめて」いる様子は読み取れないので合っていません。**エ**は、PTAについては「負担《ふたん》の大きい組織」とは思いながらもその大切さを感じており、また、梶尾さんは「他の人を気づか」って会長を引き受けたとは書かれていないので、合っていません。**オ**は、梶尾さんが「学外の地域《ちいき》の問題にも意欲的《いよくてき》に取り組」むとは書かれていないので、合っていません。祥子は地域の問題ではなく、将人《まさと》について先生たちと話し合いがうまくできないことを、梶尾さんが代表するPTAに相談しようとしています。

中学入試に役立つアドバイス

せいかく・人物像《じんぶつぞう》

登場人物の発言・行動・様子から、せいかくや人物像をつかむ。

①**発言**…どのようなときにどのような発言をしているのかに着目する。
（例《れい》 悲しいときに「がんばろう。」と言う。↓前向きなせいかく）

②**行動**…心情《しんじょう》のともなった行動に着目する。
（例 自分のエサを分けてあげた。↓やさしいせいかく）

③**様子**…表情やしぐさなどの様子に着目する。
（例 いつも笑《わら》っている。↓元気なせいかく）

復習《ふくしゅう》テスト③

問題 76～77ページ

1
(1) (例) わたされても喜ばないで、いやがったのか
(2) そう言い～理ある。
(3) **エ**
(4) (例) 自分にとって貴重なものでも、相手にとってはそうではないこともある

解説

1

(1) 文章の展開《てんかい》をたしかめていきましょう。前書きには、三崎《みさき》が「僕《ぼく》」たちが釣《つ》った鮎《あゆ》を「気持ち悪い」といやがって受け取らなかったことが書かれています。「僕」が家に鮎を持ち帰ると、家族はみな喜《よろこ》びました。このことで、「僕」は「どうしてみんな鮎を喜んでくれるのに、三崎はにこりともせずに怒《おこ》るのだろうか」と疑問《ぎもん》をいだいてぶつぶつ言いました。そのあとの（中略《ちゅうりゃく》）以降《いこう》は、なぜ三崎が鮎を受け取らず怒ったのだろうということを、姉と「僕」が話している場面が続《つづ》きます。「僕」は姉との会話を通して、自分にとって貴《き》重《ちょう》なものも三崎にとっては気味が悪いのかもしれないと気づくようになります。空欄《くうらん》には、「僕」が何を考えたかが入るので、「みんなが喜ぶ鮎を、なぜ三崎が気持ち悪がっていやがるのか」という内容《ないよう》を書きましょう。

(2) 「僕」の最初《さいしょ》の考えは、鮎を受け取らず怒る三崎に対してなっとくできないというものです。ここから考えをあらためるということは、三崎が鮎をいやがる気持ちを理解《りかい》し始めたということです。また、「僕」は姉との会話の中で、三崎の立場に立って考えるようにうながされたことで、考えが変《か》わってきたことをおさえましょう。文章中の姉の最後《さいご》の発言の「和也《かずや》だってさ……年寄《としよ》りみたいやよ」のあとに、姉の話がわからないし、狐《きつね》がえりについても「妙《みょう》な祭りではない」と、「そう言い返そうと思ったけど、残念《ざんねん》ながら姉ちゃんの言うことには一理ある」と考え、言い返すのをやめた様子がえがかれています。この部分が、「僕」が三崎の思いを理解し始めたところだとわかります。

(3) 姉の発言を中心に姉がどのような人物なのかをとらえましょう。三崎が鮎を気味悪がって怒ることに疑問をもつ和也に対して、姉は「和也かって、いきなりハイテクコンピューターをもらっても、困《こま》るやろう」、「それ（＝和也がマクドナルドの商品券《しょうひんけん》をいらないこと）と一緒《いっしょ》やって」、「和也だってさ、……妙な祭りに参加《さんか》させられたら、うんざりするはずや」など、三崎の立場に立って考えるようにうながしています。ここから「相手の立場になってものごとをとらえることが大切」であると考えられる視野《しや》の広い人物であるとわかります。したがって、**エ**が正解《せいかい》です。**ア**は、「相手を言い負かすことに喜びを感じる」様子はないので合っていません。**イ**は、軽快《けいかい》に和也とやりとりをしており、「きびしい態度《たいど》」ではないので、合っていません。**ウ**は、はっきりとした口調で大切なことを伝《つた》えようとしており、そのことで和也が怒っている様子も見られるので、合っていません。

(4) 「僕」は姉との会話で「一理ある」と気づいているので、そのあとの文章の最後の二文に着目しましょう。ここには、(1)で考えた疑問に対して、「僕」が見出《みいだ》した自分なりの答えが書かれています。自分と三崎とは都会の中学生、田舎《いなか》の中学生、という「違《ちが》い」があるのだから、「僕にとってすごく貴《き》重《ちょう》なものでも、三崎にとっては気味悪いものなのかもしれない」と考えており、それぞれに価値観《かちかん》が違うのだという考えにいたっています。この内容をまとめましょう。

10 心《しん》情《じょう》の読み取り

★ 標準レベル　問題 78〜79 ページ

I
(1) **エ**
(2) やさしさ
(3) A **オ**　B **ア**
(4) **ウ**
(5) **イ**

解説

I
(1) 傍線部《ぼうせんぶ》①の直後の部分に着目しましょう。沙良《さら》の自主練習につきあってくれる葵衣《あおい》は、沙良が失敗《しっぱい》しても文句《もんく》はいわない代わりに、失敗したときにはすぐに手をとめる、とあります。そして、「この曲になってからは、葵衣の手はとまってばかり」であるため、「なんでもっとうまくできないんだろう」と沙良はくやしさを感じています。このことから、**ア**・**ウ**はあてはまると考えられます。また、「葵衣はいつもつきあってくれる」と表現《ひょうげん》しているため、葵衣への感謝《かんしゃ》の気持ちもあると考えられます。

(2) 葵衣は友麻《ゆま》の発言に、「友麻のやさしさ、だと思う」と言っています。

(3) 空欄《くうらん》Aは、直前部分の「そんなんで、これ以上《いじょう》練習したってむだだから」という友麻のきびしい言葉を受けて、その言葉が「胸《むね》にささった」様子なので、**オ**の「ぐさっと」があてはまります。空欄Bは、直前部分で葵衣に「帽《ぼう》子《し》！　マスク！」と声をかけられたことを受けた、沙良の様子を表しています。あとの部分に「あわてて帽子をかぶり、マスクをする」と続《つづ》くことから、葵衣に言われたことで帽子やマスクのことを思い出していると考えられるので、**ア**の「はっと」があてはまります。

(4) 傍線部③は、沙良がそれまで取り組んでいた練習を中止して外にでたことを表しています。なぜそのような行動を取ったかについて、直前の「胸にささった」という部分も合わせて考えると、マイナスな心情《しんじょう》がはたらいた結《けっ》果《か》であることが読み取れます。追いかけてきてくれた葵衣がかけた言葉のあとに、この行動の理由となる沙良の心情がしめされています。沙良には、友麻にいわれたことが自分でもよく「わかってる」からこそ、「くやしいし、自分がなさけなかった」とあります。「唇《くちびる》をかみしめて」という沙良の様子にも、「くやしい」という心情が表れています。

(5) 空欄Cの前後は、「わらう。ほんとは［C］気分だったけど」となっていることから、Cには「わらう」という行動に合わない心情があてはまることがわかります。また、前の部分で自分のことを「なさけなかった」と感じていることからも、ここではマイナスな心情があてはまると考えましょう。**ア**「おこりたい」、**ウ**「にらみたい」のように、ほかの人にいかりの気持ちをもっている様子は読み取れないので、**イ**「泣《な》きたい」を選《えら》びます。

★★ 上級レベル　問題 80〜81 ページ

I
(1) 島にもどれるならもどりたい
(2) 1 よそ者
2 (例) 心にキズを負い、へんに身がまえてしまう
(3) (例) 山内コーチに面と向かって歯向かうことはためらわれるから。
(4) (例) 先祖代々、海で暮らしてきた生きものとして、海にあこがれる

解説

1　場面が、二つ目の（中略《ちゅうりゃく》）の前後で切りかわっていることに注意しましょう。前はスイミングスクールでの場面、あとは家でお父さんとテレビのニュースを見ている場面になります。

(1)　前書きに、「島のことを思い出しています」とあり、そのため、「ぼく」が「ボーッと」していたことがわかります。また、空欄《くうらん》の下に「という思いがあるため」とあるので、「ぼく」が島に対してどのような思いをもっているかわかる部分を文章中からさがします。すると、一つ目の（中略）のあとに「今は島にもどれるならもどりたい」とあります。

(2)　1「ぼく」は、島を出て都会の学校に転校してきた現在《げんざい》の自分のことを、「クラスでも……このスイミングスクールでも、いまだによそ者気分だ」と感じています。

2「ぼく」は、自分の住んでいた島にはなかった地下鉄について、転校先のクラスメイトに聞いたところ、からかわれてしまった出来事以来《いらい》、「へんに身がまえてしまう自分がいる」と考えており、「心のキズ、どっかで聞いたトラウマってやつ」をかかえているとあります。この部分を使ってまとめましょう。

(3)　「ぼく」はクロールのフォームを直させようとする山内《やまうち》コーチの言葉に対して、つぶやきを発しています。「このクロールは……ぜったいかえるもんか！」という言葉から、山内コーチにしたがうまいとしていることがわかりますが、なぜ面と向かって本人に言っていないのかを考えましょう。

(4)　ペンギンが水族館から脱走《だっそう》したというニュースを見る前に、ちょうど「ぼく」にもスイミングスクールで小笠原《おがさわら》の海を思い出してぼんやりしていたことをコーチに注意される出来事があったということに着目しましょう。さらに、お父さんが「ペンギンのやつ、やっぱり広い海で暮《く》らしたかったのかなあ」、「先祖《せんぞ》代々、海で暮らしてきた生きものには、海にあこがれる気持ちが受けつがれている」と言ったことで、「ぼく」は「お父さんのいうとおりかもしれない」となっとくしています。このことから、海を知らなくても海を求《もと》めるペンギンと、海にかこまれた島で暮らしてきたために「島にもどれるならもどりたい」と考える自分が重なったのだと考えられます。

★★★ 最高レベル

問題 82〜85ページ

1
(1)　a（例）自分のほうが先に猫を見つけることができる（20字）
　　b（例）自信
(2)　ア

2
(1)（例）狭いところでもいいので、自分ひとりの部屋がほしいという望み。（30字）
(2)　ウ
(3)　ア

解説

1　三人の登場人物（武《たける》・拓也《たくや》・女性《じょせい》）のそれぞれの行動・様子・発言に着目しながら読み進めましょう。

(1)　傍線部《ぼうせんぶ》①の直前の女性の発言をもとに考えましょう。この場面では、行方不明《ゆくえふめい》になっている猫《ねこ》をめぐって、武と女性の両者がおたがいゆずらずに、自分の猫だと主張《しゅちょう》し合っている様子をえがいています。「挑発的《ちょうはつてき》な」とは、相手に対していどみかかっていくような態度《たいど》を表します。「おれの猫だ、ゴンだよ！」「ガキだと思ってなめんなよ！」などと強い言葉で主張する武にいどみかかるように、女性は「挑発的な笑《え》みを浮《う》かべる」という態度を取っています。そこからは、直前の女性の発言にあるように、「わたしが先に見つけるから」という、絶対的《ぜったいてき》な自信《じしん》があることが読み取れます。bの「自信」は、ほかには「自負」などでもよいでしょう。

(2) 傍線部②の直前の、武が「一気に言った」内容《ないよう》に着目しましょう。女性の猫の名前を引き合いに出し、「そんな気取った名前、似合《にあ》わねえよ」と言ったり、いかにゴンが自分になついていたかを言ったりというように、あの猫は女性の猫ではなく、ゴンなのだということを必死《ひっし》で自分に言い聞かせ、自分で自分を納得《なっとく》させようとしているのだと考えられます。**ウ**・**エ**は「自分に言い聞かせるため」ではなく、拓也にどう考えてもらうかについて書かれた内容になっているため、あやまりです。また、「次に会った時」に女性に言うことを準備《じゅんび》しているという内容は本文にありませんので、**イ**はあやまりです。

2

「……思うようになった」など心情《しんじょう》を表す表現《ひょうげん》や、心情が読み取れる発言が出てくるので、着目しながら読みましょう。

(1) 「その望《のぞ》み」と、指示語《しじご》をふくんでいることから、傍線部①の直前に着目し、晴子の望みをさがしましょう。すると、直前に、「どんなに狭《せま》いところでもいいから、いつか自分ひとりの部屋を貰《もら》えたら、どんなに嬉《うれ》しいだろうと思うようになった」とあります。この部分から、字数に注意しながらまとめましょう。「どのような望み」を持っていたのかと聞いているので、必《かなら》ず解答《かいとう》の文末《ぶんまつ》は、「～望み。」という形にしましょう。

(2) 「～ような」という表現は、「直喩《ちょくゆ》」といわれる、たとえの表現になります。この場面では、狭いながらも、やっと念願《ねんがん》の自分の部屋を手に入れた晴子が、その部屋を「船室」にたとえています。そのことから、ここでは「船室」はプラスの心情によるたとえだと考えられるので、**ア**の「不安感《ふあんかん》」や**イ**の「圧《あっ》迫感《ぱくかん》」という言葉はあてはまりません。また、「もう誰《だれ》もがらくたを持ち込《こ》む者はいないので、彼女《かのじょ》は自分の好《この》みのままに部屋を飾《かざ》ることも片附《かたづ》けることも出来るのであった」とあることから、晴子は**エ**のように、外の世界に羽ばたいていきたいと思っていたのではなく、**ウ**のように、弟に邪魔《じゃま》されない自分の部屋ができ、うれしい気持ちでいることがわかります。

(3) 傍線部③のあとに続《つづ》く晴子の発言に「この方が貫禄《かんろく》があっていいよ」とあることから、晴子自身がその古くなった机《つくえ》に対して愛着《あいちゃく》があることがうかがえます。また、（中略《ちゅうりゃく》）のあとで、机のことを「大丈夫《だいじょうぶ》」「何ともない」と言っていることや、「膝《ひざ》がつかえないか」という大浦の心配に対して、晴子は「つかえない。ちゃんと入る」と言っていることから、勉強机《べんきょうづくえ》として不自《ふじ》由《ゆう》がないと感じていることがわかります。よって、**ア**が正解《せいかい》です。

中学入試に役立つアドバイス

心情《しんじょう》の読み取り　心情を読み取る手がかりを見つけよう。

①登場人物の行動

・行動に着目することで、心情を読み取ることができるようになります。

例《れい》
・スキップする…うれしい・楽しい　・どなる…おこっている
・こぶしをにぎりしめる…くやしい　・ため息をつく…つらい

☆行動を起こしているときのじょうきょうも合わせて考えるとよい！

例
・「不合格《ふごうかく》」の文字を見て、泣《な》きだした　……悲しい
・「合格」の文字を見て、泣きだした　……うれしい

②登場人物の表情

・表情に注意することで、心情を読み取ることができるようになります。

例
・パッと明るい顔になる…うれしい・楽しい
・みけんにしわをよせている…おこっている
・口を開けている…おどろいている
・目になみだをためている…悲しい・つらい

☆大きく分けて、「プラスの心情」なのか「マイナスの心情」なのかを意《い》識《しき》しながら読みましょう！

【プラスの心情】…うれしい・楽しい・あこがれる　など
【マイナスの心情】…悲しい・つらい・くやしい・不安　など

③登場人物の発言

・発言の内容《ないよう》から、プラスの心情《しんじょう》なのかマイナスの心情なのかをはんだんしましょう。

例《れい》・「ありがとう」……喜《よろこ》んでいる・感謝《かんしゃ》している
・「あっちに行ってよ」……おこっている・いやがっている
・「よし、がんばるぞ」……はりきっている
・「もうだめだ」……絶望《ぜつぼう》している・あきらめている

☆どのようなじょうきょう・どのような態度《たいど》でその言葉を言っているのかにも着目しましょう！

《まとめ》

出来事が起こる（きっかけ）
↓
心情が生まれる
↓
行動・様子・発言に表れる

この三点の流れをつかもう！

☆心情を読み取るためには、その前後にある、きっかけとなる「出来事」・心情が表れた「行動・様子・発言」をヒントにしながら考えるようにしましょう。

---

11 心情《しんじょう》の変化《へんか》

★標準レベル 問題 86～87ページ

1 (1) ウ
(2) a やる前 b ダメだ c こたえたい
(3) お母さん～なった。

解説

1 (1) このあとお母さんは、「タイちゃんがダメだなんて思ったこと、一度もないよ」「いいところがいーっぱいあるのを、お母さんは知ってるもん」などと、不安《ふあん》な気持ちになっている「ぼく」に対して伝《つた》えています。これから話をするにあたって、本気の思いを伝えようとして、真剣《しんけん》な顔になっているのだと考えることができます。**ア**「おこって」いる、**イ**「なさけない」という気持ちはお母さんから読み取れません。また、**エ**「ほこらしい」は「真剣な顔」に合いません。

(2) お母さんの発言から、「ぼく」は、「やる前」から『むり』とか『ダメ』と決めつけていることが読み取れます。そのような、「あきらめ」ようとする「ぼく」の心情《しんじょう》が、お母さんの「だいじょうぶ」という発言をきっかけに変化《へんか》しています。また、お母さんの「気持ちにこたえたい」と考えた「ぼく」は、「やれるだけやってみる」と伝えていることから、この部分を、変化したあとの心情としてとらえるとよいでしょう。

(3) 本文の最後《さいご》の一文に、「お母さんが、ふわっと笑顔《えがお》になった。」とあります。話を聞いて「ぼく」が気持ちをあらためる様子を見て、お母さんはうれしくなったのだと考えられます。

★★ 上級レベル

問題 88～89ページ

1
(1) 1 だんだん
2 すっきりした気分
(2) a今まで味　b先生ひと
(3) (例) 先生の反応が不安な気持ちから、先生にえんそうをひょうかされて安心する気持ち
(4) (例) マルタがハグをしてくれ、ブラーヴォと言ってくれたことが、はずかしいのと同時にうれしかったから。

解説

1
(1) マルタの「頭をなで」るという行動から、「ぼく」がどのような心情《しんじょう》になっているのかを考えましょう。

1 空欄《くうらん》の前の部分をヒントに考えます。「リナの様子を見て」とあることから、傍線部《ぼうせんぶ》①の前の部分の、リナのえんそうを聴《き》いていた「ぼく」の様子をとらえます。「ぼくはそれを舞台裏《ぶたいうら》で聴いていて、だんだん焦《あせ》ってきた。ぼくもリナみたいに失敗《しっぱい》しそうだと思ったのだ」とあることから、この部分からぬき出しましょう。

2 1の内容《ないよう》から、「ぼく」が最初《さいしょ》は「焦って」いるというマイナスの心情であったことがわかります。(中略《ちゅうりゃく》)のあとに、「ぼくはマルタに背中《せなか》を押《お》されて、すっきりした気分で舞台に立った」とあることに着目しましょう。「背中を押す」とは、「はげます」というような意味合いなので、マルタに頭をなでられてはげまされた「ぼく」が、プラスの心情である「すっきりした気分」に、変化《へんか》したことがわかります。

(2) 傍線部②の直後に、「ドキドキしていた。怖《こわ》さと同時に、今まで味わったことのない高揚感《こうようかん》があった」とあることから、舞台に立ったえんそう前の「ぼく」の心情をぬき出しましょう。また、いざえんそうが始まってみると、「意外なことに、先生ひとりの前で吹《ふ》くときより気が楽だった」とあります。えんそう前は怖さを感じていた「ぼく」が、「気が楽だ」とリラックスした気持ちを感じることができるようになっていったことが読み取れます。

(3) 「先生はニッコリ笑《わら》って立ちあが」って、「ユージは本番に強いタイプだな！」と言っており、その反応《はんのう》を見る前とあとで「ぼく」の心情が変化しています。「おそるおそるサンティーニ先生の顔色をうかがうと」とあることから、先生の反応を見るまでは不安《ふあん》だったと考えられます。しかし、先生の反応を見たことで「ホッとした」とあります。

(4) 傍線部④の直前に「はずかしくてうれしくて」とあります。また、そのような心情になった原因《げんいん》となる出来事として、「ぎゅっとハグをしてくれた」ことと、「ブラーヴォ！」と言われたことがあてはまります。

★★★ 最高レベル

問題 90～93ページ

1
(1) イ
(2) ウ

2
(1) イ
(2) ア

解説

1
終戦《しゅうせん》というとくしゅな一日をむかえた合田《ごうだ》家の人々に、どのような心情《しんじょう》の動きがあったのか意識《いしき》しながら読みましょう。

(1) 傍線部《ぼうせんぶ》①のあとの、「何を訊《き》きたかったのかわからない。だが、どないするの？　といわないではいられないし、他の言葉もなかった」が、「どないするの？」となぜきいたかについての説明《せつめい》になっています。さらに、どうし

て「何を訊きたかったのかわからない」にもかかわらず、きかないではいられなかったのかを考えます。その理由となるじょうきょうの説明《せつめい》として、本文の最初《さいしょ》の部分に、この日終戦《しゅうせん》をむかえ、「負けた時に何をすべきなのか、ただの一度も話し合ったことがない」とあります。そのため、「今夜これからのことか、それとも、ここから先の長い長い時代のことか」「何をどないするってこと」かはわからないのに、きかずにはいられなかったのだと考えられます。本文に「父の周平《しゅうへい》は剣道《けんどう》の達人《たつじん》で、やるとなったらスパッと斬《き》るだろうと思う。しかし、なぜか、そんなことはあるまいと打ち消す」とあるため、アの「父親が敗戦《はいせん》を素直《すなお》に受け入れることはないと確信《かくしん》」は言いすぎになり、あやまりです。また、父が「真面目《まじめ》に生きてきた」かは本文からは読み取れず、「父親が、生きがいを失《うしな》いはしないかとおおいに心配している」ことは本文から読み取れないので、ウはあやまりです。また、父が「穏《おだ》やかな顔をしていた」とは本文にありますが、走《はしる》がそれに「安心」したかは読み取れないので、エもあやまりです。

(2) 傍線部《ぼうせんぶ》②の直後に着目しましょう。父の発言を受けて走は、「卑怯《ひきょう》やないと伝《つた》えたいために懸命《けんめい》に頭を振《ふ》り、それから、切腹《せっぷく》はせんという言葉に安心した」とあります。「緊張《きんちょう》が解《と》け、およそ切腹につながるような殺気《さっき》が感じられない」ため、切腹することはないだろうと走は思っていたものの、「切腹するんかといいかけて、口を噤《つぐ》む」とあるように、切腹に関《かん》する不安《ふあん》がなくなりきっていなかったことがわかります。そこで、日本が負けても、切腹はしないという父の判断《はんだん》を「賢明《けんめい》な判断」だと受け止め、必死《ひっし》に頭を振って自分のその思いを伝えようとしたのだと考えられます。アは、頭を振った理由は「父の偉大《いだい》さを感じ取ったから」ではないため適切《てきせつ》ではありません。切腹はしないという判断は、父にとっても走にとっても、「卑怯」ではなく、また、望《のぞ》んでいないことでもないため、イは「意に反する」の部分が、エは「たとえ卑怯な選択《せんたく》であっても」の部分が適切ではありません。

2

前書きの部分を参考《さんこう》に、日頃《ひごろ》から「私《わたし》」が妹のうみかに対して不満《ふまん》をいだいていたことを頭に入れながら本文を読みましょう。

(1) 場面の様子も合わせて考えましょう。この場面は、「私」が「家族できれいな夜空を眺《なが》めながら人気《ひとけ》のない浜辺《はまべ》を散歩《さんぽ》しているとちゅう、落ちていた貝殻《かいがら》を手に取って耳に当て」ながら、妹のうみかに話しかけている場面です。「私」は、内側《うちがわ》から「水の底《そこ》で聞くような遠い音」が流れてくる貝殻を耳に当てていると、傍線部①のようになる、とあります。そして、傍線部①の直後の部分で、「だって、貝が沈《しず》んでいた海底《かいてい》では、こんなにはっきりと星は見えなかったはずだ」と考えています。星空を見ながら、海底の音を聞くということを指して「贅沢《ぜいたく》なこと」だと言っていることから、「私」は、イのように、「空と海の両方を楽しめている気分」を味わっているのだといえます。また、「視覚的《しかくてき》に」楽しんでいるのは貝殻の色ではなく星空なので、アは適切ではありません。また、「独《ひと》り占《じ》めにしている」ことによって贅沢な気分になっているとは本文から読み取れないので、ウは適切ではありません。また、「うみかが今日はおとなしく聞いてくれている」ことによって贅沢な気分になっているとは本文から読み取れないので、エは適切ではありません。

(2) 傍線部②の前後に着目しましょう。貝殻から聞こえる音を、貝が記憶《きおく》した海の音のようだと感じて、それをうみかにも聞かせたくて貝殻を手渡《てわた》したところ、「この音は海の音じゃないし、貝殻の記憶でもないよ」とにこりともせずに説明《せつめい》し始めるうみかを見た「私」は、「浮《う》かべていた笑《え》みが強張《こわば》って、表情《ひょうじょう》が固《かた》まる」とあります。そのうみかの無神経《むしんけい》な態度《たいど》に、日頃からうみかにイライラさせられていた「私」は、「猛烈《もうれつ》に腹《はら》が立った」のです。イは、「今度こそ自分が優位《ゆうい》に立てると思って話しかけた」の部分が、エは「感情的《かんじょうてき》に反論《はんろん》してくる妹」の部分が、それぞれ適切ではありません。ウは、「私」の怒《いか》りの原因《げんいん》は「家族の前で恥《はじ》をかかされ」たことではないため、適切ではありません。

中学入試に役立つアドバイス

心情《しんじょう》の変化《へんか》の読み取り

・心情の変化を考えるときには、「プラスの心情→マイナスの心情」なのか、「マイナスの心情→プラスの心情」なのかを意識《いしき》し、そのきっかけとなる出来事をさがしましょう。

例《れい》 わたしは、走るのが好《す》きだった。（プラスの心情）
ところが、転んで足をいためてしまった。（きっかけとなる出来事）
それ以来《いらい》、わたしは走るのがこわくなってしまった。（マイナスの心情）
→プラスの心情から、マイナスな内容《ないよう》の出来事が起こったことで、マイナスの心情に変化している。

・心情が変化するときには、必《かなら》ず何かきっかけとなる「出来事」があるので、その出来事を正しくつかみましょう。

例 今日は午後からサッカーの練習があるので楽しみにしていた。（心情・前）
ところが、昼前になって雨がふり始めたので、練習は中止になった。（きっかけとなる出来事）
ぼくは、午後をしずんだ気持ちでむかえることとなった。（心情・後）

☆「心情の変化」について問われた場合は、「変化前の心情」「変化のきっかけになる出来事」「変化後の心情」の三点をセットにして答えを考えるようにしましょう！

→「ぼく」は、サッカーの練習を楽しみにしていたが、雨で中止になってしまったことによって、しずんだ気持ちになった。

・心情の変化を一文でまとめる場合、右の文のように、「～気持ちだったが、～ことによって、～気持ちになった。」という形にすることを意識してまとめるとよいでしょう。

12 主題

★標準レベル

問題 94～95ページ

1 (1) a マンガ　b ゲームをする
(2) a 変わって～か、暗い　b 美花ちゃんの言葉
(3) ウ
(4) a 好きなものがちがう　b おかしい

解説

1 「わたし」とユージくんの会話などから、「わたし」がどのような考えをもつようになったのかを読み取りましょう。

(1) 傍線部《ぼうせんぶ》①の「おれたちは、たまたま鉄道だった」というのは、ユージくんやはるちゃんの好《す》きなものがたまたま鉄道だったということです。「わたし」はその発言をうけて、「そっか！」となっとくし、「わたしが好きなマンガは、ユージくんたちにとっては鉄道の本で……」と、自分の好きなものと、ユージくんたちの好きなものを重ねて考えられるようになっています。

(2) 傍線部②の前に、「美花《みか》ちゃんの言葉に引きずられたりして」とあること

に注目します。「美花《みか》ちゃんの言葉に引きずられた」とは、前書きにあるように、「美花ちゃんが鉄道好《てつどうず》きをバカにしたことで、ノリは思わず鉄道がきらいだと言って」しまったことを指しています。この「引きずられた」と、空欄《くうらん》bのあとの「のってしまった」が近い表現《ひょうげん》になっています。また、空欄aの前後の「鉄道を好きな人は……という一方的《いっぽうてき》なイメージ」という言葉に注目しましょう。「鉄道だからって、変《か》わってるとか、暗いってことはないんだ」と「わたし」は気づきをえていますが、ユージくんと話をする前は鉄道に対するそのようなイメージがぬぐいきれていなかったからこそ、美花ちゃんの言葉に引きずられたのだと考えましょう。

(3)「どうしたんだよ、急に」という発言と、「ギクッとして」という表情《ひょうじょう》から、「わたし」が「泣《な》き笑《わら》いした」ことがユージくんにとって、おどろくべき意外なものだったと考えられます。ユージくんは「わたし」の反応《はんのう》をおもしろがったり、悲しんだりしているわけではないので、**ア**「おもしろい」や**エ**「悲しい」はあてはまりません。また、ユージくんはおどろいてはいますが、**イ**のように「不快《ふかい》な」気持ちになっているとまではいえないと考えられます。

(4) 本文では、二人の会話の中などで、「好きなもの」に関《かん》する言葉がくり返し登場します。よって、この「好きなもの」について伝《つた》えようとしている文章であると考えられます。ユージくんとの会話を通して「わたし」は、ユージくんやはるちゃんは「鉄道が好き」だけれど、自分は「マンガ」や「ゲーム」が好きであり、「好きなものがちがう」のは当たり前のことだという気づきをえています。そのため、「美花ちゃんたちが、はるちゃんを笑うのは、おかしいことなんだ」と理解《りかい》し、人それぞれ好きなものがちがうので、バカにするのはおかしいことなのだとも気づいています。

★★ 上級レベル

問題 96～97 ページ

I

(1) ウ

(2) (例) いつもならしないことを兄にしようとして、きんちょうしているから。

(3) aやわらかい口調　bほっこりした

(4) (例) 弟が自分におみやげを買おうとしていることが信じられず、とまどったから。

(5) (例) おたがいが思いやりの気持ちを示し合うような、持ちつ持たれつ（29字）

解説

I

(中略《ちゅうりゃく》)の前後で場面が変《か》わっているので、注意しましょう。

(1) 直前に情景描写《じょうけいびょうしゃ》として、「空はうすく曇《くも》っていたけれど」とあることから、空欄《くうらん》には「曇る」というマイナスな印象《いんしょう》のものとは反対のイメージの言葉があてはまることがわかります。思いやりを示《しめ》し合う、夏樹《なつき》君とその兄の春樹《はるき》さんの様子を見て感じたことであることからも、「まぶしい」とあてはめるのが適当《てきとう》であると考えられます。

(2)「ぼく」は携帯《けいたい》電話を取り出して、兄に電話をかけようとしています。「おみやげを買おうと思って。何がいい？」と聞いている「ぼく」に対して、兄は「おれにか？」「おまえ、暑くて頭がおかしくなったのか？」と言っていることから、「ぼく」はいつもなら兄にしない行動をしているのがわかります。そのじょうきょうと、「手が汗《あせ》ばんでいる」という表現《ひょうげん》から、「ぼく」がきんちょうしているのだと考えましょう。

(3) a 兄は「ぼく」に最初《さいしょ》は「とんがっている」声で話していましたが、「わるいな」と「やわらかい口調になって言った」時点で、兄の様子が変化《へんか》していることがわかります。そこから、空欄にあてはまる形でぬき出しましょう。

b ぼくは兄に電話をかける前は「手が汗ばんで」おり、きんちょうしていたことが読み取れますが、aでたしかめた兄の変化を受けて、「ぼく」の心《しん》情《じょう》も変化しています。兄に「サンキュー」と言われ、感謝《かんしゃ》の気持ちを示されたことで、「ほっこりした気分になった」とあります。

(4) 「黙《だま》った」ということに注目しましょう。そのような行動を取るのは、何かをまよっているときや、思案《しあん》しているときだと考えられます。兄は「信《しん》じらんねえ」と言っており、おみやげを買おうとする「ぼく」の行動が信じられず、とまどっているのだと考えられます。

(5) 前書き部分から、「ぼく」は兄との関係《かんけい》がよくない、という内容《ないよう》を頭に入れておきましょう。自分は兄との関係がよくないことから、「ぼく」は夏樹君と春樹さんのやり取りが気になり、二人の様子を見ながら、その関係性《かんけいせい》を分析《ぶんせき》しています。すると、相手に何かをはたらきかけるさいに、「兄ではなく、弟のほうが先に動いたのだ」ということに気づきました。また、兄も弟のために行動しており、弟は兄に「思いやりの気持ちを示していた」ことにも気づき、このような二人の関係性を、「持ちつ持たれつ」だと表現しています。この関係性に気づいてからは、兄に対して自分からおみやげを買おうと考えて電話をかけるという行動を起こしており、兄弟の間では、このような、思いやり合う持ちつ持たれつの関係をきずくことが大切である、という考えにいたったのだということがわかります。

★★★ 最高レベル

問題 98〜101 ページ

1

(1) イ・オ（順不同）
(2) ウ
(3) ウ

解説

1 二人の登場人物の関係性《かんけいせい》を正しくつかみ、そこから見えてくる「主題」を読み取りましょう。

(1) 二つ選《えら》ぶことに注意しましょう。前書き部分の内容《ないよう》や、本文の最初《さいしょ》の部分から、次郎《じろう》と石田《いしだ》の置《お》かれた対照的《たいしょうてき》な境遇《きょうぐう》を読み取りましょう。主人公である次郎は、「貧《まず》しい叔母《おば》の家で暮《く》らさねばならず、そこでの生活は彼《かれ》にとって楽なものではない」とあるように、厳《きび》しい生活環境《かんきょう》に置かれていることがわかります。その反対に、親友である石田は、「宮殿《きゅうでん》のように広い本宅《ほんたく》の他に、こんな清潔《せいけつ》な別宅《べったく》を持つ」とあり、次郎はそのような石田のことを、「どんなにしあわせか」とうらやんでいることが読み取れます。そのようなじょうきょうで、広々とした石田の家の濡《ぬ》れ縁《えん》に腰《こし》かけて、「部屋から空が見えるんだね。ああ、大きく息ができる——」とつぶやいた次郎の心情《しんじょう》であるので、日ごろの生活からの解放感《かいほうかん》とともに、そのような生活を送れる石田と自分との落差《らくさ》を意識《いしき》したものであることがわかります。「空」、「大きく息ができる」という言葉から、「解放感」という心情をみちびきだせます。

(2) 直前の次郎の言葉にこめられた、自分との生活環境の違《ちが》いを意識するような意味合いにはまったくふれずに、「空が見える」ということを単《たん》なる場所としての意味合いにとらえて話を進める様子から、次郎とはことなり、二人の間にある「生活環境の大きな格差《かくさ》」をあまり問題として意識していない石田の様子を読み取ることができます。

(3) 石田《いしだ》が次郎《じろう》に聴《き》かせようと思って流した「ベートーヴェンのムーンライト・ソナタ」は、次郎にとって「音楽といえるものを聞いた最初《さいしょ》である」とあります。その音楽を聴いた次郎は、魂《たましい》が宙《ちゅう》を翔《か》けまわるかのような気持ちになり、感動のあまり涙《なみだ》を流し、「これはなんだ、僕《ぼく》は自分に足があって、地上にいなければならないことが、悲しくなったくらいだ」とのべています。そして、二度目にその曲を聴いたときには、その魂は「彼《かれ》のおかれた醜悪《しゅうあく》な環境《かんきょう》の外をぐるぐるまわって、客観的《きゃっかんてき》に眺《なが》めさせた」とあります。それほどまでに、石田によってもたらされた音楽との出会いは、次郎にとって衝撃的《しょうげきてき》なものであったことがわかります。

また、傍線部《ぼうせんぶ》③の前に、「石田を批判的《ひはんてき》に見たこともあるが」とありますが、そこから心情《しんじょう》が変化《へんか》して、石田を友人として肯定的《こうていてき》に見るようになったことが読み取れます。自分にとって石田はいまの自分の生活環境では決してえられないことを経験《けいけん》させてくれる、「なくてはならない親友」であると、この音楽との出会いを通じて、次郎はあらためて感じたのです。このように、二人の関係性《かんけいせい》がどのようなものであるかが、この場面を通して作者が最《もっと》も伝《つた》えたいことだと考えられます。**ア**は、「石田の人を軽視《けいし》する態度《たいど》」や「彼に負けるものか」の部分が、**イ**は、「人の温かさや家族のあるべき姿《すがた》を教えてくれる」の部分が、**エ**は、「ひそかに馬鹿《ばか》にしている」や「父親代わり」の部分が、**オ**は、「援助《えんじょ》し続《つづ》けてくれるであろう」の部分が、本文からは読み取れないため、適切《てきせつ》ではありません。

中学入試に役立つアドバイス

主題の読み取り

・「主題」…文章を通して作者が読み手に最《もっと》も伝《つた》えたい内容《ないよう》のこと。

入試《にゅうし》問題では作品の一部が使われることがほとんどなので、その中で作者がえがこうとしていることを「主題」ととらえます。

主題は、説明文《せつめいぶん》での読み取りのように、「〜が重要《じゅうよう》です」などと本文中にはっきりと書かれているわけではないので、以下《いか》のことを手がかりとして主題を読みときましょう。

☆「主題」を読み取るために、登場人物（特《とく》に主人公）の心情《しんじょう》や考えの変化《へんか》に注目しましょう。心情や考えが変化するということは、登場人物が何か気づきをえたり、成長《せいちょう》したりすることにつながります。そうした様子の中に「主題」がふくまれていることが多いです。

◎主題のさがし方

①登場人物（特に主人公）の心情や考え方が主題につながる。

入試で使われる物語では、主人公の心情や考えが大きく変化している部分や、主人公が成長している様子を取り上げていることが多いです。つまり、主人公の大きな変化に注目することで、作者が伝えたいことを読み取れる場合があります。

②山場（クライマックス）に注目する。

主題は、物語のしめくくりとなる、山場の部分における登場人物（特に主人公）のすがたを通してえがかれていることが多いです。

山場において、主人公はどのような心情や考えをもっているのかや、どんなことに気づいたのかなどに注目しましょう。

復習《ふくしゅう》テスト④

問題102～103ページ

1
(1) **ウ**
(2) **ア**
(3) 陽菜は～きた。
(4) (例) 人に力をかしてもらう

解説

1 陽菜《ひな》と黒田《くろだ》くんの対照的《たいしょうてき》な様子をくらべつつ、陽菜の心情《しんじょう》とその変化《へんか》、そしてそこから作者が伝《つた》えようとしている主題を読み取っていきましょう。

(1) 本文の最初の部分《さいしょ》で、陽菜は「なにを弾《ひ》いたらいいのか、なにを弾けば恥《は》ずかしくないのか」となやんだり、弾く曲を決めたときも、「これなら楽譜《がくふ》がなくても、まちがえずに弾けると思った」と考えたりしている様子から、ピアノのうまい黒田くんの前で、「失敗《しっぱい》したくない」と思っていることが読み取れます。少しでも失敗せずに弾けるようにするため、手の汗《あせ》にまで気を配っているのです。陽菜はそのような思いから「緊張《きんちょう》」してしまい、指がうまく動かなかったり、ミスタッチをしたりしてしまいます。「へただなあって思われているだろうな。クラスでピアノ係りをしているのに、この程度《ていど》なんだって、きっと、がっかりしている……」と、黒田くんからどのように思われるかを気にしているのは、**ウ**のように、黒田くんに失望《しつぼう》されたくないからだと考えられます。陽菜は、すばらしいえんそうをした黒田くんに恥ずかしくないえんそうをしたいと思っていますが、**ア**「上手に弾くところを早く見てほしい」や**イ**の「黒田くん以上《いじょう》に、ピアノが上手だと思われたい」という気持ちは本文から読み取れませんので、**ア**・**イ**はあやまりです。また、陽菜がふだんから「汗っかき」かどうかは本文から読み取れませんので、**エ**もあやまりです。

(2) 傍線部《ぼうせんぶ》②の「それでも」という表現《ひょうげん》に注目しましょう。「それ」は「不安《ふあん》になりながら」ということを指しており、陽菜は不安を感じながらもピアノを弾きつづけていることがわかります。さらに、陽菜が不安を感じている理由について整理しましょう。陽菜は「楽譜がなくても、まちがえずに弾けると思った」ため、トルコ行進曲をえんそうしましたが、「緊張で、指がうまく動か」ず、「ミスタッチ」をくりかえしてしまっています。そのため、「へただなあって思われている」と黒田くんの心情を想像《そうぞう》しています。そんな中で、黒田くんが離《はな》れたことで、「帰っちゃう」のかとかんちがいし、不安になったことがわかります。不安にいたる陽菜の心情を正しく説明《せつめい》できている**ア**を選《えら》びましょう。**イ**「いっしょに弾いてほしい」、**ウ**「もう一度初《はじ》めからえんそうを聞いてほしい」、**エ**「ピアノを教えてもらえることを期待している」という内容《ないよう》は本文から読み取れませんので、**イ**・**ウ**・**エ**はあやまりです。

(3) 思うようにえんそうできない陽菜は、黒田くんが連弾《れんだん》をしてくれるまでは、「不安になりながら」えんそうをしていました。しかし、黒田くんが連弾を始めたことによって、陽菜の心情が変化し、最後の一文にあるように、「驚《おどろ》くと同時に、楽しくなって」います。

(4) 本文の前半では、緊張してピアノがうまく弾けず、不安になる陽菜の様子がえがかれています。ところが、黒田くんが連弾を始めてくれたことで、陽菜はえんそうを楽しいと感じられるようになり、陽菜の心情が変化しています。この場面を通して、作者がどのようなことを伝えたいのかを考えましょう。空欄《くうらん》の前に「ひとりでうまくいかないときは」とあるのをヒントにして、黒田くんと連弾すると、楽しんで弾けるようになったことをどうまとめればよいか考えましょう。

過去《かこ》問題にチャレンジ②

問題 104〜107ページ

1 (1) **エ** (2) **エ** (3) **ア** (4) **ウ**

解説

1 物語編《ものがたりへん》の総復習《そうふくしゅう》として、過去《かこ》問題にチャレンジしましょう。前書きの部分もしっかりと読み、主人公・次郎《じろう》が現在《げんざい》置《お》かれているじょうきょうをつかみながら読み進めていきましょう。

(1) まず、合宿はみんなにとって「ただわけもなく楽し」いものであることをおさえましょう。そして、傍線部《ぼうせんぶ》①の直前に、「この先生が付き添《つそ》いときまってからは」とあることに着目しましょう。「この先生」とは、権田原《ごんだわら》先生のことです。権田原先生については、さらに前の部分で「飄然《ひょうぜん》としたなかに、いかにも温情《おんじょう》のあふれている」先生であり、また、「不思議《ふしぎ》に児童《じどう》たちの気持ちをまじめにもし、またなごやかにもする」先生である、と説明《せつめい》されています。このような先生であるからこそ、「みんな」はこの合宿に対して、「輝《かがや》かしいもの」になるであろうと考えているので、**エ**が適切《てきせつ》であるとわかります。

(2) 傍線部②をふくむ発言の中で権田原先生は、「卑怯《ひきょう》」であるということについて、「本田《ほんだ》のように好《す》ききらいがあるのは、ちと卑怯だぞ」と自身の見《けん》解《かい》をのべています。その理由として、「偉《えら》い人にはね、本田、きらいな人間もなければ、きらいな場所もないんだ。それは勇気《ゆうき》があるからさ。正しい勇気さえあれば、どんなことにだってぶつかっていける。」とものべています。これらのことから、権田原先生の考える「卑怯者」とは、人間や場所に対して好ききらいを言い、そこから逃《に》げようとする人間のことである、というように考えることができます。次郎の場合は、本田の家ではなく合宿に行きたいという感情＝「自分の不幸《ふこう》の原因《げんいん》」である、自分のことを憎《にく》んでいる「父方（本田）の祖母《そぼ》」や、その祖母のいる家をさけたい、という感情の表れであると先生は考えている、ということになります。

(3) 権田原先生の児童に対する態度《たいど》や考え方については、ふだんの児童たちへの接《せっ》し方や、この場面での次郎への接し方から考えることができます。「この先生は、児童たちが何かいたずらでもやっているのを見つけると……」とあり、ふだんから児童に関《かか》わろうとしているとわかるので、**イ**「積極的《せっきょくてき》に児童に関わるということはない」はあやまりです。また、「大きな眼《め》をむいて拳固《げんこ》をふりかざしておきながら」とはありますが、「すぐその手でやさしく児童たちの頭をなで、『これから気をつけるんだぞ。』と言って、それっきり、けろりとなる」とあるので、**ウ**は「厳《きび》しくしかって相手に反省《はんせい》を求《もと》めるような指導《しどう》をしている」という部分が、適切ではありません。また、次郎に対して、じっくりと話すことによる指導をおこなっていることから、**エ**は適切ではありません。

(4) 次郎は、先生と話したことによって、「自分というものが急にまるでちがった世界におかれたような気がして、何か驚《おどろ》きに似《に》たものを感じずにはおれなかった」と感じるほど、その心情《しんじょう》の変化《へんか》をみとめています。先生が合宿に連《つ》れて行くと言ってくれない意図を理解したとき、次郎はかつてないほどに、「先生の『卑怯だぞ』がぴんと心にひび」き、「そうか、先生はそんなことを考えていたんか」と思うと、「このごろにない快《こころよ》い興奮《こうふん》を感じた」とのべられています。よって、これらのことから、**ウ**が適切であると考えることができます。**ア**は、「これからは自分のことだけではなく人のことも考えられる人間になろうと決意した」という部分が、本文からは読み取れないため、適切ではありません。**イ**は、先生が伝《つた》えたかった大切なこととは、「一生懸命《いっしょうけんめい》勉強すること」ではないので、適切ではありません。**エ**は、「人に対して愛《あい》情《じょう》をもって接することの大切さに気づき」という部分については本文からは読み取れないため、適切ではありません。

13 指示語《しじご》

★標準レベル

問題 108〜109ページ

1 (1) **イ** (2) **エ** (3) 左まきのらせん (4) 長いまきひげ
(5) 1 a まきひげ b 二十時間以上 2 **ウ**

解説

1 (1) 傍線部《ぼうせんぶ》①「そのかわり」の指示語「その」が指す内容《ないよう》をさがします。指《し》示語《じご》の指ししめす内容は、基本的《きほんてき》にその指示語よりも前にあるので、傍線部①の直前の文章をたしかめます。アサガオについて、「細くて長い茎《くき》だけでは、からだをささえることができ」ないかわりに「茎は物にまきつく性質《せいしつ》があり、それをささえに生長」する、という内容が傍線部①の前後でのべられていることを読み取ります。したがって、正解《せいかい》は**イ**。**ア**は「ヘチマと同じ」が、**ウ**は「茎が、ゆっくり動いている」が、**エ**は「物にまきつく性質がある」が、傍線部①よりもあとにのべられている内容なので不適《ふてき》です。

(2) まず、傍線部②の指示語「それ」のあとに「まきついていきます」とあるので、「それ」は、アサガオのつるが「まきついてい」くものだということがわかります。次に、傍線部②の直前の文の内容をたしかめると「アサガオのつるは、ゆっくりと回転しながら、途中《とちゅう》で物にふれると、こんどはすばやく」とあるので、「それ」の指す内容は、**エ**「回転の途中でアサガオのつるがふれた物」です。

(3) 傍線部③「このまき上がり運動」の「この」の内容をおさえます。指示語「この」が指す内容は、傍線部③の直前の段落《だんらく》「いったん棒《ぼう》などにまきつくと、あとは棒を中心に、上から見て左まきのらせんをえがきながら、上へのびていきます」の中から、「このまき上がり運動」なので、「どの」ような「まき上がり運動」なのかをさがします。「まき上がり運動」は「上へのびて」にあたるので、その直前の「上から見て左まきのらせんをえがきながら」が、「どの」ようなの部分にあたることがわかります。ここから、問いの指定字数七字をヒントに「左まきのらせん」をぬき出します。「らせん」とは、ぐるぐる回りながら上や下へのびていくことです。

(4) まず、傍線部④の指示語「それ」のあとに「物につかまって」とあることをおさえます。「それ」で「物につかまって」の「それ」について、何で「物につかまって」いるのかを、傍線部④の直前の文でたしかめます。直前の文に、「葉のつけ根から長いまきひげをのばし」とあるので、ヘチマは「長いまきひげ」で「物につかまって」いるのだとわかります。

(5) 1 傍線部⑤「このバネ」の指示語「この」の内容は、傍線部⑤の前の段落からさがします。すると、二段落前に「まきつきおわると、こんどはまきひげそのものが、らせん状《じょう》にまきはじめ、バネができていきます」とあることから、「バネ」は「まきひげ」からできているのだということがわかります。また、問いの説明文《せつめい》「 a 自体がまきはじめて」の「自体」は本文の「まきひげそのもの」と同意なので、aには四字「まきひげ」がはいるとわかります。さらに、問いの「このバネ」の説明文に、「このバネ」は「 b たってできるもの」とあります。これについては、次の段落に「二十時間以上《いじょう》たつと、りっぱなバネができあがり」とあることから、問いの指定字数をヒントに、bには「二十時間以上」がはいるとわかります。

2 あてはまらないものを選《えら》ぶことに注意しましょう。「バネのはたらき」は最終《さいしゅう》段落でのべられています。「バネ」は、「ヘチマの茎をしっかりと棒にむすびつけ」、「強風から身をまもるのにも役立ってい」て、「葉にあたる風をやわらげてくれ」るとあるので、**ア**・**イ**・**エ**はあてはまります。**ウ**「棒からずれ落ちるのをふせぐ」のは「つる」のはたらきなのであてはまりません。

★★ 上級レベル

問題 110〜111ページ

1

(1) (例) ワイヤーロープが切れたら、バチスフェアが、船から切りはなされてしまうから。

(2) (例) 気球が空に上がる技術をもとにして、海の底へ行くことができるのではないかというもの。

(3) (例) 手に入れやすいこと。

(例) 気球のゆがみをおさえられること。(順不同)

(4) a (例) ガソリンをつめたタンク

b 真ん丸の球

(5) **イ**

解説

1

(1) 傍線部《ぼうせんぶ》①の中の指示語《しじご》「それ」については、まず、「それ」のあとに「切れたらと思うと」とあるので、「それ」は「切れ」る可能性《かのうせい》があるものだということをおさえます。次に、指示語の指す内容《ないよう》は、傍線部①の前の文に「海の上の船とワイヤーロープで結《むす》ばれているだけだった」とあるので、「それ」は「ワイヤーロープ」であり、もし「ワイヤーロープ」が「切れたらと思うと、たいへんな冒険《ぼうけん》であった」という内容であることがわかります。ここでは、「それ」の意味を明らかにした上で、傍線部①の理由を問われています。直前の文から、「それ(ワイヤーロープ)」がつないでいるのは、「バチスフェア」と「海の上の船」であることがわかります。本文では直接《ちょくせつ》のべられていませんが、海の上の船と「バチスフェア(鉄の球)」をつなぐロープが切れたらどうなるのかを考えてまとめます。「なぜですか」と聞かれているので、「〜から。」とまとめる必要《ひつよう》があります。

(2) 指示語の内容は、基本的《きほんてき》に指示語よりも前の部分でのべられていますが、傍線部②「こう考えた」の指示語「こう」の内容は、ここでは「こう考えた」のあとに「　」(かぎかっこ)を使った引用でのべられています。「今までは、わたしのつくった気球が……海の底《そこ》に行くことはできないだろうか」の部分をまとめましょう。問いで「どのようなものでしたか」と聞かれているので、「〜(のような)もの。」と答える必要があることに注意しましょう。

(3) 傍線部③の直前に「その理由」がのべられています。一つは「手に入れやすいこと」、もう一つは「水圧《すいあつ》がかかっても縮《ちぢ》みにくい性質《せいしつ》なので、気球のゆがみをおさえられること」とあります。問いで「どのようなことが理由でしたか」と聞かれているので、「〜こと。」と答える必要があります。

(4) 傍線部④「このような気球の考えをもとにした」の「このような」の内容は、直前の段落《だんらく》にのべられています。空欄《くうらん》aのあとに「を気球に」とあるので、本文の「気球のかわりの」に着目して「大きなタンクにガソリンをつめた」の部分を問いの説明文《せつめいぶん》に合うようにまとめます。空欄bの前に「金属《きんぞく》でできた」が、あとには「ゴンドラに見立てた」とあるので、同様に本文の「クロームモリブデンという金属製《きんぞくせい》の真ん丸の球を、ゴンドラに見立ててつりさげる」から指定字数五字にあてはまる言葉をさがします。

(5) あてはまらないものを選《えら》ぶことに注意しましょう。まず、傍線部⑤の指示語「これ」のあとに注目します。「これ」は「今も破《やぶ》られていない」とあるので、「破る・破られる」といった使い方をするものであることを頭において、傍線部⑤「これ」の前をかくにんすると、改良《かいりょう》された「トリエステ」が「人を乗せてもっとも深海にもぐった記録《きろく》、一万九百十六メートルを達《たっ》成《せい》」とあります。「記録」は「破る・破られる」といった使い方をする言葉なので、指示語「これ」は「記録」であることがわかります。**ア・ウ・エ**は最終《さいしゅう》段落でのべられている内容にあてはまります。**イ**は「チャレンジャー海《かい》淵《えん》の深さ」が記録だとはのべられていないので、あてはまりません。

★★★ 最高レベル

問題 112〜115 ページ

1

(1) (例) 自分の身につく教養とはことなる、表面的な知識。

(2) ② (例) 一冊の本の中の一つのフレーズ。

③ (例) 速読が「明日のための読書」であること。

⑤ (例) 何も考えずに文字だけを追う読み方。

(3) (例) スロー・リーディングをすることで、表面的な理解をするだけでなく、人間的な厚みや、自分の身についた教養が得られるから。

(4) **オ** (5) ノイズは、

2

(1) A文化 B便利

(2) (例) 自分たちが使ってきたニュアンスとはまったく逆の使い方だったから。

(3) (例) 感情をすべてひっくるめて一語で代弁してしまっており、細かなニュアンスがぬけ落ちている問題。

(4) (例) 自分が持ったはずの〈感じ〉を自分の言葉で表現しなければならないとき。

(5) (例) もっとも言いたいことを敢えて言葉にせずに、読者に感じ取ってもらおうとするから。

解説

1

(1) 「身」「筋肉《きんにく》」ではないということは、自分自身のものにしきれていないことを表します。また、三つ目の段落《だんらく》に「本当に自分の身についた教養《きょうよう》」とあります。これが重要《じゅうよう》だと筆者はのべています。これらのことを参考《さんこう》にしてまとめましょう。

(2) ② 直前の「たった一冊《いっさつ》の……フレーズ」をまとめます。 ③ 対しているのは「スロー・リーディング（ゆっくり読むこと）」です。直前の段落に反対の読み方の「速読」があります。 ⑤ ひとつ前の文に、「何も考えずに……あるだろう」とあります。「文字だけ追」うとは「読み方」を表します。

(3) 傍線部《ぼうせんぶ》④の前に、「ネット検索《けんさく》」をすることで「およその意味を知」ることはできるが、「それ以上《いじょう》の理解《りかい》は、ネットの検索だけでは不十分《ふじゅうぶん》」とあります。また、「スロー・リーダーの出現《しゅつげん》」はどのように「表面的《ひょうめんてき》な知識《ちしき》を補《おぎな》う」のか書かれている部分をさがすと、傍線部④のある段落の前に、「スロー・リーディング」は「人間的な厚《あつ》みを与《あた》え、本当に自分の身についた教養を授《さず》けてくれる」とあります。

(4) 直前までの段落で、速読では小説《しょうせつ》の「魅力《みりょく》が理解《りかい》できない」といっています。空欄《くうらん》に続《つづ》く文では、「なぜ……できないのだろうか？」と疑問《ぎもん》をのべています。話題が転換《てんかん》されているので、**オ**を選《えら》びましょう。

(5) 次の段落の、「ノイズ」についての説明《せつめい》からぬき出しましょう。

2

(1) 空欄A直前の「それ」は「先人」の「工夫《くふう》」です。「工夫」の中身は、どのように「旨《うま》い」かを表すためのいろいろな表現であり、さらにその前に「ニュアンスの異《こと》なったさまざまな表現があること自体が、文化なのである」とあります。空欄Bのあとにある「その便利《べんり》さ」は、Bの便利さ、ということです。

(2) 「驚《おどろ》いた」理由は、すぐあとに書かれています。

(3) 「それ」とは、「ら抜《ぬ》き言葉」に対する作者の「抵抗《ていこう》」です。ここでは「ヤバイ」に筆者が感じる違和感《いわかん》を考えます。この段落の最後《さいご》の「引っかかる」に着目しましょう。「引っかかる」内容《ないよう》は、「ほんらいかなりニュアンスの違《ちが》った感覚《かんかく》、感情《かんじょう》を……一語で代弁《だいべん》してしまう」ことです。

(4) 「そんなとき」は、前にある「そんな機会《きかい》」を受けています。さらに前を見ると、「必要《ひつよう》に応《おう》じて、自分自身が持ったはずの〈感じ〉を自分自身の言葉で表現する」とあります。

(5) 「これ」は、直前の短詩型《たんしがた》文学の「本質《ほんしつ》」を指します。「本質」の内容については、同じ段落に「もっとも言いたいことは敢《あ》えて言わないで、その言いたいことをこそ読者に感じ取ってもらう」と、説明があります。

14 接続語《せつぞくご》・文と文との関係《かんけい》

★ 標準レベル

問題 116〜117ページ

I

(1) センサー〜じている

(2) A**ウ**　B**エ**　C**ア**

(3) **ウ**

(4) 自分が手〜つりあい

解説

I

(1) 傍線部《ぼうせんぶ》①「相場」について、問いで『相場がわかっている』とは、どのようなこと」かと聞かれているので、この「相場がわかっている」という言葉をヒントに本文をかくにんします。まず、「まったく相場がわかってないなぁ」のあとの部分から、「まわりの様子がどんなふうなのかをセンサーでちゃんと感じているか」どうかが、相場をわかっているかどうかであると読み取ります。次に、この部分を問いの文にあてはめ、指定字数の十四字にあたる「センサーでちゃんと感じている」の最初《さいしょ》と最後の四字を答えます。

(2) 段落《だんらく》の頭におかれた接続語《せつぞくご》を選《えら》ぶときは、前後の段落の内容《ないよう》をおさえて、段落と段落の内容のつながりをかくにんします。

A 空欄《くうらん》Aの前は、「ものを買うときに」相場を「センサーでちゃんと感じていないと、「すごく高い値段《ねだん》で買っちゃったりする」、そんな人を「ボンクラ」という、といった内容です。空欄のあとは、「ものを選ぶときに大事」なのは「情報《じょうほう》をキャッチするアンテナを張《は》り巡《めぐ》らせてお」くこと、といった内容です。空欄のあとで、「ボンクラ」にならないために大事なことを説明《せつめい》していることを読み取ります。したがって、前の文や言葉の内容を説明したり、言いかえたりする場合に使う接続語「つまり」があてはまります。「センサー」は「音・温度・光などを感知する装置《そうち》」、「アンテナ」は「電波を受けたり出したりする装置」という意味です。

B 空欄Bの直前の「ものを選ぶときに大事」なことの例《れい》が、空欄のあとでのべられています。よって、空欄Bには「たとえば」があてはまります。

C 空欄Cの直前の段落にある「僕《ぼく》」の「大好《だいす》き」な「選ぶ」ことについて、空欄のあとで、「僕」の具体的《ぐたいてき》なやり方が順序立《じゅんじょだ》てでのべられていることをおさえます。よって、ここでは「最初に」の意味をもつ「まず」があてはまるとわかります。

(3) 傍線部②「さすがに」のここでの使われ方を考えます。物件《ぶっけん》をさがすときに、筆者は不動産屋《ふどうさん》さんで五軒《ごけん》の物件を紹介《しょうかい》してもらい、それを全部で五軒の不動産屋さんでおこなうとのべています。それは「五×五で二十五軒の家を見ることになる」ので、「これだけ行けば相場がわかってきます」と言っているのです。つまり、ここでの「さすがに」は「予想通り・やはり」といった意味で使われていることがわかります。したがって「当然《とうぜん》の結果《けっか》」をのべたとする**ウ**が正解《せいかい》です。「さすがに」は「予想通り・やはり」といった意味のほかに、「ラーメンは好きだけど、さすがに毎日は食べられない」のように、「そうはいっても」という意味合いで使われる場合もあります。

(4) 問いで「どのようなことを考えられるようになりますか」と聞かれているので、「考えられるようになる」ことを本文からさがします。筆者は「相場がわかって」くることを、傍線部③のあとで、値段の「感覚《かんかく》が、体のなかに入ってき」たと表現《ひょうげん》しています。そして、値段の「感覚が、体のなかに入って」くるとどうなるのかを、続《つづ》く段落で「ただ単純《たんじゅん》に値段が高いからダメ、安いからヨシ、ってもんじゃない」「自分が手に入れたいものと、値段とのつりあいを考える」ようになると説明しています。つまり、「相場がわかって」くると考えられるようになるのは、「自分が手に入れたいものと、値段とのつりあい」であることがわかります。

1
(1) Aエ Bオ Cウ Dア
(2) (例) 月や星々は、どれも地球から遠すぎて
(3) (例) 地球から見える星や太陽の動きなどを説明するとき。
(4) エ
(5) aウ bア
(6) (例) 星座は少しずつ西に動いていき、東からつぎの星座が上がってくるから。

解説

1
(1) 空欄《くうらん》Aの前では、星空のさまざまな天体は「それぞれに地球からの距離《きょり》がちがっています」とあり、空欄のあとでは「ながめているだけでは、その距離の差《さ》は感じられません」と相対することがのべられています。よって、逆接《ぎゃくせつ》の意味をもつ**エ**「ですが」があてはまります。空欄Bは、直後に「大きな丸い天井《てんじょう》にはりついているように見えます」とあるので、「まるで〜のよう」という表現《ひょうげん》で使われる、**オ**「まるで」があてはまります。「まるで」は「まるで〜のよう」のように、あとに決まった言い回しをともなう言葉です。空欄Cは、「1日たつと、太陽も星もほぼ同じ位置《いち》にやってきます」という前の文の内容《ないよう》を、空欄のあとの文で「天球全体が東から西へ1日にほぼ1回、回転していると考えることができ」ると言いかえて説明《せつめい》しています。したがって、前の文を後ろの文で言いかえるときに文と文をつなぐ接続語《せつぞくご》の**ウ**「つまり」があてはまります。同様の使い方をする接続語に「すなわち・要《よう》するに」などがあります。空欄Dは、直前の段落《だんらく》では「月」の動きについてのべていますが、空欄のあとでは「星座《せいざ》をつくる星々」の動きについてのべているので、列挙《れっきょ》やつけくわえの意味のある接続語の**ア**「また」があてはまります。

(2) 傍線部《ぼうせんぶ》①をふくむ文に「そのため」とあるので、「その」が指す内容が直前の「その距離はとても遠いので、ながめているだけでは、その距離の差は感じられません」であることをおさえましょう。さらに、「その距離」の「その」が指す内容が直前の「星々や惑星《わくせい》や月」と「地球」の距離であることをたしかめて理由をまとめましょう。

(3) 「この丸い天井」については、傍線部②のあとでのべられています。「丸い天井」＝「プラネタリウムのような大きな球面」＝「天球」です。「天体」を「天球」として考えると、筆者が「べんり」だと感じるのは、「地上からながめる星や、太陽の動きなどが、とても説明しやすくな」るためであることを読み取ります。

(4) 「もちろん」は「当然《とうぜん》・あたり前」の意味を表す言葉です。**ア**は「実際《じっさい》は地球が動いている可能性《かのうせい》がある」の部分が、本文の「地球が北極《ほっきょく》と南極とを結《むす》ぶ線（地軸《ちじく》）を軸として、『自転』している」という事実に合わないため、**イ**は「天球が、北極と南極を結ぶ線を軸として自転している」が、**ウ**は「地球と天球のどちらが自転しているからなのかはわからない」が、それぞれ本文にない内容のため、あてはまりません。

(5) 傍線部④の前の段落では「1日たつと」とあるように、太陽や星の一日の動きがのべられています。傍線部④の「一方」は、「対比《たいひ》」の意味をもつ接続語です。「一方」のあとに「毎日同じ時刻《じこく》に観察《かんさつ》すると」とあることに着目すると、「日」と「時刻」を対比してのべていることがわかります。

(6) 傍線部⑤の「このため」の指す内容が、直前の「同じ時刻に見える星座は、どんどん西に動いていき、東からつぎの星座が上がってきます」であることをおさえます。問いで「なぜですか」と聞かれているので、この部分から理由をまとめます。

★★★ 最高レベル

問題 120~123ページ

1 (1) A**エ**　B**オ**　C**ウ**

(2) (例)時間がむだにならないということ。

(3) (例)へたな文章で書かれた本のなかに、ほかで得られない資料があるかもしれないということ。

2 (1) **ウ**　(2) **ア**

解説

1 (1) A 空欄《くうらん》Aの前で、絵は「わからないでけっこう」、音楽についても、わからなくても「人好《す》き好《ず》きということで片《かた》づく」とのべられていますが、空欄Aのあとでは、「本を読むということ」は「わからなければ無意味《むいみ》」「読むこととわかることとは切り離《はな》せません」とのべられています。したがって、逆接《ぎゃくせつ》の接続語《せつぞくご》である**エ**「しかし」があてはまります。B 空欄Bの前後の「少しページをめくってみて」と「少し読みかけてみて」のどちらか、といった意味で使われる「選択《せんたく》」の接続語である**オ**「あるいは」があてはまります。C 空欄Cの直前に「よく知っている例《れい》でも」とあることから、空欄Cには「例示《れいじ》」を表す**ウ**「たとえば」があてはまります。

(2) 二つ目の（中略《ちゅうりゃく》）のあとの段落《だんらく》に、読んでわからないような「へたな文章で書かれた本は、いっさい無視《むし》してかえりみないというのも、短い人生の短い時間を大切にするために、必要《ひつよう》な考え方」だとのべられています。この部分をヒントに自分の言葉でまとめます。

(3) 指示語《しじご》の指し示《しめ》す内容《ないよう》は、基本的《きほんてき》に指示語よりも前にあります。傍線部《ぼうせんぶ》②「そういうこと」の指示語「そういう」の前でのべられている内容をおさえましょう。

2 (1) 傍線部「これに近い方針《ほうしん》で生きている」の指示語「これ」が指す内容は、前の「苦労《くろう》して覚《おぼ》えなくても、ただ辞書《じしょ》を買って持っていれば良《よ》い」で、「ネットに依存《いぞん》している現代人《げんだいじん》」はそれに近い方針であることをおさえます。また、傍線部をふくむ段落の前に、「今は、みんながスマホを持っていて、なんでも手軽に検索《けんさく》できる」ため、知識《ちしき》を「頭にストックしている価値《かち》」が「下がっている」とあることをふまえましょう。

(2) まず、**ア**～**エ**に共通《きょうつう》してdが一番目にきていることをおさえます。dは、「『わからない』ということを体験《たいけん》できるのも、本の特徴《とくちょう》」だとのべています。次に、dの「『わからない』ということ」に続《つづ》く内容をさがすと、bで「しかし」に続けて「『わからない』ということがわかったのだ。それだけでも読んだ価値がある」とのべられています。d「わからない」↓b「しかし、落胆《らくたん》することはない」と続くことがわかります。さらに、bの「知っていてもわからないことがある、ということを理解《りかい》した」と前向きな考えが、aの「なんとかわかりたい、近づきたい」に続くことがわかります。最後《さいご》に、空欄のあとに「それが、本であれば、誰《だれ》でも彼《かれ》の書いたものを読める」とあるので、cの「アインシュタインに普通《ふつう》の子供《こども》は会えない」を受けた内容となっていることをおさえます。

中学入試に役立つアドバイス

接続語《せつぞくご》・文と文との関係《かんけい》　文と文とのつながりを考える代表的《だいひょうてき》な文と文との関係に以下《いか》の①～③があります。

①**前のことがらが原因《げんいん》となり、その結果《けっか》があとにくる。**
　だから・それで・すると・したがって　など

②**前の文と反対の内容《ないよう》をあとの文でのべている。**
　しかし・だが・ところが　など

③**具体例《ぐたいれい》をしめしている。**
　たとえば　など

15 段《だん》落《らく》の関《かん》係《けい》

★ 標準レベル　問題124～125ページ

1
(1) 1 樹液とい～ぱいしる
2 カミキリ～さぐため
3 虫たちのレストラン
(2) ハキリバチ
(3) ようらん
(4) [4]
(5) **ア**○　**イ**×　**ウ**○　**エ**×

解説

1
(1) 1 [2]段落《だんらく》の最初《さいしょ》に「幹《みき》がぬれているのは、樹液《じゅえき》というあまずっぱいしる・・が出ているからです」とあります。問いの指定字数が十三字なので、この文から「樹液というあまずっぱいしる」をぬき出します。

2 [2]段落の二文目に「樹液は、カミキリムシなどが幹にあけたあなや、木にできたきずをふさぐために、木の中からしみでてきます。」とあります。問いで「何のために」と聞かれていることをヒントに、この文から指定字数の三十一字で「カミキリムシなどが幹にあけたあなや、木にできたきずをふさぐため」をぬき出します。

3 [3]段落に「あまずっぱい樹液がしみだしている木」には「たくさんの虫たちが食事をしにやってくるので、『虫たちのレストラン』ともいわれます」とあります。木の幹が樹液で「ぬれたような場所」を「虫たちのレストラン」のようだとたとえていることをおさえましょう。

(2) 傍線部《ぼうせんぶ》②の前の[4]段落で、木の葉を切りとる虫の説明《せつめい》がされています。クヌギの葉を「10円玉くらいの大きさに丸く切りと」る虫として、「ハキリバチ」という名前が挙《あ》げられています。

(3) 傍線部③の「ふしぎな形のもの」の説明が同じ段落でされています。「ふしぎな形」＝「つつのようにまるめられた葉」は、「オトシブミという虫がつくったものだとあります。さらに、次の段落のオトシブミが「ふしぎな形のもの」をつくる理由の説明の中に、「ふしぎな形のもの」＝「幼虫《ようちゅう》が育つための巣《す》（ようらん）」だとあります。問いの指定字数が四字なので「ようらん」が正解《せいかい》です。

(4) [1]～[3]段落は、雑木林《ぞうきばやし》にある木の幹のぬれたような部分の正体が「樹液」であるということと、その樹液に集まる虫たちについて話題にしています。[4]～[8]段落は、[4]段落の初めに「雑木林では樹液だけに虫たちがあつまるわけではありません」とあるように、樹液にあつまる虫以外《いがい》の虫（ハキリバチ・オトシブミ）の話題となっていることをおさえましょう。したがって、本文を二つに分ける場合の前半は[1]～[3]段落、後半は[4]～[8]段落です。

(5) **ア**は、[2]段落に樹液が「虫たちにとっては、とてもよい食べ物」とあること、[5]段落に「木の葉を食べ物や巣《す》の材料《ざいりょう》として利用《りよう》している虫がたくさんいる」とあるので正しいです。**イ**は、[1]段落に「1本の木にいろいろな虫たちがとまっていました」とあるので間違《まちが》いです。**ウ**は、[7]・[8]段落でオトシブミが雑木林の葉に卵《たまご》を産《う》みつけて「ようらん」をつくり、その「ようらん」の中の卵《たまご》は雑木林の木の枝《えだ》や地面で「ふ化」して「成虫《せいちゅう》」になると説明されているので正しいです。**エ**は、[4]段落の初めに「雑木林では樹液だけに虫たちがあつまるわけではありません」とあるので、間違いです。

問題 126～127ページ

1

(1) A**オ**　B**ウ**

(2) (例) まちがって卵を幼虫に産んだことがきっかけで肉食になったということ。

(3) a胸と腹の間のくびれ　b寄生

(4) (例) 外部寄生は寄主の体を幼虫が外がわから食べていき、内部寄生は内側から食べていくというちがい。

(5) 13

解説

1

(1) 接続語《せつぞくご》を空欄《くうらん》にあてはめる問題では、空欄の前後の文脈《ぶんみゃく》をしっかりとおさえる必要《ひつよう》があります。A 空欄Aの前では、キバチの「幼虫《ようちゅう》は、木の中みの材《ざい》を食べています」とあります。空欄Aのあとでは、「木の材ではなく同じ材の中にいるカミキリムシやタマムシなど、ほかの昆虫《こんちゅう》の幼虫をエサにするハチがあらわれました」とあります。つまり、空欄Aの前は「植物食」、あとは「肉食」という文脈です。したがって、前の事柄《ことがら》とは反対の事柄をつなぐ逆説《ぎゃくせつ》の接続語**オ**「ところが」があてはまるとわかります。B 空欄Bの前では、ハチが「植物食から肉食にふみだした」とあり、空欄Bのあとでは、「植物より栄養価《えいようか》の高い虫を食べるようになったハチは、木の中の虫だけではなく、ほかにもたくさんいる虫やクモまでも利用《りよう》するようにな」ったと、その先どうなったのかが説明《せつめい》されています。したがって、結果《けっか》の意味を表す接続語**ウ**「こうして」があてはまるとわかります。

(2) 傍線部《ぼうせんぶ》①の指示語《しじご》「こうして」の内容《ないよう》をおさえましょう。傍線部①の前の「木に卵《たまご》を産《う》むつもりが、まちがって幼虫に産んでしまったのがきっかけともいわれています」が「こうして」の内容です。問いに『きっかけ』という言葉を使って」とあることに注意して、この部分をまとめましょう。「どういうことですか」と聞かれているので、解答《かいとう》の文末《ぶんまつ》は「～こと。」とする必要があります。解答例《かいとうれい》と同意の内容であれば正解です。

(3) 傍線部②の「虫やクモまでも利用するようにな」るには体の変化《へんか》が必要だったとあり、第八段落《だんらく》で変化の内容が具体的《ぐたいてき》に説明され、変化によって誕《たん》生《じょう》したものが第九段落で「寄生《きせい》バチ」であるとのべられています。aは、第八段落から指定字数九字にあてはまる「胸《むね》と腹《はら》の間のくびれ」を、bは、第九段落から「寄生」をぬき出しましょう。

(4) 傍線部③「外部寄生と内部寄生」については、第十一段落以降《いこう》で説明されています。外部寄生は、「寄生する虫やクモ（寄主《きしゅ》）の体の表面に卵を産みつけて、幼虫が外がわから食べていく方法《ほうほう》」とあります。内部寄生は、「生かしたまま少しずつ内側《うちがわ》から食べていく」とあります。これらをまとめて解答を作成《さくせい》します。問いに「ちがいを説明しなさい」とあるので、解答の文末は「～というちがい。～ちがうということ。」などとする必要があることに注意しましょう。解答例と同意の内容であれば正解です。

(5) 脱落文《だつらくぶん》の「そうならないように」の「そう」の内容をおさえましょう。脱落文には、「そう」ならないように内部寄生するハチは「卵といっしょに毒液《どくえき》とウイルスを注入」するとあり、注入することによって「ハチの卵や幼虫は、寄主（宿主《しゅくしゅ》）の体内で生《い》き続《つづ》けることができる」とあります。したがって、「そう」は「生き続けられない」といった内容であることがわかります。内部寄生するハチの話題で、「生き続けられない」といった内容がある段落は、第十三段落です。第十三段落の終わりに「普通《ふつう》であれば体を守る免疫《めんえき》作用によって排除《はいじょ》されてしまいます」とあるので、「排除されてしまいます」↓「そうならないように」（排除されないように）という文脈になることがわかります。

★★★ 最高レベル

問題128〜131ページ

1 (1) A**ウ**　B**ア**　C**イ**

2 (1) **エ**

(2) C

解説

1

(1) A 空欄《くうらん》Aの前の内容《ないよう》は、「中学生くらい」の時期の「反抗期《はんこうき》」についてであり、「親の言うとおりにすればうまくいくかもしれないけど、それはどうしても抵抗《ていこう》があるんです。自分の思うようにやってみたいんです」と、反抗期にある人の言葉を挙《あ》げています。それを受けて、**ウ**「評論家《ひょうろんか》の亀井勝一郎《かめいかついちろう》は、少年時代を振《ふ》り返って」という文脈《ぶんみゃく》になると考えられます。また、空欄Aの直後の段落《だんらく》の最初《さいしょ》に「たしかに行動は外から観察可能《かんさつかのう》だが、心の中で何を考えているかは外からはわからない」とあることが、**ウ**の「人に隠《かく》れて、ひとり考え事をする。――考えるということは、すでに何ものかから己《おのれ》を隠すことであるらしい」を受けていると考えられることからも、Aには**ウ**があてはまるとはんだんできます。

B 空欄Bの前に「青年期に突入《とつにゅう》した子をもつ親」は、「自分にはコントロールできない存在《そんざい》になりつつあるわが子との間に、見えない壁《かべ》があるのを感じるのだろう」とあることに注目しましょう。選択肢《せんたくし》**ア**の最初《さいしょ》に「そんな親子の間で起こっていること」とあるので、空欄Bの直前の内容を受けているとはんだんできます。

C 空欄Cの直後に「結局《けっきょく》、反抗というのは」とあることに注目します。それまでの「反抗期」や「反抗」の内容をまとめていることがわかります。**イ**に「精神科医神谷美恵子《せいしんかいかみやみえこ》は、反抗期について、つぎのように述《の》べている」として、「反抗」をよいものとしてとらえる内容が書かれており、空欄Cのあとでも、「反抗」のよい面をまとめた内容が書かれていることからも、空欄Cには**イ**があてはまるとはんだんできます。

2

(1) 傍線部《ぼうせんぶ》の「合理的《ごうりてき》」に「マイナスを確《たし》かなプラスに変《か》えている」にあてはまる内容をおさえましょう。「踏《ふ》まれる」という「マイナス」面をもつ雑草《ざっそう》のオオバコは、種子《しゅし》を「人や動物の足」にくっつけて運んでもらいます。オオバコが人や動物、車のタイヤに踏まれるのには「種子」を「広い範囲《はんい》に散布《さんぷ》」するためという「プラス」の理由があり、「合理的」だといえます。したがって、**エ**がふさわしいことがわかります。踏まれることは、種子を運ばせるためのオオバコの作戦《さくせん》ですので、**ア**「苦しみに耐《た》えて乗り切る力がつく」はあやまりです。**イ**、**ウ**は「種子が踏まれにくくなるように」「踏まれにくい場所へ移動《いどう》する」が本文の内容と合わないため、ふさわしくありません。**オ**「上に伸《の》びる植物との競争《きょうそう》に勝つ」は本文にない内容のため、あやまりです。

(2) 脱落文《だつらくぶん》「しかし、オオバコのすごいところは、それだけではありません。」の「それだけではありません」に注目しましょう。「それだけでは」の「それ」は「すごいところ」のことで、その「すごいところ」は空欄Cの前でまとめられていることをおさえます。オオバコの葉や茎《くき》は、「固《かた》さと柔《やわ》らかさを併《あわ》せ持」つというすごい「構造《こうぞう》」をしているとあります。さらに、空欄Cのあとでは、踏まれることによって種子を遠くに運ばせるというすごい特徴《とくちょう》についてのべられています。脱落文は「しかし、」で始まっていて内容からも空欄Aにはあてはまりません。空欄Bの前後では、どちらもオオバコの葉や茎の「固さと柔らかさを併せ持った構造」についてのべられているので、脱落文の「しかし、」で始まる文脈は合いません。空欄Dも、「しかし、オオバコのすごいところは、それだけではありません。」「こうして、オオバコの種子は人や動物の足によって運ばれていきます。」では文のつながりがおかしいため、ふさわしくないとわかります。

復《ふく》習《しゅう》テスト⑤

問題 132～133ページ

1

(1) 人間の感～する技術

(2) A**オ**　B**イ**　C**エ**

(3) (例) わたしたちが、感覚器によってものの情報を実際に感じていると考えること。

(4) a電気信号　b脳の中で再現する

(5) 4

解説

1

(1) 傍線部《ぼうせんぶ》①「そのイメージはちょっとまちがっています」の指示語《しじご》「その」の内容《ないよう》が傍線部①の前で説明《せつめい》されていて、「その」バーチャルリアリティのイメージは間違《まちが》っていること、正しくは、傍線部①のあとで説明されている内容であるということをおさえましょう。正しいバーチャルリアリティとは、第二段落《だんらく》で「つまり、」としてまとめられています。問いに指定字数三十二字とあるので、「つまり、」以降《いこう》から「人間の感覚《かんかく》を刺激《しげき》して、実際《じっさい》と同じような体験《たいけん》をできるようにする技術《ぎじゅつ》」をぬき出します。

(2) A 空欄《くうらん》Aの前で、バーチャルリアリティについて、「現実《げんじつ》には存在《そんざい》しない架空《かくう》の世界をつくりあげるような技術だと思っている人もたくさんいます」とし、空欄Aのあとで「そのイメージはちょっとまちがっています」と、前の内容から予想できることと反対のことをのべています。したがって、空欄Aには逆接《ぎゃくせつ》の接続語《せつぞくご》**オ**「しかし」があてはまります。

B 空欄Bの前の段落までは、感覚全般《ぜんぱん》の感じ方についてのべられていますが、空欄Bのあとでは、「色を例《れい》にして考えていきましょう」と話題を少し変《か》えています。したがって、空欄Bには話題転換《てんかん》の意味を表す接続語**イ**「では」があてはまります。

C 空欄Cの前で、光は「赤、緑、青の色をしめす電気信号《しんごう》におきかえられます」とあり、空欄Cのあとで「これらの電気信号が脳《のう》に伝《つた》わると」と内容を加《くわ》えています。したがって、空欄Cには添加《てんか》の意味を表す接続語**エ**「そして」があてはまります。

(3) 傍線部②「それ」は、直前の「ふつうはそう考えます」を指していることをおさえましょう。つまり、「ふつうはそう考えます」の「そう」が指す内容が答えとなります。指示語の指す内容は、基本的《きほんてき》に指示語の前にあるので、「ふつうはそう考えます」の前で説明されている内容をたしかめます。「わたしたちは、目でものを見て、耳で音を聞き、手、つまり皮膚《ひふ》でかたさややわらかさ、温度などを感じていきます」とあり、そのように考えることが傍線部②「それ」にあたります。この部分をまとめて解答《かいとう》としても良《よ》いですが、傍線部②のあとで「目、耳、皮膚などは感覚器《かんかくき》とよばれ」とまとめられているので、これらの言葉を使ってまとめると良いでしょう。解答例《かいとうれい》と同意の内容であれば正解です。

(4) 筆者が傍線部③「正しくもない」と考える理由が、第六段落以降で説明されています。まず第六段落で、わたしたちのものの情報《じょうほう》の感じかたについて例を挙《あ》げながら説明し、第七段落でさらに説明を加えてまとめているので、この部分から、問いの「正しくもない」理由を説明した文の空欄前後の言葉につながるように、指定字数にしたがってぬき出しましょう。空欄aのあとに「に変換《へんかん》して」とあるので、本文の「すべて電気信号に変換された後」から四字の「電気信号」が、空欄bのあとに「ことで感じているにすぎない」とあるので、同様に「脳の中で再現《さいげん》することで感じています」から八字の「脳の中で再現する」があてはまるとわかります。

(5) 第四段落に「じつは、わたしたちはふだんからバーチャルリアリティを体験しているのです」とあるので、この段落から話題が変わっていることがわかります。

16 話題と要点《ようてん》

★ 標準レベル

問題 134～135ページ

I

(1) a有機物　b光合成
(2) 太陽の光～ります。
(3) **イ**
(4) このよう～のです。
(5) 有機物は～ります。

解説

I

(1) まず、本文の冒頭《ぼうとう》で「葉緑体は植物が『有機物《ゆうきぶつ》』をつくるところです」とのべて、「有機物」の話題であることをしめしている点に注目しましょう。次に、問いの説明文《せつめいぶん》に「あらゆる生物が生きるために必要《ひつよう》な」とあることをヒントに本文を読み返すと、第三段落《だんらく》で、冒頭で挙《あ》げられた「有機物」とは「からだを動かすために必要な物質《ぶっしつ》です」と説明されています。よって、aには「有機物」が入るとわかります。第四段落で、「太陽の光を利用《りよう》して、水や二酸化炭素《にさんかたんそ》から有機物をつくります。このはたらきを『光合成《こうごうせい》』という」と説明されていることから、bには「光合成」が入るとわかります。

(2) 「有機物」のつくり方は第四段落で説明されています。「どのようにつくられるか」の説明にふさわしい二文目の「太陽の光を利用して、水や二酸化炭素から有機物をつくります。」の部分から最初《さいしょ》と最後の四字をぬき出しましょう。

(3) 第二段落では二つのことがのべられています。一つは、「生物のからだをつくっている物質」の約《やく》60～80％《パーセント》は「水」であること、もう一つは、生物のからだをつくっている「残《のこ》りのほとんどは有機物で」あるということです。「水」は「約《やく》60～80％」とあるので、有機物は約20～40％にあたることを読み取りましょう。したがって、**ア**・**エ**はあてはまりません。また、「スイカやトマトは90％」→「魚は75％」→「人は60％」の順番《じゅんばん》で「水の割合《わりあい》」が多いので、「人、魚、スイカやトマトの順番」とする**ウ**もあてはまりません。したがって、正解《せいかい》は**イ**です。

(4) 第六段落では、まず具体例《ぐたいれい》を挙げて、そのあとに、まとめとして要点《ようてん》がのべられていることをおさえましょう。「ライオンなどの肉食動物は、……セミは木の樹液《じゅえき》を吸《す》っています」までは具体例にあたります。要点にあたる文は、「このようにどんな動物も食べているものをたどっていくと、かならず植物にいきつくことがわかります」と、「つまり、すべての生物は、植物のおこなう光合成によって、生きているのです」であることがわかります。問いに「二文をさがし」とあるので、この二つの文章の最初《さいしょ》と最後の四字を答えます。特別《とくべつ》な指示《しじ》がないかぎり、字数には句読点《くとうてん》をふくむことに注意しましょう。同じ第六段落で要点となる一文を問われた場合には、「つまり」としてまとめているので、「つまり、～」の一文が要点となる文章にあたります。

(5) 傍線部《ぼうせんぶ》②の直前に「つまり」とあることに注目します。その前の一文に「有機物は、おもに炭素と水素と酸素が結《むす》びついた物質で、空気中で燃《も》やすと、大きなエネルギーを出して、二酸化炭素と水になります。」とあり、これが「有機物は大きなエネルギーをもつ物質」といえる理由になっています。

★★ 上級レベル

問題 136〜137ページ

Ⅰ
(1) (例) 自分の仕事は、陽のあたらない仕事だとなげく気持ち。
(2) **イ**
(3) 砂の中で役目を終わる
(4) a 砂を固め〜き取れる
b (例) 金属の縮み代
(5) (例) 木型職人はこともなげに言うが、木型作りには知識と技と長い経験が必要である。

解説

Ⅰ

(1) まず、傍線部《ぼうせんぶ》①の前でこの木型屋《きがたや》さんは蟬《せみ》について、「たとえ七日でも陽《ひ》の目を見られればいいやね」と言っていることをおさえましょう。次に、木型屋さんの気持ちについて筆者は、第四段落《だんらく》で「木型屋は陽のあたらない仕事だと自嘲《じちょう》する気持《きもち》が、わたしにもわからないわけではない」とのべているので、この部分からまとめましょう。問いで「どのような気持ち」がこめられているかをきかれているので、解答《かいとう》の文末《ぶんまつ》を「〜気持ち。」とする必要《ひつよう》があることに注意しましょう。「陽のあたらない」は、第六段落の「脚光《きゃっこう》を浴《あ》びてこなかった」と同じ意味です。

(2) 傍線部②の直後の段落で、木型の使い方とその重要性《じゅうようせい》についてのべられています。「木型は、鋳物《いもの》を作るときに使う」「だから、木型は鋳物の原型《げんけい》である」とあるので**イ**があてはまります。**ア**は、べえごまの例《れい》も挙《あ》げられていますが、「楽しい仕事」とはのべられていません。また、**ウ**と**エ**は、それぞれ、「つまらない仕事」「おもしろみのない仕事」とはのべられていないのであてはまりません。

(3) 傍線部③は鋳物作りの工程《こうてい》の説明《せつめい》の一部になっています。傍線部③の前からその工程について説明されているので、工程をかくにんしましょう。

1 木で形(木型)を作る。
2 木型の内側《うちがわ》と外側を砂で固《かた》め、砂型《すながた》を作る。
3 砂型から木型を抜《ぬ》きとる。
4 できた砂型の空洞《くうどう》に、溶《と》けた鉄を流しこむ。

このうち2と3が傍線部③にあたる内容《ないよう》になっており、「木型は最終的《さいしゅうてき》に砂型から抜きとられる」ことは空欄《くうらん》の前でも説明されています。そのため、最終的に砂型から抜きとられてしまう木型は「つねに」どんな使われ方をされているといえるのかを文章中からさがします。「つねに」という言葉に注目してさがすと、文章中にも、「いつも、砂の中で役目を終わるのが木型」とあります。

(4) 傍線部④のあとの段落に、「単純《たんじゅん》なものではない」理由がのべられています。「砂を固めたあとで、砂が崩《くず》れないように抜き取れる木型を作らなければならない」とあります。そこから、砂を崩さないで抜き取りやすい木型を作ることのむずかしさを読み取りましょう。その次の段落では、「金属《きんぞく》はみな、冷《ひ》えれば縮《ちぢ》む」とあり、「その縮み代《しろ》を予測《よそく》して、木型を作」らなければならないとのべられています。空欄の前後の文にうまくつながるようにまとめましょう。

(5) この文章を構成《こうせい》している話題は、中略《ちゅうりゃく》の前後の二つです。一つ目の話題の要点《ようてん》は、「木型屋が自身の仕事を陽があたらないと自嘲するが、木型屋の技術《ぎじゅつ》はとても高度なものである」とまとめられています。この文と同様に二つ目の話題の要点をまとめる必要があるので、木型職人《しょくにん》は○○と言うが、○○である、というかたちでまとめましょう。解答例《かいとうれい》と同意の内容であれば正解とします。

★★★ 最高レベル

問題 138～141 ページ

1

(1) (例) 多くの手順を同時進行でかつ、ほぼ反射的に行わなくてはならないから。

(2) (例) 新鮮な生肉や生野菜から栄養が得られ、わざわざ調理する必要などないから。

(3) 利用可能な栄養量が増える

(4) (例) 身体を健康にたもつために、栄養のあるものがおいしいと脳に伝わるように、身体のしくみはできているから。

(5) (例) ヒトは火を、調理など生活面だけでなく、さまざまな用途で活用しているということ。

2

(1) (例) 冬の寒さに耐えるために、葉に糖分、ビタミン、アミノ酸などを増やし、葉を凍りにくくすること。

(2) (例) 葉や根の水分に糖分などが溶け込むことによって、葉や根が凍りにくくなり、甘みや旨みが増す。

(3) **ア**× **イ**○ **ウ**× **エ**×

解説

1

(1) 直前の「こうした複雑《ふくざつ》きわまりない作業を、ほぼ反射的《はんしゃてき》に行う」に着目し、「複雑きわまりない作業」とは何であるかを、前の部分でたしかめます。「途《と》方《ほう》もない数の手順《てじゅん》」「同時並行《へいこう》」「手際《てぎわ》よく」などを頭においてまとめましょう。

(2) 傍線部《ぼうせんぶ》②の前の部分で、調理とは、材料《ざいりょう》に「苦労《くろう》して」手を加《くわ》えることとあります。「自然界《しぜんかい》には新鮮《しんせん》な生肉や生野菜《なまやさい》が溢《あふ》れ」ていて、野生動物などは手を加えなくても食べることができ、栄養《えいよう》を得《え》ることもできます。人間も動物の一種《いっしゅ》であることを考えてまとめましょう。

(3) 傍線部③のあとに、チンパンジーがおいしいから茹《ゆ》でたポテトを食べるとあります。さらに、次の段落《だんらく》には、「火を通す」ことによる「おいしさ」の正体が化学的に説明《せつめい》されており、「消化の助け」「胃腸《いちょう》からの吸収率《きゅうしゅうりつ》が高まる」などの効果《こうか》があるとのべられています。これらを「つまり」とまとめているので、ここから問いの指定字数にしたがってぬき出しましょう。

(4) 傍線部④の前で、「身体に有益《ゆうえき》なものをおいしいと感じる」理由が説明されています。「合目的性《ごうもくてきせい》」、「生物学的な利点《りてん》」が何であるのかを読み取ってまとめましょう。

(5) 傍線部⑤の直前の「厳《おごそ》かな聖火《せいか》、装飾《そうしょく》用の蝋燭《ろうそく》、花火、弾薬《だんやく》」が、火は料理《りょうり》を代表とする生活面だけではなく、「多彩《たさい》な目的で活用されてい」る例《れい》として挙《あ》げられているので、この部分をまとめましょう。問いで「どういうこと」かを聞かれているので、解答《かいとう》の文末《ぶんまつ》は「～こと。」とする必要《ひつよう》があることに注意しましょう。

2

(1) 直前の段落の、「冬の寒さに耐《た》えるために……にくくなるからです」に着目しましょう。傍線部①の「これ」が指すのは、葉っぱを凍《こお》りにくくするために、「葉っぱに糖分《とうぶん》や、ビタミン、アミノ酸《さん》などを増《ふ》や」すことだとわかります。お茶の葉っぱに糖分などが増える理由は、葉っぱを「凍りにくく」するためです。

(2) 問題文にある野菜の名称《めいしょう》は、傍線部②の次の段落で出てきます。①「葉っぱや根に含《ふく》まれる水の中に、多くの糖分などが溶《と》け込《こ》」み「凍りにくくなる」、②これら糖分などのおかげで、ダイコンなどは、『甘《あま》い』とか『旨《うま》みがある』と言われる」ようになる、以上《いじょう》の二点をもりこみましょう。

(3) **ア**「それに対し……」で始まる段落に、お茶の木が、「カテキンやタンニンという物質《ぶっしつ》の量《りょう》を増や」すのは、「五月下旬《げじゅん》以降《いこう》です」とあります。**ウ**最《さい》初《しょ》の段落に、新茶と、二番茶、三番茶は、その味によって、「お茶の価値《かち》の優劣《ゆうれつ》」が競《きそ》われるものではない、と書かれています。**エ**「それに対し……」で始まる段落に、「抗酸化《こうさんか》物質」の量を増やすのは、「太陽の光が強く」なる「五月下旬以降」とあります。

17 要旨《ようし》・要約《ようやく》(1)

★ 標準レベル

問題 142〜143ページ

I

(1) **ウ**

(2) A芸術品　B生命の輪

(3) 数がへっ〜いくこと

(4) aエゾオオカミ　bエゾシカ

(5) **ア**×　**イ**○　**ウ**×　**エ**○

解説

I

(1) 第三段落《だんらく》に、「生きものが多様に地球上でくらすことにより、ゆたかな『生命の輪《わ》』がきずかれていました」とあることから、「生命の輪」は多様であるべきだと読み取ることができます。また、傍線部《ぼうせんぶ》③「ひとつの種類《しゅるい》の生きものが絶滅《ぜつめつ》すると……」で始まる段落に、ある種類の生きものの絶滅が、「それ以外《いがい》の多くの生きものにも影響《えいきょう》をあたえ」るとあります。したがって、**ウ**が正解《せいかい》です。**ア**、**エ**の内容《ないよう》は本文でのべられていないため、あてはまりません。**イ**は、第一段落で「絶滅の原因《げんいん》は……『ほとんど人間によるもの』です」とのべられているため、あてはまりません。

(2) 空欄《くうらん》A・Bの前の段落の内容をおさえましょう。空欄Aの直前の「貴重《きちょう》な」は、前の段落の「人間が人工的《じんこうてき》にはつくりだすことのできない」の言いかえで、「生きもの」→「芸術品《げいじゅつひん》」のことをいっています。空欄Bは、直後に「こわしてきた」とあるので、人間が自分たちの生活をゆたかに、べんりにするためにこわしてきたものを読み取ります。「環境《かんきょう》」「生態系《せいたいけい》」「生態系のバランス」などが考えられますが、指定字数の四字をヒントに前の段落から「生命の輪」をぬき出しましょう。

(3) 傍線部②「わたしたち人間の使命」の直前の「……ことが」に着目しましょう。

(4) 傍線部③の次の段落の冒頭《ぼうとう》に、「たとえば、」とあることに注目しましょう。傍線部③の具体例《ぐたいれい》がこの段落で説明《せつめい》されています。「エゾオオカミが絶滅したことが一因《いちいん》となり、北海道ではエゾシカが数十万頭にまでふえ、大きな問題になってしまいました」とあるので、a「何が絶滅し」→「エゾオオカミ」、b「何に影響をあたえ」→「エゾシカ」と答えましょう。問いに「具体的に」とあるので、最終《さいしゅう》段落から「オオカミ」「シカ」をぬき出す解答では不十分《ふじゅうぶん》です。

(5) **ア**第三段落で「芸術品」という言葉がでてきますが、それが絶滅の理由ではありません。**イ**傍線部③の前の段落に、「動物園には、絶滅しかけている生きものの数をふやし、野生にもどすことも期待されています」とあります。**ウ**第四段落に、「わたしたち人間は、もっとゆたかに、もっとべんりになりたいと」とありますが、そう望《のぞ》むことまでをきんじているとはのべられていません。**エ**傍線部③の段落に、「ひとつの種類の生きものが絶滅すると、生態系のバランスがくずれ」とあります。

★★ 上級レベル

問題 144〜145ページ

I

(1) a温室効果ガス　b地表

(2) **ウ**

(3) **ウ**・**エ**(順不同)

(4) **ウ**

(5) a (例) 異常気象が起こりやすく

b (例) 植生配分が変わって

解説

1

(1) 傍線部《ぼうせんぶ》①の直後に、「地球温暖化《おんだんか》」の仕組みが説明《せつめい》されています。a「空気中の水蒸気《すいじょうき》や二酸化炭素《にさんかたんそ》、メタンなど」は、「温室効果《こうか》ガス」の具体例《ぐたいれい》です。指定字数に六字とあるので「温室効果ガス」があてはまります。b「加熱《かねつ》された地上から放射《ほうしゃ》される熱は」「地表を暖《あたた》め」るとあるので「地表」があてはまります。

(2)「人為的《じんいてき》」は「ある目的のために、自然《しぜん》のものに人の手がくわえられること」という意味です。傍線部②のあとに「二酸化炭素」が「人為的に発生する理由として、「発電所や工場、車からの排《はい》ガスなどが主な原因《げんいん》」であり、「私《わたし》たち」が「現在《げんざい》の豊《ゆた》かな生活を維持《いじ》するために、毎日化石燃料《ねんりょう》を燃《も》やして二酸化炭素を排出している」と説明されていることをおさえます。**ア**・**イ**・**エ**はこの内容《ないよう》にあてはまります。**ウ**は本文中でのべられていません。

(3) 傍線部③の前に、「世界各国《かっこく》がさまざまな方策《ほうさく》をめぐらせています」とあり、「残念《ざんねん》ながら」と続《つづ》いていることに注目しましょう。「残念ながら」以降《いこう》が傍線部③「実状《じつじょう》は深刻《しんこく》です」の理由です。**ア**は、日本が「温暖化に関《かん》する会議《かいぎ》のリーダー」であるとは本文に書かれていません。**イ**は、アメリカが「温暖化を肯定《こうてい》している」とは本文でのべられていないため、あてはまりません。「肯定」は「その通りだとみとめること」という意味です。**ウ**は、「世界最大《さいだい》の二酸化炭素排出国であるアメリカが加《くわ》わっていません」とあり、**エ**は、「日本もふくめ、設定《せってい》した二酸化炭素削減基準《さくげんきじゅん》にまだまだ到達《とうたつ》していない国がほとんどである」とあるので、どちらもあてはまります。問いに「すべて選《えら》び」とあることに注意しましょう。

(4) A の小見出しの文章では、「地球温暖化」について、その原因、対策、実状がのべられていることをたしかめましょう。まず冒頭《ぼうとう》で、「今すぐみんなが取り組まなければならない課題《かだい》があります」、それは「地球温暖化の問題です」と問題提起《ていき》をしてから原因、対策、実状を挙《あ》げる構成《こうせい》となっていることをおさえます。したがって、**ウ**の「温暖化防止《ぼうし》は、全人類《ぜんじんるい》が取り組むべき問題」があてはまります。

(5)「どのような影響《えいきょう》が起きるか」は、傍線部④のあとで具体的に説明されています。問いの起こりうる影響を説明した文の、空欄《くうらん》の前後がヒントになります。a「気温分布《ぶんぷ》の変化《へんか》によって a なり」とあるので、本文の「気温分布が変《か》わることによって異常気象《いじょうきしょう》が起こりやすくなり」から、空欄の前後の言葉につながるように「異常気象が起こりやすく」をあてはめます。bは、「植生生態学的《しょくせいせいたいがくてき》にも今の b しまう」とあるので、本文の「植生生態学的には現在《げんざい》の植生配分が変わり」から、空欄の前後の言葉につながるように「植生配分が変わって」とあてはめましょう。

★★★ 最高レベル

問題 146～149 ページ

1

(1) 自分を見つ～から考える (2) A **ア** B **カ**

(3) (例) 自分を取りまく社会や政治をよくするために、どう行動するかを考えること。(35字)

(4) 身辺や国内～チする習慣

2

(1) a 経済大国 b 教育方針 (2) **ウ** (3) **オ**

解説

1

(1) 第四段落《だんらく》に「哲学《てつがく》するには、なにも哲学書を読むとはかぎりません」とあり、そのあとで「哲学する」とはどういうことかが説明《せつめい》されています。「自分を見つめ、人々を観察《かんさつ》し、人間とはなにものかを常日頃《つねひごろ》から考えるのです」の部分から「～こと。」につながるように、指定字数四十字以内《いない》でぬき出します。

(2) 空欄《くうらん》A・Bの前に「人間とはなにものかを常日頃《つねひごろ》から考える」とあることから、外見にまどわされないように注意すべきだととらえましょう。また、「善人《ぜんにん》に見えても」「悪人でも」とあるので、それぞれ反対の意味をもつ言葉が入ることがわかります。

(3) 傍線部《ぼうせんぶ》②の前に「そういったことを考えるのは」とあることに注目しましょう。「そういった」は、前の三つの段落《だんらく》の内容《ないよう》を指しています。孤独《こどく》になって哲学《てつがく》した結果《けっか》、「人間を取り巻《ま》く社会環境《かんきょう》にも視線《しせん》が向けられ」ます。そして、「まず自分を取り巻く共同《きょうどう》社会へ向けてアンテナを張《は》り」、「社会や政《せい》治《じ》のありかたが今のままでよいのか」という疑問《ぎもん》がうかび、その結果、「自分はどう行動したらよいか」と考えるようになるのです。解答例《かいとうれい》と同意の内容であれば正解です。

(4) 傍線部③をふくむ段落とその前の段落から、「デモをすること」が「選挙《せんきょ》権《けん》を行使する準備《じゅんび》」のうちの一つであることがわかります。空欄の前後の「高校生に」「身につけさせたい」という言葉をヒントに、高校生にデモをすることがゆるされている理由を本文からさがすと、最後《さいご》の段落の一文にそれがのべられています。

2

(1) 問いの「日本の社会の状況《じょうきょう》について説明《せつめい》した」文の、「戦後《せんご》五十年」に着目しましょう。第二段落に、「日本の敗戦《はいせん》から僅《わず》か五十年の間」とあります。空欄aのあとに「と呼《よ》ばれるほどに」とあることから、本文の「日本が『経《けい》済《ざい》大国』などと言われるように」の部分があてはまることがわかります。問いに字数は四字と指定されているので「経済大国」をぬき出します。また、空欄bのあとに「大きく切り換《か》える」とあることをヒントに、本文の「大いに転換《てんかん》しなくてはならなくなった」に着目しましょう。転換しなくてはならなくなったのは、「これまでの教育方針《ほうしん》」です。したがって、bには「教育方針」があてはまります。

(2) 第二段落にこれまでの教育方針は「失敗《しっぱい》したというのではな」いけれど、「大いに転換しなくてはならなくなった」とあります。ここから、問題文の「『生きる力』を失《うしな》わせるような指導《しどう》や教育」とは、これまでの教育である点をおさえましょう。これまでの教育については、第三段落にのべられています。

アは、「知識《ちしき》の量《りょう》によって子どもの価値《かち》を一様に測《はか》ったりする」とあるので、**イ**は、「子どもたちの個々《ここ》の人間としての在《あ》り方を無視《むし》して、画一的《かくいつてき》な」とあるのであてはまります。**エ**の「非科学的《ひかがくてき》な精神論《せいしんろん》をふりかざして」に直接《ちょくせつ》あてはまる文は本文にありませんが、「画一的な受験《じゅけん》勉強を強制《きょうせい》」や「子どもに対する圧力《あつりょく》が強くなりすぎて」などの部分からあてはまると考えます。**オ**は、「平均値《へいきんち》をあげる努力《どりょく》をしてきた」ために「画一的にならざるをえない」にあてはまります。**ウ**は、第四段落の「個性《こせい》を生かす教育」にあてはまる内容で、これは「必要《ひつよう》な」教育なのでこれまでの教育にはあてはまりません。したがって、正解は**ウ**です。

(3) 第六段落に、「生きる力が育っていくための『土壌《どじょう》』として親や教師《きょうし》が存《そん》在《ざい》する」と、子どもに『安心して好《す》きなことができる』環境」をあたえることができるとのべられており、**オ**の「子どもたち一人一人が好きなことをできるように、工夫《くふう》しながら見守ること」に対応《たいおう》します。さらに最終《さいしゅう》段落で、その親や教師は、「自分の個性とのからみ合いのなかで」「楽しみを見い出し」、「自分が生かされてい」るべきだとのべられており、同じく**オ**の「自分らしく充実《じゅうじつ》した時間を過《す》ごしている大人たち」に対応します。したがって、正解は**オ**です。

中学入試に役立つアドバイス

要旨《ようし》・要約《ようやく》をつかむために

まず、文章全体を広い目線でとらえましょう。

①意味段落《だんらく》で考えましょう。

複数《ふくすう》の段落にまたがって要旨が書かれていることもあれば、同じ段落の中にいくつもの要旨が書かれていることもあります。

②接続語《せつぞくご》に注意しましょう。

「しかし」「さて」などの接続語が入ると、話の流れが変《か》わることが多いので、目安にしましょう。

18 要旨《ようし》・要約《ようやく》(2)

★ 標準レベル

問題 150～151ページ

I
(1) 資源の節約（石油の節約）
プラスチ～らすこと
(2) a石油　bガソリン　c資源
(3) **エ**

解説

I
(1) この文章は、リサイクルが必《かな》ずしも目的《もくてき》にかなっていない例《れい》をいくつかのべたあと、最後《さいご》の段落《だんらく》で「プラスチックをどのようにリサイクルすればよいのか」について、リサイクルの目的をふまえて筆者の考えをのべています。「どうすれば」に着目して、このあとの部分から指定の字数でさがしましょう。
(2) aは、「洗《あら》う」とあるので、「たとえば、……」で始まる段落からさがしましょう。お湯をわかす「エネルギー源《げん》として石油を使った」とあります。bは、「運搬《うんぱん》」とあるので、「また、ジュースを売るとき……」で始まる段落に着目しましょう。「トラックなどで運ぶときに、より多くのガソリンを使うことになります」とあります。cは、「食べ物をくさらせ」とあるので、「食べ物を包《つつ》む……」で始まる段落に着目しましょう。「これも資源《しげん》のむだ使いです」とあります。
(3) 傍線部《ぼうせんぶ》②をふくむ段落に、「プラスチックは、わたしたちの生活に深く入りこんでいる」とあり、さらに、「こうした問題に答えるには、プラスチックごみのことだけではなく、わたしたちの暮《く》らしや社会のしくみ全体を考えていかなければなりません」とのべられています。したがって、**エ**が正解《せいかい》です。

★★ 上級レベル

問題 152～153ページ

I
(1) 多ければ多いほど
(2) （例）ひとつの国で生産されるモノと、それを売買するお金の量
(3) **イ・エ**（順不同）
(4) （例）お金の使い道
(5) （例）悪いこと
(6) が上がる。

解説

I
(1) 傍線部《ぼうせんぶ》①のあとに、「足し算ばかりやっていて、引き算のことなんかすっかり忘《わす》れている」、「人々は」増《ふ》やすことばかりを考えているとのべられています。「足し算教」は、次の段落《だんらく》では英語《えいご》で「モア教」と言いかえられています。「つまり、」に続《つづ》いて「モア教」は「より多いことは、より多いことである」と信《しん》じられているとのべ、さらに、「例《たと》えば、」以降《いこう》でその説明《せつめい》がされています。「お金が多ければ多いほど人はより（多く）幸せである」、「モノが多ければ多いほど社会の豊《ゆた》かさが増える」の中から指定字数の八字でさがしましょう。
(2) 傍線部②をふくむ段落に「GNPやGDPとは、ひとつの国で生産《せいさん》されるモノ（Pはプロダクツ、つまり商品としてのモノ）とそれを売買するお金の量《りょう》を計るモノサシなのだ」と説明されています。
(3) 「この more = more という考え方……」で始まる段落の最後《さいご》に、「たとえば、GNPが世界で一番大きいアメリカと二番の日本が、世界で最《もっと》も豊かで幸せな国だと思いこんでいる」とあるので、GNPが大きいほど幸せ、と考えられているとわかります。「この量の大きさによって」とあるので、GNPやGDPが小さい場合は、反対に豊かさや幸福度が低《ひく》いと考えられてい

るのだととらえましょう。問いに「すべて選《えら》び」とあることに注意しましょう。

(4)「more = more の考え方」を、それほど「単純《たんじゅん》」な話だとは思っていない筆者からの問いかけです。傍線部《ぼうせんぶ》④の次の段落《だんらく》に、この考え方を「単純」だとは思わない理由が説明《せつめい》されています。「GNPやGDPというモノサシのおかしさ」は、「そのお金がいったい何のために使われたのか、はどうでもいいことになってしまう」ことにあるといっているのです。解答例《かいとうれい》と同意の内容《ないよう》であれば正解です。

(5) 傍線部⑤の段落に、「いいことに使われたお金も、悪いことに使われたお金も、みんなGNPを増《ふ》やすものとして同じ価値《かち》をもつことになってしまう」とあることに着目しましょう。問いに「〜線部に対比《たいひ》させて」とあるので、「良《よ》いこと」に対比するように、空欄《くうらん》には「悪いこと」をあてはめましょう。

(6) この文章は大きく二つの内容に分かれていることをおさえましょう。前半では、「more = more の考え方」が良いとされてきたことがのべられています。後半は、「しかし、モノの量や……」で始まる段落からで、多ければ多いほどよいというわけではないという筆者の考えがのべられています。問いの脱落文《だつらくぶん》の「つまり、」に着目しましょう。「つまり、」で最後《さいご》にこれまでのべた筆者の考えを要約《ようやく》していることを読み取りましょう。

★★★ 最高レベル

問題 154〜157 ページ

1
(1) a 中国大陸の平野部(中国大陸の平原)
b 日がよく照る開けた(よく日の当たる)
(2) **イ・オ**(順不同)

2
(1) a どのような場合に美が生まれるか
b 状況
(2) 状況がどう変わろうと、いつでも、どこでも「美」であり得る
(3) **ウ**
(28字)

解説

1
(1) a 第二段落《だんらく》に、「モンシロチョウは元来、中国大陸《たいりく》の平野部にいたチョウ」とあります。また、第四段落で、「スジグロシロチョウのほうは、昔から日本に住みついていた。中国大陸の平原とちがって森や林ばかりの日本で生まれたこのチョウ(スジグロシロチョウ)は」とあることから、「中国大陸の平原」で生まれたのは、モンシロチョウだと読み取れます。b 同じくモンシロチョウが好《この》む場所をさがします。第三段落に「彼《かれ》らは日がよく照《て》る開けた場所が好《す》きであり」とあります。「彼ら」は直前の段落を受けているので、「彼ら」=「モンシロチョウ」だとわかります。「彼らは日がよく照る開けた場所が好きであり」から「ところ」につながるようにぬき出しましょう。

(2)「あのころの……」で始まる段落に、「東京という都市の中心部は、高い建物《たてもの》の陰《かげ》が増《ふ》え、日かげの多い林の中と同じ状況《じょうきょう》になった」とあります。第四段落に「スジグロシロチョウのほうは……林の木もれ日の環境《かんきょう》を好《この》み」とあることから、スジグロシロチョウなので、**イ**があてはまります。また、「けれど、明治神宮《めいじじんぐう》……」で始まる段落に、東京には「木がかなりこんもり茂《しげ》っていて日かげが多く、『雑草《ざっそう》』もまだたくさん生えている」「社叢《しゃそう》」があると書かれています。スジグロシロチョウは、こうした場所をもともとの生息地にしていたので、**オ**があてはまります。「社叢」は「神社の社殿《しゃでん》や境内《けいだい》をかこう林」のことです。

2
(1) 傍線部《ぼうせんぶ》①「日本人のこのような美意識《びいしき》」の指示語《しじご》「このような」の指す内容《ないよう》は、直前の段落の「何の実体物もなく、あるのはただ状況だけ」というものであることをおさえます。問いの「日本人のこのような美意識」の内容

を説明《せつめい》した文に、「実体物として美を捉《とら》えるのではなく」とあることに着目しましょう。これは本文の「日本人は、遠い昔から、何が美であるかということよりも」に対応《たいおう》しています。そのあとで、「むしろ」と続《つづ》けて、日本人は、「どのような場合に美が生まれるかということにその感性《かんせい》を働《はたら》かせて来た」とのべられています。空欄《くうらん》aのあとに「ということに感性を働かせ」とあることから、この部分があてはまるとわかります。空欄bは、第一段落の終わりに「『実体の美』に対して」日本人の美意識は、「『状況の美』とでも呼《よ》んだらよいであろうか」とあるので「状況」があてはまるとわかります。

(2)「美とは万古不易《ばんこふえき》のものではなく、うつろいやすいもの、はかないもの」というのは、日本人の美意識のことであり、「状況の美」のことです。問いに「対照的《たいしょうてき》な」とあることから、くらべられているのが「実体の美」であることをおさえます。「実体の美」については、傍線部②と同じ段落で説明されているので、この部分から「という見方」につながるように、指定字数の二十五～三十字以内《いない》で「状況がどう変《か》わろうと、いつでも、どこでも『美』であり得《う》る」をぬき出しましょう。特《とく》に指示がない場合は、句読点《くとうてん》やかぎかっこなどの記号も字数に数えることに注意しましょう。

(3) 日本人は、「春の曙《あけぼの》や秋の夕暮《ゆうぐ》れの美しさ」など、四季折々《しきおりおり》の風情《ふぜい》は、「長くは続かない」ことを知っており、それゆえ、「いっそう貴重《きちょう》で、いっそう愛《あい》すべきものという感覚《かんかく》」をもっているとのべられているので、**ウ**があてはまります。**ア**は、「行事のあり方に」の部分があやまりです。**イ**は、「昔から変わらず続いているものを大切にしようとする精神《せいしん》」については本文でのべられていないので、あてはまりません。**エ**は、「どの季節《きせつ》にも変わりなく感じられる」の部分があやまりです。

中学入試に役立つアドバイス

要旨《ようし》・要約《ようやく》をつかむために

①文章の大まかなつくりをつかみましょう。

・筆者の主張《しゅちょう》が最初《さいしょ》にある。
・具体的《ぐたいてき》な例《れい》をしめしてから、最後にまとめをする。
・一般的《いっぱんてき》な考え方を挙《あ》げてから、それとはことなった筆者の考えがのべられていく。

②話題を読み取り、要点《ようてん》をまとめましょう。

・くり返し出てくる言葉、表現《ひょうげん》を変《か》えて出てくる言葉に着目しましょう。
例　ピラミッド　王のはか　エジプトの建造物《けんぞうぶつ》
・文章末《ぶんしょうまつ》に出てくる出典《しゅってん》が、話題の目安になる場合もあります。
例　（今西乃子《いまにしのりこ》『命の境界線《きょうかいせん》　保護《ほご》されるシカと駆除《くじょ》される鹿《しか》』）
・つなぎ言葉に着目し、要点はいくつあるのか頭において読みましょう。
例　一つ目は↓二つ目は↓最後に
まず↓次に↓さらに

③筆者の主張を読み取りましょう。

・つなぎ言葉などに注意し、言いかえたり、まとめたりしているところをさがしましょう。
例　つまり　すなわち　このように　要するに
・強い言い方をしている場所に注意しましょう。
例　～なのだ。　～すべきである。　～の必要《ひつよう》がある。
・つなぎ言葉を目安に、あとから出てくる反対の考え方に注目しましょう。
例　しかしながら　ところが　そうはいっても
☆読み取った要点や主張のうち、筆者が最《もっと》も伝《つた》えたいものが要旨です。
☆要点をつなぎ合わせたものが要約です。

復習《ふくしゅう》テスト⑥

問題 158～159ページ

1

(1) a 建築用材
b 針葉樹

(2) (例) エサがなくなってしまったので、人の住む集落から食べ物を得るため。

(3) (例) 野生動物と人の住む場所の「境界線」のような地域。

(4) エ

解説

1

(1) 第一段落《だんらく》で戦後《せんご》日本の各地《かくち》で行われてきた造林《ぞうりん》計画について、くわしく説明《せつめい》されています。ここで説明されている造林計画は、「広葉樹《こうようじゅ》からなる天《てん》然林《ねんりん》を伐採《ばっさい》し、」「針葉樹《しんようじゅ》に置《お》き換《か》えていくこと」で、なぜ「針葉樹」のほうがいいのかという点については、「針葉樹は成長《せいちょう》が比較的《ひかくてき》早く、建築用材《けんちくようざい》として価値《かち》が高いから」だとあります。問いの傍線部《ぼうせんぶ》①を説明した文の空欄《くうらん》の前後の言葉に続《つづ》くように、aは「建築用材」を、bは、「スギやヒノキ、カラマツ、アカマツなど」のことですが、指定字数が三字なので「針葉樹」をぬき出しましょう。

(2) ここでは、「広葉樹」とニホンジカの関《かか》わりについて考えましょう。傍線部②をふくむ段落の初《はじ》めに、「ニホンジカがエサとしていた、栗《くり》やどんぐりの実がなる広葉樹が、植え替《か》えによってなくなってしまった」とあります。そのため、ニホンジカは「エサを求《もと》めて歩き回り、生きのびるために」、人の住む集落へ近づくようになったのです。問いに「理由もあわせて」とあるので、解答《かいとう》は、「人の住む集落」から食べ物（エサ）を得《え》るため、だけでなく、その理由である「エサ」が「なくなってしまった」という部分も、解答欄の前の内容《ないよう》に合う形でまとめましょう。

(3) 第五段落に「里山とは」「野生動物と人間、それぞれが住む場所の『境界《きょうかい》線《せん》』のような地域《ちいき》」と説明されているので、この部分を答えましょう。「境界線」は「土地と土地のさかい目」のことです。ここでは、野生動物が住む土地（山）と、人間が住む土地（里＝集落）のさかい目にあるのが「里山」だということです。

(4) **ア**は、傍線部③の直後に「このまま問題を放っておけば、ニホンジカが増《ふ》え続け、やがてエサ不足《ぶそく》になってニホンジカの数も自然《しぜん》と減《へ》っていくのかもしれないが」とありますが、選択肢《せんたくし》の「やがてぜつめつしてしまう」とまではのべられていないため、あてはまりません。**イ**は、「野生動物たちが、人間にかいならされ、ペット化してしまう」が、**ウ**は、「野生動物たちが、人間がかかる病気になってしまう」が、どちらも本文にない内容のため、あてはまりません。**イ**の「危険《きけん》を承知《しょうち》で」の「承知で」は、「知っていて、わかって」という意味です。傍線部③のあとで、ニホンジカの数が減っていくことよりも大きな問題として、筆者は、「その前に山の生態系《せいたいけい》そのもののバランスが崩《くず》れ、取り返しのつかないことになるに違《ちが》いない」とのべています。「取り返しのつかない」は「一度起きてしまったことを元の通りにもどすことはできない」という意味です。問いで「里山が消滅《しょうめつ》することで起きる一番大きな問題」と問われていることからも、「山の生態系のバランスが崩れてしまうこと」を挙《あ》げている**エ**が正解です。

過《か》去《こ》問題にチャレンジ③

問題 160～163ページ

1

(1) **イ**
(2) **エ**
(3) **オ**
(4) (例)劣化する運命にあり、長く生きるために、自分を変え続けなければならない(34字)
(5) **ウ**
(6) **エ**
(7) **イ・オ**(順不同)

解説

1

(1) 傍線部《ぼうせんぶ》①のあとの段落《だんらく》から筆者のいう「おもしろい現象《げんしょう》」の例《れい》が説明《せつめい》されています。**ア**は、Aの第二段落に、「胃《い》や小腸《しょうちょう》、大腸などの細胞《さいぼう》は、たった2、3日で入れ替《か》わります」とあります。**ウ**は、Bの第六段落に、「古くなったものや悪いもの、ごみのようなものを捨《す》て続《つづ》けながら、変《か》わることで生きていく」とあります。**エ**は、Cの第三段落に、「『〇〇部の伝統《でんとう》』と言われるようなものが、なぜか変わらず続いていく」とあります。したがって、**ア**、**ウ**、**エ**は筆者がおもしろいと感じていることとしてふさわしいといえます。**イ**は、Bの第四段落に、「光っているものは錆《さ》びる」とありますが、これは、筆者のいう「おもしろい現象」ではなく、「宇宙《うちゅう》」のあらゆるものは「整った状態《じょうたい》」から「散《ち》らかった状態」の方向へ動く、という「大原則《だいげんそく》」の例です。したがって、正解《せいかい》は**イ**です。問いに「ふさわしくないもの」を選《えら》びとあることに注意しましょう。

(2) 傍線部②の直前に、「1年もすれば、あなたを形づくっていた細胞は、あなたの中からほとんどなくなってしまいます」とあります。したがって、**エ**が正解です。**ア**は、「様々な経験《けいけん》を積《つ》むことで、全く新しい自分へと生まれ変《か》わっていく」が、**イ**は、「記憶《きおく》を絶《た》え間なく更新《こうしん》することで、新しい自分へと成長《せいちょう》していく」が、**ウ**は「『あなたらしさ』は実体がなく、意識《いしき》の上でのみ存在《そんざい》する」が、**オ**は、「『1年前のあなた』の細胞よりも強く生まれ変わっている」の部分が、それぞれ本文にない内容《ないよう》のため、ふさわしくありません。

(3) 傍線部③「全体の絵柄《えがら》」とは、前でのべられている「ジグソーパズル」の絵柄のことです。この「ジグソーパズル」は、Aの第二段落の最後《さいご》にある「今のあなたは、1年前のあなたとは物質的《ぶっしつてき》に『別人《べつじん》』になるという状態《じょうたい》を、ジグソーパズルにたとえているのだということをおさえましょう。パズルのピースは、「あなたを形づくってい」る「細胞」です。また、「別人」になるさいには、「全部のピースが一度に入れ替わる」のではなく、「ピースが一つひとつ入れ替わって」いるという点に着目しましょう。つまり、「別人」になったとしても見かけ上は変わらないということです。よって、「全体の絵柄」とは、形づくられた「あなた」、つまり、傍線③のある段落の初《はじ》めの「見かけ上」の「あなた」のことです。したがって、正解は**オ**です。**ア**の「新しく生まれた細胞」や、**イ**の「放出された細胞」は、「全体」ではなく一部の「ピース」のことなので、ふさわしくありません。また、「ピースが一つひとつ入れ替わっているのです。ピースをひとつ抜《ぬ》いても、全体の絵柄はそう変わりません」とあるので、**ウ**「新しい『あなた』」や、**エ**「かつての『あなた』」もふさわしくないことがわかります。

(4) 傍線部④のあとにその理由が説明されています。直後に「すべての生き物が抱《かか》えている運命」とあり、その内容を次の段落以降《いこう》で「身近な例」として、「きれいに整理整頓《せいとん》した部屋」や「あなたが恋《こい》をした」場合で説明し、続く段落で「形あるものは崩《くず》れ、光っているものは錆びる」「生き物は常《つね》に、劣化《れっか》する脅威《きょうい》にさらされてい」ると言いかえてまとめています。さらにこのあとで、「できるだけ長く生き続けるために、自分自身をどんどん壊《こわ》し、入れ替えて、変化《へんか》していくことが必要《ひつよう》」とあります。問いに「『長く』ということばを必《かなら》ず用いること」とあるので、「長く」をヒントにこの部分を「すべての生き物は、」に続《つづ》くように指定の字数以内《いない》でまとめましょう。

(5) 空欄《くうらん》の直前の段落《だんらく》に着目しましょう。植物や生き物も、「宇宙《うちゅう》にあるもの」すべてと同じように、「何もせずにそのままでいたら、ただ悪いほうへと転がり落ちていく運命にある」、と筆者はのべています。それは、空欄のあとに具体例《ぐたいれい》として「人間の体も時間が経《た》つと酸化《さんか》して、肌《はだ》にシミができたり、血液《けつえき》がドロドロになったり」すると説明《せつめい》されています。これと同じような例を選《えら》びましょう。**ウ**の「リンゴを切って置《お》いておくと茶色に変色《へんしょく》する」のは酸化現象《げんしょう》なので、**ウ**が正解《せいかい》です。**ア**の「水滴《すいてき》が年月をかけて石に穴《あな》を開ける」は「点滴石をうがつ」ということわざで、努力《どりょく》を続けていれば、やがて成功《せいこう》するということをたとえたものなので、「悪いほうへと転がり落ち」る例にはふさわしくありません。**イ**の「雑草《ざっそう》を放っておくとどんどんと生《お》いしげっていく」や、**エ**の「雪が少しずつとけて水となり川に流れていく」も、自然《しぜん》のなりゆきで「悪いほうへと転がり落ち」る例とはいえないので、ふさわしくありません。**オ**の「主要《しゅよう》都市からはなれた地域《ちいき》に空き家が増《ふ》えていく」ことも「劣化《れっか》」とはちがうので、ふさわしくありません。

(6) 傍線部⑤の前の「これは、細かい部分を少しずつ入《い》れ替《か》えながら」の指《し》示語《じご》「これは」は直前の段落の内容《ないよう》を指していることをおさえましょう。『〇〇部の伝統《でんとう》』と言われるようなものが」「変《か》わらず続いていく」に着目します。「メンバーが変化し」「決まりごとや成果《せいか》も変わっている」とあるので、入れ替わる細かい部分とは、部員や規則《きそく》などだということがわかります。それでも「長く続く伝統のある部活」であり続けるために「バランスを取っている」のです。したがって、**エ**が正解です。**ア**は「そのまま次の世代に伝《つた》える」が、**イ**は「常《つね》に成績《せいせき》や結果《けっか》を残《のこ》すことで」が、**ウ**は「栄光《えいこう》を共通《きょうつう》の大切な思い出とし、変化するものを最小限《さいしょうげん》にとどめることで」が、**オ**は「それまでの『伝統』をあえて否定《ひてい》することで」の部分がそれぞれ本文でのべられていない内容のためふさわしくありません。

---

(7) 「生き物だけではなく、世界のあらゆるもの」は、「自分自身を壊し、パーツを入れ替えて、絶《た》えず動きながらバランスを取っている」というのが、筆者の考えです。そして、パズルや散らかった部屋、恋《こい》や伝統ある部活など、具体例がたくさん盛《も》り込《こ》まれていることから、**イ**がふさわしいといえます。また、「動的平衡《どうてきへいこう》」の考え方は、「生命とは何か？」についての答えとなり、なぜ「自分の一部を入れ替え続け」るのかという思考へとつながっていきます。さらに、世界のあらゆることがらについて、論理《ろんり》が展開《てんかい》されていることから、**オ**がふさわしいといえます。問いに「二つ選び」とあることに注意しましょう。**ア**は「筆者の考えとそれに対立した意見との二つを始めに提示《ていじ》」していないため、**ウ**は「筆者の考えを一つの分野の中で例を挙《あ》げて」の部分があてはまらないため、**エ**は「専門性《せんもんせい》の高い話題を初《はじ》めに挙げ、少しずつ簡《かん》単《たん》な言葉を増《ふ》やし」の部分が、Ａの後半で「動的平衡」という専門性の高いむずかしい言葉を使っている点にあてはまらないため、それぞれふさわしくありません。

■ 4章 随筆《ずいひつ》の読解《どっかい》

19 経験《けいけん》と感想(1)

★ 標準レベル　問題164〜165ページ

I
(1) ウ
(2) エ
(3) 空
(4) 老人：おじいさん
小さい男の子：運転手さん
(5) イ

解説

I
(1) 傍線部《ぼうせんぶ》①の直前に、「え。こんなに晴れているのに？」とあることに着目しましょう。「私《わたし》」が「おどろいた」理由は、「こんなに晴れているのに？」のあとに続《つづ》く「私」の心の中の言葉を考えることでわかります。この「私」の発言の前に、運転手さんが「夕方には、雨が降《ふ》りますよ」といっていることから、「私」は、「こんなに晴れているのに（夕方には、雨が降るの）？」といったのだと読み取ることができます。したがって、今は晴れているのにもかかわらず、運転手さんが「夕方には、雨が降りますよ」といっているのでおどろいたことがわかります。

(2) 空欄《くうらん》Aをふくむ運転手さんの発言の内容《ないよう》が、「夕方には、雨が降りますよ」と運転手さんがいった理由であることをおさえましょう。運転手さんは「右《みぎ》側《がわ》のむこうの高い山に、雲がかかっている」から「夕方には、雨が降りますよ」といったのです。

(3) 「子どもの私もいっしょに」何をみているのかを考えましょう。空欄Bの前に、「じいさんは、毎朝起きると、すぐ外にでて、空をみるんです。そして雲や風のぐあいで、その日の天気をいいましたね」とあるので、空をみていたことがわかります。

(4) 傍線部②の前後の文の内容から、筆者が運転手さんの話や「あたたかい笑《わら》い声」をきいているうちに、そのときのふたりの様子が頭にうかんだのだということをおさえましょう。つまり、「空をみあげている」ふたり（「老人《ろうじん》と小さい男の子」）は、運転手さんの話の中の「じいさん」と、「子どもの私」です。問いの指定字数がどちらも五字なので、「老人」は「じいさん」ではなく、「私」の発言の「まあ、運転手さんのおじいさんですか」から「おじいさん」をぬき出しましょう。「老人と小さい男の子」の様子が頭にうかんだのは「私」なので、「小さい男の子」は「子どもの私」ではなく「運転手さん」があてはまることに気をつけましょう。

(5) 傍線部③の直後に「天気予測《よそく》をするため空をみあげるという、この原始《げんし》的《てき》で豊《ゆた》かな時間を、自分が全く失《うしな》っていることに気がついたからです」と、「私」が「どきっとし」た理由がのべられています。したがって、正解《せいかい》はイです。

★★ 上級レベル　問題166〜167ページ

I
(1) イ　(2) さまざまに
(3) (例) 口にくわえることもあるブランケット（17字）
(4) (例) みんなははいているのに、筆者だけがぬいでいるのをふしぎに思う気持ち。
(5) ウ

解説

I
(1) 傍線部《ぼうせんぶ》①「重々承知《しょうち》していた」の直前に「アメリカには家のなかで靴《くつ》を

脱《ぬ》ぐ習慣《しゅうかん》がないこと」とあることに注目します。さらに、同じ段落《だんらく》の最後《さいご》に「そのことに馴染《なじ》もうとすると、なかなか難《むずか》しいものだということがわかった」とあります。指示語《しじご》の「そのこと」は、前の「アメリカには家のなかで靴《くつ》を脱ぐ習慣がないこと」を指していることをおさえます。したがって、正解《せいかい》は**イ**です。**ア**は、「家のなかで靴を脱ぐのは日本だけ」とは本文からは読み取れないのであてはまりません。

(2) 傍線部②「お昼寝《ひるね》タイム」の過《す》ごしかたは、【　】の部分でくわしく説明《せつめい》されています。その子供達《こどもたち》の様子について、次の段落の初《はじ》めで「さまざまに過《す》ごす時間」と表現《ひょうげん》していることに着目します。問いの子供達の様子を説明した文「子供達は時間を□過ごしている」と、指定字数の五字をヒントに、「さまざまに」をぬき出します。

(3) 傍線部③の直前に「その姿《すがた》を見ているかぎり」とあることに着目します。指示語「その」の内容《ないよう》が、前の段落でのべられていることをおさえましょう。そこには、「皆一様《みないちよう》に靴は履《は》いたまま」で、「ブランケットの片方《かたほう》の隅《すみ》を口にくわえ、もう一方の隅には堂々《どうどう》とスニーカーを乗せている」とあります。つまり筆者は、「アメリカ人の靴は汚《よご》れない」から、口にくわえることもあるブランケットに、汚れているはずのスニーカーで乗っても気にならないのだろう、と考えたのです。問いに「文章中の言葉を使って」とあるので、ブランケットを「口にくわえ」ることを、空欄《くうらん》のあとの文につながるようにまとめましょう。解答例《れい》と同意の内容で、あとの文につながるように書かれていれば正解とします。

(4) ここでは、子供達がなぜ「サワーコ、どうして靴を脱いでるの?」と聞いたのかではなく、「このときの子供達の気持ち」が問われていることに注意しましょう。みんなはお昼寝の時間にブランケットの上でも靴を履いているのに、サワーコ(筆者)だけが靴を脱いでいることを、子供達は不思議《ふしぎ》に思っているのです。問いで「気持ち」を聞かれているので、解答の文末《ぶんまつ》を「～気持ち。」とする必要《ひつよう》があります。

(5) この文章は、冒頭《ぼうとう》に筆者の最《もっと》も伝《つた》えたいこと(感想)がのべられており、続《つづ》く段落でその感想を持つようになった筆者の経験《けいけん》が書かれていることをおさえましょう。筆者の最も伝えたい感想は、第一段落の内容、「アメリカ」の「習慣」に「馴染」むことは「難しい」「ことがわかった」ということです。したがって、**ウ**が正解となります。「異国《いこく》」は「外国・ほかの国」という意味です。**ア**は、最終段落に「日本の良《よ》き風習をアメリカの子供に知らしめる必要がある」と思って「乏《とぼ》しき英語力《えいごりょく》を駆使《くし》して説明に尽力《じんりょく》したが」「ぜんぜん聞いちゃいなかった」とあるのであてはまりません。「風習」は「その土地や国に伝わる生活上の習わし、しきたり、行事などのこと」、「駆使する」は「自由自在《じゆうじざい》に使うこと」という意味です。**イ**は、筆者だけはお昼寝タイムに「靴を脱いで子供の相手をしてしまう」とあり、「現地《げんち》の習慣に合わせないとくらしにくい」とは本文でのべられていないのであてはまりません。**エ**は、他国の風習のちがいを見て「ああー、ひえーと、声を上げたくなった」とあることから「想像通《そうぞうどお》り」ではなく想像をこえていたと読み取れるのであてはまりません。

★★★ 最高レベル

問題 168～171 ページ

1 **ア**

2 (1) 歩いて

(2) (例) 疲れているからだに、エネルギーをおぎなう意味。

(3) **イ**

(4) (例) 極端に小さなザック

解説

1 傍線部《ぼうせんぶ》の直前に「胸《むね》を締《し》め付《つ》けるのは、ミャアへの悲しみばかりでない」とあることに注目します。**イ**「ミャアの世話を後回しにしてきたことを悔《く》やんでいる」、**ウ**「大切な家族の一員を失《うしな》ってしまった深い喪失感《そうしつかん》にさいなまれている」は、どちらもミャアに対する後悔《こうかい》や悲しみを説明《せつめい》しているのでふさわしくありません。「さいなまれる」は「心をせめられる、苦しめられる」という意味です。傍線部の「過《す》ぎた月日の重さ」という表現《ひょうげん》からは、たんに時間が流れて行ったというだけではなく、その間にいろいろなことが変《か》わってしまった、という気持ちが読み取れます。変化《へんか》したものの中で一番大きく「私《わたし》たち」がショックを受けたのが、両親の「老《お》い」だったのです。「自分より大きくて、怖《こわ》くて、強い存在《そんざい》だ」と思っていたのに、目の前で父は「肩《かた》を震《ふる》わせ、私たちにはばかることなく嗚咽《おえつ》し」ていて、母も「こぼれる涙《なみだ》をぬぐおうともせず、ミャアの名を呼《よ》び続《つづ》け」ているのです。年老いて弱くなってしまった両親を目の前にして悲しくさびしい気持ちとなっています。「嗚咽」は「声をおさえて泣《な》くこと」です。**ア**の「やるせなさ」は「どうすることもできなくて、落ちこむ気持ち」です。

2

(1) まず、空欄《くうらん》をふくむ一文の内容《ないよう》をたしかめます。すると、「汗《あせ》をかかないのではなく、かかないように□います」とあるため、竹内《たけうち》が汗を「かかないように」どうしているのかを読み取りましょう。直後の部分に「汗をかきそうになったら、ペースを落としたり、上着のボタンを開けたりします」とあり、竹内が具体的《ぐたいてき》にどのような工夫《くふう》をしているのかが説明されています。さらにそのあとの「でも、止まることはありません」から、汗をかかない歩き方について言っていることがわかります。これらを手がかりに指定字数の三字の言葉をさがしましょう。

(2) 傍線部の直前の会話で竹内は、「食べると疲《つか》れるから」「歩いている途中《とちゅう》であまり食べたり飲んだりもしません」と言っています。それに対して筆者は「意味がわからない」と言っているため、筆者自身は「食べる」ことに対して、「疲れる」とはちがう考えをもっているのだとわかります。傍線部のあとで、「私《わたし》は休憩《きゅうけい》のたびに、必《かな》ず何かを口に放り込《こ》む。それもできるだけ高カロリーのものを」とあるため、疲れを取りのぞくために食べると考えているのだと読み取ることができます。問いで「どのような意味があると考えていたからですか」と聞かれているので、解答《かいとう》の文末《ぶんまつ》は「〜意味。」などと答える必要《ひつよう》があることに注意しましょう。

(3) ここまでの部分で竹内と「私」とをくらべて、「あまりにレベルが違《ちが》う」「状況《じょうきょう》はあまりにかけ離《はな》れている」とのべています。さらに傍線部の直後で「プロのすごさの一端《いったん》に初《はじ》めて触《ふ》れた」といっています。つまり、「プロ」としての「竹内さん」のすごさを改《あらた》めて実感し、とてもかなわないと思っているのです。問いが「あてはまらないもの」を答えさせていることに注意しましょう。

(4) 筆者は竹内と自分とがあまりにも違うことに対しておどろいています。「同じ頂上《ちょうじょう》を目指していることに変《か》わりはない」のに、竹内の言葉や行動の一つ一つには意味があるのだということに「私」は気がついたのです。ここでは「プロ」として徹底《てってい》している竹内の「持ち物」について問われています。竹内が、疲れないようになるべく荷物を少なくし、小さいものを持っていることが最後《さいご》の段落《だんらく》に書かれています。「竹内のザックが極端《きょくたん》に小さいのは、これまでの経験《けいけん》から生まれた知恵《ちえ》によるのだと、こんなところで気がついた」と、筆者が感じた「プロのすごさ」がのべられていることから考えましょう。解答は同意の内容が書かれていれば正解です。

20 経験《けい》と感想《けん》(2)

★ 標準レベル

問題 172〜173ページ

I
(1) **ウ**
(2) 万年
(3) **イ**
(4) **エ**
(5) いのち

解説

I

(1) 傍線部《ぼうせんぶ》①のあとに「しきりにすすめられる」とあるので、筆者が誰《だれ》かにそう「すすめられ」ていることがわかります。さらに、「モノカキ業でも今どき手書きというのは、きわめて少数派《しょうすうは》らしい」とあることからも、筆者の仕事は「モノ」を書くことで、その原稿《げんこう》を手書きで書いているのだとわかります。「おさらばする」とは、ここでは「終わりにする」という意味で、「今どき手書きというのは、きわめて少数派」だから、「手書き」で文章を書くのはもう終わりにして、そろそろパソコンを使うようにしてはどうか、とすすめられていると読み取ることができます。したがって、正解《せいかい》は**ウ**です。**ア**は傍線部①の直前に「パソコンだって、すぐに上達《じょうたつ》するだろう」とあるのであてはまりません。**イ**「もう年をとってしまった」、**エ**「手書きの文字は読みにくい」は、どちらも本文にはない内容《ないよう》のため、あてはまりません。

(2) 空欄《くうらん》の前後の文をたしかめましょう。空欄の直前には、「誰が名づけたのか」とあり、それが前の「万年筆」のことをいっているとわかります。空欄のあとには「も書ける筆ときて、スケールが大きい」とあります。「スケール」とは「ものごとの大きさの程度《ていど》」のことで、ここでは時間、期間を意味していることが、このあとに「八年」「十数年」と使い続《つづ》けることができるという部分からわかります。筆者は「万年筆」のことを、長い期間という意味で、「万年」も使える「筆」と表現《ひょうげん》しているのです。

(3) 傍線部②のあとに「現在《げんざい》のものは八年前から使いつづけているし、先代は十数年もお世話になった」とあることに注目しましょう。筆者は一本の「万年筆」を何年にもわたって使っているのです。「モチ」とは「持ち」のことで、「モチのよい」とは、「長持ち」するということです。したがって、正解は**イ**の「長く使える」です。

(4) 傍線部③の「けっこう大事な空白」とは、万年筆のインクを補充《ほじゅう》する時間のことです。手書きで原稿を書き続ける筆者は、万年筆のインクを補充する間のことを「ほんのひとときの休止」だといっています。しかし原稿を書く仕事の「手は休んでい」ても「脳《のう》」ははたらいていて、仕事の「これまで」のことや「これから」のことを「すばやく点検《てんけん》」したり、「まるきり予期していなかったことを思いついたりする」こともある大事な時間であるとのべています。したがって、**エ**があてはまります。**ア**「漢字の形を思いうかべることができる」、**イ**「大好《だいす》きな万年筆のことだけを考えていられる」、**ウ**「次の予定の空きを知ることができる」がそれぞれ本文ではのべられていない内容のため、あてはまりません。

(5) 筆者が「手書きの漢字が好き」な理由が傍線部④のあとで具体的《ぐたいてき》に説明《せつめい》されています。「馬」や「魚」の字を書くときの生き生きとした感動のあとに、最後《さいご》の段落《だんらく》で「手書きをしていると、事物が文字にうつる意味深い過程《かてい》を指先で体験している。それこそ言葉の『いのち』というもの」であると筆者はのべています。問いの「手書きの漢字が好きな」理由を説明した文の前後につながるように、指定字数の三字をヒントに「いのち」をぬき出します。

★★ 上級レベル

問題 174～175ページ

1 (1) (例) 来春に高校に進学することについての、保護者会があったから。
(2) 一つの転機
(3) 二、三ヵ月先の厳しさ
(4) **エ**

解説

1 (1) 傍線部《ぼうせんぶ》①のある段落《だんらく》では、学校のグラウンド沿《ぞ》いの木の様子が説明《せつめい》されていますが、学校をおとずれた理由は書かれていませんので、あとの段落から理由をさがします。すると、次の段落の冒頭《ぼうとう》の文に、筆者は「集会室」に向かっていたことが書かれています。さらに、続《つづ》く文で、「集会室」で何が行われるのかが説明されているため、それをまとめます。続く二文には、「小学校、中学校、子供《こども》は九年間通いつづけて、来春は高校進学を迎《むか》える。そのための保護者会《ほごしゃかい》であった」とあります。記述《きじゅつ》の前の「子供が」につながるように書くことと、文末《ぶんまつ》を「～から。」で終えることに注意しましょう。

(2) 直前には「いつも賑《にぎ》やかな」とあるため、「固《かた》く緊張《きんちょう》して静《しず》か」な保護者の席《せき》の様子は、いつもとちがうことがわかります。なぜ、「固く緊張して静かだった」かを問われているので、いつもとどのようなことがちがうために、そうなっているかを考えます。保護者にいつもとちがう事情《じじょう》があることを、「……に差《さ》しかかっていた」にあてはまる五字で説明している部分を本文中からさがします。すると、第二段落に、「親も子も一つの転機《てんき》に差しかかっていた」という表現《ひょうげん》が見つかります。

(3) 傍線部③をふくむ文に、「雷鳴《らいめい》と共《とも》に変化《へんか》した外の様子は自分たち親子が出合うこの冬の厳《きび》しさと受取《うけと》らずには居《い》られなかった」とあり、外の様子を見たことで、この冬の厳しさを実感したことがわかります。なお、(1)(2)でたしかめたように、筆者は、子供が来春に高校に進学するという転機を迎えています。そのため、「自分たち親子が出合うこの冬の厳しさ」は、気温の低《ひく》さではなく、進学にまつわる厳しさのことを指していると考えられます。問われているのは、外の様子を見たことによる変化なので、それを見る前は、子供の進学についてどのような考え方をしていたのかを本文からさがします。すると、第二段落に、「二、三ヵ月先の厳しさはまだ身に滲《し》みず、つい何時《いつ》までも此《こ》のまゝ《ま》の時があればと思いながら」とあります。

(4) 「あの時の景色《けしき》」とは、外に出て、「さっき、茶色の美しい姿《すがた》だった木々は、一枚《いちまい》の葉もなく剝《む》き出しになって、裸《はだか》の枝《えだ》は冬空に向《む》かって立っていた」景色のことを指しています。二つ目の（中略《ちゅうりゃく》）の前で、「行きと帰りの、この僅《わず》かな間の変化」と木の様子について書かれていますが、それと、「いつまでも子供と思う親の気付《きづ》かぬうちに、子は確《たし》かな成長《せいちょう》を見せていた」という子供の様子について書かれた部分に意味的《いみてき》な重なりがあります。つまり、〝短い間に葉を落とした〟〝木〟と、〝気付かないうちに成長していた〟〝子供〟との様子を重ね合わせており、そのために「あの時の景色」が筆者の印象《いんしょう》に残《のこ》ったのだと考えられます。

ア「あまりに短い時間で葉が落ちたので驚《おどろ》いた」こと、**イ**「その前に来春の芽《め》を守る仕度《したく》をしていた」ことが、景色が忘《わす》れがたかった理由ではありませんので、あやまりです。また、子供と木を重ね合わせたことが、景色が忘れがたかった理由なので、**ウ**「その時見た景色をたまたまおぼえている」はあやまりです。

★★★ 最高レベル

問題 176～179ページ

1

(1) 思いがけないほどの幸福感

(2) (例) 他人の失敗に対して、関わらないようにするか、ばかにして見下すような態度。

(3) イ

2

(1) ウ

(2) a 運命　b 寂しい　c (例) 口にする (4字)

解説

1

(1) 「もたらす」とは「引き起こす」という意味です。女性《じょせい》の笑顔《えがお》によって、筆者は何をもたらされたのか、本文からさがしましょう。傍線部《ぼうせんぶ》①の前の段《だん》落《らく》と、あとの二段落で、女性の笑顔について説明《せつめい》されていますので、そのあたりに答えが書かれているのではないかと、目星をつけてさがします。傍線部①の前の段落には、女性がどのように笑《わら》い、どのような行動を取ったかが書かれていますが、筆者にもたらされたものとして、あてはまるものはありませんので、あとの段落を見ていきます。傍線部①の一つあとの段落では、女性の笑いに筆者がどのような感じ方をしたかが書かれています。また、さらに一つあとの段落では、「あけっぴろげなのに、同時に目の中に節度《せつど》もはじらいもあったように思う」という、女性の笑いにどのような感じ方をしたのかという説明に加《くわ》えて、「思いがけないほどの幸福感がこみあげて」きたとあります。筆者にもたらされたものであり、字数指定にも合うため、ここからぬき出します。

(2) 傍線部をわかりやすく言いかえることを問いでは求《もと》められていますが、傍線部全体を一度に言いかえようとするとむずかしいので、傍線部を要素《ようそ》に分けて考えましょう。まず、「同じようなこと」とは、それまでの内容《ないよう》から考えると、ここでは、他人が失敗《しっぱい》することです。次に、「気づかぬふりをする」ことについて考えましょう。本文からは、男性用トイレと女性用トイレを間《ま》違《ちが》えそうになった筆者に対して、女性が笑ってくれたことで、筆者は失敗したにもかかわらず「笑顔に」なることができたことがわかります。そのため、「気づかぬふり」をするとは、相手を思いやってそうするのではなく、関《かか》わりたくないので、知らないふりをすることだと考えられます。次に、「『ドジ』というように避《さ》けて通る」ことについて考えましょう。これは、相手をばかにしたり、見下したりして、関わらないようにすることだと考えられます。こうして、三つに分けて考えた要素を、一文にして答えましょう。なお、「どのような接《せっ》し方か」と問われているので、「～接し方。」や「～態度《たいど》。」という文末《ぶんまつ》にするように注意しましょう。

(3) 「私《わたし》の中に生まれた幸福感の意味がはっきりした」とありますが、この「幸福感」は、「小便《しょうべん》をしながら、思いがけないほどの幸福感がこみあげて、また少し笑ったと思う」というときの幸福感を指していることに注意しましょう。アランの『人生論集《じんせいろんしゅう》』の文章と、女性の笑顔の記憶《きおく》が結《むす》びついたことで、筆者が過去《かこ》に感じた幸福感がどのようなものだったかをはっきりとらえられたということです。もともと、シカゴの女性の「笑顔体験《たいけん》」に、筆者はえいきょうを受けています。そのせいで、「どちらかといえば機嫌《きげん》よく歩いた方がいいのではないか、と思ってしま」い、「ごく些細《ささい》なことが、思いがけなく他人の気持ちの底《そこ》に残《のこ》るというようなことを考える」ようになったとあります。つまり、シカゴの女性の笑顔のえいきょうで、相手のためを思いやり、機嫌よく歩いた方がいいのではないかと思うようになったということです。そのような考え方の土台ができていた筆者が『人生論集』を読んだことで、相手のために上きげんでいようとする思いやりによって、過去に幸福感をもたらされたのだと気づいたということがわかります。

2

(1) 「母が編《あ》んだ縞《しま》のセーターを着て」「足下《あしもと》はやっぱり裸足《はだし》だった」という表現《ひょうげん》から、それぞれどのようなことが読み取れるかを考えます。まず、「母が編んだ縞のセーター」という表現から、時間をかけて子どもの着る物を手作りする母親の様子が読み取れるので、筆者が母から愛情《あいじょう》を注がれていたことがわかります。また、「足下はやっぱり裸足」という表現の「やっぱり」に注目します。傍線部①の前の段落の、「当時のゴム靴《ぐつ》は、親指のところが擦《す》れて、よく穴《あな》が開いてしまう」ものでしたが、「またすぐに新しいものを買ってもらえるはずもない」ため、「みんな、裸足になった」という内容を受けて、筆者も「やっぱり裸足だった」とのべていることがわかります。このことから、筆者も「他の子どもたちと同じように貧《まず》しかったこと」が読み取れます。**ア**は「母親の心遣《こころづか》いも知らないまま」、**イ**は「物を大事にすることも忘《わす》れてしまった」、**エ**は「比較的《ひかくてき》豊《ゆた》かな家に生まれた」が本文ではのべられていないので、あやまりです。

(2) 空欄《くうらん》aとbは、「本文の（中略《ちゅうりゃく》）より後の部分から」という指定にしたがって、出征《しゅっせい》する者のじょうきょうや思いを表す言葉を本文中からさがします。傍線部②の前の「そうして」に注目すると、出征する兵隊《へいたい》たちの「厳《きび》しい表情」から、「出征していくことの本当の意味」を、筆者をふくめた子どもたちが感じとったことが読み取れます。本文中には、「出征というのは、こんなにも寂《さび》しいものなのか」と筆者が感じたことと、他の子どもたちも「帰り道は、皆《みな》、おし黙《だま》って、しんとして」いたことが書かれています。筆者は、「『万歳《ばんざい》！』『万歳！』と声をあげ、しきりに旗《はた》を振《ふ》っ」て兵隊が送り出される出征というものが、その行動のめでたさに反して、「死と背中《せなか》合わせにならざるをえない」もので、「自分の大事な人たちと二度と会えないかもしれない」という寂しさに満《み》ちたものだということに気づき、「直感的に何かを感じとっ」たのです。その「何か」を筆者は「運命という言葉もまだ知らなかった」と表現しています。また、兵隊たちは「笑《わら》っている人はひとりもいなくて、誰《だれ》も彼《かれ》も、寂しい顔をしてい」たとありますが、表情のほかに寂しさを直接的《ちょくせつてき》に表す描写《びょうしゃ》がないことから、空欄cには「口にする」という内容の言葉があてはまります。

中学入試に役立つアドバイス

随筆《ずいひつ》の読み取り

①随筆とは

筆者が何かを体験《たいけん》したり、見聞きしたりするなかで、思ったことや感じたことを書いた文章のことです。「エッセイ」という言い方をすることもあります。夏休みの日記の宿題などで、「こんな出来事があって、こう思った」というようなことを書いたことがあるかもしれませんが、そのイメージに近いものです。

②随筆の読み方

「事実」と「意見・感想」とを区別《くべつ》しながら読む。

・「事実」：筆者が見たり聞いたり経験《けいけん》したりしたことがら。

・「意見・感想」：見たり聞いたり経験したりした「事実」に対して、感じたり考えたりしたこと。

「事実」としてどのような出来事があって、それによって筆者はどのようなことを感じたのか、考えたのかを読み取りましょう。

随筆において特に伝《つた》えたい「意見」や「感想」は結論《けつろん》部分《ぶぶん》に書かれていますので、どこに結論が書かれているのかにも注意しましょう。

復習《ふくしゅう》テスト⑦

問題 180～181ページ

1

(1) (例) わざわざ辞書を引くような言葉ではなく、小説の中にもほとんど出てこない言葉なので、「こんにちわ」であると信じていたから。

(2) a さようなら　b それならば　c 左様なら

(3) (例) 言葉としての完結性を欠いているから。

(4) (例) 人々のいろいろな心情が集約されている (18字)

解説

1

(1) 傍線部《ぼうせんぶ》①のあとに「ハテ、と考えて辞書《じしょ》を引いてみると」とあります。筆者は「こんにちわ」と書くのが当たり前であると思いこんでいたため、編集者《へんしゅうしゃ》に指摘《してき》を受けるまで気がつかなかったのです。ところが辞書を引いてみると「こんにちは」が正しいということや、なぜそのように使うのかまで書かれていました。辞書にはそう書かれているのですが、筆者は、「改《あらた》めて辞書を引くような言葉ではない」し、「身近なわりに小説《しょうせつ》の中にはほとんど出《しゅつ》現《げん》しない」ので、「作家になっても『こんにちわ』だと信《しん》じていた」と続《つづ》けて説明《せつめい》しています。この部分をまとめて答えましょう。

(2) 傍線部②「左様《さよう》なら理解《りかい》できる」の表現の仕方の工夫《くふう》について説明した文の空欄《くうらん》前後をよくたしかめましょう。空欄aの前には「別《わか》れの挨拶《あいさつ》」とあるので「さようなら」もしくは「さよなら」が入ると考えられますが、指定字数が五字なので「さようなら」が入るとわかります。次に、空欄bの前に「本来の意味である」とあるので、本文の「元来、接続詞《せつぞくし》で、それならばの意」の部分から「それならば」が入るとわかります。最後《さいご》に、空欄cのあとに「という表記を使っている」とあることと、指定字数が四字であることから「左様なら」が入るとわかります。ここでは「こんにちは」に続いて「さようなら」について辞書を引いてみた結果《けっか》について書かれています。その中で、「さようなら」が「もともとは接続詞」であったということを知り、「それならば理解できる」と思ったというのです。

(3) 傍線部③のあとで、筆者がなぜそう感じるのかについて、「『さようなら』に必《かなら》ずまとわりつく哀愁《あいしゅう》も、言葉としての完結性《かんけつせい》を欠《か》いているせいであろう」と説明されていることをおさえましょう。「バツが悪い」は「きまりが悪い、気まずい」という意味で使われる言葉です。問いで「なぜか」を聞かれているので、解答の文末《ぶんまつ》は「～から。～ため。」とする必要《ひつよう》があることに注意しましょう。

(4) 「奥《おく》が深い」というのは、パッと見ただけではわからない深い味わいなどがあるということです。では、短い挨拶の言葉の奥にどのようなものがあるのかを考えます。問いの『心情《しんじょう》』『集約《しゅうやく》』という言葉を使って」という部分がヒントとなります。これらの言葉が使われている本文の最後《さいご》の部分から、「心情」を「集約」するという使い方がされていることをおさえましょう。「心情」は「気持ち」であり「集約」は「まとめること」です。つまり、短い挨拶の言葉の奥には、人々のさまざまな気持ちがこめられてかくれている、ということです。だから、「こんにちは」といったときに「物足らぬバツの悪さを感」じたり、「思いのたけを声にできぬ分だけの哀愁」を感じたりするというのです。

過《か》去《こ》問題にチャレンジ④

問題182～185ページ

1 (1) みずからの優位性に確信
(2) **ウ**
(3) **イ**

解説

1 (1) 傍線部《ぼうせんぶ》①「誇《ほこ》っていたのだ」の、「わたし」が「誇っていた」内容《ないよう》をおさえます。傍線部の前で「わたし」は「年上の姉の影響《えいきょう》もあって、中学生が読まないような雑誌《ざっし》や本をよみ、レコードを聴《き》いていた」とあります。しかし、「それについて、おしゃべりできるクラスメートがいないことに苛立《いらだ》ち」をおぼえていたとあることから、「わたし」は「クラスメート」に物足りなさを感じ、自分のほうが上であるかのように感じていたのだと読み取ることができます。問いの「このときの『わたし』の気持ち」を説明《せつめい》した文、「ほかのクラスメートに対して、□を持っていた。」の空欄《くうらん》のあとに「持っていた」とあるので、「わたし」が「持っていた」ものを本文からさがします。

ここで注意しなければいけないことがあります。「彼女《かのじょ》は、中学生のころのわたしに、ちょっと似《に》ていた」とあるように、大学生の「わたし」は、中学生の「彼女（阿子《あこ》ちゃん）」の様子に「中学生のころの」自分を重ね合わせています。したがって、ここでは「わたし」ではなく、「阿子ちゃん」が持っているものをさがしましょう。「阿子ちゃん」は、「一目で、相手に強く印象《いんしょう》づけるものをもっていた」、「ふたり同時に、おなじ速度で教えてもらうことで、みずからの優位性《ゆういせい》に確信《かくしん》をもちはじめていた」とあること、問いの指定字数が十一字であることから、空欄の前後の言葉に続《つづ》くように、「みずからの優位性に確信」をぬき出します。

(2) 傍線部②「嘘《うそ》っぱちの世界」は、前の「〝やさしさを身につけろ〟という世界」のことで、それを「誠実《せいじつ》な顔つきで、真綿《まわた》で首をしめてくる、いやな世界」と表現《ひょうげん》しています。「真綿」は絹《きぬ》の一種《いっしゅ》でとてもやわらかくて軽い綿で、「真綿で首をしめる」は「じわじわといためつけたりすることのたとえ」として使われます。つまり、教師《きょうし》の「ともだちの気持ちを思いやる、やさしさを身につけてほしい」という言葉は、一見して正しいことを言っているようではあるものの、「わたし」の気持ちがまったく考えられていないといっているのです。したがって、**ウ**「相手が本当に求《もと》めていることに気づこうとしないような、他人に対する無関心《むかんしん》さにあふれた世界」が正解《せいかい》です。**ア**は「悪意に満《み》ちた」が、**イ**は「親しみのかけらもない」が、**エ**は「殺伐《さつばつ》とした」が、**オ**は「生意気な態度《たいど》をとる人だけをねらいうちにして責《せ》め立てる」が、それぞれ本文からは読み取れない内容のため、あてはまりません。

(3) 傍線部③の直後の文がポイントとなります。「わたし」は、「彼女を一瞬《いっしゅん》、生意気なくそガキが！　と憎《にく》むことによって」「自分の少女時代が終わったことを知った」と表現していることに注目しましょう。同様のことが「わたし」が中学生の時にもあったことをおさえます。「わたしが生意気な口をきいて職員室《しょくいんしつ》によばれ、『おまえは傲慢《ごうまん》だ。謙虚《けんきょ》さってものを身につけろ』と叱《しか》られ」た出来事です。つまり、「生意気」だと一瞬でも苛立ち、憎む側《がわ》の人間の気持ちに気づいた（自分も憎む側の人間になった）ことで「自分の少女時代が終わったことを知った」のです。したがって、**イ**が正解です。**ア**・**オ**は、「わたし」が「自分の少女時代が終わった」と思った直接《ちょくせつ》の理由であるとは読み取れないため、**ウ**・**エ**は本文からは読み取れない内容のため、あてはまりません。**オ**の「自負心」は「自分の才能《さいのう》などに自信《じしん》を持つ気持ち」という意味です。

21 詩の読解・表現《ひょうげん》技法《ぎほう》

★ 標準レベル 問題 186～187ページ

1 (1) ① **イ** ② **ウ**

2 (1) **ウ** (2) 子ども
(3) 移しかえる

解説

1 (1) 詩の表現技法《ひょうげんぎほう》を問う問題です。表現技法には「倒置法《とうちほう》」「体言止め」「擬《ぎ》人法《じんほう》」「省略法《しょうりゃくほう》」など、さまざまなものがあります。傍線部《ぼうせんぶ》①では「体言止め」が使われており、「冬の日」と名詞《めいし》で終わらせることで、余韻《よいん》を残《のこ》す効果《こうか》があります。傍線部②では「擬人法」が使われており、人間ではない「山」が人間の「父」や「母」のように「きびしく正しく」「やさしい」と表現されています。これらのほかにも、「呼《よ》びかけ」「対句法《ついくほう》」「比喩法《ひゆほう》」などがあります。「比喩法」には、「まるで～のような」という表現を使った「直喩《ちょくゆ》」と、それらを使わない「隠喩《いんゆ》（暗喩《あんゆ》）」とがあります。それらを用いることによってどのような効果があるのかということもふくめて、覚《おぼ》えておきましょう。

2 (1) 傍線部①とその直前、直後の行を続《つづ》けて読むと、「肩《かた》は／地平線のように／つながって。」となりますので、つながっているのは「肩」であることがわかります。ではその「肩」はだれのものであるのかを考えると、詩を読み進めていくと「子どもよ／おまえのその肩に」とあることから、肩が「子ども」のものであることがわかります。また、「地平線」は空と地面がせっするところにまっすぐに見える線だということからも、**ウ**が正解《せいかい》だとわかります。

(2) 傍線部②の直前の行に、「子どもよ」と呼びかけている表現があることから、「おまえ」とは「子ども」を指していることがわかります。このような呼びかけの表現は、呼びかける相手への親しみの気持ちを表したり、読者の心を呼びかける相手に向けさせたりするなどの効果《こうか》があります。

(3) 「少しずつ」どうしようとしているのかを考えましょう。ここまでの詩をよく読むと、「おとなたち」が「子ども」たちへ、「きょうからあしたを移《うつ》しかえる」とあるので、これまでに受けついできたものを次の世代へと引きわたそうとしていることがわかります。しかし「子ども」たちの「肩」は「あまりにちいさい」ので、「少しずつ」しかわたしていくことができないというのです。

詩の読み取りでは、文字として表現されていることだけではなく、そこには表現されてはいない意味や筆者の思いなども想像《そうぞう》しつつ、おぎないながら読むことが大切です。

★★ 上級レベル 問題 188～189ページ

1 (1) **イ**

2 (1) (例) なぜ自分が生まれてきたのかということ。(19字)
(2) **エ** (3) 父

解説

(1) 第一連《だいいちれん》だけを読むと、作者は「木」の「黙《だま》っている」し「歩いたり走ったりしない」し「愛《あい》とか正義《せいぎ》とかわめかない」ところが「好《す》きだ」と表現《ひょうげん》しているように思われますが、第二連で「ほんとうにそうか」と問いかけています。つまり、実は「木は囁《ささや》いている」し「歩いている」し「走っている」というのです。そして「愛とか正義とかわめかない」が、「愛そのもの」であり「正義そのもの」であるとさえ表現しています。なぜなら、小鳥が飛《と》んできてその枝《えだ》にとまるのをやさしくだきかかえるようにして休ませてあげ、また「根から吸《す》いあげ」た水分を「空にかえす」といったことをしてあげているからです。これらから、作者は「木」に対して、「愛情深《あいじょうぶか》い」や「正義感が強い」と考えていることがわかります。また、「ひとつとして同じ木がない」という部分からは「個性的《こせいてき》だ」と考えていると読み取ることができます。しかし、「不思議《ふしぎ》なそんざいだ」と感じていることは、この詩から読み取ることはできません。

2

(1)「それ」という指示語《しじご》が何を指しているのかを考えます。「それ」を「問う」のですから、何かしらの疑問《ぎもん》をいだいているのです。詩の一行目を読むと、「何故《なぜ》」という言葉で始まって、「生まれねばならなかったか」と疑問を表現していますので、この内容《ないよう》を二十字程度《ていど》で書きます。この詩では、思春期に差《さ》しかかった「子供《こども》」が、自分というそんざいについていろいろと考えるようになり、その中で「自分とはいったい何者なのだろう」「自分はなぜ生まれてきたのだろう」などと考えるようになったということを表現し、そのすがたをやさしく見守る父親がそんざいしています。

(2) まず、傍線部《ぼうせんぶ》②の主語がだれであるのかを考えましょう。すると直前に「子供が」とありますので、これが主語であることがわかります。つぎに、「生を引受《ひきう》け」るとはどういうことかを考えます。「引受ける」とは自分の側《がわ》に受け取るということで、つまりは「自分のものとする」ということです。「生(＝人生)」を自分のものとして受け入れ、自分自身で責任《せきにん》をもって生きていくということであると考えられます。この世に生まれた以上《いじょう》は、自分自身の人生を自分で責任をもって強く生きていこうと決意したということです。**ア**は「ふり返って考える」という部分が、**イ**は「父親とともに考える」という部分が、**ウ**は「年老《としお》いた父親の面倒《めんどう》を見ていこう」という部分がそれぞれ間《ま》違《ちが》っています。

(3) 詩の全体を通してどのようなことが表現されているのかを考えましょう。この詩は、「何故　生まれねばならなかったか」と、「父」にたよることをせずに自問自答する「子供」と、その「子供」を見守る「父」がえがかれています。問いに「一字でぬき出しなさい」という指示があるので、「父」という言葉が題名としてふさわしいものとなります。わが子がなやみながらも自立していこうとするときに、何か具体的な手助けをするのではなく、温かく見守る父親のすがたがとらえられている詩といえるでしょう。

詩では身の回りの自然《しぜん》や形として目に見えるものだけではなく、人生といった哲学的《てつがくてき》な題材《だいざい》をあつかっているものも多くあります。多くの作品にふれていく中で、これからの人生や生き方などについて考えていくヒントとなるものに出会えるかもしれません。

★★★ 最高レベル

問題 190～193ページ

1 (1) **ウ** (2) **イ**

2 (1) **イ・オ**(順不同) (2) **ウ**

3 (1) **ア** (2) **ウ**

解説

1

(1) 多くの文末《ぶんまつ》を「じゃないか。」で終えて、せまい動物園で駝鳥《だちょう》を飼《か》うことで本来の駝鳥らしさを失《うしな》わせていることについてうったえ、読者の共感《きょうかん》をさそっているため、**ウ**が正解《せいかい》です。**ア**は、詩では「身も世もない様に燃《も》えている」「瑠璃色《るりいろ》の風」という比喩表現《ひゆひょうげん》が使われているため、**イ**は、「こっけいさを感じさせている」がふさわしくありません。

(2) 詩では、せまい動物園で駝鳥を飼うことで本来の駝鳥らしさを失わせていることを表したあと、最後《さいご》に「人間よ、／もう止《よ》せ、こんな事は。」とのべ、人間の都合で駝鳥をせまい動物園にとじこめるのをやめるべきだとうったえています。その内容《ないよう》に合う**イ**が正解です。**ア**は、「よりよい環境《かんきょう》で飼育《しいく》」すれば、駝鳥を動物園で飼ってもよいという考えは詩から読み取れないため、あやまりです。**ウ**は、「我々《われわれ》人間も自然《しぜん》な生き方にもどるべきだとうったえている」とは詩から読み取れないため、あやまりです。

2

(1) この詩では、「空の石盤《せきばん》」、「鷗《かもめ》がABCを書く」、「海は灰色《はいいろ》の牧場《ぼくじょう》」、「白波は綿羊《めんよう》の群《むれ》」、「船が散歩《さんぽ》」、「(船が) 煙草《たばこ》を吸《す》」う、「(船が) 口笛を吹《ふ》」くと「隠喩《いんゆ》」を多用し、詩の情景《じょうけい》を想像《そうぞう》しやすくしているため、**イ**が正解《せいかい》です。また、第三連《だいさんれん》では「船が散歩する」、「(船が) 煙草を吸ひながら」、第四連では「船が散歩する」「(船が) 口笛を吹きながら」と、擬人法《ぎじんほう》が使われています。そのことによって、進んでいく船の様子を人間が散歩しているかのように生き生きと感じさせて、イメージしやすくしているので、**オ**も正解です。**ア**は、詩に「直喩」は使われていないため、正しくありません。**ウ**の「対句《ついく》」は対になる言葉を表現《ひょうげん》の形をそろえてならべる技法《ぎほう》ですが、第二連では使われていないので、正しくありません。**エ**の「反復法《はんぷくほう》」は同じ言葉やにた言葉をくり返す技法です。「語順《ごじゅん》をかえて強調する」のは「反復法」ではなく、「倒置法《とうちほう》」なので、**エ**は正しくありません。**カ**は、この詩は「定型《ていけい》詩《し》」ではなく、「自由詩」であるため、正しくありません。

(2) この詩では、鷗が飛《と》ぶ様子を「ABCを書く」、波を「綿羊の群」、船の進む様子を「散歩する」とたとえて、ほのぼのとした海の様子を表しているため、**ウ**が正解です。**ア**は、「大自然《だいしぜん》のあらあらしさ」が、**イ**は、「作者のしずんだ心情」がふさわしくありません。**エ**は、「牧場」「綿羊の群」など、「海には存在《そんざい》しない風物が詩の中にちりばめられて」はいますが、あくまでも海の様子を、比喩を使ってたとえているので、「現実《げんじつ》ばなれした情景《じょうけい》をつくり出している」がふさわしくありません。

3

(1) 「今日」「誰《だれ》かが書斎《しょさい》を覗《のぞ》く気配」がしたので「はっとして顔を上げると」「ビワの木の先っぽ」が「ゆれた」のが見えて、まるでそれが「枝《えだ》を」「あまり切らないでよ」と言っているように感じられたというのです。そのあとに「いずれ梯子《はしご》をかけて／切ろうと思っていたところだった」とあることから、切るのをやめたことが想像《そうぞう》されます。それはおそらくは「ビワの木」のことがかわいそうになったからで、つまり、何となく心を持っているようで身近なものと感じたのであろうことがわかります。「敵対《てきたい》」「油断《ゆだん》ならない」などとマイナスの感情《かんじょう》が表現されている**イ**や**ウ**はことなります。また「迷惑《めいわく》をかけるうっとうしいもの」というほどの感情も表現されていませんので**エ**もことなります。

(2) 「機先《きせん》を制《せい》された」という表現がヒントとなります。これは「先手を打たれた」ということで、何か行動しようと考えていたのに先に行動されてしまい、考えていたことができなくなったときなどに使われます。ここでは、「繁《しげ》りに繁って」いるので切ろうと考えていた「ビワの木の先っぽ」に「あまり切らないでよ」と先に言われてしまったような気がして、切れなくなってしまったということです。ユーモラスな印象《いんしょう》の詩であり「緊張感《きんちょうかん》」はありませんので**ア**はことなります。「枝々を切り払《はら》おうと思っていたところだった」とありますので、「一度枝を切り払われている」という**イ**もことなります。「ビワ」の「実」が美味《おい》しかったことは表現されていますが、そのやわらかさを表現するための詩とはいえませんので**エ**もことなります。

中学入試に役立つアドバイス

詩の種類《しゅるい》について

詩は、使われている言葉や音の数のちがいによって種類分けされます。

言葉による種類

・口語詩《こうごし》…話し言葉（口語）で書かれた詩。
・文語詩《ぶんごし》…昔の書き言葉（文語）で書かれた詩。

音の数による種類

・定型詩《ていけいし》…音の数が決まっている詩。五音と七音のくり返しが多い。
・自由詩…音や行の数が決まっていない詩。

これらを組み合わせて、「口語自由詩」「文語定型詩」などといいます。

22 短歌・俳《はい》句《く》の読《どっ》解《かい》、表《ひょう》現《げん》技《ぎ》法《ほう》

★ 標準レベル

問題194～195ページ

1 (1) **ウ**　(2) **エ**

2 (1) A 季語・雪　季節・冬　B 季語・夏河　季節・夏
C 季語・むめ　季節・春
(2) **ア**
(3) **ア**

解説

1 (1) Aの短歌では、妻《つま》や子どもたちと仲《なか》良《よ》く食事をしているときが楽しいということをよんでいます。Bの短歌では、会話をかわすことのできる人がいることで、ぬくもりを感じられることをよんでいます。Cの短歌では、子どもたちと楽しくすごした一日の様子が描《びょう》写《しゃ》されています。これらに共《きょう》通《つう》するのは、人と交わっているときに感じられるぬくもりです。「たいくつな一人の時間」「なつかしく」といったことは読み取れませんので、**ア**や**イ**はことなります。また、楽しい時間や充《じゅう》実《じつ》した時間のことをよんでいると考えることはできますが、「いろんなことがある」というほど、さまざまにはえがかれていませんので**エ**もことなります。

(2) Aの短歌は「くふ時」で終わっていて、Bの短歌は「あたたかさ」で終わっています。「時」も「あたたかさ」も体言（名《めい》詞《し》）なので、この二つの短歌には「体言止め」の技法が使われていることになります。

2 (1) 俳《はい》句《く》には必《かなら》ず、季《き》節《せつ》を表す言葉である季語が使われます。Aでは「雪」という季語が使われていることで、「冬」の句であることがわかります。これとにた言葉に「雪とけて」というものがありますが、これは「春」の季語ですので注意が必《ひつ》要《よう》です。Bは「夏《なつ》河《かわ》」が季語で、季節は文字通り「夏」です。Cでは「むめ」ということばが季語です。俳句のなかでは「むめ」と表記されていますが、(注)に「梅《うめ》」と書かれていることに注目します。季語となる春の花のおもなものとしては、二月ごろの「梅」、次いで三月ごろの「桃《もも》の花」、四月ごろの「桜《さくら》」などがあります。

(2) まず、俳句の中に「うれしさよ」とあることに注目しましょう。次に、何がうれしいのかを具《ぐ》体《たい》的《てき》に考えていくと、(1)で考えた通り、これは「夏河」が季語となる夏の俳句です。夏の暑さのなかで川の水は冷《つめ》たく、その冷たさが気持ちよく感じられ、うれしくなることでしょう。その気持ちよさを表《ひょう》現《げん》した俳句だといえます。

(3) (1)で考えた通り、「むめ」が季語となる春の俳句です。三《さん》寒《かん》四《し》温《おん》という言葉がある通り、春が近づいて少しずつあたたかくなっていることをよろこぶ作者の気持ちの読み取れる句です。この句のように「春」を題《だい》材《ざい》としたものは、その季節の到《とう》来《らい》をよろこぶ感《かん》情《じょう》を表現したものが多いことを覚《おぼ》えておくとよいでしょう。

★★ 上級レベル

問題196～197ページ

1 (1) 季節・夏　季節のわかる言葉・ほたる　(2) B
(3) ア・ほたる（ホタル）　イ・たま（たましい）（順不同）
(4) **ウ**
(5) D 季語・**ウ**　季節・秋　E 季語・**エ**　季節・冬
(6) D **イ**　E **ア**　F **ウ**

解説

1 (1) Aの短歌では「ほたる」がよまれていることから、「夏」の歌であることがわかります。Bでは「あききぬと」と表現《ひょうげん》していることから「秋」の歌であることが、Cでは「秋の夕ぐれ」と表現していることから、これも「秋」の歌であることが読み取れます。

(2) Aは「ほたる」が飛《と》んでいる様子を見ていますので、「視覚《しかく》」をもとにした歌だといえます。Bは「風のをと（音）」と表現していますので、「聴覚《ちょうかく》」をもとにした歌です。Cの「み渡《わた》せば」は「見わたせば」ですので、これも「視覚」をもとにしています。なお、Bの「おどろかれぬる」というのは「おどろいた」ということではなく、「気づいた」「感じられた」という意味の表現です。これらの「視覚」「聴覚」だけでなく、ほかにも鼻でにおいを感じる感覚の「嗅覚《きゅうかく》」や味を感じる「味覚」、手などでさわった感じを表す「触覚《しょっかく》」など、五感をさまざまに活用してよまれた作品が多くあります。

(3) Aの短歌での比喩《ひゆ》表現（たとえ）について問われています。この短歌は、目の前を飛ぶ「ほたる」を見て、自分の身体《からだ》の中から出てきた「たま」（たましい）かと思ったということです。たましいがぬけ出てしまうくらい一心にだれかのことを思い、ホタルになってこの思いをとどけてほしいとまで思っているのです。

(4) Cの短歌は、まず前半の五・七・五で、見わたすかぎり「花ももみぢも」ないという景色《けしき》をよんでいます。さらに後半の七・七で、そこは「浦《うら》」（海《うみ》辺《べ》）で、「苫屋《とまや》」（粗末《そまつ》なつくりの小屋）があり、時は「秋の夕ぐれ」だということがよまれます。日がしずんで辺《あた》りが暗くなっていく時間帯《じかんたい》の、美しい花も木もない海辺に粗末な小屋だけがあるという、さびしげな様子が目にうかんでくる歌といえるでしょう。

(5) Dの俳句《はいく》の季語《きご》は「天河《あまのがわ》」ですが、これは「秋」の季語です。「夏」と間《ま》違《ちが》えやすいので注意しましょう。季語が表す季節《きせつ》は旧暦《きゅうれき》（月の動きをもとに作った昔の暦《こよみ》）で考えるために、今の感覚《かんかく》とは少しずれています。このほかにも「月」「七夕《たなばた》」なども「秋」の季語となります。Eの俳句では、「菊《きく》」自体は「秋」の季語ですが、「冬菊」とありますので、「冬」の句と考えます。

(6) 短歌や俳句と鑑賞文《かんしょうぶん》とを組み合わせる問題は、入試《にゅうし》問題でもよく出題されますので注意が必要《ひつよう》です。考え方のポイントは、鑑賞文の中の特徴的《とくちょうてき》な表現を見つけることです。**ア**では「寒さ」「植物」、**イ**では「自然《しぜん》の風景《ふうけい》」「力強く」、**ウ**では「おさない子ども」「むじゃき」などがそれにあたります。これらの表現に注意しながら俳句をよく読みましょう。「荒海《あらうみ》」「天河」などが「自然の風景」、「冬菊」が「寒さ」「植物」に、「咳《せき》の子」が「おさない子ども」、「なぞなぞあそび」が「むじゃき」にそれぞれ結《むす》びつくことに気づきます。

★★★ 最高レベル

問題 198～201 ページ

1 (1) 百人一首 (2) 記号・E 季節・春 (3) 1 D 2 A 3 G

2 1 **カ** 2 **ア** 3 **ク** 4 **ウ**

3 1 **ク** 2 **エ** 3 **オ** 4 **カ** 5 **ウ** 6 **コ** 7 **ア**

4 **オ**

5 冬

6 1 **エ** 2 **ウ** 3 **エ** 4 **ア**

7 (1) 短歌 (2) のたり（のたりのたり）

8 1 **ウ** 2 **ア** 3 **イ** 4 **エ**

解説

1 (1) 「小倉《おぐら》百人一首」ともいい、藤原定家《ふじわらのさだいえ》が京都の小倉山の山荘《さんそう》で選《えら》んだものといわれています。読み手が上《かみ》の句《く》を読み、それに続《つづ》く下《しも》の句が書かれた札《ふだ》をさがして取る「かるた」としても親しまれてきました。

(2) いずれも「雪」がよまれていますが、Eだけは「雪残《のこ》る」とありますので、早春であることがわかります。季語《きご》をさがすときには、単語《たんご》一つだけを見るのではなく、その単語の前後まで見て、どのような意味で使われているのかを考える必要《ひつよう》があります。

(3) 1は正岡子規《まさおかしき》の有名な句を解説《かいせつ》しています。病気になった子規がねたきりになり、子規自身は雪を見ることはできませんでしたが、めずらしい雪が気になり、家の人に、どのくらい雪がつもったのかを何度もたずねている様子を表します。2は「雄大《ゆうだい》な景色《けしき》」「字あまり」といった表現《ひょうげん》がヒントとなります。「田子《たご》の浦《うら》に」が「字あまり」となっていることがわかります。3は、ほぼすべてひらがなで書かれていることで、やさしくやわらかい印象《いんしょう》をあたえています。

2 短歌や俳句《はいく》などの作品と鑑賞文《かんしょうぶん》とを組み合わせる問題は、入試《にゅうし》問題としてよく出題されます。特徴的《とくちょうてき》な表現をとらえて作品と組み合わせましょう。1は「雲」「山」という言葉が**カ**にあり、2は「家を人に譲《ゆず》り」「旅に出ようとする」という表現が**ア**の「住替《すみか》はる代」「家」という表現に結《むす》びつき、3は「秋」「別《わか》れ」という言葉が**ク**にあり、4は「草が青々と生《お》い茂《しげ》る」「人の世のはかなさ」という表現が**ウ**の「夏草」「夢《ゆめ》の跡《あと》」という表現と結びつくことがわかります。

3 俳句の中に表現されている特徴と動物の特徴とをよく考えて組み合わせましょう。どのような動物がどの季節《きせつ》によく活動しているか知っておくと考えやすいでしょう。また、動物の名前をあてはめて五・七・五のリズムになるということもヒントになります。

4 **ア**は「大根」が、**イ**は「木枯《こがらし》」が、**ウ**は「咳《せき》」が、**エ**は「蜜柑《みかん》」がそれぞれ冬の季語ですが、**オ**の「赤蜻蛉《あかとんぼ》」だけは秋の季語です。

5 「菜《な》の花」「雪残る」は春、「涼風《りょうふう》」は夏です。「行水《ぎょうずい》の」の句の「行水」自体は「夏」を表しますが、虫の声が聞こえているので水をすてられないという意味で、初秋《しょしゅう》を表しています。以上《いじょう》から、冬の句がないということになります。

6 1は、「赤」や「黄」に「やま」が「よそおう」のは「紅葉《こうよう》」の景色《けしき》です。2の「かぜかおる」といえば「五月」のことで「薫風《くんぷう》」などという表現もあります。3の「しぐれ」は冬の初《はじ》めの雨のことです。4の「春一番」は、春先に吹《ふ》く強い風のことです。

7 (1) 三十一音（文字）を「みそひともじ」といい、「五・七・五・七・七」からなる短歌のことを表します。これに対して「五・七・五」の十七音でできているのが俳句です。

(2) 擬態語《ぎたいご》とは「態《たい》」つまり様子を表した言葉で、なかでも目で見た様子を表したもののことです。耳で聞いた音を表したものは「擬声語《ぎせいご》・擬音語《ぎおんご》」といいます。ここではCの「のたり（のたりのたり）」がのんびりした様子を表現しています。

8 1では「音」という表現から「きつつき」のことを、2では「初音《はつね》」という表現から「うぐいす」を、3では「水」を「掠《かす》めし」という表現から「かわせみ」を連想《れんそう》させます。4は昭和天皇《てんのう》の崩御《ほうぎょ》を受けて作られたとされ、大はくちょうとなって空の彼方《かなた》へと飛《と》び立っていかれたと表現しているといわれています。

中学入試に役立つアドバイス

俳句《はいく》の季語《きご》について

季語には、「春」「夏」「秋」「冬」という季節《きせつ》の名前そのものがつくもののほかに、その季節によく見られる動物や植物、天気の様子や季節の行事に関《かん》するものなどがあります。

復習《ふくしゅう》テスト⑧

問題 202～203ページ

1 (1)（例）枝の風にそよぐ様子。

(2) **イ**

2 (1) A夏　B春　C冬

(2) 1 D　2 C　3 A

(3) **エ**

解説

1 (1) 擬人法《ぎじんほう》は、人間ではないものをまるで人間の動作のように表現《ひょうげん》したもののことです。ここでは木々の枝々《えだえだ》が風にふかれてゆれ、その葉がこすれあって音がする様子を、まるで人が笑《わら》っているかのように表現しており、「どよめいて」「笑い痴《ほう》ける」「笑い崩《くず》れる」「笑い出」すなどと書き表されています。牛が鳴くと、それがおかしいかのように笑っているということです。

(2) 牛の鳴き声や、木の葉のこすれあう音が表現され、目をとじていてもそれらの音は聞こえてくるようです。「牧歌的《ぼっかてき》」というのはのんびりとしてのどかな様子を表す言葉です。**ア**の「冬をむかえるじゅんび」という部分、**ウ**の「ひとり立ちをするようにせかして」という部分、**エ**の「子牛の誕生《たんじょう》をよろこぶ」という部分がそれぞれこの詩の内容《ないよう》と合いません。

2 (1) Aでは「暑き」といっていますので、「夏」の句《く》といえます。Bは「雪」だけであれば「冬」の句ということになりますが、ここでは「雪とけて」とありますので「春」の句ということになります。Cは「枯野《かれの》」が「冬」を表しています。すべての植物が枯《か》れてしまっているじょうたいを表現しています。

(2) 1の「恋人《こいびと》」は、（注）をヒントにすると、Dの「妹《いも》」があてはまると考えることができます。この歌は、「あなた」（恋人）を待って立っているうちに、山のつゆにぬれてしまったと相手にうったえかけている内容です。「山のしづくに」が二回くり返されていることから、長い間待っていたのに会えず、悲しい思いをしたのだろうと想像《そうぞう》できます。なお、「あしひきの」は「山」にかかる枕詞《まくらことば》です。この言葉自体には特《とく》に意味はなく、このあとに続《つづ》く特定の言葉とセットとなって使われます。「あをによし（「奈良《なら》」に続く）」「たらちねの（「母」に続く）」「ひさかたの（「光」に続く）」などがおもな枕詞です。2は、反対の風景《ふうけい》をえがいた作品をさがします。Cの句で、「枯野」が「さびしげな」冬の情景《じょうけい》を表現し、対照的《たいしょうてき》に「遠山《とおやま》」には太陽が照《て》っていて、そこだけはすこしぽかぽかとあたたかそうに、明るく感じられる様子が表現されています。3はAの句に「暑き日を」とあるのを見つけるとよいでしょう。太陽が海にしずんでいく様子を、最上川《もがみがわ》が海に流れこむ様子にかけて、暑かった今日一日も最上川によって海に流されていったから、これで少しはすずしくなるだろう、とたとえています。

(3) Eは、「炎《かぎろい》」が「明け方に見える太陽の光」のことなので、ちょうど朝日がのぼってくるころの時間帯《じかんたい》をよんだ歌だとわかります。その時間帯に、太陽が出てくるのとは反対にかたむく、つまりしずんでいくものは何かを考えると、「月」があてはまります。Fは「夜」「こよひ」とあることから明らかなように、時間帯は夜です。季節《きせつ》は「桜《さくら》」のころであることがわかります。桜がさいている夜に「逢《あ》ふ人」が「みなうつくし」いとありますが、すれちがう人たちだけでなく、その夜の景色《けしき》も美しかったのだろうと想像できます。では、「桜」のほかにその夜を美しく見せるものは何かと考えると、やはり「月」がふさわしいでしょう。このように、二つの空欄《くうらん》にあてはまるものを答えるときには、どちらにあてはめてもぴったりくるものを選《えら》びます。

過《か》去《こ》問題にチャレンジ⑤

問題 204～207ページ

1 (1) **イ** (2) E (3) 体言止め (4) F (5) 1 I 2 G

2 (1) 冬

3 (1) **イ** (2) **ウ**

解説

1

【A】の詩は、外は雨が降《ふ》っているために家の中でなにをしようかと考える様子が見えてくる詩です。【B】には、にわか雨が降ったあとの秋の夕暮《ゆうぐ》れの様子が描《えが》かれています。【C】は、五月雨《さみだれ》のやんだあとに外に出てみたら、青々と広がる田んぼに初夏《しょか》の涼《すず》しい風が吹《ふ》いているよとよんだものです。【D】は、雨の日に牡丹《ぼたん》の花に傘《かさ》をさしかけたところ、山吹《やまぶき》が妬《ねた》ましく見ているように感じられたというのです。【E】は、時雨《しぐれ》にぬれる猿《さる》も蓑《みの》(カッパのようなもの)を欲《ほ》しそうに見えるという句《く》。【F】は、雨宿りをしていたものの、いよいよ本降《ほんぶ》りとなってしまって、仕方なく雨の中を出て行ったという内容《ないよう》で、これは季語《きご》のない「五・七・五」で川柳《せんりゅう》です。【G】は、突《とつ》然《ぜん》の夕立に雀《すずめ》たちも雨宿りのために草の中に入ろうとしているという句です。【H】は、五月雨が何日も続《つづ》いて川の水が増《ま》して濁流《だくりゅう》となって流れていくそのほとりに、小さな家がぽつんと建《た》っているという内容の句です。【I】は、梅雨《つゆ》がどんどん最上川《もがみがわ》へと流れ込《こ》んでいき、危険《きけん》なほどに流れがはやくなっているという様子をよんだ句です。

(1)【A】の詩は「すべての連《れん》に対句法《ついくほう》」が用いられているわけではないので、**イ**は間違《まちが》いです。どの連も一行目が同じ表現《ひょうげん》になっていますが、これは対句ではなく反復《はんぷく》です。この詩では、第五連にのみ対句法が用いられています。

(2)【A】の第三連では「小雉子《こきじ》」の様子を想像《そうぞう》して「寒かろ」「寂《さび》しかろ」とその心情《しんじょう》を思いやっています。同じように【E】でも「猿」の様子を思いやっていることがわかります。

(3)【B】では「夕暮れ」、【D】では「山吹《やまぶき》」とそれぞれ名詞《めいし》で句が終わっていますので、体言止めが使われていることになります。

(4)【F】には季語が使われていませんので、これが川柳です。

(5) 1の「自然《しぜん》の力強さ」という部分がヒントとなります。【H】からも同じようなことが感じられますが、これは与謝蕪村《よさぶそん》の句です。2では「対象《たいしょう》へのあたたかさ」という部分が、句の中の「雀」の描写《びょうしゃ》へと通じます。

2

(1)「チューリップ」「蜂《はち》」「蝶《ちょう》」「椿《つばき》」などは「春」の季語です。「ヨット」や「蟻《あり》」「蠅《はえ》」「金亀虫《こがねむし》」などは「夏」を表しています。「蜻蛉《とんぼ》」は「秋」の季語です。冬を感じさせる作品はありません。なお、【E】の季節《きせつ》ははっきりとはわかりません。「蟻」は「夏」の季語ですが、ここでは「人」が「蟻」のようだとよみ、「蟻」そのものをよんでいるのではありません。また、「磯《いそ》」も「磯遊び」という言葉だと「春」の季語になりますが、「磯」だけだとどの季節を表すかはわかりません。

3

(1)「歳時記《さいじき》」には四季の事物や年中行事などがまとめられています。季語を集めて季節ごとに分類《ぶんるい》してあり、その例《れい》となる句もけいさいされています。

(2)「石《いわ》ばしる……」の歌は、石の上を激《はげ》しく流れ落ちる滝《たき》のすぐそばにわらびが芽《め》を出している様子をよんでいるもので、「萌《も》えいづる春になりにけるかも」という部分が作者の気持ちを強く表現しています。「いよいよ春がやってきたな」という気持ちを表現していますので、この説明《せつめい》とあうものを選《えら》びます。**ア**では「春とかんちがいしそうな」という部分が、**イ**では「けなげに岩にへばりついているワラビ」という部分が、**エ**では「はるか高いところにワラビの芽が」という部分が、それぞれ短歌に表現された内容としてふさわしくありません。

総《そう》仕《し》上《あ》げテスト①

1 (1)期待　(2)器官　(3)改心

2 (1)八　(2)七　(3)九

3 (1)五　(2)四　(3)三

4 (1)うかんむり　(2)ぎょうにんべん

5 (1)四　(2)日　(3)木　(4)鳥　(5)うで

6 (1)**ウ**　(2)**イ**　(3)**ア**

7 (1)a午前中　bタイムカ～用の容器　c中庭
(2)a（例）うれしさやせつなさを感じ、感げきする
b（例）おどろくとともに、うれしく、心から安心する　(3)**エ**

解説

7 (2)「わたし」は「タクヤだったら、きっとこんなことを書く……みんなのことが本当に大好《だいす》きだったから」というタクヤくんのお父さんの発言を聞いて、「胸《むね》がいっぱいに」なっています。また、「何人もの子どもたち」が「タクヤくんのために」「思い思いの品物を再《ふたた》びカプセルのなかにいれはじめた」様子を見て、「わたし」は「うれしいおどろき」を感じて、「ああ、よかったと心から思った」とあります。
(3)文章では、何人もの子どもたちがタクヤくんのための品物を持ってきた様子が書かれ、「わたし」はタクヤくんとクラスの子どもたちが「かけがえのない友だち」として出会えたことを「すばらしい」と感じています。**ア**は、子どもたちは「タクヤくんの両親が記念品《きねんひん》にこめた思い」を知らないのであやまりです。**イ**は、子どもたちが「一年で以前《いぜん》よりも精神的《せいしんてき》に成長《せいちょう》」したかは文章から読み取れないのであやまりです。**ウ**は、子どもが自分から、「先生、これもいれてよ」と発言しているのであやまりです。

総仕上げテスト②

1 (1)六　(2)五　(3)七

2 (1)**オ**　(2)**キ**　(3)**エ**

3 **ウ**

4 (1)**ウ**　(2)**ア**　(3)**イ**

5 (1)主観　(2)部分　(3)人工　(4)晴天

6 (1)**イ**　(2)**ウ**

7 (1)**イ**　(2)**ウ**　(3)より自由に生きるため
(4)（例）同じ目標を達成するために多くの人が力を合わせる（二十三字）
(5)**ウ**　(6)aさみしい～に生きる　b自分だけ～げていく

解説

7 (3)文章の流れに注目します。①～⑤段落《だんらく》の内容《ないよう》を受け、⑥段落からは、お金という観点《かんてん》から、筆者は働《はたら》くことをすすめています。まず「働いて稼《かせ》いだお金は、自分で自由に使える」としめし、その理由をあとで説明《せつめい》しています。⑦段落で具体例《ぐたいれい》を挙《あ》げたあと、⑧段落で「より自由に生きるためには、働いたほうがいい」と、ここまでのべた内容をまとめています。
(5)文章を意味のうえから大きくいくつかに分ける問題では、キーワードや、各《かく》段落の要点《ようてん》に注目して考えましょう。①～④段落は、必《かなら》ず働かなければならないわけではない、ということを説明しています。⑤～⑧段落は、お金という観点から、働くことをすすめています。⑨～⑱段落は、人間はお金のためだけに働くのではない、ということを説明しています。
(6)この文章は、働くことについて、「お金（⑤～⑧段落）」「さみしいと思わずに生きる（⑨～⑱段落）」「自分だけの狭《せま》い世界を広げていく（⑲～㉑段落）」という三つの観点から説明しています。

最高クラス
問題集

国　語
小学４年

問題
編

旺文社

最高クラス問題集

国語 小学4年

問題編

旺文社

1章

言《げん》語《ご》編《へん》

1 漢字（同《どう》訓《くん》異《い》字《じ》・同音異《い》義《ぎ》語《ご》）

ねらい　同じ読み方をする漢字や熟語を正しく使い分けられるようになる。

学習日　月　日

★標準レベル　20分　／100　答え7ページ

1 次の文の――線にあてはまる漢字を〈　〉からそれぞれ選《えら》んで書きなさい。〈1点×18〉

(1)〈熱・暑〉
ア あついスープを飲む。〔　　〕
イ あつい日は日かげで遊ぶ。〔　　〕

(2)〈初・始〉
ア 勉強をはじめる。〔　　〕
イ はじめてひく楽器《がっき》。〔　　〕

(3)〈回・周〉
ア 家のまわりをそうじする。〔　　〕
イ まわり道をして公園に行く。〔　　〕

(4)〈合・会〉
ア サッカー選手《せんしゅ》とあわせてもらう。〔　　〕
イ ピアノのばんそうにあわせて歌う。〔　　〕

(5)〈直・治〉
ア こじらせていたかぜがなおる。〔　　〕
イ 機械《きかい》の不具合《ふぐあい》がなおる。〔　　〕

(6)〈冷・覚〉
ア 給食《きゅうしょく》のスープがさめる。〔　　〕
イ 明け方に目がさめる。〔　　〕

(7)〈上・登〉
ア 初日《はつひ》の出を見るために山にのぼる。〔　　〕
イ チームの優勝《ゆうしょう》が話題にのぼる。〔　　〕

(8)〈別・分〉
ア 駅前で友達《ともだち》とわかれる。〔　　〕
イ クラス内で意見がわかれる。〔　　〕

(9)〈変・代〉
ア 友達にかわって発表する。〔　　〕
イ 引《ひ》っ越《こ》して住所がかわる。〔　　〕

2 次の――線のひらがなにあう漢字を、あとの□から選んで、記号を書きなさい。〈1点×14〉

(1) 真夜中にねこがなく。〔　〕
(2) クラスの旗《はた》をたてる。〔　〕
(3) 友達に借《か》りた本をかえす。〔　〕
(4) 中庭に日がさす。〔　〕
(5) 体育館のなかで運動する。〔　〕
(6) 自然《しぜん》の多い所に家をたてる。〔　〕
(7) 水たまもようのスカート。〔　〕
(8) 友達のなかを取りもつ。〔　〕
(9) 妹を先に家にかえす。〔　〕
(10) 赤ちゃんが元気になく。〔　〕
(11) 西の方角をさす。〔　〕
(12) 照明《しょうめい》のたまを取りかえる。〔　〕
(13) もとにもどる。〔　〕
(14) すべてのもとを成《な》す考え方。〔　〕

ア 立	イ 指	ウ 中	エ 鳴	オ 玉	
カ 差	キ 返	ク 帰	ケ 建	コ 球	
サ 泣	シ 仲	ス 本	セ 元		

3 次の――線のひらがなを漢字で書きなさい。〈完答1点×6〉

(1) ア 飲食店がならぶ学生のまち。〔　〕
イ 現代《げんだい》に残《のこ》る城下《じょうか》まち。〔　〕

(2) ア はずかしさに顔があからむ。〔　〕
イ 東の空があからむ。〔　〕

(3) ア 姉が結婚式《けっこんしき》をあげる。〔　〕
イ 頭をあげる。〔　〕

(4) ア 時間通りに駅につく。〔　〕
イ 絵の具が顔につく。〔　〕

(5) ア 部屋《へや》のまどをあける。〔　〕
イ となりの席《せき》をあける。〔　〕
ウ 長い夜があける。〔　〕

(6) ア 所要《しょよう》時間をはかる。〔　〕
イ 毎朝体重をはかる。〔　〕

4 ――線部の漢字として正しいものを、あとの〈　〉から選《えら》んで書きなさい。〈1点×24〉

(1)
ア じんこう的《てき》につくられた森。［　　　］
イ 村のじんこうがふえる。［　　　］
〈人口・人工〉

(2)
ア しょうすう意見も大切にする。［　　　］
イ しょうすう点を使って表す。［　　　］
〈少数・小数〉

(3)
ア りょうしん的なねだん。［　　　］
イ りょうしんに相談する。［　　　］
〈両親・良心〉

(4)
ア ふとめいあんがうかぶ。［　　　］
イ 勝負のめいあんが分かれる。［　　　］
〈名案・明暗〉

(5)
ア 子どものせいちょうを見守る。［　　　］
イ せいちょうの早い木を育てる。［　　　］
〈生長・成長〉

(6)
ア いがいな結末《けつまつ》の小説《しょうせつ》。［　　　］
イ スポーツいがいの番組を見る。［　　　］
〈以外・意外〉

(7)
ア かいしんの出来に満足《まんぞく》する。［　　　］
イ 悪者がかいしんする物語。［　　　］
〈会心・改心〉

(8)
ア 国語じてんで調べる。［　　　］
イ 百科じてんをプレゼントする。［　　　］
〈辞典・事典〉

(9)
ア 工場のきかいの音。［　　　］
イ 良《よ》いきかいにめぐまれる。［　　　］
〈機会・機械〉

(10)
ア きょうそう心に火がつく。［　　　］
イ 百メートルきょうそうに出る。［　　　］
〈競争・競走〉

(11)
ア さいしんのファッション。［　　　］
イ さいしんの注意をはらう。［　　　］
〈最新・細心〉

(12)
ア かんしんがない顔をする。［　　　］
イ かんしんできない行い。［　　　］
〈感心・関心〉

5 次の――線のひらがなにあう漢字を、あとの［　］から選んで、記号を書きなさい。〈1点×12〉

(1) かぜできかんをいためる。〔　〕
(2) 明るいがいとうに虫が集まる。〔　〕
(3) しょよう時間を計算する。〔　〕
(4) 消化きかんを調べる。〔　〕
(5) ニュースのがいとうインタビュー。〔　〕
(6) 幸福をついきゅうする物語。〔　〕
(7) しあんにあまる問題をかかえる。〔　〕
(8) きかんを決めて練習する。〔　〕
(9) 先生がしょようで出かける。〔　〕
(10) 報道《ほうどう》きかんで働《はたら》く。〔　〕
(11) 学問をついきゅうする仕事。〔　〕
(12) いくつかのしあんを試《ため》す。〔　〕

ア 追究	イ 街頭	ウ 試案
エ 器官	オ 所要	カ 街灯
キ 気管	ク 思案	ケ 所用
コ 機関	サ 追求	シ 期間

6 次の――線のひらがなを漢字で書きなさい。〈2点×13〉

(1) ア 手袋《てぶくろ》をしんちょうする。〔　〕
イ ぐんぐんしんちょうがのびる。〔　〕
(2) ア 企業《きぎょう》と大学のきょうどうが実現《じつげん》する。〔　〕
イ きょうどうで使う道具。〔　〕
(3) ア 美しい山のけしき。〔　〕
イ こわがるけしきを見せない。〔　〕
(4) ア 意見をぜんめんにおし出す。〔　〕
イ 画用紙のぜんめんをぬりつぶす。〔　〕
(5) ア ようしきのトイレを使う。〔　〕
イ 新しい生活ようしきになれる。〔　〕
(6) ア かいそうバスを見送る。〔　〕
イ かいそうがたくさん育つ地点。〔　〕
ウ 父が昔をかいそうする。〔　〕

15分

／100

答え8ページ

学習日　月　日

1

次の――線のひらがなを漢字で書きなさい。〈1点×10〉

(1)
ア 図書館で友達《ともだち》にあう。〔　〕
イ 食べ物の好《この》みがあう。〔　〕

(2)
ア 転んでできたけががなおる。〔　〕
イ たくさん笑《わら》って気分がなおる。〔　〕

(3)
ア 学校のまわりを走る。〔　〕
イ 頭のまわりがいい友人。〔　〕

(4)
ア いつもよりはやく起きる。〔　〕
イ 子犬が弟よりもはやく走る。〔　〕

(5)
ア 参加者《さんかしゃ》の数が一万人にのぼる。〔　〕
イ クマが上手に木にのぼる。〔　〕

2

次の文の――線にあてはまる漢字を、〈　〉からそれぞれ選《えら》んで書きなさい。〈1点×14〉

(1)〈明・開・空〉
ア 早朝から店をあける。〔　〕
イ バケツの水をあける。〔　〕
ウ 梅雨《つゆ》があける。〔　〕
エ 友達に会う時間をあける。〔　〕
オ 新しい年があける。〔　〕

(2)〈量・計・図〉
ア 自習した時間をはかる。〔　〕
イ 問題の解決《かいけつ》をはかる。〔　〕
ウ 真意をはかりかねる。〔　〕
エ 箱に入る米のりょうをはかる。〔　〕

(3)〈元・本・下〉
ア 石油をもとにしてつくる。〔　〕
イ 法《ほう》のもとの平等をうたう。〔　〕
ウ 事実をもとに発言する。〔　〕
エ もとプロ野球選手《せんしゅ》の知人。〔　〕
オ 子ねこが祖母《そぼ》のもとで育つ。〔　〕

3 次の――線のひらがなを漢字で書きなさい。〈1点×12〉

(1) **ア** カラスのなき声がひびく。〔　　〕
イ 赤ちゃんのなき声が聞こえる。〔　　〕

(2) **ア** 古い家をたて直す。〔　　〕
イ ひどい言葉にはらをたてる。〔　　〕

(3) **ア** たまのように美しい顔。〔　　〕
イ たまけりの由来を調べる。〔　　〕

(4) **ア** なか直りのきっかけ。〔　　〕
イ 八月のなかばに旅行をする。〔　　〕

(5) **ア** 開会のあいさつにかえる。〔　　〕
イ つくえの配置《はいち》をかえる。〔　　〕
ウ ゆめから覚《さ》めて正気にかえる。〔　　〕
エ 遠くのふるさとにかえる。〔　　〕

---

4 次の――線のひらがなを漢字で書きなさい。〈完答3点×6〉

(1) **ア** カエルが無数《むすう》のたまごをうむ。〔　　〕
イ アイデアが大きな利益《りえき》をうむ。〔　　〕

(2) **ア** コインのおもてとうら。〔　　〕
イ 湖水のおもてがキラキラ光る。〔　　〕

(3) **ア** だんろのひに当たる。〔　　〕
イ ひ当たりのよい席《せき》にすわる。〔　　〕

(4) **ア** こしに刀をさす。〔　　〕
イ しょうぎを一局さす。〔　　〕

(5) **ア** 足なみをととのえる。〔　　〕
イ 書道の道具をととのえる。〔　　〕

(6) **ア** 四両からなる電車。〔　　〕
イ 大きな音がなる。〔　　〕

5 次の——線のひらがなを漢字で書きなさい。〈1点×13〉

(1) ア 試験《しけん》きかんは部活が休みになる。
イ さんそがきかんを通る。
ウ 消化きかんの仕組みを調べる。
エ 観光地《かんこうち》できかん車に乗る。

(2) ア 玄関《げんかん》のがいとうを消す。
イ がいとう演説《えんぜつ》を聞く。
ウ 夜道のがいとうが光る。

(3) ア しあん顔《がお》でまどの外を見つめる。
イ しあんをもとに研究を進める。

(4) ア かいしんの笑《え》みをうかべる。
イ かいしんして真面目《まじめ》に働《はたら》く。

(5) ア きたいでむねがふくらむ。
イ きたいが右にかたむく。

---

6 次の——線のひらがなを漢字で書きなさい。〈1点×12〉

(1) ア しょよう時間は一時間ほどだ。
イ しょようで自転車を借《か》りる。

(2) ア りょうしんがとがめて思い直す。
イ りょうしんにとがめられる。

(3) ア ゆめをついきゅうする。
イ 真理をついきゅうする。

(4) ア いがいな問いかけにとまどう。
イ 関係者いがいの出入りをきんじる。

(5) ア われながらめいあんだと思う。
イ 勝負のめいあんを分ける打席《だせき》。

(6) ア じんこう衛星《えいせい》を打ち上げる。
イ じんこう密度《みつど》の高い都市。

7 次の――線のひらがなにあう漢字を、あとの〈　〉から選《えら》んで書きなさい。〈1点×9〉

(1) 体育できかい体操《たいそう》を習う。
〈機械・機会・器械〉
〔　　〕

(2) ゴシックようしきの教会。
〈様式・洋式・要式〉
〔　　〕

(3) 意味しんちょうな笑顔《えがお》。
〈身長・新調・深長〉
〔　　〕

(4) 海のさいしん地点のえいぞう。
〈細心・最新・最深〉
〔　　〕

(5) かんしんな心がけをほめる。
〈寒心・関心・感心〉
〔　　〕

(6) 元首相のかいそう録《ろく》を読む。
〈海草・回想・回送・海送〉
〔　　〕

(7) せいちょう産業《さんぎょう》を見極《きわ》める。
〈生長・成鳥・成長・声調・正調・整調〉
〔　　〕

(8) 選挙《せんきょ》でのじてんをくやむ。
〈時点・辞典・事典・自転・字典・次点〉
〔　　〕

(9) 行進のたいけいを組む。
〈体形・大計・隊形〉
〔　　〕

8 次の――線のひらがなを漢字で書きなさい。〈1点×12〉

(1) ア ローマ字でひょうきする。〔　　〕
イ 看板《かんばん》のひょうきを見て進む。〔　　〕

(2) ア 世界たいせんの記録。〔　　〕
イ ライバルチームとたいせんする。〔　　〕

(3) ア かがく変化《へんか》の様子を観察《かんさつ》する。〔　　〕
イ かがく的《てき》な説明《せつめい》を加《くわ》える。〔　　〕

(4) ア センサーが人の気配をかんちする。〔　　〕
イ 病気がかんちする。〔　　〕

(5) ア 会社を起こすきうんがじゅくす。〔　　〕
イ 世界平和へのきうんが高まる。〔　　〕

(6) ア 火事で建物《たてもの》がしょうしつする。〔　　〕
イ データがしょうしつする。〔　　〕

2 画数・筆順《ひつじゅん》・部首・音読み訓読《くんよ》み

ねらい
漢字の画数・筆順・部首・音読み訓読みをまちがえないようになる。

学習日　　月　　日

★ 標準レベル

10分

／100

答え 9ページ

1 次の総画数《そうかくすう》の漢字を、下から選《えら》んで書きなさい。〈3点×4〉

(1) 六画　貝　外　谷　印　［　　］
(2) 九画　雨　勇　夏　学　［　　］
(3) 十画　部　海　配　問　［　　］
(4) 十三画　陽　絵　落　愛　［　　］

2 次の漢字のうち、画数がちがうものを書きなさい。〈3点×4〉

(1) 治　金　画　度　定　［　　］
(2) 男　芽　役　返　近　［　　］
(3) 筆　短　着　満　望　［　　］
(4) 選　静　箱　談　横　［　　］

3 次の漢字のうち、第一画を〈　〉内の画から書き始めるものを選んで書きなさい。〈2点×2〉

(1) 〈縦画《たてかく》〉　世　医　来　馬　麦　［　　］
(2) 〈横画〉　有　皮　反　曲　門　［　　］

4 次の漢字の矢印《やじるし》の部分は何画目に書くか。漢数字で答えなさい。〈3点×10〉

(1) 泳　［　　］
(2) 安　［　　］
(3) 屋　［　　］
(4) 丸　［　　］
(5) 宮　［　　］
(6) 君　［　　］
(7) 科　［　　］
(8) 守　［　　］
(9) 式　［　　］
(10) 申　［　　］

5 次の各組《かくくみ》の■の部分に共通《きょうつう》して入る部首と部首の名前を、それぞれ〈例《れい》〉にならって書きなさい。〈完答3点×8〉

〈例〉 ■寸　■主　■艮　　木　〔きへん〕

(1) 罒■　ク■　化■　　□　〔　　〕

(2) ■百　■美　■疋　　□　〔　　〕

(3) ■由　■夭　■聿　　□　〔　　〕

(4) ■果　■式　■周　　□　〔　　〕

(5) 非■　刍■　今■　　□　〔　　〕

(6) 豆■　彦■　类■　　□　〔　　〕

(7) ■旨　■寺　■斤　　□　〔　　〕

(8) ■未　■爰　■台　　□　〔　　〕

---

6 次の——線の漢字の中に、一つだけ訓読《くんよ》みのものがあります。訓読みを使った熟語《じゅくご》の記号とその読み方を〈例〉にならって書きなさい。〈完答3点×2〉

〈例〉 ア 球根　イ 根元　ウ 根気　エ 根菜《さい》　　イ　〔ねもと〕

(1) ア 底辺《へん》　イ 海底　ウ 川底　エ 根底　　□　〔　　〕

(2) ア 街角　イ 街灯《とう》　ウ 市街　エ 街頭　　□　〔　　〕

7 次の——線のひらがなを漢字で書きなさい。〈2点×6〉

(1)
ア 地面をたいらにする。〔　　〕
イ ひらやに住む。〔　　〕
ウ 世界のへいわを守る。〔　　〕

(2)
ア 人とかかわる。〔　　〕
イ 友達《ともだち》とのかんけい。〔　　〕
ウ せきしょを通る。〔　　〕

★★ 上級・最高レベル

20分

/100

答え9ページ

学習日　月　日

1 次の漢字の総画数《そうかくすう》を漢数字で答えなさい。〈1点×16〉

(1) 英〔　〕
(2) 改〔　〕
(3) 郡〔　〕
(4) 競〔　〕
(5) 好〔　〕
(6) 刷〔　〕
(7) 察〔　〕
(8) 鹿〔　〕
(9) 隊〔　〕
(10) 辺〔　〕
(11) 老〔　〕
(12) 機〔　〕
(13) 輪〔　〕
(14) 要〔　〕
(15) 包〔　〕
(16) 梅〔　〕

2 次の総画数の漢字を、下から選《えら》んで書きなさい。〈2点×5〉

(1) 七画　阜　牧　約　労〔　〕
(2) 十一画　博　副　飛　特〔　〕
(3) 五画　各　共　司　欠〔　〕
(4) 十四画　録　無　熱　徳〔　〕
(5) 十八画　類　億　潟　議〔　〕

3 次の漢字のうち、画数がちがうものを書きなさい。〈1点×4〉

(1) 菜　崎　唱　滋　清〔　〕
(2) 低　底　努　利　良〔　〕
(3) 達　飯　富　量　養〔　〕
(4) 倉　城　席　笑　残〔　〕

4 次の漢字のうち、第一画を縦画《たてかく》から**書き始めないもの**を二つ選んで書きなさい。〈完答1点〉

臣　量　帯　岡

協　完　岐　以

〔　　・　　〕

5 次の漢字のうち、第一画を横画から**書き始めないもの**を二つ選んで書きなさい。〈完答1点〉

英　達　成　茨

井　末　奈　関

〔　　・　　〕

6 次の各組《かくくみ》の漢字のうち、矢印《やじるし》で一画目をしめしているのはどちらかを答えなさい。〈1点×4〉

(1) ア 馬　イ 馬　〔　　〕

(2) ア 兆　イ 兆　〔　　〕

(3) ア 医　イ 医　〔　　〕

(4) ア 楽　イ 楽　〔　　〕

---

7 次の漢字の矢印の部分は何画目に書くか。漢数字で答えなさい。〈2点×10〉

(1) 労〔　　〕　(2) 連〔　　〕

(3) 類〔　　〕　(4) 養〔　　〕

(5) 民〔　　〕　(6) 包〔　　〕

(7) 必〔　　〕　(8) 飯〔　　〕

(9) 努〔　　〕　(10) 刷〔　　〕

8 次の漢字の部首の名前を答えなさい。〈1点×8〉

(1) 案〔　　〕　(2) 印〔　　〕

(3) 街〔　　〕　(4) 各〔　　〕

(5) 観〔　　〕　(6) 熊〔　　〕

(7) 郡〔　　〕　(8) 愛〔　　〕

9 次の漢字の部首名を□の中から選《えら》んで〔　〕に書きなさい。また、選んだ部首の意味に最《もっと》も近いものを□の中から選び、□にその記号を書きなさい。
〈完答2点×5〉

(1) 利〔　　〕□
(2) 軍〔　　〕□
(3) 願〔　　〕□
(4) 戦〔　　〕□
(5) 勇〔　　〕□

くるま　おおがい　ちから
ほこづくり　りっとう

ア 切る・さすなどの動作に関係《かんけい》
イ 力をこめる・働《はたら》くなどに関係
ウ 車の種類《しゅるい》・部分などに関係
エ 人の頭・顔・すがたなどに関係
オ 打つ・つく・切るなどのたたかう動作に関係

10 次の熟語《じゅくご》の中には、訓読《くんよ》みだけでできているものが一つあります。その記号を選び、読み方を書きなさい。
〈完答2点×5〉

(1) ア 季節　イ 節目　ウ 関節　エ 節分　□〔　　〕
(2) ア 初夏　イ 最初　ウ 初雪　エ 初心　□〔　　〕
(3) ア 火種　イ 種子　ウ 種類　エ 品種　□〔　　〕
(4) ア 改札　イ 花札　ウ 新札　エ 表札　オ 入札　カ 落札　□〔　　〕
(5) ア 菜園　イ 山菜　ウ 菜食　エ 青菜　オ 野菜　カ 前菜　□〔　　〕

11

次のそれぞれの組の□には同じ漢字一字が入ります。その漢字を書きなさい。ただし、Aには音読み、Bには訓読みが入ります。〈1点×9〉

(1)
A 望遠《ぼうえん》□がほしい。
B 手□に顔がうつる。
〔　　〕

(2)
A 箱の□面に絵をかく。
B 箱の両□を手で持つ。
〔　　〕

(3)
A 一□車に乗る。
B □投げをして遊ぶ。
〔　　〕

(4)
A 文□に「。」をつける。
B わたしは兄弟の中で□っ子だ。
〔　　〕

(5)
A 松竹《しょうちく》□のかざりをかざる。
B □ぼしを食べる。
〔　　〕

(6)
A 目□を明らかにする。
B □をねらって打つ。
〔　　〕

(7)
A 家の周《しゅう》□で遊ぶ。
B 海□から船が見える。
〔　　〕

(8)
A けんかの□裁《さい》をする。
B 友人と□直りする。
〔　　〕

(9)
A 海□をたんけんしたい。
B 川□にすなが積《つ》もる。
〔　　〕

12

次の——線のひらがなを漢字で書きなさい。〈完答1点×7〉

(1)
ア くつひもをきつくむすぶ。
イ クラスのけっそくりょくを高める。
〔　　〕〔　　〕

(2)
ア やさしい笑顔《えがお》にこうかんをもつ。
イ からい味つけをこのむ。
〔　　〕〔　　〕

(3)
ア チームに弟をくわえる。
イ 注文をついかする。
〔　　〕〔　　〕

(4)
ア コップを水でみたす。
イ 仕上がりにまんぞくする。
〔　　〕〔　　〕

(5)
ア 科学者のでんきを読む。
イ 古くからつたわる話。
〔　　〕〔　　〕

(6)
ア しゅくじつに家族と出かける。
イ 妹の小学校入学をいわう。
〔　　〕〔　　〕

(7)
ア ごみをぶんべつする。
イ 友とのわかれ。
〔　　〕〔　　〕

3 ことわざ・慣用句《かんようく》・四字熟語《じゅくご》・故事成語《こじせいご》

ねらい ことわざ・慣用句・四字熟語・故事成語を覚え、正しく使い分けられるようになる。

学習日 月 日

★標準レベル

20分

/100

答え 10ページ

1 次の〔 〕に入る言葉を、あとの□の中から選《えら》んで書き入れ、ことわざを完成《かんせい》させなさい。〈2点×10〉

(1) 〔 〕隠《かく》して尻《しり》隠さず
(2) 生き〔 〕の目を抜《ぬ》く
(3) 一寸《いっすん》の〔 〕にも五分の魂《たましい》
(4) 井《い》のなかの〔 〕
(5) うそから出た〔 〕
(6) 〔 〕の目にも涙《なみだ》
(7) 溺《おぼ》れる者は〔 〕をもつかむ
(8) 〔 〕の子はかえる
(9) 壁《かべ》に耳あり障子《しょうじ》に〔 〕あり
(10) 〔 〕は一時の恥《はじ》、聞かぬは一生の恥

頭　目　かえる　わら　おに
馬　虫　かわず　聞く　まこと

2 次のことわざと同様の意味をもつことわざを選んで、記号を書きなさい。〈2点×4〉

(1) 石橋をたたいて渡《わた》る
ア 石の上にも三年
イ 転ばぬ先のつえ

(2) 待てば海路の日和《ひより》あり
ア 果報《かほう》は寝《ね》て待て
イ 提灯《ちょうちん》に釣鐘《つりがね》

(3) 二兎《にと》を追う者は一兎をも得《え》ず
ア 泣きっ面《つら》に蜂《はち》
イ 虻蜂《あぶはち》取らず

(4) 後は野となれ山となれ
ア 雨だれ石を穿《うが》つ
イ 旅の恥はかきすて

(1) □
(2) □
(3) □
(4) □

3 次の〔　〕に入る言葉を、［　］から選んで書き入れ、慣用句《かんようく》を完成させなさい。また、その慣用句の意味をあとから選んで、□に記号を書きなさい。〈1点×16〉

(1) 〔　　〕をのむ　□
(2) 〔　　〕で風を切る　□
(3) 口〔　〕〔　　〕を切る　□
(4) 〔　　〕に乗る　□
(5) すねを〔　　〕　□
(6) 腹《はら》を〔　　〕　□
(7) 骨《ほね》が〔　　〕　□
(8) 耳に〔　　〕ができる　□

火	図	かじる	さぐる
息	かた	たこ	折《お》れる

ア 調子に乗ってつけあがる。　**イ** いばって歩く。
ウ 親などの世話になる。　**エ** おどろきはっとする。
オ 相手の考えを知ろうとする。
カ 同じことをたびたび聞かされうんざりする。
キ めんどうで労力《ろうりょく》をともなう。
ク あるものごとをいちばん先に始める。

4 次の文の□に入る慣用句を、［　］から選んで、記号を書きなさい。なお、慣用句は言い切りの形のましめしてあります。〈1点×5〉

誕生日《たんじょうび》に(1)ほどほしかったゲームソフトをプレゼントしてもらった。そのソフトの面白《おもしろ》さは友達《ともだち》の(2)だ。それから毎日少しずつプレイしているけれど、まだまだやり足りない。今日は朝から一人で留守番《るすばん》だ。チャンス到《とう》来《らい》！　思いっきり(3)てゲームをするつもりだ。そんなぼくの様子に気付《きづ》いたのか、母に(4)れた。まったく(5)。仕方ない、午前中は宿題をすることにしよう。

ア くぎを刺《さ》す
イ 羽を伸《の》ばす
ウ 耳が痛《いた》い
エ 喉《のど》から手が出る
オ 折《お》り紙付《つ》き

(1) □
(2) □
(3) □
(4) □
(5) □

5

次の読みの四字熟語《じゅくご》を〔　〕に漢字で書きなさい。
また、その四字熟語の意味を□から選《えら》んで、記号を書きなさい。〈1点×12〉

(1) いしんでんしん〔　　〕□
(2) かんぜんむけつ〔　　〕□
(3) きゅうてんちょっか〔　　〕□
(4) こうめいせいだい〔　　〕□
(5) たりきほんがん〔　　〕□
(6) へいしんていとう〔　　〕□

ア やましいことがなく、どうどうとしていること。
イ ひたすら頭を下げること。
ウ 形勢《けいせい》が変《か》わって一気に決着に向かうこと。
エ 言葉を言わなくても気持ちが伝《つた》わっていること。
オ 自分で努力《どりょく》せず、人を当てにすること。
カ 完璧《かんぺき》であること。

6

次の四字熟語の□□に入る読みを、あとの□から選んで、漢字に直して書きなさい。〈完答2点×8〉

(1) □□無私《むし》
(2) 理路□□
(3) □□無用
(4) □□半生
(5) □□一転
(6) □□万別《ばんべつ》
(7) 枝葉《しよう》□□
(8) 一朝□□

せんさ　しんき　もんどう　まっせつ
はんし　こうへい　いっせき　せいぜん

7 次の故事《こじ》成語《せいご》の意味をあとから選んで、記号を書きなさい。〈2点×9〉

(1) こいの滝《たき》登り □

(2) 他山の石 □

(3) 窮《きゅう》すれば通ず □

(4) 呉越同舟《ごえつどうしゅう》 □

(5) 青天の霹靂《へきれき》 □

(6) 玉にきず □

(7) 五十歩百歩 □

(8) 頭角を現《あらわ》す □

(9) 悪事千里を走る □

ア てきと味方が協力《きょうりょく》しあうこと。
イ ほんの少しだけ欠点《けってん》があること。
ウ 悪いうわさはすぐに遠くまで広まる。
エ にていて、あまりちがいがないこと。
オ 人が立身出世すること。
カ 才能《さいのう》がすぐれて人に知られるようになること。
キ 本当にこまったとき、かえってよい考えがうかぶ。
ク 自分のためになる、他人のよくない行い。
ケ 思いもよらない突然《とつぜん》の出来事。

---

8 次の意味にあてはまる故事成語を□から選んで書きなさい。〈1点×5〉

(1) 自分から進んで危険《きけん》なところへ行くこと。〔　　〕

(2) 他人の意見を気にとめずに聞き流すこと。〔　　〕

(3) 自分のためになる意見は聞くのがつらいこと。〔　　〕

(4) とても頭のはたらきがよいこと。〔　　〕

(5) 人が争《あらそ》うあいだに第三者が利益《りえき》を横取りすること。〔　　〕

良薬《りょうやく》は口に苦し	漁夫《ぎょふ》の利《り》
飛《と》んで火にいる夏の虫	馬耳東風《ばじとうふう》
一を聞いて十を知る	

20分

/100

学習日　月　日

答え11ページ

1

次の慣用句《かんようく》・ことわざについて、あとの問いに答えなさい。〈早稲田実業学校中等部〉

(1) [a]の額《ひたい》
場所の狭《せま》いこと

(2) 取らぬ[b]の【 A 】算用
手に入るかどうかわからないものを当てにして計画を立てること

(3) [c]と[b]の化かし合い
わるがしこい者どうしが互《たが》いにだまし合うこと

(4) [d]の甲《こう》より年の【 B 】
長年かけて積《つ》んできた経験《けいけん》は貴重《きちょう》であり、価値《かち》があるということ

(5) [e]を[f]に乗《の》り換《か》える
劣《おと》ったものを捨《す》て、すぐれたものに乗り換えること

(6) [f]の耳に念仏《ねんぶつ》
いくら意見をしても全く効《き》き目のないこと

(7) [g]の威《い》を借《か》る[c]
強い者の威力を用いていばる人のこと

1 [a]～[g]に入る語をそれぞれ考え、どこにも用いられない三つの語を、記号（ア～コ）で答えなさい。ただし、**アイウエオ**順《じゅん》で答えること。〈完答3点〉

ア 犬　**イ** 猫《ねこ》　**ウ** 牛　**エ** 馬　**オ** 蛙《かえる》
カ 亀《かめ》　**キ** 狐《きつね》　**ク** 虎《とら》　**ケ** 狸《たぬき》　**コ** 猿《さる》

2 【 A 】、【 B 】に入る漢字一字をそれぞれ答えなさい。〈3点×2〉

A

B

2

次のことわざの中で他とは異《こと》なる感情《かんじょう》を表すものを一つ選《えら》び、記号で答えなさい。〈鎌倉女学院中学校〉〈3点〉

ア 鳩《はと》が豆鉄砲《まめでっぽう》を食ったよう
イ 寝耳《ねみみ》に水
ウ 肝《きも》を潰《つぶ》す
エ 顔から火が出る
オ 二の句《く》が継《つ》げない

3 次の空欄《くうらん》にあてはまるものをそれぞれひらがなで答えなさい。〈西武学園文理中学校・改〉〈3点×5〉

(1) 一富士《ふじ》二鷹《たか》三［ a ］
瓜《うり》の蔓《つる》に［ a ］はならぬ　〔　　〕

(2) ［ b ］作って魂《たましい》入れず
［ b ］の顔も三度　〔　　〕

(3) 隣《となり》の［ c ］は赤い
［ c ］より団子《だんご》　〔　　〕

(4) ［ d ］階から目薬
［ d ］兎《と》を追うものは一兎をも得《え》ず　〔　　〕

(5) 渡《わた》る世間に［ e ］はない
［ e ］の居《い》ぬ間に洗濯《せんたく》　〔　　〕

4 次の［　］にふさわしいものをあとの**ア**～**ク**の中から一つ選び、それぞれ記号で答えなさい。〈昭和女子大学附属昭和中学校〉〈2点×6〉

(1) 遊んでばかりいると［　］見ることになりますよ。

(2) 子どもの成長《せいちょう》を［　］見ることにしよう。

(3) ついに国境《こっきょう》での小競《こぜ》り合《あ》いは［　］見るに至《いた》った。

(4) 犯人《はんにん》を［　］見るのも無理《むり》はない。

(5) 人の失敗《しっぱい》を［　］見る人は器《うつわ》が大きい人物だ。

(6) 世の中を［　］見る人とはつき合いにくい。

ア 足元を　**イ** 大目に　**ウ** 白い目で　**エ** 血を
オ 長い目で　**カ** 泣《な》きを　**キ** ななめに　**ク** 日の目を

(1)［　］ (2)［　］ (3)［　］ (4)［　］ (5)［　］ (6)［　］

5 次の、「舌《した》」に関《かん》する慣用句の意味とつながりのある文をあとの**ア**～**エ**からそれぞれ一つ選び、記号で答えなさい。〈高輪中学校〉〈3点×3〉

(1) 舌が回る　(2) 舌を出す　(3) 舌を巻《ま》く

ア 彼《かれ》の前では「いい男ですね」とほめているが、実は陰《かげ》では小ばかにしていた。

イ 彼は一社目の入社試験《しけん》にもかかわらず、すらすらよどみなく自己紹介《じこしょうかい》をした。

ウ 横尾《よこお》先生は、今日から禁煙《きんえん》するといったそばからタバコを取り出し火をつけた。

エ 何度失敗してもあきらめずに挑戦《ちょうせん》を続《つづ》ける彼女《かのじょ》の姿《すがた》に、ぼくは本当に感心した。

(1)［　］ (2)［　］ (3)［　］

6

次の漢字にあとの□の中から二つの漢字を足して、（　）内の意味に合うよう四字熟語《じゅくご》を作りなさい。〈昭和女子大学附属昭和中学校・改〉〈2点×6〉

(1) 天　異《い》（天地にあらわれる不思議《ふしぎ》な現象《げんしょう》）〔　　〕

(2) 問　答（議論《ぎろん》の必要《ひつよう》がないこと）〔　　〕

(3) 前　絶《ぜつ》（以前《いぜん》にもこれからも起こらないだろうというごくまれなさま）〔　　〕

(4) 外　出（非常《ひじょう》に貴重《きちょう》な物でその家から外へ出さないこと）〔　　〕

(5) 晴　耕《こう》（悠々自適《ゆうゆうじてき》の生活）〔　　〕

(6) 死　生（今にも滅《ほろ》びそうな状態《じょうたい》から救《すく》い出してよい状態にすること）〔　　〕

起　後　雨　変　用　空　門　地　不　読　回　無

7

次の「慣用句《かんようく》」をつかって、短い文を作りなさい。〈芝浦工業大学附属中学校〉〈6点〉

「高をくくる」

※慣用句の内容《ないよう》が具体的《ぐたいてき》にわかるようにしなさい。

慣用句「足がぼうになる」の場合

（悪い例《れい》）「ぼくは、足がぼうになった。」

（良《よ》い例）「ぼくは、落とし物をしてしまい、足がぼうになるまで探《さが》し回《まわ》った。」

※「動きを表す語」など、後に続《つづ》く語によって形が変《か》わる場合は、変えても良いです。

（例：「あるく」→「あるいた」）

〔　　　　　　　　〕

8

つぎの〔　〕に漢字一字を入れて、四字熟語をそれぞれ完成《かんせい》させなさい。〈女子聖学院中学校〉〈3点×3〉

(1) 言語〔　　〕断《だん》

(2) 我田引《がでんいん》〔　　〕

(3) 天〔　　〕一品

9 次の空欄《くうらん》にあてはまる言葉を入れて、ことわざや慣用句、故事成語《こじせいご》を完成《かんせい》させなさい。空欄に入れた五つの言葉を比較《ひかく》したとき、他の四つとは種類《しゅるい》や性質《せいしつ》が異《こと》なるものを一つ選《えら》び、**ア**～**オ**の記号で答えなさい。

〈攻玉社中学校〉〈5点×5〉

（例）**ア** 夜を□につぐ ↓日
イ 親の光は□光 ↓七
ウ □足のわらじをはく ↓二
エ 石の上にも□年 ↓三
オ □目置《お》く ↓一

種類や性質が異なるもの…日（他の四つは数字）
答え…**ア**

(1)
ア □も歩けば棒《ぼう》に当たる
イ □の耳に念仏《ねんぶつ》
ウ □の滝《たき》登り
エ □にひかれて善光寺《ぜんこうじ》まいり
オ □の手も借《か》りたい

(2)
ア □の一声
イ □の行水
ウ □に豆鉄砲《まめでっぽう》
エ 泣《な》きっ面《つら》に□
オ □も鳴かずば打たれまい

(3)
ア □に入れても痛《いた》くない
イ □をとがらせる
ウ □に汗《あせ》をにぎる
エ □が棒になる
オ □の居所《いどころ》が悪い

(4)
ア 絵に描《か》いた□
イ 棚《たな》から□
ウ 重箱の□をつつく
エ □にかすがい
オ 花より□

(5)
ア □を正す
イ 左□で暮《く》らす
ウ 紺屋《こうや》の白□
エ □振《ふ》り合うも多生の縁《えん》
オ 人の□で相撲《すもう》をとる

(1) □
(2) □
(3) □
(4) □
(5) □

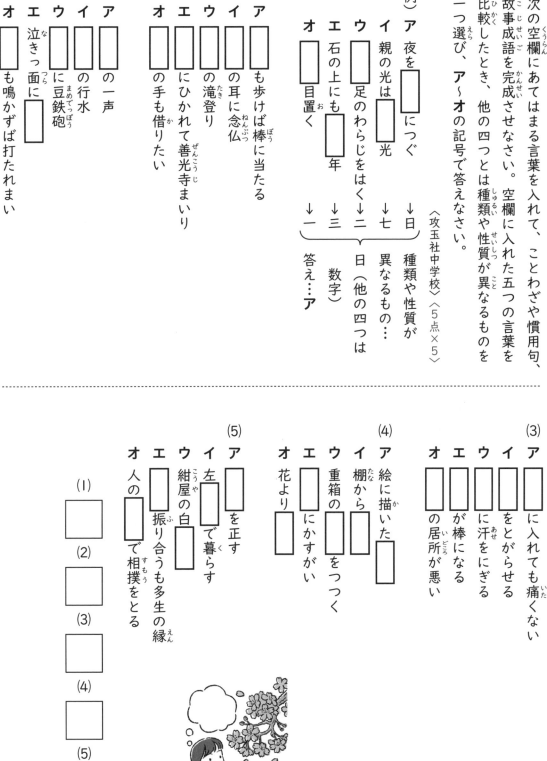

復習《ふくしゅう》テスト①

⏱ 10分　／100　答え12ページ

学習日　月　日

1 次の——線のひらがなを漢字で書きなさい。〈3点×12〉

(1) **ア** あつい温泉《おんせん》にゆっくりつかる。〔　　〕
イ あつい日にかき氷を食べる。〔　　〕

(2) **ア** 急に関心《かんしん》がさめる。〔　　〕
イ 気持ちのまよいからさめる。〔　　〕

(3) **ア** 先生の号令《ごうれい》で泳ぎはじめる。〔　　〕
イ はじめて一人で旅行をする。〔　　〕

(4) **ア** しんにゅう社員を教育する。〔　　〕
イ ホームに電車がしんにゅうする。〔　　〕

(5) **ア** 整数としょうすうを分ける点。〔　　〕
イ 反対意見はごくしょうすうだ。〔　　〕

(6) **ア** えだが左右にわかれる。〔　　〕
イ 友とわかれてちがう道を歩む。〔　　〕

2 次の漢字のうち、画数がちがうものを書きなさい。〈3点×5〉

(1) 兵　別　阜　低　努　〔　　〕

(2) 縄　種　察　熊　漁　〔　　〕

(3) 季　官　芽　果　栄　〔　　〕

(4) 候　差　康　残　借　〔　　〕

(5) 働　続　戦　静　節　〔　　〕

3 次の言葉の読みをすべてひらがなで書き、——線が音読みか訓《くん》読《よ》みか○をつけなさい。〈完答2点×8〉

(1) **ア** 労働者　〔　　〕〔音・訓〕
イ 共働き　〔　　〕〔音・訓〕
ウ 働き者　〔　　〕〔音・訓〕

(2) **ア** 底辺　〔　　〕〔音・訓〕
イ 川底　〔　　〕〔音・訓〕

(3) **ア** 友好　〔　　〕〔音・訓〕
イ 好き　〔　　〕〔音・訓〕
ウ 好み　〔　　〕〔音・訓〕

4 次の漢字の部首名を答えなさい。〈3点×2〉

(1) 愛　念　必　〔　　　〕

(2) 勇　労　努　〔　　　〕

5 次の〔　〕に入る言葉を、あとの□の中から選《えら》んで書き入れ、ことわざを完成《かんせい》させなさい。〈2点×6〉

(1) 苦あれば〔　　　〕あり

(2) 転ばぬ先の〔　　　〕

(3) 〔　　　〕こそ物の上手なれ

(4) 能《のう》ある鷹《たか》は〔　　　〕をかくす

(5) まかぬ〔　　　〕は生えぬ

(6) 飛《と》んで火に入る夏の〔　　　〕

楽　種《たね》　つめ　虫　好き　つえ

6 次の〔　〕に入る言葉を、□から選んで書き入れ、慣用句《かんようく》を完成させ、その慣用句の意味をあとから選んで、□に記号を書きなさい。〈完答3点×5〉

(1) 耳に〔　　　〕ができる　□

(2) 〔　　　〕をおす　□

(3) 〔　　　〕をのばす　□

(4) 〔　　　〕を投げる　□

(5) うでを〔　　　〕　□

羽　みがく　たこ　さじ
頭　さぐる　横車　つぼ

ア 上手になる。
イ 自分の考えを無理《むり》に通す。
ウ 見こみがないとあきらめる。
エ 同じことをたびたび聞かされうんざりする。
オ 思うままにふるまう。

言語編《げんごへん》

4 文節《ぶんせつ》と単語《たんご》

学習日　月　日

ねらい　「文」を「文節」「単語」に分けることで、言葉の単位を正しく理解できるようになる。

★標準レベル

20分

／100

答え13ページ

1 次の文章は、いくつの文からできていますか。漢数字で答えなさい。ただし、「句点《くてん》（。）」は省《はぶ》いてあります。〈2点×2〉

(1) 朝起きてカーテンを開けると、いつもより暗い空が広がっていた気分はさえなかったが上着をはおって外に出ると、鼻から冷《つめ》たい空気が入ってきた数歩走り始めたところで、すがすがしい気持ちに満《み》たされた 〔　　〕

(2) 昨日《きのう》、友達《ともだち》と商店街《しょうてんがい》を大笑《おおわら》いしながら歩いていたその辺《あた》りの店の多くは、まだ昼だというのにシャッターを下ろしていた「昔はにぎやかだったんだよ」以前《いぜん》、母がなつかしそうに話していたことをふと思い出した 〔　　〕

2 次の文は、いくつの文節《ぶんせつ》からできていますか。例《れい》にならって漢数字で答えなさい。〈2点×5〉

〈例〉校庭の／すみに／白い／花が／さいて／いる。〔六〕

(1) 庭の木に緑色の鳥が止まっている。〔　　〕

(2) 夏休みに家族でキャンプをする予定だ。〔　　〕

(3) 昨夜《さくや》見たゆめが現実《げんじつ》になればいいな。〔　　〕

(4) 借《か》りた本をずっと返しわすれている。〔　　〕

(5) 学校を出たとたんに雨がふり出した。〔　　〕

3 次の文は、いくつの単語《たんご》からできていますか。例にならって漢数字で答えなさい。〈2点×5〉

〈例〉校庭／の／すみ／に／白い／花／が／さい／て／い／る。〔十〕

(1) 庭の木に緑色の鳥が止まっている。〔　　〕

(2) 夏休みに家族でキャンプをする予定だ。〔　　〕

(3) 昨夜見たゆめが現実になればいいな。〔　　〕

(4) 借りた本をずっと返しわすれている。〔　　〕

(5) 学校を出たとたんに雨がふり出した。〔　　〕

4 次の文から、主語と述語《じゅつご》を二つずつ見つけて書きなさい。〈1点×20〉

(1) 姉が着た洋服はとてもかわいい。
主語〔　　〕述語〔　　〕
主語〔　　〕述語〔　　〕

(2) 先生が笑った顔がぼくのきんちょうを和《やわ》らげた。
主語〔　　〕述語〔　　〕
主語〔　　〕述語〔　　〕

(3) 弟が打った打球がさくの向こうの川に落ちた。
主語〔　　〕述語〔　　〕
主語〔　　〕述語〔　　〕

(4) 父は歯科医で、母は眼科医《がんかい》だ。
主語〔　　〕述語〔　　〕
主語〔　　〕述語〔　　〕

(5) あれは兄が旅行先でとった写真です。
主語〔　　〕述語〔　　〕
主語〔　　〕述語〔　　〕

5 次の文の〔　〕にあてはまる修飾語《しゅうしょくご》を、あとから選《えら》んで書きなさい。〈1点×4〉

(1) 駅までの道を〔　　〕人に教わる。

(2) おかの上に〔　　〕風がふく。

(3) 冬の朝は〔　　〕スープを飲む。

(4) 太陽の光が〔　　〕反しゃする。

きらきら　暑い　熱《あつ》い　心地《ここち》いい　親切な

6 例にならって次の文の――線の言葉をくわしくしている修飾語をさがして、すべてに〇をつけなさい。〈完答2点×3〉

〈例〉図書館で　(借りた)　本を　返しに　いく。

(1) 体育館に　わすれた　タオルを　取りに　もどる。

(2) 友達が　好《す》きな　花の　種《たね》を　わたしに　くれる。

(3) 姉から　おいしい　クッキーを　三まい　もらう。

7 例《れい》にならって、次の――線をつけた言葉（動詞《どうし》）を言い切りの形に直して答えなさい。〈1点×10〉

〈例〉母に料理《りょうり》を教わった。〔教わる〕

(1) 熱《ねつ》が下がらないので学校を休んだ。〔　　〕

(2) この果物《くだもの》の名前をぼくは知らない。〔　　〕

(3) むだな争《あらそ》いはすぐにやめよ。〔　　〕

(4) 引《ひ》っ越《こ》した友達《ともだち》が遊びに来た。〔　　〕

(5) まな板の上に魚を置《お》いた。〔　　〕

(6) お昼前なのにおなかがすいた。〔　　〕

(7) 朝早く起きてテスト勉強をした。〔　　〕

(8) 午前中にプールでたくさん泳いだ。〔　　〕

(9) 明日は休みだから遊ぼう。〔　　〕

(10) 暑いのでお茶を飲みました。〔　　〕

---

8 例にならって、次の――線をつけた言葉（形容詞《けいようし》・形容動詞）を言い切りの形に直して答えなさい。〈1点×10〉

〈例〉寒くなったので上着をはおった。〔寒い〕

(1) 海がだんだん深くなる。〔　　〕

(2) 静《しず》かな公園で昼寝《ひるね》をする。〔　　〕

(3) 先生がおだやかに話す。〔　　〕

(4) 少しだけ不安《ふあん》に感じる。〔　　〕

(5) もうねむくなってしまった。〔　　〕

(6) 駅までの道は遠かった。〔　　〕

(7) さわやかな風がふく。〔　　〕

(8) あたたかくなったら出かける。〔　　〕

(9) 安全な方法《ほうほう》で行う。〔　　〕

(10) チューリップが美しくさく。〔　　〕

9 例にならって、次の文の〔　〕にあてはまる自動詞、または他動詞を書きなさい。〈2点×9〉

〈例〉仲間《なかま》を集める。　仲間が〔　集まる　〕。

(1) 家を建《た》てる。　家が〔　〕。

(2) 宿題が終わる。　宿題を〔　〕。

(3) けがを治《なお》す。　けがが〔　〕。

(4) テストが始まる。　テストを〔　〕。

(5) 服をよごす。　服が〔　〕。

(6) 電気がつく。　電気を〔　〕。

(7) ご飯《はん》を温める。　ご飯が〔　〕。

(8) 列がみだれる。　列を〔　〕。

(9) 手紙をとどける。　手紙が〔　〕。

---

10 次の文の〔　〕に入る言葉を、あとから選《えら》んで書きなさい。ただし、同じ言葉をくり返し使うことはできません。〈1点×8〉

(1) 〔　〕雨なら、水族館へ行こう。

(2) 〔　〕明日は雪がふるだろう。

(3) 弟は〔　〕やりとげるにちがいない。

(4) 君は〔　〕そんなことを言ったのか。

(5) 当たるなんて〔　〕ゆめのようだ。

(6) わたしの絵を〔　〕見てください。

(7) かれの話は〔　〕面白《おもしろ》くない。

(8) 〔　〕一位《いちい》になるなんて！

どうか	ちっとも	まるで	おそらく
どうして	まさか	必ず	もし

1 次の文の——線部の主語を、一文節《ぶんせつ》で書き抜《ぬ》きなさい。〈専修大学松戸中学校・改〉〈6点〉

このように、ヒトならではの特権《とっけん》だと思われていた柔軟《じゅうなん》な勘《かん》を、いまや人工知能《じんこうちのう》も備《そな》え始めるようになっています。

（池谷裕二《いけがやゆうじ》『できない脳《のう》ほど自信過剰《じしんかじょう》　パテカトルの万脳薬《ばんのうやく》』より）

［　　　　］

2 次の文の——線部を受けている部分を、一文節でぬき出しなさい。〈7点〉

昨年《さくねん》、待望《たいぼう》の大きなワゴン車を買って以来《いらい》、なにかあると、夏休みには長めの休みをとって、この車にみんなを乗せて、海に近いキャンプ場まで出かけてキャンプをしたいなあ、と話した父が、今日は、帰ってくるなり、今年の夏休みに長い休みが取れたので、車に乗ってキャンプに出かけるぞ、と言っているのだ。

［　　　　］

3 次の——線部の言葉は、どの言葉にかかりますか。ア〜カの中からそれぞれ一つ選《えら》び、記号で答えなさい。〈和洋九段女子中学校〉〈4点×4〉

(1) 先生は　ほとんど　ア手元の　イ教科書を　ウ見ないで　エ見事に　オ詩を　カ読んだ。

(2) 警報《けいほう》が　ア鳴ると　たちまち　イ劇場《げきじょう》に　ウいた　エ観客《かんきゃく》が　オ出口へ　カおしかけた。

(3) おそらく　ア遠くに　イ聞こえた　ウあの　エ音は　オ電車の　カ音だろう。

(4) ア明日には　きっと　イ東京の　ウ天気は　エ悪く　オなると　カ思う。

(1)［　］
(2)［　］
(3)［　］
(4)［　］

4 次の文の□に入る最《もっと》もふさわしいことばをあとの語《ご》群《ぐん》から選び、(1)は「〜ながらも」、(2)は「〜ても」、(3)は「〜ながら」につながるように書きなさい。

〈日本女子大学附属中学校・改〉〈5点×3〉

(1) 弓子《ゆみこ》は、父の声の強さに□ながらも、視線《しせん》はそらさなかった。
〔　　〕

(2) むかえに出た母が□ても、父の怒《いか》りはおさまる気配がなかった。
〔　　〕

(3) 父はバス停《てい》から家までの道を、怒りを□ながら歩いてきたのだろう。
〔　　〕

（(1)〜(3) 佐川光晴《さがわみつはる》「もっと勉強がしたい」『大きくなる日』所収《しょしゅう》より）

ざわめく	かなしむ	なだめる
こらしめる	たじろぐ	たぎらせる

5 次の山口《やまぐち》さんと金子《かねこ》さんの会話を手がかりとして、文中の**ア**〜**カ**の中からせいしつがことなるものを一つ選び、記号で答えなさい。〈6点〉

山口さん　次の六枚《ろくまい》のカードには、一つだけ文法的《ぶんぽうてき》に仲間《なかま》はずれがあるよ。
金子さん　カードには、「ア楽しい」「イむずかしく」「ウ冷《つめ》たい」「エかなり」「オ早く」「カ明るい」と書いてあるね。
山口さん　どれも、じょうたいを説明《せつめい》する言葉であるという点では共通《きょうつう》しているよ。
金子さん　言葉の終わりの形が変《か》わることを「活用」というのだけど、「活用」するかどうかに注目してみたらどうかな。
山口さん　なるほど。たとえば、「美しい」という言葉の下に「う」がつくと、「美しかろ（う）」と活用するね。でも、「ゆっくり」という言葉は、下につく言葉によって終わりの形が変わることはないね。

□

6 次の文の□にあてはまる語をあとの語群《ごぐん》からそれぞれ一つずつ選《えら》び、必要《ひつよう》があれば適当《てきとう》な形に変《か》えて答えなさい。ただし、同じ言葉をくり返し使うことはできません。〈4点×5〉

(1) 父親の仕事の都合で転校をくり返していたわたしは、仲良《なかよ》くなってもまた別《わか》れるのがつらくなるだけだと思うようになり、ものめずらしい転校生に話しかけてくるクラスメイトたちに愛想《あいそ》よく対応《たいおう》しつつも、内心では心を□てしまうようになっていた。

〔　　〕

(2) わたしは中学生のころにバスケットボール部に所属《しょぞく》していたが、クラスでは前から五番以内《いない》に入るぐらいに身長が低《ひく》かったため、試合《しあい》で不利《ふり》になることが多く、あと十センチ、せめてあと五センチでも身長が□ばと、毎日いのる思いで牛乳《ぎゅうにゅう》を飲んでいた。

〔　　〕

(3) 十歳《じっさい》の誕生日《たんじょうび》に文鳥をかってもらい、毎日世話をしてとてもかわいがっていたが、ある日、文鳥をカゴから出して部屋《へや》の中で自由に動き回らせていたのをわすれて、うっかりまどを開けたとたん、文鳥が□でいってしまい、後悔《こうかい》してもしきれなかった。

〔　　〕

(4) 不器用《ぶきよう》な父がわたしのためにキッチンのおもちゃを木で作ってくれたことがあったが、そのときのわたしは一《いっ》生懸命《しょうけんめい》作ってくれた父の思いやりを理解《りかい》できないほどおさなかったので、「お店で売っているものがいい」と言ってしまい、父は□、それをすててしまった。

〔　　〕

(5) 弟は表情《ひょうじょう》がころころ変《か》わる子どもで、帰ってこない主人を駅で待ち続《つづ》けている犬の動画を見て□たり、鳥たちがまるでダンスをしているような動画を見てけらけら笑《わら》ったりと、まったくいそがしい。

〔　　〕

語群

泣《な》く	とざす	飛《と》ぶ	おこる	のびる

7 次の文の――線部について、文節《ぶんせつ》どうしの関係《かんけい》をあとから一つずつ選び、それぞれ記号で答えなさい。
〈専修大学松戸中学校・改〉〈5点×2〉

(1) 村人の集まるレストランやカフェ、村の雑貨屋《ざっかや》、肉屋、郵便局《ゆうびんきょく》、学校などを受けもつ人々の仕事も必要になります。
〔　　〕

(2) もちろん村人はときどき一時間ほど車を運転して、町へと買物《かいもの》にもでかけますし、野菜《やさい》や果物《くだもの》は物価《ぶっか》の安いスペインに、峠《とうげ》を越《こ》えて買いに行ったりもします。
〔　　〕

（(1)(2) 内山節《うちやまたかし》『子どもたちの時間』より）

ア 主語・述語《じゅつご》の関係
イ 修飾《しゅうしょく》・被修飾《ひしゅうしょく》の関係
ウ 並立《へいりつ》の関係
エ 補助《ほじょ》の関係

---

8 次の中で一つだけ種類《しゅるい》の違《ちが》う言葉があります。その記号を書きなさい。
〈横浜富士見丘学園中等教育学校・改〉〈4点×5〉

(1) ア しかも　イ そして　ウ すると　エ つまり　オ どうして　〔　　〕

(2) ア さむい　イ あかい　ウ いっぱい　エ うれしい　オ たのしい　〔　　〕

(3) ア カード　イ ロンドン　ウ スプーン　エ ラジカセ　オ スポーツ　〔　　〕

(4) ア 燃《も》える　イ 流れる　ウ 落ちる　エ ふくらむ　オ たのしい　〔　　〕

(5) ア この　イ ここ　ウ これ　エ そこ　オ どれ　〔　　〕

5 敬語《けいご》

ねらい 尊敬語・謙譲語・丁寧語のちがいを理解して、敬語を正しく使えるようになる。

学習日 月 日

★標準レベル

10分 ／100 答え15ページ

1 次の文が説明《せつめい》しているものを、あとからそれぞれ選《えら》び、記号を書きなさい。〈4点×3〉

(1) 相手の動作を高めて、うやまう気持ちを表すときに使う言葉。

(2) おこなう動作をひくめて表現《ひょうげん》することで、相手を高める言葉。

(3) ことがらをていねいにのべることで、相手に敬意《けいい》を表す言葉。

ア 丁寧語《ていねいご》
イ 尊敬語《そんけいご》
ウ 謙譲語《けんじょうご》

(1) □
(2) □
(3) □

2 次の文の——線の言葉を指定された敬語に直して書きなさい。〈6点×6〉

(1) 市長がわたしたちの学校の運動会に来た。
尊敬語〔 〕

(2) みんなでドッジボールをしよう。
丁寧語〔 〕

(3) お客様からお礼の葉書をもらった。
謙譲語〔 〕

(4) 明日の校長先生の予定を聞いた。
謙譲語〔 〕

(5) あの大きな建物《たてもの》が兄の通う高校だ。
丁寧語〔 〕

(6) 社長が出張先《しゅっちょうさき》のおみやげをくれた。
尊敬語〔 〕

3 次の文の――線の言葉は、《**ア**尊敬語・**イ**謙譲語・**ウ**丁寧語》のどれか、記号で答えなさい。〈4点×10〉

(1) 集合場所は公園です。〔　〕

(2) 早めにお昼ごはんをいただく。〔　〕

(3) お客様がご利用《りよう》になる。〔　〕

(4) 先生がおいでになる。〔　〕

(5) 新しくできたお店に行く。〔　〕

(6) わたしが食事をお持ちする。〔　〕

(7) 部長が案内《あんない》してくださる。〔　〕

(8) 会場の皆様《みなさま》に申し上げます。〔　〕

(9) 会長がお弁当《べんとう》をめしあがる。〔　〕

(10) 校長先生のおっしゃる通りです。〔　〕

---

4 次の文の――線の敬語の使い方が正しいほうに○をつけなさい。〈3点×4〉

(1)
- **ア**〔　〕母が明日の放課後《ほうかご》に学校にいらっしゃると申していました。
- **イ**〔　〕母が明日の放課後に学校にうかがうと申していました。

(2)
- **ア**〔　〕運動会では校長先生もつな引きにご参《さん》加《か》するそうです。
- **イ**〔　〕運動会では校長先生もつな引きにご参加になるそうです。

(3)
- **ア**〔　〕お客様からとてもおいしそうなお菓子《かし》をいただく。
- **イ**〔　〕お客様からとてもおいしそうなお菓子をくださる。

(4)
- **ア**〔　〕市長が地元でとれた新鮮《しんせん》な野菜《やさい》を調理していただく。
- **イ**〔　〕市長が地元でとれた新鮮な野菜を調理してめし上がる。

20分　／100

学習日　月　日

答え15ページ

1 次の文の――線部のことばを、＝＝線部の人物を敬《うやま》う表《ひょう》現《げん》に改《あらた》めなさい。

〈國學院大学久我山中学校〉〈3点〉

部活動の計画を立てるために、＝＝先生＝＝の予定を――聞く――。

〔　　　　　〕

2 次のうち、――線部のことばづかいに誤《あやま》りがあるものを一つ選《えら》び、記号で答えなさい。

〈國學院大学久我山中学校〉〈4点〉

ア 先生が――おっしゃった――通りの結果《けっか》になった。

イ 先生はすでに教室に――いらっしゃいます――。

ウ 先生が教室に残《のこ》っていなさいと――申された――。

エ 先生がおいしそうにお茶を――召《め》し上《あ》がった――。

□

3 次の□にあてはまるもっともふさわしい言葉を後のア～ケから選び、それぞれその記号で答えなさい。

〈神奈川学園中学校〉〈3点×5〉

(1) 母は、あと十分ほどで帰って□ます。

(2) 兄がかいた風景画《ふうけいが》を□ますか。

(3) 父が、一度先生に□たいと申しておりました。

(4) このねこは、タマと□ます。

(5) お飲み物はコーヒーに□ますか。

ア いい	**イ** 拝見《はいけん》し	**ウ** ごらんになり
エ なさい	**オ** おっしゃい	**カ** まいり
キ いただき	**ク** お目にかかり	**ケ** いらっしゃい

(1) □
(2) □
(3) □
(4) □
(5) □

4 次の文の□にあてはまる言葉を、もとの言葉をのこした形で、正しい敬語《けいご》に書きかえなさい。〈4点×12〉

(例《れい》)「話す」
先生が□。
↓○お話しになる、話される　×おっしゃる

(1)「出発する」
総理大臣《そうりだいじん》が官邸《かんてい》を□。
〔　　　　〕

(2)「説明《せつめい》する」
わたしが先生に□。
〔　　　　〕

(3)「持つ」
お客様の荷物を□。
〔　　　　〕

(4)「休む」
校長先生がベッドで□。
〔　　　　〕

(5)「会う」
母が、姉の担任《たんにん》の先生に□。
〔　　　　〕

(6)「とどける」
お客様の荷物を□。
〔　　　　〕

(7)「もどる」
先生は午後には学校に□。
〔　　　　〕

(8)「質問《しつもん》する」
お客様が商品について□。
〔　　　　〕

(9)「聞く」
先生が母に□。
〔　　　　〕

(10)「返す」
先生に本を□。
〔　　　　〕

(11)「さそう」
先生を食事会に□。
〔　　　　〕

(12)「ことわる」
お医者様がおさそいを□。
〔　　　　〕

5

次の会話文を読んで後の問いに答えなさい。

〈鎌倉女学院中学校〉〈4点×2〉

中学一年生のゆいは自分の家にホームステイしている留《りゅう》学生《がくせい》のサラと話しています。

ゆい「日本語すごく上手になってきたね。もう心配いらないくらい。」
サラ「そんなことないよ。まだいろいろ不安《ふあん》なの。特《とく》に敬語《けいご》が苦手なんだ。」
ゆい「大丈夫《だいじょうぶ》、すぐに敬語を話すのに慣《な》れるよ。」
サラ「そうだといいな。例《たと》えば、自分がプレゼントをもらうことを何て言ったらいいのかな。」
ゆい「そういう時は、［①(四字)］って言うんだよ。この言葉は他にも［②(三字)］ことをへりくだって言う時に使うよ。」
サラ「そうなんだ。難《むずか》しいね。」

問　［①］は四字の、［②］は三字のひらがなでそれぞれ当てはまる言葉を答えなさい。

①［　　］
②［　　］

6

次の［　］の言葉を敬語に直しなさい。また、それは**ア**尊敬語《そんけいご》・**イ**謙譲語《けんじょうご》・**ウ**丁寧語《ていねいご》のどれにあたるか記号で答えなさい。

〈昭和女子大学附属昭和中学校〉〈完答2点×6〉

(1) お客様、どちらへ［行く］のですか。［　　］□
(2) 友達《ともだち》が日直の仕事を［する］。［　　］□
(3) 校長先生から賞状《しょうじょう》を［もらった］。［　　］□
(4) ［だれ］を呼《よ》びましょうか。［　　］□
(5) お世話になった方にお礼を［言う］。［　　］□
(6) 図書室に本が［ある］。［　　］□

7

次の会話文を読んで、後の問いに答えなさい。〈横浜雙葉中学校〉〈3点×2〉

A「もしもし、突然《とつぜん》電話をかけてごめんなさいね。実は、ピアノ教室の小川先生から演奏会《えんそうかい》のチケットが届《とど》いてしまったの。よかったら一緒《いっしょ》にア行きましょうよ。」

B「あら、私《わたし》もイいただいたのよ。父も小川先生作曲の『夢《ゆめ》を獲《え》る』という曲をぜひウお聞きしたいと言っていたわ。」

A「『夢をエる』？『夢、終える』？夢が終わってしまうの？」

B「違《ちが》うわよ。夢を獲得《かくとく》の『獲』よ。まずけものへんを書いて、次にくさかんむりを書いて、その次にふるとり、最後《さいご》に『また』と書くのよ。」

A「保護《ほご》の『護』に似《に》ている字ね、わかったわ。小川先生も、あなたがお父様と一緒に演奏会に行くとエうかがったらきっとオお喜《よろこ》びになるわ。」

B「楽しみにしているわ。では当日会いましょう。」

問 ――線**ア**～**オ**の中に、**適切《てきせつ》でない**表現《ひょうげん》が一つあります。その一つを記号で選《えら》び、正しい形に直して答えなさい。

記号 □ 正しい形〔　　〕

8

次の言葉について、**ア**～**オ**の各語《かくご》を〔　〕内の内容《ないよう》によって分けたとき、ひとつだけ他と異《こと》なるものを選び、記号で答えなさい。〈攻玉社中学校〉〈4点〉

（問題例《もんだいれい》）**ア** 木魚《もくぎょ》 **イ** 岩魚《いわな》 **ウ** 河豚《ふぐ》 **エ** 烏賊《いか》 **オ** 雲丹《うに》 〔種類〕

（答え） **ア**……この語のみ生きものではない。

ア 小生 **イ** 拙宅《せったく》 **ウ** 粗品《そしな》

エ 愚考《ぐこう》 **オ** 御社《おんしゃ》 〔敬意の表し方〕

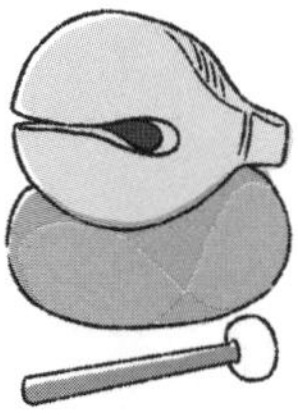

□

6 類義語《るいぎご》・対義語《たいぎご》・和語・漢語・外来語

ねらい 類義語・対義語などを覚え、意味を正しく理解することによって語彙力を高める。

学習日 月 日

★標準レベル

10分

／100

答え16ページ

1 次の〔 〕に入る類義語《るいぎご》を、それぞれ下から選《えら》んで書きなさい。〈1点×6〉

(1) 手段《しゅだん》＝〔 〕

(2) 欠点《けってん》＝〔 〕

(3) 無礼《ぶれい》＝〔 〕

(4) 天然《てんねん》＝〔 〕

(5) 原因《げんいん》＝〔 〕

(6) 風景《ふうけい》＝〔 〕

景色《けしき》　動機《どうき》　方法《ほうほう》　自然《しぜん》　失礼《しつれい》　短所

2 次の〔 〕に入る対義語《たいぎご》を、それぞれ下から選んで書きなさい。〈1点×8〉

(1) 善意《ぜんい》⇕〔 〕

(2) 到着《とうちゃく》⇕〔 〕

(3) 部分⇕〔 〕

(4) 往信《おうしん》⇕〔 〕

(5) 非番《ひばん》⇕〔 〕

(6) 平和⇕〔 〕

(7) 不和《ふわ》⇕〔 〕

(8) 無害《むがい》⇕〔 〕

全体　当番　悪意　円満《えんまん》　有害《ゆうがい》　返信　出発　戦争《せんそう》

3

次の言葉は、それぞれ**ア**和語、**イ**漢語、**ウ**外来語のどれにあてはまりますか。記号で答えなさい。〈2点×16〉

〈例《れい》〉宿…**ア**　旅館…**イ**　ホテル…**ウ**

(1) ふるさと　□

(2) ボタン　□

(3) 美しい　□

(4) さくら　□

(5) しゃぼん　□

(6) 青空　□

(7) 山　□

(8) かるた　□

(9) 楽しみ　□

(10) 坂道　□

(11) たばこ　□

(12) アイデア　□

(13) 手品　□

(14) 食べ物　□

(15) 着席《ちゃくせき》　□

(16) 生活　□

4

次の言葉の類義語・対義語を、〔　〕の読みの漢字を書き入れて完成《かんせい》させなさい。〈3点×18〉

類義語

(1) 限界《げんかい》＝限〔ど〕

(2) 経験《けいけん》＝〔たい〕験

(3) 公平＝公〔せい〕

(4) 天気＝天〔こう〕

(5) 完了《かんりょう》＝〔しゅう〕了

(6) 所有＝所〔じ〕

(7) 安全＝〔ぶ〕事

(8) 期限《きげん》＝期〔じつ〕

(9) 応接《おうせつ》＝応〔たい〕

対義語

(1) 低下《ていか》⇔〔こう〕上

(2) 不信⇔〔しん〕用

(3) 有名⇔〔む〕名

(4) 差別《さべつ》⇔平〔どう〕

(5) 自然⇔人〔こう〕

(6) 悪化⇔〔こう〕転

(7) 固定《こてい》⇔〔りゅう〕動

(8) 静止《せいし》⇔〔うん〕動

(9) 消費《しょうひ》⇔生〔さん〕

1 つぎの漢字の組み合わせは(1)・(2)が同義語《どうぎご》、(3)・(4)が対《たい》義語《ぎご》になります。［　］に入る漢字一字をそれぞれ答えなさい。〈女子聖学院中学校〉〈2点×4〉

(1) 美点―［　］所

(2) 上達《じょうたつ》―［　］上

(3) 前進―［　］退《たい》

(4) 欠席《けっせき》―［　］席

2 次の語の類義語《るいぎご》を下の**ア**～**エ**から一つ選《えら》び、記号で答えなさい。〈国府台女子学院中学部〉〈4点〉

終世（**ア** 臨終《りんじゅう》　**イ** 一生　**ウ** 一心　**エ** 生死）

［　　］

3 次の言葉の対義語になるように、［　］にあてはまる漢字の訓読《くんよ》みを【選択肢《せんたくし》】の**ア**～**カ**から選び、それぞれその記号で答えなさい。さらにその――線部を漢字に直して、対義語を完成《かんせい》させなさい。〈神奈川学園中学校・改〉〈完答3点×6〉

記号

(1) 拡大《かくだい》 ↕ 縮《しゅく》［　］　［　　］

(2) 利益《りえき》 ↕ 損《そん》［　］　［　　］

(3) 秘密《ひみつ》 ↕ 公［　］　［　　］

(4) 生産《せいさん》 ↕ ［　］費《ひ》　［　　］

(5) 集合 ↕ 解《かい》［　］　［　　］

(6) 円満《えんまん》 ↕ 不《ふ》［　］　［　　］

【選択肢】**ア** ヤワらぐ　**イ** ウシナう　**ウ** キえる　**エ** チイさい　**オ** チる　**カ** ヒラく

4 次の〔　　〕に当てはまる最《もっと》も適切《てきせつ》な言葉をあとの語群《ごぐん》から選び、それぞれ記号で答えなさい。ただし、記号は一度ずつしか使いません。
〈栄東中学校〉〈2点×10〉

(1) 彼《かれ》のプライドを傷《きず》つけないように〔　　〕に包《つつ》んで注意した。

(2) 選挙《せんきょ》では政治家《せいじか》の派手《はで》な〔　　〕に惑《まど》わされずに投票《とうひょう》しよう。

(3) 現状《げんじょう》について専門家《せんもんか》が重要《じゅうよう》な〔　　〕をした。

(4) 落とし物をしたら、〔　　〕探《さが》すのではなく警《けい》察《さつ》に行くべきだ。

(5) 都会にはビルが〔　　〕している。

(6) 先生は教室を見回すと〔　　〕話し始めた。

(7) 複数《ふくすう》の動力源《どうりょくげん》をもつ自動車を〔　　〕カーという。

(8) 彼は一日の出来事を〔　　〕両親に話した。

(9) 彼は目を覚《さ》ましたかと思うと〔　　〕部屋《へや》を飛《と》び出した。

(10) 母と姉は珍《めずら》しくおめかしをして〔　　〕出かけていった。

【語群】

ア いそいそと　イ 提言《ていげん》
ウ つまびらかに　エ ハイブリッド
オ パフォーマンス　カ オブラート
キ やおら　ク やにわに
ケ やみくもに　コ 林立

5 次の中から意味が似《に》ていることばを二つ選び、記号で答えなさい。〈桜美林中学校〉〈完答4点〉

ア 親切　イ 大切　ウ 同意
エ 厚意《こうい》　オ 同情《どうじょう》

6 次の外来語と同じ意味の言葉を後の**ア**〜**オ**の中からそれぞれ選《えら》び、記号で答えなさい。
〈和洋九段女子中学校〉〈2点×4〉

(1) ガイドブック　□

(2) インタビュー　□

(3) エピソード　□

(4) アイディア　□

ア 思いつき　**イ** 案内書《あんないしょ》　**ウ** ちょっとした話
エ 会見　**オ** 助言

7 次の□にふさわしい表現《ひょうげん》を、あとの＊印《じるし》の指示《しじ》にしたがって答えなさい。
〈国府台女子学院中学部〉〈4点〉

太郎《たろう》は努力《どりょく》の甲斐《かい》あって、第一志望《だいいちしぼう》の大学に合格《ごうかく》した。家族も近所の人たちも喜《よろこ》んでくれ、たくさんのお祝《いわ》いの品をもらった。さらに、高校の先生方も全員で太郎をほめたたえてくれた。太郎はこの上なく、［は　　い］気持ちになった。

＊形容詞《けいようし》で、「は」から始まり、「い」で終わる、六文字（ひらがな表記で）の言葉である。

〔は　　　い〕

8 次の各文《かくぶん》の〔　〕に入れるのにふさわしい語を後の**ア**〜**カ**からそれぞれ一つ選び、記号で答えなさい。ただし、同じ語を二度は使わないこと。〈高輪中学校〉〈2点×3〉

(1) 妙《みょう》な場所で電車が停車《ていしゃ》したことを〔　　〕思った。

(2) 彼《かれ》の演奏《えんそう》はあまりにも〔　　〕て、批評《ひひょう》のしようがなかった。

(3) なかなか返事が来なかったので、〔　　〕てしかたがなかった。

ア おびただしく　**イ** いかめしく　**ウ** つたなく
エ もどかしく　**オ** いまわしく　**カ** いぶかしく

9 次の〔　　〕にふさわしい言葉をあとの**ア**〜**ク**の中から一つ選び、それぞれ記号で答えなさい。
〈昭和女子大学附属昭和中学校〉〈3点×6〉

(1) ぼーっとしていたので〔　　　〕な答えを言ってしまった。

(2) 我先《われさき》にと〔　　　〕の大騒《おおさわ》ぎで逃《に》げまどう。

(3) 忘《わす》れ物をしたのに〔　　　〕としている。

(4) 気の合う友人と〔　　　〕に話し合う。

(5) 負けてしまったので〔　　　〕で退散《たいさん》する。

(6) 手紙を出したが〔　　　〕言ってこない。

ア あっけらかん　**イ** けんもほろろ
ウ うんともすんとも　**エ** てんやわんや
オ とんとんびょうし　**カ** ほうほうのてい
キ ざっくばらん　**ク** とんちんかん

---

10 次の短文の〔　　〕に当てはまる語として最《もっと》も適当《てきとう》な語をそれぞれ後から選び記号で答えなさい。ただし、選んだ語は一回しか使えません。
〈自修館中等教育学校〉〈2点×5〉

(1) 君の言うことも〔　　　〕まちがいとは言えないね。

(2) 彼女《かのじょ》の言動はとても〔　　　〕、好感《こうかん》が持てる。

(3) カゼを引く前に〔　　　〕マスクをしておこう。

(4) 仕事を言いつけられ彼《かれ》は〔　　　〕いやな顔をした。

(5) 刑事《けいじ》は起こった事件《じけん》のことを〔　　　〕調べていた。

ア あらかじめ　**イ** おくゆかしく
ウ あからさまに　**エ** つぶさに
オ あながち

復《ふく》習《しゅう》テスト②

10分

/100

答え18ページ

学習日　月　日

1 次の文で、主語にあたる文節《ぶんせつ》をぬき出して答えなさい。〈3点×3〉

(1) 昨日《きのう》見たドラマが一番面白《おもしろ》い。［　　　］

(2) 北極星《ほっきょくせい》がとてもまぶしく見えた。［　　　］

(3) 遠くに聞こえる音は学校のチャイムです。［　　　］

2 次の文で、述語《じゅつご》にあたる文節をぬき出して答えなさい。〈3点×3〉

(1) わたしは本屋で問題集を買った。［　　　］

(2) 庭の花だんに母の植えた球根がある。［　　　］

(3) 妹が突然《とつぜん》大きな声でさけんだ。［　　　］

3 例《れい》にならって次の――線の語が修飾《しゅうしょく》している語（被修飾《ひしゅうしょく》語《ご》）を答えなさい。〈3点×3〉

〈例〉駅で親友とばったり会った。［会った］

(1) プールでクラスのみんなと泳いだ。［　　　］

(2) どんよりした青黒い雲が空一面に広がっている。［　　　］

(3) すずしい秋の風がまどのカーテンをゆらす。［　　　］

4 例にならって次の――線の語を修飾している語を答えなさい。〈4点×3〉

〈例〉となりの部屋《へや》からラジオの音が聞こえる。［部屋から］

(1) 両親もぼくもまったく知らなかった。［　　　］

(2) 修学旅行《しゅうがくりょこう》で古いお寺を見学した。［　　　］

(3) 真っ赤な紅葉《こうよう》が遠くに見える。［　　　］

5

次の□の中の形容詞《けいようし》・形容動詞を適当《てきとう》な形に変《か》えて答えなさい。〈5点×4〉

(1) 昨日のうちにやっておけば［よい］た。〔　　〕

(2) もし［寒い］ばストーブをつけてください。〔　　〕

(3) 友達《ともだち》にはげまされて［元気だ］なった。〔　　〕

(4) 通学路が［安全だ］ば心配はいらない。〔　　〕

6

次の文の——線の言葉に注意して、〔　〕にあてはまる副詞《ふくし》を、あとから選《えら》んで書きなさい。〈3点×3〉

(1) 〔　　〕負けることはあるまい。

(2) 〔　　〕面白くない。

(3) 〔　　〕わたしにはできない。

少しも　とうてい　よもや

7

次の文の——線部は、**ア**尊敬語《そんけいご》・**イ**謙譲語《けんじょうご》・**ウ**丁寧語《ていねいご》のどれかを、記号で答えなさい。〈4点×4〉

(1) 先生は早めにお帰りになった。

(2) 宝物殿《ほうもつでん》を拝見《はいけん》することはできますか。

(3) もう昼食はめし上がりましたか。

(4) 早くご飯《はん》を食べてしまいなさい。

□　□　□　□

8

次の言葉について、その言葉の指定された類義語《るいぎご》・対義《たいぎ》語《ご》を漢字二字で書きなさい。〈4点×4〉

(1) 時間（対義語）→〔　　〕

(2) 音信《おんしん》（類義語）→〔　　〕

(3) 成功《せいこう》（対義語）→〔　　〕

(4) 賛成《さんせい》（類義語）→〔　　〕

過《か》去《こ》問題にチャレンジ①

20分

/100

答え18ページ

学習日　月　日

1 次にはそれぞれほかと性質《せいしつ》の異《こと》なる言葉があります。それを見つけ出して、記号で答えなさい。〈鎌倉女学院中学校〉〈3点×3〉

(1)
ア 耳をすます
イ 耳をそばだてる
ウ 聞き耳をたてる
エ 耳をそろえる

(2)
ア 河童《かっぱ》の川流れ
イ 鬼《おに》の目にも涙《なみだ》
ウ 弘法《こうぼう》も筆《ふで》の誤《あやま》り
エ 猿《さる》も木から落ちる

(3)
ア 雨がざあざあと降《ふ》る
イ 紙がひらひらと落ちる
ウ 火がぱちぱちと燃《も》える
エ 歯がかちかちと鳴る

(1) □
(2) □
(3) □

---

2 次の話からできた言葉を、後の**ア**～**カ**の中からそれぞれ選《えら》び、記号で答えなさい。〈和洋九段女子中学校〉〈3点×4〉

(1) 実在《じつざい》しないものを付《つ》け足してしまったために、ごほうびを手に入れられなかった。 □

(2) 戦《たたか》いの際《さい》に、どちらも敵《てき》からにげたのに、にげた距離《きょり》によって自分の方がすばらしいと評価《ひょうか》した。 □

(3) 何でもこわせるという武器《ぶき》と、どうやってもこわれないという武器を売っていた商人が、その武器同士《どうし》で戦わせたらどうなるのか、という質問《しつもん》の返答に困《こま》ってしまった。 □

(4) ある王が敵に囲《かこ》まれ窮地《きゅうち》に追《お》い込《こ》まれる。そのとき聞こえてきた歌によって、味方に裏切《うらぎ》られたと思い、なげき悲《かな》しんだ。 □

ア 四面楚歌《そか》	**イ** 完璧《かんぺき》	**ウ** 蛇足《だそく》
エ 五十歩百歩	**オ** 矛盾《むじゅん》	**カ** 温故知新《おんこちしん》

3

次の――線部の言葉はどの言葉を修飾《しゅうしょく》していますか。**ア**～**カ**から一つ選び、それぞれ記号で答えなさい。

〈栄東中学校〉〈4点×2〉

(1) 日ごとに　ア春の　イ気配が　ウ強く　エ感じられる　オ陽気が　カ続《つづ》いている。

(2) もし　ア第一志望《だいいちしぼう》の　イ学校に　ウ無事《ぶじ》　エ合格《ごうかく》できたら　オどんなに　カうれしいだろう。

(1) □　(2) □

4

「豆腐《とうふ》にかすがい」とほぼ同じ意味になるように、次の語の〔　〕に適切《てきせつ》なひらがな三字を答えなさい。

〈国府台女子学院中学部〉〈3点〉

豆腐にかすがい ―― 〔　　　〕に腕押《うでお》し

5

次の外来語を漢字の熟語で表現《ひょうげん》するとどうなりますか。後の**ア**～**オ**から最《もっと》も適当なものを選び、記号で答えなさい。

〈灘中学校〉〈3点×5〉

(1) プログラム　(2) プロジェクト　(3) プロセス
(4) プロフィール　(5) プロポーズ

ア 過程《かてい》　**イ** 企画《きかく》　**ウ** 求婚《きゅうこん》
エ 人物紹介《じんぶつしょうかい》　**オ** 番組表

(1) □　(2) □　(3) □　(4) □　(5) □

6

――線の言葉は、次の**ア**～**エ**のどこにかかっていますか。最も適当なものを次から選び、記号で答えなさい。

〈森村学園中等部・改〉〈5点〉

我々《われわれ》は　漠然《ばくぜん》と　深遠なことを　ア考えているように　イ勘違《かんちが》いしているが、　実はほとんど何も　ウ考えていないことのほうが　エ多いのである。

（永田和宏《ながたかずひろ》『知の体力』より）

□

7 文中の[A]〜[C]にあてはまる言葉として最《もっと》も適切《てきせつ》なものを、あとの**ア**〜**オ**から選《えら》び、記号で答えなさい。ただし、同じ記号は二度使えません。〈明治大学付属明治中学校・改〉〈3点×3〉

僕《ぼく》は長く教師《きょうし》をしていました。だから、教壇《きょうだん》から僕が話している言葉が「ノイズ」認定《にんてい》されて、[A]と耳が閉《と》じて、誰《だれ》も僕の話を聴《き》かなくなる瞬間《しゅんかん》がどういうものかは身を以《もっ》て味わい（尽《つ》くし）ました。

（中略《ちゅうりゃく》）

一番前に座《すわ》っていた学生は、なんとか眼《め》を見開いて授業《じゅぎょう》を聴こうと必死《ひっし》の努力《どりょく》をしているのですが、どうしても眼を開き続《つづ》けていられない。ときどき「[B]」と我《われ》に返って、ノートを取り続けようとペンを持ち直すのですが、雪崩《なだれ》のように押《お》し寄《よ》せる睡魔《すいま》に抗《こう》し切れず、再《ふたた》び「[C]」と突《つ》っ伏《ぷ》してしまう。ペンはそのまま白いノートに斜《なな》めの線を書いて止まる……。

（内田樹《うちだたつる》『転換期《てんかんき》を生きるきみたちへ』より）

ア ぞっ　**イ** はっ　**ウ** ぴたり
エ くっきり　**オ** がっくり

A [　] B [　] C [　]

8 次の各文《かくぶん》で、——線部の言葉の使い方が**間違《まちが》っているものを二つ**選び、記号で答えなさい。〈栄東中学校〉〈4点×2〉

ア 先生が失敗《しっぱい》するとはまさに弘法《こうぼう》も筆《ふで》の誤《あやま》りだ。
イ 彼《かれ》のスピーチは木に竹を接《つ》ぐようになめらかだ。
ウ 急がば回れで安全確実《あんぜんかくじつ》な方法《ほうほう》を選んだ。
エ 自分の意見を持たず他人の意見に付和雷同《ふわらいどう》する。
オ 異口同音《いくどうおん》に意見が出て結論《けつろん》がまとまらない。
カ 単刀直入《たんとうちょくにゅう》に彼の本音を聞く。

[　] [　]

9 次の言葉の類義語《るいぎご》を[　]内の**ア**〜**エ**から一つ選び、記号で答えなさい。〈国府台女子学院中学部〉〈5点〉

意見

ア 見当　**イ** 見解《けんかい》　**ウ** 意志《いし》　**エ** 意味

[　]

10 次の□に当てはまる言葉をあとの語群《ごぐん》から選び、それぞれ記号で答えなさい。ただし、記号は一度ずつしか使いません。〈栄東中学校〉〈3点×6〉

(1) メンバーの□を把握《はあく》するのも班長《はんちょう》の役目だ。

(2) 最後《さいご》の最後まで□を許《ゆる》さない状況《じょうきょう》が続く。

(3) 小学生のうちに平泳ぎのコツを□した。

(4) 練習時間の増加《ぞうか》に□して戦績《せんせき》も上がってきた。

(5) 帰国子女である母の英語力《えいごりょく》には□がある。

(6) くれぐれもそのことは□にしていただきたい。

ア 呼応《こおう》	**イ** 定評《ていひょう》	**ウ** 体得《たいとく》
エ 動静《どうせい》	**オ** 内密《ないみつ》	**カ** 予断《よだん》

(1) □　(2) □　(3) □　(4) □　(5) □　(6) □

---

11 次の文の――線部「生きることはできない」の主語を文章中から探《さが》し、抜《ぬ》き出して答えなさい。〈東京都市大学等々力中学校・改〉〈8点〉

共同体《きょうどうたい》の中心にいることを当然《とうぜん》と思ってきた人は、「あなたは共同体に所属《しょぞく》し、その一部であるけれども中心にいるわけではない」といわれたら*困惑《こんわく》する。中心にいないからといって背景《はいけい》に押《お》しやられるわけではないのに、もはや自分の居場所《いばしょ》がないように思う。

生まれてからしばらくは親の*不断《ふだん》の援助《えんじょ》がなければ生きることはできないが、やがて自分でできることが増《ふ》えていく。それなのに子どもはいつまでも自分では何もできないと思いたがり、親の方もそう思う。そのため、子どもはいつまでも自立しない。

（岸見一郎《きしみいちろう》『幸福《こうふく》の哲学《てつがく》　アドラー×古代ギリシアの智恵《ちえ》』より）

(注) ○困惑する＝どうしたらよいかわからずに困《こま》ること。
○不断の＝とぎれることなく続くこと。

〔　　　　〕

物語の読解《どっかい》

7 場面

★標準レベル

15分

/100

答え19ページ

ねらい 「いつ」・「どこで」・「だれが」・「何を」している場面なのかに着目しながら、物語を読むことができる。

学習日　月　日

1 次の文章を読んで、あとの問いに答えなさい。

「うわー、クソ。なんだよ。今、*イレギュラーしたよ！」

　地面がへこんでいたみたいで、取れるはずだったボールが変《へん》な方向にはねた。取り損《そこ》なって、①和馬《かずま》はグラウンドにはいつくばった。土のにおいが立ち上る。ユニフォームの胸《むね》からおなかのあたりまで、幅広《はばひろ》く茶色によごれた。

「おおお？　和馬。ケガしたのかよ」

　近寄《ちかよ》ってきたのは、セカンドを守っているタッツだ。
□立ち上がった。
「いや、だいじょうぶ。なんか足を取られてさ」

　自分のエラーのせいで、ランナーが出てしまったので、

「わりぃ」

と、②和馬はチームメイトたちに手を挙《あ》げて謝《あやま》った。

　和馬が所属《しょぞく》しているのは、七星《ななほし》少年野球チームだ。今度の市大会で優勝《ゆうしょう》を目指している。去年は一回戦《いっかいせん》で負けてしまっ

(1) この文章は、登場人物がどこで、何をしている場面ですか。それを説明《せつめい》した次の文にあてはまる言葉を、文章中から[a]は九字、[b]は四字でぬき出しなさい。〈20点×2〉

・[a]で、[b]をしている場面。

a □□□□□□□□□

b □□□□

(2) ①和馬《かずま》とありますが、和馬がどのような人物であるのかを説明した次の文の[ ]にあてはまる言葉を文章中から五字でぬき出しなさい。〈20点〉

・七星《ななほし》少年野球チームの[ ]をつとめる人物。

□□□□□

たから、今年は絶対《ぜったい》*リベンジしよう、というのがメンバーの合言葉だ。

それで現在《げんざい》、練習試合《じあい》の真《ま》っ最中《さいちゅう》なのだった。チームがいつも使っている広町《ひろまち》公園グラウンドに、となりの市の竜田川《たつたがわ》ファイターズが来てくれた。

和馬は六年生でキャプテン。ポジションはショートだ。反《はん》射神経《しゃしんけい》がいいよな、と監督《かんとく》はほめてくれる。おまえが守りの要《かなめ》だからいつも集中しろよ、と。

なのに……油断《ゆだん》してしまったようだ。集中していたつもりだったのに、相手のバッターが打ったへいぼんな内野ゴロに、飛《と》びつくのが一歩おくれてしまったのだった。

（中略《ちゅうりゃく》）

その後も、守りのミスが続《つづ》いた。一方で、なかなか打てない。結局《けっきょく》0―6で負けてしまった。

（吉野万理子《よしのまりこ》『雨女とホームラン』）

（注）○イレギュラー＝予測《よそく》していない方向に球がはねること。
○リベンジ＝ここでは、前回できなかった優勝を目指す、という意味。

(3) □にあてはまる言葉を次から選《えら》び、記号で答えなさい。〈10点〉

ア ゆっくりと　イ へらへらと
ウ おこって　エ あわてて

【　　】

(4) ②和馬はチームメイトたちに手を挙《あ》げて謝《あやま》ったとありますが、その理由の説明としてあてはまるものを次から選び、記号で答えなさい。〈10点〉

ア 心配しているチームメイトに、ケガをしていないことを伝《つた》えたかったから。
イ エラーをしてしまったことがはずかしく、ごまかしたかったから。
ウ 自分のせいでランナーを出してしまったので、もうしわけなく思ったから。
エ 自分は悪くないが、あとでチームメイトにせめられないようにしたかったから。

【　　】

(5) この文章は、どのような出来事がおこった場面をえがいたものですか。それを説明した次の文の□にあてはまる言葉を、文章中から七字でぬき出しなさい。〈20点〉

・和馬の調子が悪く、チームが□場面。

1 次の文章を読んで、あとの問いに答えなさい。

少し前に中学生になったばかりの「私《わたし》」（妙子《たえこ》）は、たまたま通っていた小学校の前を通りかかった。

あの頃《ころ》はよかったなあ、と大昔のことのように感じて、［　　］足取り重く歩いたり、はたまた悔《くや》しまぎれに足早に歩いたりしてたら、①向こうから六組の*及川《おいかわ》が自転車に乗ってくるのを見つけた。

及川とは小学三年から六年までずっと同じクラスで、地区も同じということで、けっこう親しく、というか、遊んでいた。と言っても小学生のことである。

（中略《ちゅうりゃく》）

中学に入ってからは、姿《すがた》を見かけることはあっても、声をかけたこともかけられたこともない。そんな及川である。私はなぜか一瞬《いっしゅん》マズイと思い、身を隠《かく》したかったけどそんな場所も余裕《よゆう》もなかった。及川も私の姿を認《みと》めたようだ。こういう場合どうしたらいいのか。去年までだったら、「バーカ」のひと言で済《す》んだのに。中学生というのは本当に面倒《めんどう》くさい。

あきらかに真横をすれ違《ちが》うというのに、とっさにうつむく私。このまま無視《むし》し合うのが一番いいだろうと考えた。だっ

(1) ［　　］にあてはまる言葉を次から選《えら》び、記号で答えなさい。〈10点〉

ア きびきびと　イ さっさと
ウ どんよりと　エ ゆったりと
〔　　〕

(2) ①向こうから六組の及川《おいかわ》が自転車に乗ってくるのを見つけたとありますが、このとき「私《わたし》」はどんな気持ちかを、次の言葉につなげて説明《せつめい》しなさい。〈20点〉

・及川とすれ違《ちが》うことを

〔　　〕

(3) ②及川のほうも急に口笛なんかを吹《ふ》いてるとありますが、その理由として考えられることの説明としてあてはまるものを次から選び、記号で答えなさい。〈20点〉

ア 口笛がうまく吹けることを「私」にじまんするため。
イ 「私」を意識《いしき》し、さりげなくふるまおうとしているため。
ウ 向こうからくる「私」には気づいていないため。
エ 「私」から声をかけてほしいと考えているため。
〔　　〕

てほら、②及川のほうも急に口笛なんかを吹《ふ》いてる。

うん、やっぱりここはお互《たが》い知らん顔がいい。そのまま口笛を吹き続《つづ》けてくれ、と思い、すれ違いざま少しだけ顔を上げたら、「よっ」と及川が片手《かたて》を上げた。そしてそのまま通り過《す》ぎていった。

思わず振《ふ》り向《む》いて及川を見た。及川はこちらを振り返ることなく、ジグザグ運転をしていた。及川の口笛の音がやけにはっきり聞こえた。耳をすませて聞いてみると、それはアメリカの国歌だった。いわゆる星条旗《せいじょうき》というやつか。

私は、ありがとう、と小さくつぶやいて、そのあとに「ごめんね」と今度は少しだけ大きな声で言った。声をかけてくれたことは正直うれしかったけど、③自分の根性《こんじょう》なしに嫌気《いやけ》がさした。


（椰月美智子《やづきみちこ》『体育座《たいいくずわ》りで、空を見上げて』）

（注）○及川＝小学校のころの同級生の男子。

---

(4) ③自分の根性《こんじょう》なしに嫌気《いやけ》がさしたとありますが、このときの「私」の心情《しんじょう》を説明した次の文の□にあてはまる内《ない》容《よう》を書きなさい。〈20点〉

・及川に□ことをなさけなく思っている。

[　　　　]

(5) この文章は、どのような場面をえがいたものですか。それを説明した次の文にあてはまる内容を、[a]は文章中から十八字でさがして最初《さいしょ》の五字をぬき出し、[b]は三字でぬき出しなさい。〈15点×2〉

・「私」が以前《いぜん》は親しかったが、現在《げんざい》は姿《すがた》を見ることはあっても[a]という関係《かんけい》になった及川と出会い、[b]という多感な時期の男女の関《かか》わり方《かた》のむずかしさになやむ場面。

a
b

★★★ 最高レベル

30分

/100

答え20ページ

学習日　月　日

I 次の文章を読んで、あとの問いに答えなさい。

〈茗溪学園中学校・改〉

次の場面は、パリで行われている若手《わかて》ピアニストのオーディション会場の一場面で、三枝子《みえこ》はシモン、スミノフとともに三人の審査員《しんさいん》の一人です。

書類《しょるい》があと五枚《ごまい》になった。

残《のこ》り五人。

三枝子は、これまでの候補者《こうほしゃ》から誰《だれ》を合格《ごうかく》にするか考え始めていた。これまで耳にしたレベルだと、合格させてもいいとはっきり言えるのは一人だけだった。もう一人、他の二人も推薦《すいせん》するようであれば合格になるかもしれない。しかし、それ以外《いがい》は合格レベルに達《たっ》していない。

こんな時、いつも迷《まよ》うのは順番《じゅんばん》の問題だ。最初《さいしょ》のほうで「いけるかも」と思った候補者たちは本当によかったのだろうか？　今からもう一度同じ演奏《えんそう》を聴《き》いたら、そうは思わないのではないか？　順番が影響《えいきょう》するのはオーディションやコンクールの宿命で、順番も実力のうち、と割《わ》り切ることにしているが、やはり気になる。

これまで、日本人は二人いた。どちらもここパリの高等音楽院に留学《りゅうがく》している二人で、技術《ぎじゅつ》は申し分なかった。そのうちの一人が、他の二人も推薦するのであれば合格にしてもいいと思っている子で、もう一人は残念《ざんねん》ながら①引《ひ》っ掛《か》かるところがなかった。

これだけ技術が*拮抗《きっこう》していると、あとは何かが「引っ掛かる」というところでしか比《くら》べることはできない。突出《とっしゅつ》した才能《さいのう》、明らかな個性《こせい》がある子はともかく、合格ラインを隔《へだ》てるのは、ほんのわずかな差《さ》での争《あらそ》いになるからだ。「気になる」子、「ざわざわする」子、「目が吸《す》い寄《よ》せられる」子。迷った時、最後はそういう言語化できないもやもやした感覚《かんかく》に頼《たよ》っているのが実情《じつじょう》だ。コンクールの場合、三枝子は自分が素直《すなお》に「もっと聴いてみたい」と思うかどうかを基準《きじゅん》にしている。

次の書類をめくった時、その名前が目に入った。

②ジン　カザマ

三枝子は、審査前には候補者の情報《じょうほう》をなるべく入れないようにしている。本人と演奏の印象《いんしょう》のみから判断《はんだん》したい、と考えているからである。

しかし、つい、その書類にはしげしげと見入ってしまった。

書類がフランス語で書かれているのでどんな漢字を当てるのか分からないが、日本人らしい。写真には、品のいい、しかし同時に野性味《やせいみ》を感じさせる少年の顔があった。

（中略《ちゅうりゃく》）
＊そこにはこう書かれていた。

ユウジ・フォン＝ホフマンに五歳《ごさい》より＊師事《しじ》

心臓《しんぞう》が、どくん、どくん、と全身に血を送りだすのが分かるようだった。

何をこんなに動揺《どうよう》しているのか自分でも理解《りかい》できず、そのことが更《さら》に三枝子を動揺させていた。

それはあまりにも重要《じゅうよう》な一文であったが、これだけで書類選考《せんこう》に残すことができなかったのはよく分かる。演奏活動歴《かつどうれき》もなく、音楽学校にいたわけでもない。まさに、海のものとも山のものともつかぬ存在《そんざい》なのだ。

三枝子は隣《となり》の二人にこのことについて話しかけたくなるのを必死《ひっし》に我慢《がまん》した。三枝子は候補者の事前情報を完全《かんぜん》にシャットアウトしているが、シモンは「ざっと見る」タイプだし、スミノフは「きちんと把握《はあく》しておく」タイプなので、二人ともこの情報に気付《きづ》いていないはずはない。しかも、驚《おどろ》くべきことに、「推薦状《すいせんじょう》あり」のマークがある。


あのユウジ・フォン＝ホフマンの推薦状！　このことに、二人がぶっ飛《と》んでいないはずがない。

そういえば、ゆうべ三人で食事をした時、シモンが何か言いたげにもぞもぞしていたっけ。三人は、オーディションの前は一切《いっさい》候補者について話題にしないことを自分たちに課《か》していたのである。

今更《いまさら》ながらに彼《かれ》のモノ言いたげな表情《ひょうじょう》がはっきりと脳裡《のうり》に蘇《よみがえ》る。

あの時、彼は、今年二月にひっそり亡《な》くなったユウジ・フォン＝ホフマンについて話していた。その名は伝説的《でんせつてき》であり、世界中の音楽家や音楽愛好者《あいこうしゃ》たちに尊敬《そんけい》されていたが、本人は＊密葬《みっそう》を望《のぞ》み、とっくに近親者だけで葬儀《そうぎ》を済《す》ませていたのだ。

しかし、それでは収《おさ》まらず、結局《けっきょく》、ふた月後の月命日に、音楽家たちのあいだで、盛大《せいだい》にお別《わか》れの会が行われた。三枝子はリサイタルがあって参加《さんか》できなかったが、その模様《もよう》を撮《と》ったＤＶＤを分けてもらっていた。

ホフマンは、遺言《ゆいごん》を残していなかった。何事にも執着《しゅうちゃく》しない彼らしかったが、そのお別れの会で、亡くなる前にホフマンが知り合いに残した言葉が話題になっていたという。
③僕《ぼく》は爆弾《ばくだん》をセットしておいたよ。
「爆弾？」

三枝子《みえこ》は聞き返した。謎《なぞ》めいていて伝説的《でんせつてき》で、巨大《きょだい》な存在《そんざい》ではあったが、実際《じっさい》のホフマンは茶目っ気もあり、飾《かざ》り気《け》のない人物だったのはよく知っている。それでも言葉の意味がよく分からなかったのだ。

僕《ぼく》がいなくなったら、ちゃんと爆発《ばくはつ》するはずさ。世にも美しい爆弾《ばくだん》がね。

三枝子と同じく、ホフマンの近親者も聞き返したらしいが、ホフマンはそう言ってニコニコ笑《わら》うだけだったという。

三枝子は白っぽい書類《しょるい》を見ながらじりじりしていた。

（恩田陸《おんだりく》『蜜蜂《みつばち》と遠雷《えんらい》』）

（注）○拮抗《きっこう》＝力に差《さ》がなく互《たが》いに張《は》り合《あ》うこと。
○そこ＝「ジン　カザマ」の履歴書《りれきしょ》の「師事《しじ》した人」の項目《こうもく》。
○師事＝師としてつかえ、教えを受けること。
○密葬《みっそう》＝家族などだけで内々で行う葬式。

(1) ——線部①「引《ひ》っ掛《か》かるところがなかった」とはどういうことですか。最《もっと》も適切《てきせつ》なものを、次の**ア**～**オ**の中から一つ選《えら》び、記号で答えなさい。〈15点〉

ア 技術的《ぎじゅつてき》に未熟《みじゅく》で合格《ごうかく》レベルに達《たっ》していなかった。
イ 演奏《えんそう》にメリハリがなく単調《たんちょう》だった。
ウ 才能《さいのう》と個性《こせい》が突出《とっしゅつ》していて抜群《ばつぐん》だった。
エ もっと聴《き》いてみたいと思えなかった。
オ 他に推薦《すいせん》してくれる人がいなかった。

［　　］

(2) ——線部②「ジン　カザマ」の表記の説明《せつめい》として、最も適切なものを、次の**ア**～**オ**の中から一つ選び、記号で答えなさい。〈15点〉

ア 特別《とくべつ》な人物であることを読者に強調するため、カタカナで表記している。
イ 正体不明《ふめい》のあやしい人物であることを暗示《あんじ》するため、カタカナで表記している。
ウ 発音しかわからない三枝子《みえこ》の印象《いんしょう》を表現《ひょうげん》するため、カタカナで表記している。
エ 姓《せい》を後に、名を先に書くことで、フランス在住《ざいじゅう》であることを表現している。
オ 姓を後に、名を先に書くことで、「ジン」という響《ひび》きの強さを強調している。

［　　］

(3) ——線部③「僕《ぼく》は爆弾《ばくだん》をセットしておいたよ。」とありますが、

1 これは何を予告《よこく》しているのでしょうか。この場面から推測《すいそく》できる出来事を答えなさい。〈20点〉

[　　　　　　　　　　　　　　]

2 なぜ爆弾にたとえたのですか、その理由を説明しなさい。〈25点〉

[　　　　　　　　　　　　　　]

(4) この場面の描《えが》かれ方の説明として、最も適切なものを、次の**ア**～**オ**の中から一つ選び、記号で答えなさい。〈25点〉

ア「目が吸《す》い寄《よ》せられる」など擬人法《ぎじんほう》を多用して臨場感《りんじょうかん》を生み出している。

イ 三枝子の視点《してん》から描かれ、すべての出来事は三枝子の基準《きじゅん》で評価《ひょうか》されている。

ウ たんたんと描かれる事実と、感情的《かんじょうてき》な三枝子の心情《しんじょう》が、対照的《たいしょうてき》に描かれている。

エ 回想シーンがミステリーのなぞ解《と》きの楽しさを印象づけ、読者を引きつける効果《こうか》を発揮《はっき》している。

オ すべて三枝子の心の中の言葉で描かれ、三枝子の主観《しゅかん》的《てき》な内面世界が描かれている。

[　　]

2 章 物語の読解《どっかい》

8 場面の変化《へんか》

★ 標準レベル

15分

/100

答え 22ページ

ねらい 「時間」・「場所」・「登場人物」の変化に着目しながら読み、場面の変化をつかむことができる。

学習日　月　日

1 次の文章を読んで、あとの問いに答えなさい。

夕立《ゆうだち》は十分ほどで過《す》ぎ、雷《かみなり》も遠くに去っていった。ほっと息をつく。結局《けっきょく》、六時間目は授業《じゅぎょう》にならず、そのまま終わってしまった。

「おまえ、恥《は》ずかしくないのかよ」

帰りのホームルームが終わったあと、勇平《ゆうへい》が恵介《けいすけ》に声をかけた。

「雷ぐらいで、がたがた震《ふる》えちゃって。かっこう悪いぞ」

「かっこう悪い？　①そうかなあ？」

恵介が首をひねる。

「かっこう悪いさ。男のくせに、すげえかっこう悪い。なっ」

勇平が同意を求《もと》めるように、一《はじめ》に顔を向けた。

「あ……うん、そうだな、かっこう悪いな」

「そうかなあ。おれ、雷が大の大の苦手なんだ。まじで怖《こわ》いもの。怖いから、どうしても震えちゃうんだ、それってしょ

(1) ①そうかなあ？とありますが、恵介《けいすけ》がそう言った理由を説明《せつめい》した次の文の□にあてはまる言葉を文章中から六字でぬき出しなさい。〈10点〉

・怖《こわ》いから震《ふる》えてしまうことを□と考えているから。

(2) ②もう、やめろよとありますが、このとき一《はじめ》がそう言った理由がわかる一文を文章中からさがし、最初《さいしょ》の五字をぬき出しなさい。（句読点《くとうてん》も一字と数えます。）〈20点〉

(3) ③考えていたとありますが、このとき一が考えていたことの説明としてあてはまるものを次から選《えら》び、記号で答えなさい。〈10点〉

ア 恵介のように友達《ともだち》に悪く言われても言い返せるような、強い人間になろう。

うがないだろ」

「ばか。そういうのを弱虫って言うんだ。弱虫」

勇平が恵介を押《お》す。痩《や》せた恵介は、よたよたと倒《たお》れそうになる。

（中略《ちゅうりゃく》）

「②もう、やめろよ」

一は、くつをひっかけると、そのまま外に走り出た。弱虫、弱虫と自分のことをからかわれているような気がしたのだ。そのまま、家まで走って帰った。

怖いから震えちゃうんだ。それってしょうがないだろう。

恵介はさらりと言った。

そうだよな。しょうがないよな。怖いものは怖いもんな。

恵介のようにさらりと言えたら、みんなの前で堂々《どうどう》と震えることができたら、どんなにせいせいするだろう。

今、塾《じゅく》への道をゆっくりと歩きながら、③考えていた。

どんなに、せいせいするだろう。でも……やっぱり、言えない。

（あさのあつこ『夏を見上げて。』）

イ 恵介のように何を言われても気にしないような、図太いせいかくが信《しん》じられない。

ウ 恵介のように自分の気持ちを素直《すなお》に口にしたいと思うが、自分には無理《む り》だ。

エ 恵介のようにいやなものはいやだとはっきり言って、みんなを見返したい。

〔　　〕

(4) この文章における「場面の変化《へんか》」をまとめた次の文にあてはまる言葉を文章中から a は九字、b は一字でぬき出し、c・d にあてはまる言葉を漢数字で答えなさい。〈a・b 20点×2、c・d 10点×2〉

〈場所の変化〉

・ a のあとの教室 → ・ b までの帰り道 → ・塾《じゅく》への道

〈登場人物の変化〉

c 人 …… → …… d 人

a ［　　　　　　　　　］

b ［　］

c 〔　　〕

d 〔　　〕

★★ 上級レベル

15分

／100

学習日　月　日

答え 22ページ

1 次の文章を読んで、あとの問いに答えなさい。

ある日、男子部員たちが練習に真面目《まじめ》に取り組まなかったことが原因《げんいん》で言い合いとなり、合唱部《がっしょうぶ》部長の辻《つじ》エリは教室を出ていってしまいました。

「①部長の荷物はここにあるから帰ったわけじゃないだろう。さがして土下座《どげざ》してきな」と柏木《かしわぎ》先生が話しているところに辻エリがあらわれる。彼女《かのじょ》は全身がずぶ濡《ぬ》れだった。銀縁《ぎんぶち》メガネのレンズにも水滴《すいてき》がついており、前髪《まえがみ》の毛先からも滴《しずく》がたれている。話を聞いてみると、雨の降《ふ》る中、頭を冷《ひ》やすため屋上に立っていたという。男子の何人かが謝《あやま》ろうとしたけれど、②彼女はそれを受《う》け付《つ》けなかった。

「私《わたし》はただ、*パト練の指導《しどう》ば、さぼっただけです。男子とおなじばい。それよりも先生、合わせの練習ば、やりましょうよ。帰りのバスの時間になるけん」

柏木先生は、彼女を体操服《たいそうふく》に着替《が》えさせた。その後、なにごともなかったように合唱をして一日の練習が終わったけれど、③辻エリは風邪《かぜ》をひいたらしく、翌日《よくじつ》は学校を休むことになった。

（中略《ちゅうりゃく》）

---

(1) ①部長とありますが、部長であるエリが合唱部《がっしょうぶ》にとってどのようなそんざいであったのかがわかる言葉を文章中から十字でさがし、最初《さいしょ》の五字をぬき出しなさい。〈10点〉

□□□□□

(2) ②彼女《かのじょ》はそれを受《う》け付《つ》けなかったとありますが、なぜですか。「男子」という言葉を使って書きなさい。〈20点〉

［　　　　　　　　］

(3) ③辻《つじ》エリは風邪《かぜ》をひいたらしくとありますが、なぜですか。「〜から。」に続《つづ》く形で文章中から二十一字でさがし、最初と最後の四字をぬき出しなさい。〈完答10点〉

□□□□ 〜 □□□□ から。

放課後《ほうかご》、第二音楽室でおこなわれた合唱の練習はひどい出来だった。*惨憺《さんたん》たる有様《ありさま》とは、まさにこのことだろう。辻エリは合唱部の規律《きりつ》そのものだったのだと、いなくなってはじめて全員がしる。若気《わかげ》のいたりで無軌道《むきどう》におしゃべり街道《かいどう》を突《つ》っ走る男子と女子、業《ごう》を煮《に》やして自分たちだけで練習をすすめる一部の者たち。一応《いちおう》、これではいけないとおもったのか、仲村《なかむら》ナズナが柏木先生をせっついて一通りの練習をさせるが、最終的《さいしゅうてき》に全員で歌った課題曲『手紙』は、『呪《のろ》いの手紙』と呼《よ》んだほうがいいくらいの*不協和音《ふきょうわおん》だった。

「明日《あした》はきっと、部長も来るだろうし、ちゃんとやろうな」

柏木先生も、これはさすがにやばいとおもったらしく、そのように全員をはげました。


しかし次の日も辻エリはこなかった。隣《となり》の教室をのぞいて、彼女の席《せき》が無人《むじん》であるのを確認《かくにん》し、僕《ぼく》はひそかにため息をつく。小学校時代、ずっとクラスメイトだったけれど、こんなにも彼女の登校を待ちわびたのは、はじめてのことだ。

（中田永一《なかたえいいち》『くちびるに歌を』）

（注）○パト練＝パート別練習《べつれんしゅう》のこと。
○惨憺たる＝とてもひどい様子。
○不協和音＝調和の取れていない音のこと。

---

(4) この文章の「場面の変化《へんか》」を次のようにまとめました。[a]・[c]にあてはまる「いつ」を表す言葉を文章中からそれぞれ三字でぬき出し、[b]・[d]にあてはまる内容《ないよう》をそれぞれ十五字以内《いない》で書きなさい。〈15点×4〉

・第一場面…教室を出ていったエリがもどってくる場面
　↓エリは謝罪《しゃざい》を受け付けず、なにごともなかったように練習が再開《さいかい》された。

←
・第二場面…翌日《よくじつ》の[a]、エリがいない中での練習の場面
　↓練習は[b]となった。

←
・第三場面…さらに[c]、「僕《ぼく》」が隣《となり》の教室をのぞく場面
　↓「僕」は[d]と思った。

a
b
c
d

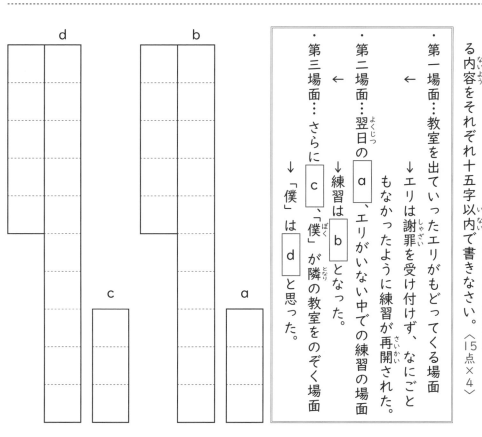

30分

学習日　月　日

／100

答え23ページ

1 次の文章を読んで、あとの問いに答えなさい。

〈立教池袋中学校・改〉

（高校三年生の戸田澪二《とだれいじ》は、島で暮《く》らしており、博物館《はくぶつかん》を運営《うんえい》している祖父《そふ》のもとへやってきている。）

あるべき場所に収《おさ》まった①石たちは、②ひっそりと静《しず》かにその存在《そんざい》を光らせている。

「いつも疑問《ぎもん》に思ってたんだけど、どうしてここ、元旦《がんたん》から開館するの？　正月くらい休んでも罰《ばち》当たらないって」

澪二が中学に上がる前までは、祖父母の家で新年を迎《むか》えることも何度かあった。でも祖父は元旦から博物館を開けていたので、一緒《いっしょ》に島の八幡神社に初詣《はつもう》でに出かけたことがない。それをいつも不思議《ふしぎ》に思っていたのだ。

「元旦は午前十時の船に乗って③真鍋《まなべ》の家族が来ると決まってるからな。それは④この博物館が開館した年からずっと続《つづ》いている、新年の行事なんだ」

今年の元旦も真鍋の息子《むすこ》が東京からやってくる。今回は初《はじ》めて妻《つま》や子供《こども》たちも連《つ》れてくると言ってきた。だからどうしてもリニューアルを間に合わせたかったのだと祖父が頷《うなず》く。

「へえ、東京に住んでるんだ。ならじいちゃんの親友の真鍋さんも、いまは東京で暮らしてるってことか」

⑤若《わか》い頃《ころ》の祖父を助けてくれた人。瀬戸内《せとうち》の島で漁師《りょうし》の息子として生まれた、生真面目《きまじめ》で優《やさ》しい理科教師。祖父と同様にいまは引退《いんたい》してのんびりと暮らしているのだろう。

だが澪二がそう訊《き》くと、祖父は動作を止めて、

「真鍋竜生《たつお》は来ない。あいつはいまから三十八年も前に亡《な》くなったからな」

とガラスケースの上に視線《しせん》を落とした。

「真鍋さん……死んだの」

「ああ、三十五の時にな。大型台風《おおがたたいふう》がこの辺《あた》りを襲《おそ》った年に突風《とっぷう》に煽《あお》られ、海に落ちたんだ。漁船《ぎょせん》を桟橋《さんばし》に固定《こてい》する作業を手伝《てつだ》っていた時だったそうだ」

（中略《ちゅうりゃく》）

天井《てんじょう》の蛍光灯《けいこうとう》が館内を白く照《て》らしている。祖父はこれまでどんな思いでこの博物館を続けてきたのだろう。もう会うことのない親友になにを語りかけていたのか。

（中略）

静寂《せいじゃく》しかないこの場所に祖父と二人きりでいれば、石たちの息遣《いきづか》いが聞こえてきそうな気がした。

「息子の名前は毅《つよし》と言ってな」

祖父が再《ふたた》び話し出すのを澪二は黙《だま》って見守っていた。どうしてか祖父とこんなふうに話をするのは、今日が最後《さいご》のような気がしていた。

「真鍋の葬式《そうしき》の日、毅は空っぽの棺《ひつぎ》の前でじっと正座《せいざ》をしていたよ。涙《なみだ》も流さずな。だが気がつくと姿《すがた》がなくて、わしは慌《あわ》てて外に探《さが》しに行ったんだ。そしたら毅は、桟橋《さんばし》の上に立っていた。桟橋の先端《せんたん》で、海を見ていた。『ここでなにしてる』と訊くと、『とっちゃんと話しとる』と返ってきた。あまりに早く逝《い》ったもんで、とっちゃんにありがとうを言えなかったから、とな」

おじさんもだ、おじさんもきみのお父さんにありがとうを言いそびれた、おじさんには十分な時間があったのに、それなのにたった一度もお礼を言えなかったんだ――。隣《となり》に立つ毅があまりにか細く頼《たよ》りなくて、こんな小さな子供を置《お》いてあいつは逝ったのかと思うと悲しくて、祖父はそんな言葉を口にしながら泣《な》き崩《くず》れてしまったと話す。それまでずっと耐《た》えていたのに八歳《はっさい》の子供の前で、涙が止まらなかった。

「おじさん、うらのとっちゃんは海におるよ」

海を前にむせび泣く祖父に、毅は手に持っていた石をひとつ、手渡《てわた》してくれた。

「こうしてとっちゃんと話すんじゃ」

言いながら、毅が自分の手にあった石を海に落とした。石はゆらゆらと揺《ゆ》れながらも真っすぐに海の底《そこ》へ沈《しず》んでいく。自分も同じように石を落とし、「真鍋、ありがとうな」と両手を合わせ、感謝《かんしゃ》の言葉を海に手向《たむ》けた。

それから祖父は毅と二人で海を眺《なが》めていたのだという。先の台風が幻《まぼろし》だったかのように天気のいい日で、波の間から金色の光が弾《はじ》けていた。風が吹《ふ》くと波の形が変《か》わり、光も揺れた。

「ここにある石のほとんどは、真鍋のものだ。あいつの＊細君が譲《ゆず》ってくれてな」

売ればひとつ何万もする高価《こうか》な鉱物《こうぶつ》もあったから、始めは固辞《こじ》していたのだ。だがどうしてもと乞《こ》われ、断《ことわ》れなかった。

「あいつの形見を譲り受けた時、わしは細君と両親、それから毅に『石の博物館を開く』と約束《やくそく》した。いつか必《かなら》ず博物館を開設《かいせつ》するから来てほしいと伝《つた》えた。博物館を真鍋竜生の詣《まい》り墓《ばか》だと思ってほしいとな」

約束を果《は》たせたのは真鍋が亡くなって十五年以上《いじょう》月日が経《た》ってからだったが、真鍋の家族は博物館ができてからは毎年、この隣島《りんとう》に足を運んでくれるようになった。成長《せいちょう》した毅の姿を見るとただただ嬉《うれ》しかった。この前の春に九十五歳でこの世を去った真鍋の親父《おやじ》さんは、亡くなるひと月前にもここへ来て、懐《なつ》かしそうに石を眺めていた……。

「じいちゃん？」

ガラスケースに体を向けたまま、祖父が突然《とつぜん》話を止めた。その背中《せなか》に悲しみなのか安堵《あんど》なのか、澪二《れいじ》にはわからない感《かん》情《じょう》が満《み》ちていく。

「悪いな澪二。退屈《たいくつ》な話を聞かせたな」

「⑥退屈なんかじゃないよ……全然《ぜんぜん》」

「声をかけてくれたこと、飯《めし》を奢《おご》ってくれたこと、旅に連《つ》れ出《だ》してくれたこと、実家に招《まね》いてもらったこと……最近《さいきん》よくあの頃《ころ》のことを思い出すんだ。自分にとって親友と呼《よ》べる男は、生涯《しょうがい》あいつだけだったからな」

夢《ゆめ》に出てくるのだと祖父《そふ》は言った。真鍋《まなべ》がこのところしょっちゅう夢に現《あらわ》れる。夢の中のわしは嬉《うれ》しくなって、⑦伝《つた》えそびれた言葉を伝えようとその手を取る。だが言葉が声になる直前に、あいつは消えていなくなるんだ。「その繰《く》り返《かえ》しだ」と祖父は寂《さび》しそうに笑《わら》いながら、ガラスケースに顔を寄《よ》せた。澪二も祖父の隣《となり》に立ち、ガラスケースの中の石を見つめる。

（藤岡陽子《ふじおかようこ》「波光」『海とジイ』所収《しょしゅう》）

（注）○細君＝妻《つま》のこと。

---

(1) 澪二《れいじ》の祖父《そふ》は①石たちのことをどのように言っていますか。本文中から六字で抜《ぬ》き出しなさい。〈10点〉

(2) ②ひっそりと静《しず》かにとありますが、博物館《はくぶつかん》内のこの静けさをどのように表現《ひょうげん》していますか。本文中から二十字で抜き出しなさい。〈10点〉

(3) ③真鍋《まなべ》の家族として本文中に出てこないのは、〈15点〉

ア 祖父
イ 父親
ウ 息子《むすこ》
エ 孫《まご》

〔　　〕

(4) ④この博物館が開館した年とは、〈15点〉

ア 十年以上前《いじょうまえ》
イ 二十年以上前
ウ 三十年以上前
エ 五十年以上前

〔　　〕

(5) ⑤若《わか》い頃《ころ》の祖父を助けてくれたとありますが、具体的《ぐたいてき》にしてくれたことが書かれている部分を探《さが》し、その最初《さいしょ》の五字を抜き出しなさい。〈10点〉

(6) 「⑥退屈《たいくつ》なんかじゃないよ……全然《ぜんぜん》」と言っていますが、澪二がどのようなことを思いながら聞いていたのかがわかる続《つづ》きの二文を探し、その最初の五字を抜き出しなさい。〈10点〉

(7) ⑦伝《つた》えそびれた言葉とは何ですか。本文中から抜き出しなさい。〈10点〉

(8) 「真鍋」のことを思う祖父の気持ちに澪二が寄《よ》り添《そ》おうとしていることは、どのようなことからわかりますか。〈20点〉

〔　　〕

物語の読解《どっかい》

9 せいかく・人物像《じんぶつぞう》

★ 標準レベル

15分　　/100　　答え 25ページ

ねらい　登場人物の発言・行動・様子に着目し、性格や人物像をつかむ力をつける。

学習日　　月　　日

1 次の文章を読んで、あとの問いに答えなさい。

*遠泳で、六年生の各《かく》クラスで作った応援旗《おうえんき》をふるのが、この小学校の伝統《でんとう》になっていた。応援旗のコンテストがあるわけでもなかったが、たがいのクラスでは、少しでもいい旗《はた》にしようと競争《きょうそう》になった。とくに女子が必死《ひっし》になった。

「太《ふとし》くんちは、裏山《うらやま》に竹の林があったよね。だれか二、三人で、竹の棒係《ぼうがかり》になってよ。」

女子の中から、太に声がかかった。太と*ヤッチンは、教室の壁《かべ》にもたれていた。

「①太はだめだよ。」

とヤッチンが大きな声でいった。

みんながいっせいにふりむいた。

「ヤッチン、まだはっきり決まったわけじゃないだろ。」

とあわてて口をおさえにかかろうとしたが、ヤッチンは一歩前に出て、太の遠泳参加《さんか》を宣言《せんげん》してしまった。

---

(1) ①太《ふとし》はだめだよとありますが、ヤッチンがこのように言った理由を説明《せつめい》した次の文の a ・ b にあてはまる言葉を、文章中からそれぞれ七字でぬき出しなさい。〈10点×2〉

・太は a ため、旗作りをする b から。

a [　　　　　　　]

b [　　　　　　　]

(2) ②完全《かんぜん》にばかにしていたとありますが、そのことからどのようなことが考えられますか。次から選《えら》び、記号で答えなさい。〈20点〉

ア 太は遠泳に参加《さんか》するには泳ぎが下手だということ。

イ 太は三人の少年と同程度《どうてい ど》の泳ぎの実力だということ。

ウ 太は三人の少年より長いきょりを泳ぐのがうまいこと。

エ 太はほかの運動はうまいが、泳ぎは下手だということ。

［　　］

「遠泳に出るやつは、旗作りをしなくていいんだろ。だから太は係にはなれない。」

教室がわっとおどろきの声をあげた。遠泳に参加することになっている三人の少年は、顔にうすらわらいをうかべて、②完全《かんぜん》にばかにしていた。どちらにせよ、太を応援《おうえん》する雰囲《ふんい》気《き》はなく、ただあきれかえった顔がならんだだけだ。その雰囲気におどろいたのは、太ではなく、宣言したヤッチンのほうだった。

「ごめん。いうのが早すぎたみたいだね。おこってるか。」

「知らねえよ。まいったな。これで、ほんとに遠泳に出なきゃいけなくなっただろ。じょうだんでしたじゃすまねえんだぜ。」

太はそういいながら、心では、なんとなく［　　］気がしていた。やってみようか、と昨日《きのう》以上《いじょう》に決心がかたまってきた。

（横山充男《よこやまみつお》『少年の海』）

（注）○遠泳＝六年生の男子のみが参加できる海での水泳大会。毎年途中《とちゅう》できけんする者が何人もいるほど、泳ぎきるのがむずかしい。
○ヤッチン＝漁師《りょうし》の家の子である、太の友人。

(3) ［　　］にあてはまる言葉を次から選び、記号で答えなさい。〈10点〉

ア 不安《ふあん》な　**イ** ふっきれた
ウ 落ちつかない　**エ** いらいらする

［　　］

(4) 太のせいかくを説明した次の文の［a］・［b］にあてはまる言葉を、文章中からそれぞれ七字でぬき出しなさい。〈15点×2〉

・教室中のみんなに［a］顔をされても、遠泳を［b］と思えるような、前向きなせいかく。

a ［　　　　　　　］
b ［　　　　　　　］

(5) ヤッチンのせいかくの説明としてあてはまるものを次から選び、記号で答えなさい。〈20点〉

ア 友達《ともだち》をわざとこまらせようとする、意地悪なせいかく。
イ 人の顔色をうかがってばかりの、おくびょうなせいかく。
ウ ものごとを深く考えないが、気づかいもできるせいかく。
エ 友達の背中《せなか》をおそうと行動する、友達思いなせいかく。

［　　］

15分　/100

学習日　月　日

答え25ページ

1 次の文章を読んで、あとの問いに答えなさい。

「あわてるな」

「ゆっくりぞ、ゆっくり」

テツオとケンチンの声に、ちいさくうなずきながら、①サチはゆっくりと引き上げにかかった。釣《つ》り上《あ》げられないかもしれないという気持ちと、釣り上げたいという気持ちが、魚のあばれるままにふりまわされて、ふるえる竿先《さおさき》のままの気分だった。

「おおきいぞ」

ケンチンのところからは、かかった魚が見えたようで、ケンチンが□ようにして言った。

「ゆっくりぞ、あわてたら負けぞ」

テツオの話し声のとちゅうで、手にかかってくる重みもふるえもちがった感触《かんしょく》になり、軽くなったぶんだけはげしくなったふるえといっしょに、②魚が水面からすがたをあらわした。サチは、軽い高ぶりを感じたまんまで、その魚をくさむらの方に投げた。

「うまい！」

テツオが、そう言いながら、くさむらに落ちたはずみで針《はり》

(1) ①サチはゆっくりと引き上げにかかったとありますが、このときのサチの心情《しんじょう》をたとえた言葉を文章中から十二字でさがし、最初《さいしょ》の四字をぬき出しなさい。〈20点〉

(2) □にあてはまる言葉を次から選《えら》び、記号で答えなさい。〈10点〉

ア 身をちぢめる　**イ** 身をのりだす
ウ 身をすくめる　**エ** 身を引く

〔　　〕

(3) ②魚が水面からすがたをあらわしたとありますが、このときのサチの心情を説明《せつめい》した次の文の□にあてはまる内容《ないよう》を二十字以内《いない》で書きなさい。〈20点〉

・魚を釣《つ》るのに□を感じている。

からはずれて、谷に、はねながら落ちていく魚をつかまえに走った。

「*あかんばやじゃ、こっりゃ大きい」

テツオは、えものをがっちりとつかんでサチのカゴに入れた。

「ありがとう、テッちゃん」

サチはテツオに礼を言うと、自分のカゴをのぞいた。

（中略《ちゅうりゃく》）

「えさ、もうないの？」

「ああ、ないない」

「サチのえさ使ってもええよ」

「もう、今晩《こんばん》のおかずの分は釣ったもん」

「じゃあ、もうやめたの？」

「ああ、そんなとこじゃ」

サチは、たいくつそうにも見えるテツオを見ながら、えさをつけて、しかけをおろした。ちょっと変《へん》だと思った。テツオの横顔をときどき見ていると、何か小さい者たちの動きを気にしているような感じがした。ケンチンのつれてきた男の子や、高いところから、だまって釣糸《つりいと》をたれている幼《おさな》い兄弟《きょうだい》の動きがあるたびに、神経《しんけい》をその方に集めているといった感じだ。

（笹山久三《ささやまきゅうぞう》『やまびこのうた』）

（注）○あかんばや＝「ハヤ」という川魚のよび名。

---

(4) サチのせいかくを説明したものとして、あてはまるものを次から**二つ**選び、記号で答えなさい。〈10点×2〉

ア うたぐり深く、人の言葉を信用《しんよう》しようとしない。

イ 人のことをよく観察《かんさつ》している、さっしのよさがある。

ウ 感謝《かんしゃ》や思いやりの気持ちをもてる、素直《すなお》さがある。

エ 相手の話を聞かず物事を進め、落ち着きがない。

［　　・　　］

(5) テツオはどのような人物としてえがかれていますか。それを説明した次の文の□にあてはまる内容を、「小さい者たち」という言葉を使って三十字以内で書きなさい。〈30点〉

・たいくつそうに見せながらも、□人物。

40分

／100

答え26ページ

学習日　月　日

1 次の文章を読んで、あとの問いに答えなさい。

〈鎌倉女学院中学校・改〉

（小学五年生の世夏《せな》は、恐竜好《きょうりゅうず》きの「ムッチ」、「陸《りく》くん」と化石探《かせきさが》しをしていたが、化石探しに三人で山に来たところ、突然現《とつぜんあらわ》れたおじさんに、ここで何をしているのかと怒鳴《どな》られ、逃《に》げ出した。）

「なんで、怒《おこ》られたの？」

「なんでだろう？　なんか怒鳴られると逃げる癖《くせ》がついてるんだよな」

ムッチが頭をポリポリかいた。なにそれ。

「でも、あのおじさん、すごい剣幕《けんまく》だったよね」

「山を荒《あ》らされてると思ったんじゃないか？　山の所有者かもしれない」

陸くんが言う。

「山の所有者？」

「この山を持っている人だよ」

「じゃ、もうここで化石を探せないってこと？」

「毎日、見張《みは》りに来ないだろ。今日は、たまたまだったんじゃないか」

だんだんわたしも慣《な》れてきたみたい。石を割《わ》るのがおもしろくてたまらない。でも、恐竜の化石は見つからない。①ムッチも陸くんも。

わたしは、もう一度、岩壁《がんぺき》をながめる。これ、恐竜の牙《きば》じゃないかなぁ。足もとの石を見る。この黒っぽいしみみたいのは恐竜の骨《ほね》かも。②なんだか、みんな化石に見えてきてしまう。

（麻生《あそう》かづこ『はじめての夏とキセキのたまご』）

(1) ――①とありますが、ムッチと陸《りく》くんの性格《せいかく》を説明《せつめい》したものとして、最《もっと》もよいものを次よりそれぞれ選《えら》び、記号で答えなさい。〈20点×2〉

ア 常《つね》に冷静《れいせい》な性格だが、化石探《かせきさが》しに対しては情熱的《じょうねつてき》である。

イ 社交的な性格だが、気分屋で、周《まわ》りを振《ふ》り回《まわ》してしまう。

ウ まじめな努力家《どりょくか》だが、プライドが高くとっつきにくい。

エ 仲間《なかま》にはリーダーシップを発揮《はっき》するが、人見知りが激《はげ》しい。

オ 楽天家で子供《こども》っぽいが、友達《ともだち》思いで優《やさ》しい面がある。

カ 大人びた性格で、友達の趣味《しゅみ》の化石探しにも付《つ》き合っている。

ムッチ〔　　〕　陸くん〔　　〕

ムッチが能天気《のうてんき》に言う。

「でも、また見つかったら?」

わたしは不安《ふあん》でたまらない。知らない人に、あんなに怒鳴られたのははじめてだったし、ものすごくこわかった。心臓《しんぞう》が飛《と》び出《だ》しそうだった。

「今度、見つかったら、きちんと理由を話して探させてもらおう」

陸くんが真剣《しんけん》な顔をして言った。

(中略《ちゅうりゃく》)


世夏はお父さんに化石を探すのに使う道具をプレゼントしてもらった。おじさんに怒られた日から数日後に、それを持って、化石探しにきた。


「見つけたの?」

ムッチがのぞいた。

「葉っぱの化石だ。世夏ちゃん、やったね」

「うん」

なんの葉っぱかはわからないけれど、葉っぱの筋《すじ》がきれいに見える。

「シダとはちがうね。たぶん裸子《らし》植物だと思う」

陸くんがそう言って、今度は写真を撮《と》ってくれた。

これが1億年以上《おくねんいじょう》前の植物だと思うと感動する。

わたしは葉っぱの筋の部分をそーっとさわった。

それから化石をスケッチして、日にちや場所を書きとめた。

---

(2) ――②とありますが、世夏《せな》がこのように思うのはなぜですか。最もよいものを次より選び、記号で答えなさい。〈20点〉

ア お父さんに道具を買ってもらえたうえ、立派《りっぱ》な化石を見つけられたことが意外で、自分でも不思議《ふしぎ》に思っているから。

イ 自分で化石を見つけられたことで自信《じしん》をつけたうえ、化石を見つけるのは簡単《かんたん》だということを確信《かくしん》し、心に余裕《よゆう》が生まれたから。

ウ ムッチや陸くんに励《はげ》ましてもらったうえ、化石を触《さわ》らせてもらうことができたことが嬉《うれ》しくて、強い友情《ゆうじょう》を実感しているから。

エ 自分で化石を見つけられたことが嬉しいうえ、目の前の化石が一億年《いちおくねん》前の植物だということに感動し、とても興奮《こうふん》しているから。

オ 簡単に化石を見つけることができたうえ、意外にも化石がどこにでもあることが分かったので、気持ちが冷《さ》めたから。

〔　　〕

2 次の文章を読んで、あとの問いに答えなさい。

〈駒場東邦中学校・改〉

滝川祥子《たきがわしょうこ》には、秀一《しゅういち》（中学二年生）、一将《かずまさ》（小学六年生）、将人《まさと》（小学二年生）の三人の息子《むすこ》がいる。将人は、大縄《おおなわ》跳《と》びの朝の練習（朝練）に参加《さんか》せず、指導《しどう》に当たっている荻野《おぎの》先生にみんなの前で怒《おこ》られ、学校に行かなくなった。荻野先生から連絡《れんらく》を受け、朝練に出なかったことを知った祥子は将人を叱《しか》ったが、一将からは荻野先生の話とは違《ちが》う事実を知らされた。本文は、この一件《いっけん》について先生たちと話し合いをするも、かわされてしまい、困《こま》った祥子が次の手を考える場面から始まる。

こうなったら奥《おく》の手を……明日、ＰＴＡに訴《うった》えてみようと祥子は心に決めた。

小学校に入ると、ＰＴＡという組織《そしき》に関《かか》わる。

秀一が小学校に入学したとき、はじめての保護者《ほごしゃ》会で衝撃《しょうげき》を受けた。

「働《はたら》いている人も六年間の中で、お子さん一人につき一回は、必《かなら》ず役員や委員をしてもらいます」

それを聞いて、頭の中が真っ白になった。

ＰＴＡというのは、任意団体《にんいだんたい》じゃないの？　ボランティアじゃないの？　強制《きょうせい》なの？　と、混乱《こんらん》した。共働《ともばたら》きや親の介《かい》

決まったと聞いて驚いた。早々に、しかも仕事ができそうな人に決まったことをだれもが歓迎《かんげい》し、安堵《あんど》した。

そんな人だから、話を聞いてくれるかもしれないと祥子は期待した。

「はい」

覚悟《かくご》を決めて、すっと手をあげた。みんなの視線《しせん》が集まる。

（工藤純子《くどうじゅんこ》『あした、また学校で』）

（注）○伝家の宝刀＝いよいよという時にのみ使用する、とっておきの手段《しゅだん》。

護《ご》をする人も増《ふ》えてきた今、時間に余裕《よゆう》のある人はほとんどいない。PTAに入らないこともできるけれど、その場合、PTAが主催《しゅさい》する行事に子どもが参加できないこともあるという。

「PTAの仕事を減《へ》らそう」と努力《どりょく》する人がいても、「今まで、これでうまくやってきましたから」と保守的《ほしゅてき》な人は必ずいるし、*伝家《でんか》の宝刀《ほうとう》のように「子どもたちのためですから」と主張《しゅちょう》する人もいる。改革《かいかく》とは、生易《なまやさ》しいものじゃない。

しかし、最初《さいしょ》こそ驚《おどろ》いた祥子も、次第《しだい》にPTAの存在《そんざい》に慣《な》れてきた。染《そ》まったとも言えるが、そのたいせつさがわかってきたとも言える。やはり、学校任《まか》せではいけないと感じることがたびたびあった。学校だって万能《ばんのう》ではない。何か問題が生じたとき、対処《たいしょ》できる組織がPTAのはずだ。

それに、今は共働きの親も多いから、お互《たが》いにフォロー（助けること）し合って、無理《むり》をせずにやっていこうという空気もある。だからこそ、祥子も仕事をしながら、地域《ちいき》委員会の副《ふく》委員長を引き受けようという気になった。

（中略《ちゅうりゃく》）

「ほかに、ご意見のある方はいらっしゃいますか？」

PTA会長は、祥子の家の近所に住んでいる梶尾《かじお》さんという人だ。会長を決めるのは、くじ引きやジャンケンや話し合いなど、毎年困難《こんなん》を極《きわ》める。しかし今年は、珍《めずら》しく立候補《りっこうほ》で

---

(1) ――線部「そんな人だから、話を聞いてくれるかもしれないと祥子《しょうこ》は期待した」とありますが、祥子はPTAや会長の梶尾《かじお》さんをどのように考えていますか。その説明《せつめい》として最《もっと》も適切《てきせつ》なものを次の中から選《えら》び、記号で答えなさい。〈40点〉

ア PTAは数多くの委員会から成《な》り立《た》つ複雑《ふくざつ》な組織《そしき》であり、梶尾さんはその事情《じじょう》を理解《りかい》して、各《かく》委員会の意見に耳をかたむけようとする人物である。

イ PTAは様々な意見を持つ人々で構成《こうせい》された組織であり、梶尾さんは自らみんなの意見をまとめて、より良《よ》い学校を作ろうとする人物である。

ウ PTAは学校だけでは解決《かいけつ》できない問題にも対処《たいしょ》できる重要《じゅうよう》な組織であり、梶尾さんはその代表として積極的《せっきょくてき》に問題に向き合おうとする人物である。

エ PTAは共働《ともばたら》きや介護《かいご》を抱《かか》える家庭には負担《ふたん》の大きい組織であり、梶尾さんは他の人を気づかい、面倒《めんどう》な仕事を進んで引き受けてくれる人物である。

オ PTAは学校が取り上げない問題にも真剣《しんけん》に向き合う組織であり、梶尾さんは学外の地域《ちいき》の問題にも意欲的《いよくてき》に取り組もうとする人物である。

［　　］

復《ふく》習《しゅう》テスト③

15分

／100

答え28ページ

学習日　月　日

1 次の文章を読んで、あとの問いに答えなさい。

「僕《ぼく》（和也《かずや》）」は都会から引《ひ》っ越《こ》してきた三崎《みさき》に、地域《ちいき》の祭りである「狐《きつね》がえり」に参加《さんか》してもらうため、ミヤコとサナオと共《とも》に川で釣《つ》った鮎《あゆ》をわたしに行くが、「気持ち悪い」といやがられてしまう。

ミヤコもサナオも相当傷《きず》ついたのか、みんなで分けようと言ったのに、「もう鮎なんて食べたくもない」と受け取らなかった。仕方なく、八匹《はっぴき》の鮎を持って帰ると、母ちゃんも姉ちゃんもとても喜《よろこ》んだ。夕飯《ゆうはん》のおかずが僕が釣った鮎だと知ると、遊んでいる暇《ひま》があったら勉強しろと、いつも怒《おこ》っている父ちゃんまでも「でかした」とほめてくれた。

どうしてみんな鮎を喜んでくれるのに、三崎はにこりともせずに怒るのだろうか。本当に都会っ子の考えていることはわからない。

僕がぶつぶつ言いながら鮎をかじっていると、姉ちゃんが笑《わら》った。

（中略《ちゅうりゃく》）

---

(1) この文章は、どのような場面をえがいたものですか。それを説明《せつめい》した次の文の□にあてはまる内容《ないよう》を書きなさい。〈30点〉

・「僕《ぼく》」が姉との会話を通して、なぜ三崎《みさき》は、鮎《あゆ》を□ということについて考えていく場面。

［　　　　　　］

(2) 「僕」が自分の考えを最初《さいしょ》にあらため始めたことがわかる一文を文章中からさがし、最初と最後の四字をぬき出しなさい。（句読点《くとうてん》も一字と数えます。）〈完答20点〉

□□□□～□□□□

「和也かって、いきなりハイテクコンピューターをもらっても、困《こま》るやろう」

「それは嬉《うれ》しいで」

「じゃあ、マクドナルドの商品券《しょうひんけん》は?」

「そんなもん、店がここら辺《へん》にないのにいらんわ」

「ほらごらん。それと一緒《いっしょ》やって。鮎かって、いらん人はいらんのやって。受け口やし不細工《ぶさいく》な顔した魚やねんもん」

「なんやねん。そんなん鮎に失礼《しつれい》や」

僕は鮎の代わりに、姉ちゃんに怒ってやった。鮎は頭だっていいし、色のきれいなかわいい魚だ。

「和也だってさ、街《まち》に行って突然《とつぜん》、妙《みょう》な祭りに参加させられたら、うんざりするはずや。最近《さいきん》の和也って、都会のものは都会のものはって、なんか年寄《としよ》りみたいやよ」

鮎とマクドナルドの商品券がどう一緒なのかさっぱりわからないし、狐がえりは妙な祭りではない。そう言い返そうと思ったけど、残念《ざんねん》ながら姉ちゃんの言うことには一理ある。

都会の中学生と田舎《いなか》の中学生は、*ねずみほどじゃないけど、やっぱり違《ちが》いはある。僕にとってすごく貴重《きちょう》なものでも、三崎にとっては気味悪いものなのかもしれない。


(瀬尾《せお》まいこ『狐フェスティバル』)

(注) ○ねずみ=中略部分で姉がたとえに出した、『都会のねずみと田舎のねずみ』という話。

---

(3) 「姉ちゃん」の人物像《じんぶつぞう》を説明したものとして、あてはまるものを次から選《えら》び、記号で答えなさい。〈20点〉

ア 強い言葉を使って相手を言い負かすことに喜《よろこ》びを感じる、気の強い人物。

イ 相手が悪いことをしたときはきびしい態度《たいど》で注意することのできる、公正な人物。

ウ 落ち着いたものごしで相手を怒《おこ》らせないように大切なことを伝《つた》える、考え深い人物。

エ 相手の立場になってものごとをとらえることが大切だと考える、視野《しや》の広い人物。

〔　　〕

(4) この文章を通して「僕」が気づくようになった内容《ないよう》について、前後の言葉につなげて書きなさい。〈30点〉

・都会の中学生と田舎《いなか》の中学生には違《ちが》いがあるので、

〔　　　　　　　　　　〕ということ。

10 心情《しんじょう》の読み取り

★標準レベル

15分　／100　答え29ページ

ねらい　登場人物の行動・様子・発言や、情景描写から、そこにこめられた心情を読み取れるようになる。

学習日　月　日

1 次の文章を読んで、あとの問いに答えなさい。

ドラム初心者《しょしんしゃ》の「あたし（沙良《さら》）」は、葵衣《あおい》たちとバンドを組んでおり、テンポの速い曲の練習中です。沙良は熱心《ねっしん》に取り組んでいますが、曲のテンポについていけず、葵衣と自主練習をしています。

①葵衣はいつもつきあってくれる。あたしがとちっても、文句《もんく》はいわない。けれどそんなとき、すぐ手をとめる。葵衣の耳はごまかせない。

この曲になってからは、葵衣の手はとまってばかり。なんでもっとうまくできないんだろう。くやしかった。

*ブルートパーズと練習日がいっしょの土曜日。いつものようにのこって練習していると、*友麻《ゆま》がやってきた。

「あ、友麻。」

とわらいかけたが、なぜか、こわい顔してあたしをにらみつけた。それから、ぐっとあたしの腕《うで》をつかむ。

---

(1) ①葵衣《あおい》はいつもつきあってくれるとありますが、このときの「あたし」の心情《しんじょう》について**あてはまらないもの**を次から選《えら》び、記号で答えなさい。〈20点〉

ア 満足《まんぞく》にえんそうできないことへのいらだち。
イ 練習につきあってくれる葵衣への感謝《かんしゃ》。
ウ 葵衣にめいわくをかけているくやしさ。
エ 葵衣が細かすぎることへのあきれ。

〔　　〕

(2) ②友麻《ゆま》の言葉とありますが、葵衣はそれをどのように感じましたか。文章中から四字でぬき出しなさい。〈15点〉

□□□□

(3) A ・ B にあてはまる言葉を次から選び、記号で答えなさい。〈15点×2〉

ア はっと　イ やんわりと　ウ きっと
エ じんわりと　オ ぐさっと

A〔　　〕　B〔　　〕

「がっちがち。基本忘《きほんわす》れてる。そんなんで、これ以上《いじょう》練習したってむだだから。」

②友麻の言葉が、［A］胸《むね》にささった。③あたしは、練習をやめると、

「帰らなくちゃ。」

といって、いそいで荷物をまとめると、部屋をとびだした。

児童《じどう》センターの外にでたところで、葵衣に追いつかれた。

「沙良、帽子《ぼうし》！　マスク！」

［B］して、あわてて帽子をかぶり、マスクをする。夏ほど日ざしは強くないけれど、太陽がまぶしかった。

「言葉はきついけど、あれ、友麻のやさしさ、だと思う。」

唇《くちびる》をかみしめて、小さくうなずいた。わかってる。だから、くやしいし、自分がなさけなかった。

「あせったって、しかたない。沙良は沙良。」

「うん。ありがと。」

といってわらう。ほんとは［C］気分だったけど。友麻も、葵衣も、うまくできないあたしの気持ちなんて、きっとわからない……。

（濱野京子《はまのきょうこ》『バンドガール！』）

（注）○ブルートパーズ＝友麻のしょぞくするバンド。
○友麻＝すぐれたドラムの腕をもつ、沙良の友人。

(4) ③あたしは……とびだしたとありますが、このときの「あたし」の心情にあてはまるものを次から選び、記号で答えなさい。〈20点〉

ア「あたし」は友麻にわらいかけたのに、友麻にこわい顔できつい言葉を言われて、友人だと思っていた友麻を信《しん》じられなくなり、悲しむ気持ち。

イ「あたし」には才能《さいのう》がないのでいくら練習してもむだだという、自分でもうすうす気づいていたことを友麻に指《し》摘《てき》され、落ちこむ気持ち。

ウ 友麻が「あたし」のためにきつい発言をしてくれたと理解《りかい》しているものの、そうさせてしまった自分のいたらなさが歯がゆく、つらい気持ち。

エ 練習してもむだだと友麻に言われてなっとくしたため、いったん練習をやめて、気持ちを切りかえ、基本《きほん》を思い出そうと意気ごむ気持ち。

〔　　〕

(5) ［C］にあてはまる言葉を次から選び、記号で答えなさい。〈15点〉

ア おこりたい　**イ** 泣《な》きたい

ウ にらみたい　**エ** 感謝したい

〔　　〕

15分

／100

答え 29ページ

学習日　月　日

1 次の文章を読んで、あとの問いに答えなさい。

「ぼく（広太《こうた》）」は、海にかこまれた小笠原諸島《おがさわらしょとう》にある父島《ちちじま》から都会に引っこしてきました。広太は、スイミングスクールで泳いでいるとちゅう、島のことを思い出しています。

「こら、広太、なにやってる。①ボーッとつっ立ってないで、クロールの練習をしろ。おまえの手のフォーム、へんだからな」

山内《やまうち》コーチの大声で、②ぼくはたちまち小笠原の海から、スイミングスクールのプールの中に引きもどされた。

（中略《ちゅうりゃく》）

今は島にもどれるならもどりたい。クラスでも、木曜と日曜の週二回通っているこのスイミングスクールでも、いまだによそ者気分だ。＊地下鉄のことでわらわれてから、へんに身がまえてしまう自分がいる。心のキズ、どっかで聞いたトラウマってやつだと思う。

「おい、広太、そのフォームを直さないと、タイムがのびなくて、今度のスクール対抗戦《たいこうせん》にも出られないぞ」

ぼくのクロールを見て、また山内コーチがどなる。③ぼくは、

んのいうとおりかもしれない。目をとじると、④脱走したペンギンと、今日プールで小笠原の海を思いだしていた自分のすがたが重なった。

（山本省三《やまもとしょうぞう》『脱走ペンギンを追いかけて』）

（注）○地下鉄のこと＝父島になかった鉄道について転校先のクラスメイトに聞いたところ、からかわれた。

(1) ①ボーッとつっ立ってとありますが、その理由を説明《せつめい》した次の文の□にあてはまる言葉を文章中から十三字でぬき出しなさい。〈20点〉

・□という思いがあるため、島のことを思い出してぼんやりしていたから。

(2) ②ぼくについて、次の各問《かくと》いに答えなさい。

Ⅰ「ぼく」は自分のことをどのようなそんざいだと感じていますか。文章中から三字でぬき出しなさい。〈20点〉

水中に顔半分をしずめて、ぶくぶくとあわをふきだしながらつぶやく。

「このクロールは、大好《だいす》きなじいちゃんから教わったんだい。ぜったいかえるもんか！」

（中略）

夕食を食べ終わったあと、ペンギンが水族館から脱走《だっそう》したというニュースを、広太は見ました。

ニュースがかわると、お父さんがポツリといった。

「ペンギンのやつ、やっぱり広い海で暮《く》らしたかったのかなあ」

「でも、この子どもペンギンは、たぶん水族館生まれだから、海なんて知らないはずだよ」

ぼくがそういうと、お父さんがビールをゴクリと飲んでいった。

「いいや、たとえ知らなくても、先祖《せんぞ》代々、海で暮らしてきた生きものには、海にあこがれる気持ちが受けつがれているのさ」

「お父さんもそう？　泳げないのに」

「こら、お父さんをばかにするんじゃない！」

お父さんにひじてつをくらいそうになったぼくは、あわてて立ちあがって、自分の部屋《へや》ににげこんだ。

ベッドに大の字になって、ぼくは思った。たしかにお父さ

---

2 「ぼく」の今のじょうたいを説明した次の文の[　]にあてはまる言葉を書きなさい。〈20点〉

・転校したクラスでの出来事によって、[　]じょうたい。

[　　　　]

(3) ③ぼくは……つぶやくとありますが、なぜ、「水中に顔半分をしずめて、ぶくぶくとあわをふきだしながら」つぶやいたのだと考えられますか。〈20点〉

[　　　　]

(4) ④脱走《だっそう》したペンギンと……自分のすがたが重なったとありますが、「ぼく」は、ペンギンと自分のどのようなじょうきょうが重なったと感じていますか。それを説明した次の文の[　]にあてはまる内容《ないよう》を書きなさい。〈20点〉

・自分もペンギンも[　]気持ちを本能的《ほんのうてき》にもっている、という点。

[　　　　]

★★★ 最高レベル

40分

／100

答え30ページ

学習日　月　日

1 次の文章を読んで、あとの問いに答えなさい。

〈城北中学校・改〉

杉原武《すぎはらたける》は、拾《ひろ》った猫《ねこ》に「ゴン」と名づけてかわいがっていましたが、猫を飼《か》うことをゆるさない父親に、すてられてしまいます。武は転校生のクラスメイト・吉住拓也《よしずみたくや》とともに近所に貼《は》り紙《がみ》をし、ゴンをさがすことになりました。本文は、二人が寺の境内《けいだい》でその貼り紙を手にした女性《じょせい》に出会い、この猫はうちの猫だから返してほしい、と言われる場面です。

「違《ちが》う、おれの猫だ、ゴンだよ！」

武は精《せい》いっぱい凄《すご》んだが、彼女《かのじょ》は涼《すず》しい顔で腕組《うでぐ》みしていた。

「わたしのよ」

武のほうが背《せ》が高いのに、ひょろりとした女はひるまない。それに、妙《みょう》な威圧感《いあつかん》がある。切れ長の目はほんの少しつり上がっていて、目が合うだけでなんだか不安《ふあん》な気持ちになる。

「ガキだと思ってなめんなよ！」

「ちょっと待ってよ、杉原くん。どっちみち、まだ見つかってないし、言い争《あらそ》っててもしょうがないよ」

しれない。

（谷瑞恵《たにみずえ》「猫を配る」『神さまのいうとおり』所収《しょしゅう》）

（注）○マフィン＝女性が飼っていた猫の名前。

(1) ——①「挑発的《ちょうはつてき》な笑《え》みを浮《う》かべる」とありますが、この時の「女の人」について説明《せつめい》した次の文のa・bにあてはまる語を、aは20字以内《いない》で、bは2字でそれぞれ自分で考えて答えなさい。〈a20点・b10点〉

☆思わず挑発的な笑みを浮かべてしまうほど、（a・20字以内）という（b・2字）がある。

a

b

拓也の言うとおり、猫はまだ見つかっていない。ゴンと*マフィンは、もしかしたら別《べつ》の猫かもしれないのだ。

「わたしが先に見つけるから、こんな貼り紙したって無駄《むだ》よ」

彼女は①挑発的《ちょうはつてき》な笑《え》みを浮《う》かべると、鳥居《とりい》をくぐって行ってしまった。

「何だよ、あの女」

いきなり人を泥棒扱《どろぼうあつか》いだなんて、武はひたすら不愉快《ふゆかい》だ。なのに、拓也は腹《はら》が立たないのだろうか。妙な感想を口にする。

「日本人形みたいな人だったな」

「日本人形って？」

「うちにあるよ。ひいおばあちゃんが戸棚《とだな》の上に飾《かざ》ってる。着物を着た人形。」

そもそも人形の種類《しゅるい》なんてわからないし、武の家にはそんなものはない。

「ふうん、とにかく、あいつより先にゴンを見つけないと。マフィンだって？　そんな気取った名前、似合《にあ》わねえよ。ゴンはおれが、怪我《けが》の手当てをして、弱ってたけど元気になったんだ。おれ以外《いがい》の家族が部屋《へや》へ入ってきたら隠《かく》れて、おれの足音を聞き分けてベッドの下から出てくる。もしあの女が飼ってたっていうなら、いやになって逃《に》げ出したんだよ」

②一気に言ったのは、自分に言い聞かせるためだったかも

---

(2)　――②「一気に言ったのは……ためだったかもしれない」とありますが、この時の武《たける》に関《かん》する説明として最《もっと》もふさわしいものを次の中から選《えら》び、記号で答えなさい。〈20点〉

ア「女」を非難《ひなん》する言葉やゴンとの思い出を思いつくままに次々と口にすることで、自分こそがゴンの飼《か》い主にふさわしいのだと納得《なっとく》しようとしている。

イ ゴンに好《す》かれていた自分とゴンに嫌《きら》われてしまった「女」の違《ちが》いをはっきりさせることで、次に会った時には「女」を言い負かしてやろうと準備《じゅんび》している。

ウ「女」のセンスの悪さを指摘《してき》しつつ自分の功績《こうせき》を述《の》べることで、拓也《たくや》もゴンの飼い主には武のほうがふさわしいと考えてくれるはずだと期待している。

エ 自分はゴンの面倒《めんどう》をきちんと見ていたが「女」はそうでなかったという事実を明らかにすることで、拓也が武の味方になってくれることを願《ねが》っている。

［　　］

2 次の文章を読んで、あとの問いに答えなさい。

〈高輪中学校・改〉

〔晴子の弟の安雄には、いらなくなったものをなんでも貰《もら》ってくる、こまった性質《せいしつ》がありました。〕

「拾《ひろ》い屋」の安雄とひとつの部屋にいたのでは、いかに晴子が身のまわりをきちんと片附《かたづ》けようとしても、どうにもならなかった。そこで、どんなに狭《せま》いところでもいいから、いつか自分ひとりの部屋を貰えたら、どんなに嬉《うれ》しいだろうと思うようになった。

彼女《かのじょ》の①その望《のぞ》みは、三年前にこの家へ移《うつ》った時、やっと叶《かな》えられた。釣《つ》り戸棚《とだな》が部屋の半分くらいまで突《つ》き出ていて、寝台《しんだい》から慌《あわ》てて起き上《あ》るとおでこを角にぶっつけるおそれがある。ゆったりというわけにはゆかないが、それでも入口《いりぐち》の戸を締《し》めてしまうと、②小さな船室のような感じがしないでもない。

もう誰《だれ》もがらくたを持ち込《こ》む者はいないので、彼女は自分の好《この》みのままに部屋を飾《かざ》ることも片附けることも出来るのであった。

最初《さいしょ》、この部屋に晴子の勉強机《べんきょうづくえ》が運《はこ》び込《こ》まれた時、新しい壁《かべ》や柱に対して釣《つ》り合《あ》いが取れないように見えた。なぜならこの勉強机は晴子が小学校に入学した時に買ったもので、もうすっかり古くなっていたのである。

りいっぱいで入る。

（注）○細君＝自分の妻《つま》を指す語。大浦夫妻《ふさい》の子が、晴子、安雄である。

（庄野潤三《しょうのじゅんぞう》『夕べの雲』）

(1) ――①「その望《のぞ》み」とありますが、晴子はどのような望みを持っていましたか。文中の言葉を使って三〇字以内《いない》で答えなさい。〈20点〉

(2) ――②「小さな船室のような感じがしないでもない」とありますが、ここで感じている気持ちはどのようなものですか。ふさわしいものを次の中から一つ選《えら》び、記号で答えなさい。〈10点〉

ア 閉《と》じ込《こ》められているような不安感《ふあんかん》。
イ 自分の行動が制限《せいげん》されてしまう圧迫感《あっぱくかん》。
ウ 誰《だれ》にも邪魔《じゃま》されない自由を得《え》た充足感《じゅうそくかん》。
エ 外の世界に羽ばたいていけそうな期待感。

〔　〕

「これはやっぱり新しいのを買った方がいいな。もうだいぶ窮屈《きゅうくつ》そうだ」

大浦がそういうと、晴子は、

「③いいよ。大丈夫《だいじょうぶ》よ、これで」

「まあ、高校へ入った時まで辛抱《しんぼう》するか」

「いいよ、いいよ。この方が貫禄《かんろく》があっていいよ」

「貫禄はたしかにある」

机の表面のいちばんよく手や腕《うで》の当《あた》るところは、とっくにニスが剝《は》げて、木目があらわに浮《う》び出ていた。

（中略《ちゅうりゃく》）

晴子は高校に入学した。大浦は*細君にいった。

「今度こそ机を買ってやらないといけないな」

「ええ、そうしてやりましょう。あれでは、あんまりだわ」

大浦は晴子にいった。

「机、買うから。お祝《いわ》いに」

「いいよ、これで」

「どうして」

「大丈夫よ。何ともないんだもの」

「膝《ひざ》がつかえないか」

「つかえない。ちゃんと入る」

彼《かれ》が椅子《いす》に腰《こし》かけてみると、膝は机の下に入った。ぎりぎ

(3) ――③「いいよ。大丈夫《だいじょうぶ》よ、これで」とありますが、晴子がそう言った理由としてふさわしいものを次の中から一つ選び、記号で答えなさい。〈20点〉

ア 長く使って古くなった机《つくえ》にはそれなりに愛着《あいちゃく》を持っており、勉強机《べんきょうづくえ》として使う上でも不自由《ふじゆう》がないと感じていたから。

イ 晴子の机は買った当時非常《ひじょう》に高価《こうか》でぜいたくなものであったので、新しいものに買い換《か》えるのは気が進まなかったから。

ウ 傷《きず》や落書きだらけの机を見ると、物を大切にできない自分が恥《は》ずかしく、新しい机を買ってもらう資格《しかく》がないと思ったから。

エ 晴子の机は確《たし》かに見すぼらしく、背《せ》が伸《の》びたために窮《きゅう》屈《くつ》で仕方ないが、その方がかえって勉強に集中できるような気がしたから。

〔　　〕

11 心情《しんじょう》の変化《へんか》

★標準レベル

15分

／100

答え 32ページ

ねらい どのような出来事がきっかけとなり、どのような心情に変化したのかをつかむ力をつける。

学習日　月　日

1 次の文章を読んで、あとの問いに答えなさい。

ぼく（タイちゃん）は、市民《しみん》ホールで行われる演劇《えんげき》で主役をつとめることになりました。

「ぼくには、むり。ぼくは……」

そこまで言って、のどがつまった。

ぼくは、あんなにたくさんのセリフを覚《おぼ》えられない。度胸《どきょう》もないのに、人前で演技《えんぎ》なんてできっこない。舞台《ぶたい》でハジをかくかもしれない。ぼくは、こわくてこわくてしかたがないんだ！

お母さんがいすに腰《こし》かけて、そんなぼくの顔をのぞきこんだ。

「ねえ、タイちゃん」

すごく真剣《しんけん》な顔だった。パン屋さんで必死《ひっし》に働《はたら》いていた、あのときのお母さんの顔を思い出した。

「なに」

目と目が合った。お母さんが、まばたきをひとつした。

「タイちゃんってさあ、すぐ、『むり』とか『ダメ』とか言

（注）○マキさん＝劇団《げきだん》をまとめている人。
○香野＝演劇に参加《さんか》している女の子。

（あんずゆき『夏に降《ふ》る雪』）

(1) すごく真剣《しんけん》な顔だったとありますが、その表情《ひょうじょう》からお母さんのどのような考えが読み取れますか。あてはまるものを次から選《えら》び、記号で答えなさい。〈20点〉

ア 「ぼく」が自分で自分の限界《げんかい》を決めていることにおこっていて、ゆるせない。

イ 「ぼく」にはいいところがたくさんあるのに、こわがっていることがなさけない。

ウ 不安《ふあん》がっている「ぼく」が勇気《ゆうき》をもてるよう、本気の思いを「ぼく」に伝《つた》えたい。

エ 劇《げき》の主役になったうえ、先のことまで思いやることができる「ぼく」がほこらしい。

［　　］

うじゃない。だけどそれって、やる前にそう決めちゃってるんだよね」

　そう言われたらそうだから、うなずくしかなかった。

「お母さんはね、タイちゃんがダメだなんて思ったこと、一度もないよ。たしかに気が弱いところはあるけど……そのぶん、静《しず》かに周《まわ》りを見て、人の気持ちを考えたり、このあとどうなるか、先のことまで思いやることができる。ほかにもいいところがいーっぱいあるのを、お母さんは知ってるもん。だから、むりなんて言ってないで、あきらめないで、やれるだけやってごらん。だいじょうぶ。絶対《ぜったい》にだいじょうぶよ」

　だいじょうぶ、だいじょうぶ、だいじょうぶ……。

　お母さんの目がそう言っている。まぶたが、じわっと熱《あつ》くなった。

――わたしは絶対にダメだとは思わない。

　ぼくは、*マキさんにそう言ってもらえる*香野《かの》がうらやましかった。自分でもみっともないと思うくらい、うらやましかった。

　でも、ぼくにもそう言ってくれる人がいる。ぼくは、その気持ちにこたえたい。

「……うん。やれるだけやってみる」

「そうよ、そうよ」

　お母さんが、ふわっと笑顔《えがお》になった。

---

(2)　この文章を通して、「ぼく」の心情が変化《へんか》していく様子をまとめた次の文にあてはまる言葉を文章中から[a]と[b]は三字、[c]は五字でぬき出しなさい。〈20点×3〉

・[a]から自分は[b]と思いこみ、あきらめようとしていた。

↓

・だいじょうぶと言ってくれたお母さんの気持ちに[c]と思い、やれるだけやってみようという前向きな気持ちになった。

a □□□
b □□□
c □□□□□

(3)　お母さんの表情からよろこびが読み取れる一文を文章中からさがし、最初《さいしょ》と最後の四字をぬき出しなさい。（句読《くとう》点《てん》も一字と数えます。）〈完答20点〉

□□□□ ～ □□□□

1 次の文章を読んで、あとの問いに答えなさい。

（国立音楽院に入学した「ぼく（ユージ）」は、なかまとフルートアンサンブルをすることになり、はじめての発表会をむかえました。）

ところが、リハではうまく吹《ふ》いていたリナが本番で失敗《しっぱい》しまくって、なんども最初《さいしょ》からやり直した。ぼくはそれを舞台《ぶたい》裏《うら》で聴《き》いていて、だんだん焦《あせ》ってきた。ぼくもリナみたいに失敗しそうだと思ったのだ。

そのとき、アンサンブルで仲良《なかよ》くなった①マルタが来て、ぼくの頭をなでてくれた。

（中略《ちゅうりゃく》）

リナが半泣《はんな》きで舞台裏にもどってきたけど、ぼくはマルタに背中《せなか》を押《お》されて、すっきりした気分で舞台に立った。

スポットライトがまぶしくて、幸か不幸《ふこう》か拍手《はくしゅ》をしてくれている観客席《かんきゃくせき》はよく見えなかった。

お辞儀《じぎ》をして、譜面台《ふめんだい》に楽譜を置《お》いて、先生に教えられてきたとおり、左右の足を前後に少しずらして開いて立ち、②フルートをかまえた。ドキドキしていた。怖《こわ》さと同時に、今まで味わったことのない*高揚感《こうようかん》があった。

---

(1) ①マルタが……くれたについて、次の問いに答えなさい。

1 マルタがこのようにした理由をまとめた次の文の□にあてはまる内容《ないよう》を、文章中から九字でさがして最初《さいしょ》の四字をぬき出しなさい。〈20点〉

・先にえんそうしたリナの様子を見て、「ぼく」が□ことに気づき、元気づけようと考えたため。

2 この出来事がきっかけとなり、「ぼく」の心情《しんじょう》はどのように変化《へんか》しましたか。変化後の「ぼく」の心情を表す言葉を文章中から八字でぬき出しなさい。〈20点〉

(2) ②フルートをかまえたとあるが、これ以降《いこう》の「ぼく」の心情の変化をまとめた次の文にあてはまる内容を、aは文章中から十五字、bは二十字でさがして、それぞれ最初の四字をぬき出しなさい。〈10点×2〉

・舞台《ぶたい》に立ったことで、怖《こわ》さとともに a を感じていた大きく息を吸《す》いこむと、ぼくは吹きはじめた。たぶん、手ぶらで舞台に立ったらもっと緊張《きんちょう》しただろう。でもフルートを持っていると、守られているような気がした。

意外なことに、先生ひとりの前で吹くときより気が楽だった。短い曲だったけど、いつもまちがえていた箇所《かしょ》もなんなくこなし、リピート記号を見忘《みわす》れることもなくしっかりくりかえし、リハのときよりうまく吹けた。

大きな拍手が起きた。お辞儀をして、おそるおそるサンティーニ先生の顔色をうかがうと、③先生はニッコリ笑《わら》って立ちあがった。

「ユージは本番に強いタイプだな!」

ホッとしたぼくは、もう一度お辞儀をして、舞台裏にそそくさと引きあげた。

マルタが待ちかまえていてくれて、ぎゅっとハグをしてくれた。

「*ブラーヴォ!」

はずかしくてうれしくて、④耳が熱《あつ》くなった。

(佐藤《さとう》まどか『アドリブ』)

(注) ○高揚感=気持ちが高ぶる感覚《かんかく》。ドキドキする感覚。
○ブラーヴォ=「すばらしい」という意味の言葉。

が、いざえんそうを始めてみると、意外なことに、[b]と思えるほど、うまくえんそうできた。

a [　　　　]
b [　　　　]

(3) ③先生はニッコリ笑《わら》って立ちあがったとありますが、先生の反応《はんのう》を見たことで、「ぼく」の心情はどのように変化しましたか。「〜気持ちから、〜気持ち」という形で、あとの言葉につなげて書きなさい。〈20点〉

[　　　　] へ変化した。

(4) ④耳が熱《あつ》くなったとありますが、なぜですか。〈20点〉

[　　　　]

1 次の文章を読んで、あとの問いに答えなさい。

〈国学院大学久我山中学校・改〉

合田《ごうだ》家は父・周平《しゅうへい》、母・とき、兄、走《はしる》、百代《ももよ》の五人家族ですが、兄は一か月前に戦争《せんそう》でなくなりました。本文は、この日終戦をむかえ、夕食後に父と走が今後のことについて話す場面です。

国が敗《やぶ》れた日の庶民《しょみん》に、儀式《ぎしき》があるのかどうか誰《だれ》にもわからない。勝った時の喜《よろこ》び方はいろいろあるが、さて、負けた時に何をすべきなのか、ただの一度も話し合ったことがない。

家族そろって白い服を着て、＊切腹《せっぷく》するのだろうかと、走は突然《とつぜん》心配になる。代用教員に抵抗《ていこう》して、＊肥後守《ひごのかみ》で腹《はら》を突《つ》いたのとわけが違《ちが》う。父の周平は剣道《けんどう》の達人《たつじん》で、やるとなったらスパッと斬《き》るだろうと思う。しかし、なぜか、そんなことはあるまいと打ち消す。家の中が静《しず》かで、緊張《きんちょう》が解《と》け、およそ切腹につながるような殺気《さっき》が感じられないのだ。

暑い。夕凪《ゆうなぎ》の時間である。何もしないで座《すわ》っていても、汗《あせ》があふれ出て来る。しかし何をするという意志《いし》も働《はたら》かないので、汗が流れるままにまかせている。

走は、ふと、父の周平は泣《な》いたのだろうかと思う。子ども夕食の後片《かた》づけをしている。走が水が飲みたいと入って行くと、水ぐらい何ぼでも飲み、ガブガブ飲み、と泣き笑《わら》いの顔でいった。

（阿《あ》久《く》悠《ゆう》『ラヂオ』）

（注）○切腹＝刃物《はもの》などで自ら腹を切り、命をたつこと。武士《ぶし》などが行っていた、日本独特《どくとく》の習慣《しゅうかん》。
○肥後守＝鉛筆《えんぴつ》をけずる時などに使う小刀。

(1) ――線①とありますが、このときの「走《はしる》」の心情《しんじょう》を説明《せつめい》したものとして最《もっと》も適当《てきとう》なものを次の中から選《えら》び、記号で答えなさい。〈25点〉

ア 厳格《げんかく》な父親が敗戦《はいせん》を素直《すなお》に受け入れることはないと確信《かくしん》し、今後の生活に何とか目を向けさせようとしている。

イ 敗戦を迎《むか》えたこの夜に父に対するぼんやりとした不安《ふあん》が心の隅《すみ》に宿り、声をかけずにはいられなくなっている。

ウ 巡査《じゅんさ》としてこれまで真面目《まじめ》に生きてきた父親が、生きがいを失《うしな》いはしないかとおおいに心配している。

エ 穏《おだ》やかな父の表情《ひょうじょう》に安心しながらも、今後の生活が立ちゆかなくなるのではないかと危機感《ききかん》を覚《おぼ》えている。

〔　　〕

の自分でさえあれほど泣いたのだから、警官《けいかん》である父はもっと泣いた気がするのであるが、周平は信《しん》じられないくらいに穏《おだ》やかな顔をしていた。

「①お父ちゃん、どないするの？」

走が訊《たず》ねた。何を訊《き》きたかったのかわからない。だが、どないするの？　といわないではいられないし、他の言葉もなかった。

「どないするって、何をどないするってことや。今夜これからのことか、それとも、ここから先の長い長い時代のことか？」

「わからんけど、日本負けたんやろ」

切腹するんかといいかけて、口を噤《つぐ》む。

「そやなあ。わからんなあ。どうなるかはわからんけど、こうなったことは事実や。事実は動かせん。それをちゃんと見つめよう。けど、走、お父ちゃんは腹は切らんぞ。切腹はせん。生きて、この国がどないなるのか見届《みとど》ける。それでどうや？　そんなのは卑怯《ひきょう》か」

父の周平が、百代を抱《だ》き上げて胡座《あぐら》の中に入れ、珍《めずら》しく頭を撫《な》でて可愛《かわい》がりながら、なおさらやさしくなった顔でいった。②走は頭を振《ふ》る。思いっきり振る。卑怯やないと伝《つた》えたいために懸命《けんめい》に頭を振り、それから、切腹はせんという言葉に安心した。

台所に母のときがいる。水甕《みずがめ》から竹の柄杓《ひしゃく》で水をすくい、

---

(2)　——線②とありますが、「走」はなぜこのような態度《たいど》をとったと考えられますか。その理由として最も適当なものを次の中から選び、記号で答えなさい。〈25点〉

ア　国が敗《やぶ》れるという特別《とくべつ》な日においても、冷静《れいせい》にこれからの日本を見つめようとする父の偉大《いだい》さを感じ取ったから。

イ　意に反する勇気《ゆうき》ある決断《けつだん》をした父親に対して、改《あらた》めて尊敬《そんけい》の念《ねん》を抱《いだ》いたことをどうしても伝《つた》えたかったから。

ウ　父親の選択《せんたく》は勇気ある賢明《けんめい》な判断《はんだん》であり、それを自分が積極的《せっきょくてき》に認《みと》めていることを伝えたかったから。

エ　たとえ卑怯《ひきょう》な選択であっても、父親が生き延《の》びてくれることを何よりも喜《よろこ》ばしく思っていたから。

［　　］

2 次の文章を読んで、あとの問いに答えなさい。

〈吉祥女子中学校・改〉

「私《わたし》（はるか）」には、うみかという妹がいます。日頃《ひごろ》から「私」は、少し変《か》わったところのあるうみかにイライラさせられていました。本文は、旅行で海に行った「私」が、家族できれいな夜空を眺《なが》めながら人気《ひとけ》のない浜辺《はまべ》を散歩《さんぽ》しているとちゅう、落ちていた貝殻《かいがら》を手に取って耳に当てている場面です。

「海の音がするよ、うみか」

ピンク色につやつや光った貝の内側《うちがわ》から、水の底《そこ》で聞くような遠い音が流れ込《こ》んできた。①自分がとても贅沢《ぜいたく》なことをしている気分になる。だって、貝が沈《しず》んでいた海底《かいてい》では、こんなにはっきりと星は見えなかったはずだ。

「この貝、どのぐらい深いとこに沈んでたのかな。なんで、海の音がするんだろう。貝が記憶《きおく》して一緒《いっしょ》に持ってくるのかな。だとしたら、*テープレコーダーみたい」

うみかにも聞かせたくて、貝を手渡《てわた》す。貝を耳に当てたうみかは、私と同じようにしばらく音を聞いた後で「お姉ちゃん」と呼《よ》びかけてきた。

「何？」

「貝の中から聞こえる音は、海の音じゃなくて、自分の耳の

---

(1) ——線①「自分がとても……気分になる」とありますが、この時の「私《わたし》」の気持ちとしてもっとも適当《てきとう》なものを次のア～エから一つ選《えら》び、記号で答えなさい。〈25点〉

ア ピンク色に光る貝の内側《うちがわ》から遠い海の底《そこ》で鳴るような音が聞こえてきて、視覚的《しかくてき》にも聴覚的《ちょうかくてき》にも楽しい気分になっている。

イ きれいな星空を眺《なが》めながら貝が沈《しず》んでいた深い海底《かいてい》の音を聞くという、空と海の両方を楽しめている気分になっている。

ウ 辺《あた》りには人影《ひとかげ》もなく、まるで自分たち家族だけでこの美しい星空や海の音を独《ひと》り占《じ》めにしているような気分になっている。

エ 普段《ふだん》は自分の言うことに従《したが》わないうみかが今日はおとなしく聞いてくれているので嬉《うれ》しくなり、楽しい気分になっている。

［　　］

音なんだよ」

うみかはにこりともしていなかった。

「よく、貝殻から海の音が聞こえるっていうけど、それを出してるのはお姉ちゃん自身。（中略《ちゅうりゃく》）だからこの音は海の音じゃないし、貝殻の記憶でもないよ」

浮《う》かべていた笑《え》みが強張《こわば》って、表情《ひょうじょう》が固《かた》まる。うみかが私を見て「その音は――」と続《つづ》けようとしたところで、②頭の奥《おく》で真っ白い光が弾《はじ》けた。

猛烈《もうれつ》に腹《はら》が立った。無言《むごん》でホテルの方に歩き出す。急に引き返した私を、うみかがびっくりしたように追いかけてくる。

「待ってよ。どうしたの、お姉ちゃん」

「知らない！」

実際《じっさい》、どう言えばいいのかわからなかった。

「あ、貝殻……」

うみかから、「返すね、はい」と渡されても、受け取る気がしなかった。

うみかはいっつもそうだ。こういうところが生意気だ。私が何か言うと必《かなら》ず言い返してくるし、そのことで私が怒《おこ》っても、自分の何が悪いのかわかってない。他の子の妹はみんな、お姉ちゃんの言うことは素直《すなお》に聞いてるみたいなのに。


（辻村深月《つじむらみづき》「1992年の秋空」『家族シアター』所収《しょしゅう》）

（注）○テープレコーダー＝音を録音《ろくおん》する機械《きかい》。

---

(2) ――線②「頭の奥《おく》で真っ白い光が弾《はじ》けた」とありますが、この時の「私」の様子としてもっとも適当なものを次の**ア**～**エ**から一つ選び、記号で答えなさい。〈25点〉

ア 感動を妹と共有《きょうゆう》したくて話しかけたのに、そんな姉の気持ちにはお構《かま》いなしに、「私」の誤《あやま》りを淡々《たんたん》と指摘《してき》し続《つづ》けるうみかの無神経《むしんけい》さに、積《つ》もり積もった怒《いか》りが瞬間《しゅんかん》的《てき》にこみ上げてきた。

イ 何か言うと必《かなら》ず言い返してくる妹に対して、今度こそ自分が優位《ゆうい》に立てると思って話しかけたのに、自らの知《ち》識《しき》を得意《とくい》げに披露《ひろう》する様子に悔《くや》しさが募《つの》り、瞬間的に怒りがこみ上げた。

ウ 旅の興奮《こうふん》から気がゆるんで、つい恥《は》ずかしいセリフを言ってしまっただけなのに、妹に誤りを次々と正されて、家族の前で恥《はじ》をかかされ、今まで蓄積《ちくせき》されてきた怒りがとうとう爆発《ばくはつ》した。

エ 生意気なうみかに対してこれまで懸命《けんめい》に気持ちを抑《おさ》えてきた「私」だったが、旅先でまで姉の言葉に感情的《かんじょうてき》に反論《はんろん》してくる妹に、ついに我慢《がまん》も限界《げんかい》に達《たっ》し、怒りが瞬間的に爆発した。

［　　］

2章

12 主題

物語の読解《どっかい》

学習日　　月　　日

ねらい　登場人物のえがかれ方を通して、主題（作者が物語を通して伝えたいこと）を読み取れるようになる。

★標準レベル

15分

／100

答え35ページ

1 次の文章を読んで、あとの問いに答えなさい。

「わたし（ノリ）」は、鉄道には興味《きょうみ》がありませんでしたが、鉄道好《ず》きのユージくんやはるちゃんとなかよくなりました。ところが、クラスの中心人物である美花《みか》ちゃんが鉄道好きをバカにしたことで、ノリは思わず鉄道がきらいだと言ってしまい、落ちこみます。本文は、ノリがユージくんと二人で電車を見ながら、話をしている場面です。

ふいに、ユージくんが言った。

「ノリはさ、おれたちみたいに、無理《むり》に鉄道好きになることないんだよ。ノリは、ノリの好《す》きなものがあるだろう。」

わたしの好きなもの。いつだったか、はるちゃんに聞かれたこともあった。マンガとか、ゲームとか……。

「①おれたちは、たまたま鉄道だっただけだから。」

たまたま鉄道……。

(1) ①おれたちは、たまたま鉄道だったとありますが、「おれたち」と「わたし」の趣味《しゅみ》について説明《せつめい》した次の文にあてはまる言葉を、文章中から a は三字、b は六字でぬき出しなさい。〈10点×2〉

・ユージくんたちにとっての鉄道の本は、わたしにとっての a で、ユージくんたちが地図や鉄道路線図を調べるのは、わたしにとって b ことと同じである。

a □□□

b □□□□□□

(2) ②わたしって、ほんとバカだとありますが、「わたし」はなぜ「バカ」なことをしてしまったのですか。それについて説明した次の文にあてはまる言葉を、文章中から a は十字でさがして最初《さいしょ》と最後の四字をぬき出し、b は八字でぬき出しなさい。（句読点《くとうてん》も一字と数えます。）〈15点×2・aは完答〉

そっか！　わたしが好きなマンガは、ユージくんたちにとっては鉄道の本で、わたしがゲームをするように、ユージくんたちは地図や鉄道路線図を調べる。同じなんだ。好きなものがちがうだけで、鉄道だからって、変《か》わってるとか、暗いってことはないんだ。だいたい、ユージくんもはるちゃんも、めちゃめちゃ明るい人だし。

美花ちゃんたちが、はるちゃんを笑《わら》うのは、おかしいことなんだ。なのに、美花ちゃんの言葉に引きずられたりして、②わたしって、ほんとバカだ。なさけなくて、泣《な》き笑いした。

「どうしたんだよ、急に。」

ユージくんがギクッとして、［　　］ものでも見るような顔をしたから、よけいおかしくなって、笑いが止まらなくなった。

「でも、けっこう鉄道好きになってきただろ？」

「えっ、ううん、まあ……。」

実はね、好きになってきたの。ゴーッと線路に入って来た電車が、わたしに代わって返事をしてくれたみたいだった。

（新井《あらい》けいこ『電車でノリノリ』）

・鉄道を好《す》きな人は［a］という一方的《いっぽうてき》なイメージがぬぐいきれず、［b］にのってしまったから。

a ［　　　　］～［　　　　］

b ［　　　　　　　］

(3) ［　　］にあてはまる言葉を次から選《えら》び、記号で答えなさい。〈10点〉

ア　おもしろい　　イ　不快《ふかい》な

ウ　こわい　　エ　悲しい

〔　　〕

(4) この文章の主題をまとめた次の文にあてはまる言葉を、文章中から［a］は九字、［b］は四字でぬき出しなさい。〈20点×2〉

・人によって［a］のは当たり前のことであり、人の趣味を笑《わら》うのは［b］ことだ。

a ［　　　　　　　　　］

b ［　　　　］

15分

/100

答え36ページ

学習日　月　日

1 次の文章を読んで、あとの問いに答えなさい。

（兄との関係《かんけい》があまりよくなかった「ぼく」は、夏樹《なつき》君に会うため北海道に行きました。夏樹君が兄の春樹《はるき》さんに飲み物とおかしを持っていってあげているのを「ぼく」は目にします。）

遠目にながめながら、ふと、いま自分から相手に何かをしてあげたのは夏樹君だったことに気がついた。兄ではなく、弟のほうが先に動いたのだ。お兄《にい》さんも、きのうは勉強を教えてあげたり、自動販売機《はんばいき》の飲み物を買ってあげたりしていたけど、弟だってその分こうして思いやりの気持ちを示《しめ》していた。「持ちつ持たれつ」とは、こういうことをいうのだろうか。

空はうすく曇《くも》っていたけれど、とても□ものを見た気がした。

（中略《ちゅうりゃく》）

（「ぼく」は東京にもどる特急《とっきゅう》に乗る前に、道の駅夕張《ゆうばり》メロードという大きな店があるのを見つけました。）

ぼくはメロードの中に入り、特産品《とくさんひん》のコーナーを急ぎ足で回った。時間の余裕《よゆう》はない。一巡《いちじゅん》してからいったん店の外に

(1) □にあてはまる言葉を次から選《えら》び、記号で答えなさい。〈15点〉

ア じめじめした　イ しんみりした

ウ まぶしい　エ 暑苦しい

〔　　〕

(2) ①手が汗《あせ》ばんでいるとありますが、その理由として、急いでいること以外《いがい》に考えられることを書きなさい。〈20点〉

〔　　〕

(3) ②いつものとおりとありますが、「いつも」の兄からの変化《へんか》についてまとめた次の文にあてはまる言葉を、文章中から a は七字、b は六字でぬき出しなさい。〈15点×2〉

・「いつも」の兄の様子から変化したことが、兄が a になったことからわかる。また、兄の変化を感じて、「ぼく」は b 気持ちになっている。

a

b

出て、携帯《けいたい》電話を取り出す。①手が汗《あせ》ばんでいるのがわかった。

「あ、お兄ちゃん。いま夕張にいる。おみやげを買おうと思って。何がいい？」

「おれにか？」

「そうだよ」

「おまえ、暑くて頭がおかしくなったのか？」

声がとんがっている。②いつものとおりだ。

「いま時間がないんだ。石炭シュークリームとメロンゼリーだと、どっちがいい？」

「まじかよ？」

「まじだよ」

「信《しん》じらんねえ」

「信じていいよ。信じなきゃ駄目《だめ》だ」

ぼくが答えると、③お兄ちゃんはしばらく黙《だま》った。

「じゃあメロンゼリーのほう。わるいな」

やわらかい口調になって言った。

「わるくなんかないよ。全然《ぜんぜん》わるくない」

「なんか変《へん》だな。なら……まあ、サンキュー」

お兄ちゃんのサンキューを聞いたら、ほっこりした気分になった。


（本田有明《ほんだありあけ》『メロンに付《つ》いていた手紙』）

(4) ③お兄《にい》ちゃんはしばらく黙《だま》ったとありますが、なぜですか。〈15点〉

(5) この文章の主題について次のようにまとめたとき、□にあてはまる内容《ないよう》を、「おたがい」という言葉を使って三十字以内で書きなさい。〈20点〉

・兄弟は、□の関係《かんけい》をきずくことが大切である。

1 次の文章を読んで、あとの問いに答えなさい。〈早稲田実業学校中等部・改〉

森次郎《もりじろう》は、両親の都合で貧《まず》しい叔母《おば》の家で暮《く》らさねばならず、そこでの生活は彼《かれ》にとって楽なものではない。ある日親友の石田《いしだ》は元気がない次郎を見て家に誘《さそ》う。

石田の家では、祖父《そふ》の死後、彼の希望《きぼう》で、通学に便利《べんり》なように、狩野川《かのがわ》べりに別宅《べったく》をもうけて、女学生や小学校の上級生の妹たちといっしょに住まわせていた。両親も週の半分をともに暮らしていた。裏庭《うらにわ》から石段《いしだん》で狩野川へ降《お》りられるような位置《いち》で、町なかとは思えないほど静《しず》かな場所である。特《とく》に石田の部屋は、川の好《す》きな彼の希望で、川に向かった二階であるが、ここに移《うつ》って間もない頃《ころ》には、その部屋の縁側《えんがわ》から釣《つ》りざおを出して川魚がつれると、自慢《じまん》していたが、後にはボートに熱中《ねっちゅう》して、裏の川岸にボートをつないであって、学校の帰りにボートへ誘ったこともある。四年生になると、春休みに東京の叔母の家で聞いた*蓄音機《ちくおんき》に夢中《むちゅう》になって、話題がボートから音楽に変《か》わった。

実は、次郎はご自慢の蓄音機もまだ聞いたことがなく、彼が目を輝《かがや》かして語るピアノやバイオリンが、どんな音を出すのかも知らなかった。いい*音盤《おんばん》が届《とど》いたというのが、何のことかわからないで、石田について行った。

石田の二階に通されて、次郎は体を横にする場所のない自分にひきくらべて、宮殿《きゅうでん》のように広い本宅《ほんたく》の他に、こんな清潔《せいけつ》な別宅を持つ彼が、どんなにしあわせかと、窓側《まどがわ》の*尺余《しゃくよ》の*濡《ぬ》れ縁《えん》に腰《こし》かけて、つくづく外を見た。

「①部屋から空が見えるんだね。ああ、大きく息ができる――」

「②空はどこからだって見えるよ。狩野川がよく見えるだろう？ 狩野川を見るにはここが一番いいと、ひそかに自負しているんだがね。川って、いつ見ても、飽《あ》きないよ。僕《ぼく》は大きくなったら、狩野川が僕に語ったことという題で、詩か音楽を書きたいな。でも、川は洪水《こうずい》の時が一番壮大《そうだい》で、逞《たく》しくて、好きだな。去年の夏休みの洪水の時は毎日、朝からここを動かないで眺《なが》めあかして、感動したな」

「あの時、僕の村は大半水に浸《つ》かった、床上《ゆかうえ》に水の上がった家が多かった。僕の家も床上まで水に浸かって困《こま》った。舟《ふね》を流された漁師《りょうし》もあって大変《たいへん》だった――」

（中略《ちゅうりゃく》）

石田にコーヒーを出してもらったが、それは次郎にとって初《はじ》めて飲むものだった。

飾箱《かざりばこ》だと思ったものは舶来《はくらい》の蓄音機だという。ラッパがなくて、どこから音が聞こえるのだろうか。石田は得意《とくい》な表情《ひょうじょう》で、戸棚《とだな》から犬のマークのある大きな盤を取り出して、勿体《もったい》ぶってかけて蓋《ふた》をした。

全く不思議《ふしぎ》な手品のように、飾箱全体から、奇妙《きみょう》な美しい音が流れ出した。この世のものと思えない音だ。石田も腕《うで》ぐみしてじっと聴《き》き入っているが、次郎は目を閉《と》じた。これは一体なんであろうか、心に滲《し》み入るようで、聴いているうちに、空腹《くうふく》な胃袋《いぶくろ》も、熱《ねつ》っぽくてだるい肉体も、だんだんなくなって、自分というものが、地上から誘い出されて、宙《ちゅう》を翔《か》けまわりながら、豪華《ごうか》な楽園を愉《たの》しく探《さが》しまわっている。この宙をかけまわるものが魂《たましい》というのであろうか——突然《とつぜん》音がとまって、目を開けたが、宙をとびまわっていた魂が、肉体にかえる暇《ひま》がなかったのか、口をきくこともできなかった。

石田はゆっくり立ち上がり、盤を裏返《うらがえ》した。再《ふたた》び次郎は目を閉じた。

これが、音楽といえるものを聞いた最初《さいしょ》である。全部聴きおわった時、次郎の目には涙《なみだ》がたまっていた。その涙に、石田も気がついて、これだから森は親友としてすてられないと、ひそかに自ら誇《ほこ》った。

「これはなんだ、僕は自分に足があって、地上にいなければならないことが、悲しくなったくらいだ」

そう次郎はてれくさそうに涙を説明《せつめい》した。

「ピアノだよ」

「ピアノって、こんなに素晴《すば》らしいものか」

「ピアノが素晴らしいんじゃないよ。この曲と演奏者《えんそうしゃ》が素晴らしいんだ。ベートーヴェンのムーンライト・ソナタだ」

「ムーンライト・ソナタ、英語《えいご》の*リーダアにあった、あれか。あの月光の曲って、これだったか、そうか。つまらないお話で、難《むずか》しい単語《たんご》が多くて閉口《へいこう》したけれどさ、英語の時間に、これを聞かせてくれれば、あの盲目《もうもく》の少女の感動もわかったし、ベートーヴェンの偉《えら》さもわかって、面白《おもしろ》かったろうに、そうか、これが、あの月光の曲か。でも、ピアノって凄《すご》い音だなあ」

「もう一度かけようね」

次郎の目には再び涙がたまった。しかし今度は、彼の魂は肉体にとどまって宙を翔けまわらなかった。彼のおかれた醜《しゅう》悪《あく》な環境《かんきょう》の外をぐるぐるまわって、客観的《きゃっかんてき》に眺めさせたと言うべきか——

こんなに素晴らしく美しいものが、自分の手の届《とど》くところにあるのに、そうとは知らずに、家庭だとか、新しい叔母だとか、信仰《しんこう》がどうだとか、病気のために中学校をやめるのが神の意思かどうかとか、まるで醜悪《しゅうあく》な泥海《どろうみ》に足をとられて、じたばたしていた。なんという愚《おろ》かなことだろう。石田《いしだ》の祖《そ》父《ふ》が二年前に忠告《ちゅうこく》した「親の信仰《しんこう》にとらわれてはならない、大きく物を見るように」というのは、このことだったろう。

同じことを石田は音楽を聴《き》かせることで、忠告するのだろう。

石田を批判的《ひはんてき》に見たこともあるが、③やはりなくてはならない親友だ。


（芹沢光治良《せりざわこうじろう》『人間の運命』）

（注）○蓄音機《ちくおんき》＝円盤《えんばん》レコードを再生《さいせい》する機械《きかい》。
○音盤《おんばん》＝レコードとよばれる、音が記録《きろく》されたもの。
○尺余《しゃくよ》＝一尺（約《やく》三〇センチ）よりやや長いこと。
○濡《ぬ》れ縁《えん》＝雨戸の外側《そとがわ》に付《つ》けられた縁側《えんがわ》。
○リーダア＝（英語《えいご》の）教科書。

(1)　――線①「部屋から空が……息ができる――」とありますが、ここからどういうことが読み取れますか。次の中から当てはまるものを二つ選《えら》び、記号で答えなさい。〈20点×2〉

ア　次郎《じろう》は贅沢《ぜいたく》な生活を当然《とうぜん》と考えている石田《いしだ》の傲慢《ごうまん》さに気がついたということ。

イ　次郎は居心地《いごこち》の悪い家庭環境《かんきょう》から解放《かいほう》された気持ちになっているということ。

ウ　次郎は詩や音楽を楽しむことができそうな環境に心躍《こころおど》らせているということ。

エ　次郎は石田の友人としてふさわしい自分を演出《えんしゅつ》しようとしているということ。

オ　次郎は石田の生活を知ることで自分との落差《らくさ》に思いをはせているということ。

カ　次郎は裕福《ゆうふく》な石田に対する激《はげ》しい憎悪《ぞうお》をおさえこもうとしているということ。

［　　］・［　　］

(2) ——線②「空はどこからだって見えるよ」とありますが、ここからどういうことが読み取れますか。最《もっと》もふさわしいものを次の中から選び、記号で答えなさい。〈30点〉

ア ふたりだけの楽しい時間なのに貧乏臭《びんぼうくさ》い会話しかできない次郎にいらだつ石田の様子。

イ 感受性《かんじゅせい》の豊《ゆた》かな次郎に対抗《たいこう》して、財力《ざいりょく》を見せつけ優位《ゆうい》に立とうとしている石田の様子。

ウ 次郎と自分の間にある生活環境の大きな格差《かくさ》を問題とせずに会話を続《つづ》ける石田の様子。

エ あたりまえのことを答えなければわからない次郎を冷《つめ》たく突《つ》き放している石田の様子。

オ 次郎の置《お》かれた環境を理解《りかい》できず、貧《まず》しさを馬鹿《ばか》にして傷《きず》つけようとする石田の様子。

〔　　〕

---

(3) ——線③「やはりなくてはならない親友だ」とありますが、次郎は石田をどのようにとらえていると考えられますか。最もふさわしいものを次の中から選び、記号で答えなさい。〈30点〉

ア 石田の人を軽視《けいし》する態度《たいど》は気になるが、彼《かれ》に負けるものかという反骨精神《はんこつせいしん》を引き起こし、自分を高めてくれる存在《そんざい》であるということ。

イ 石田は無神経《むしんけい》な発言で自分を傷つけることもあるが、それ以上《いじょう》に人の温かさや家族のあるべき姿《すがた》を教えてくれる存在であるということ。

ウ 石田の言動に劣等感《れっとうかん》を抱《いだ》かされることもあるが、現在《げんざい》の境遇《きょうぐう》を思い悩《なや》んでいる自分に、異《こと》なる世界を提示《ていじ》してくれる存在であるということ。

エ 石田は自分のことをひそかに馬鹿にしているが、これまでの苦労《くろう》や辛《つら》さを理解し受け止め、アドバイスまで与《あた》えてくれる、父親代わりの存在でもあるということ。

オ 石田は金持ちであること自体が嫌味《いやみ》だが、自分の知らない音楽や食べ物を教えてくれ、今後も貧しさを理解し援助《えんじょ》し続けてくれるであろう存在であるということ。

〔　　〕

復《ふく》習《しゅう》テスト④

15分

/100

答え39ページ

学習日　月　日

1 次の文章を読んで、あとの問いに答えなさい。

陽菜《ひな》は、ピアノが得意《とくい》な黒田《くろだ》くんにピアノを弾《ひ》いてもらうため、スタジオをかりました。黒田くんの素晴《すば》らしいえんそうを聞いたあとに、陽菜も何か弾いてみてほしい、と黒田くんに言われます。

こんな上手《じょうず》に弾かれたあとに、なにを弾いたらいいのか、なにを弾けば恥《は》ずかしくないのか……。

「トルコ行進曲……でいい？　モーツァルトの……」

それは三年生の発表会で弾いた曲だけれど、今でも好《す》きでよく弾くので、これなら楽譜《がくふ》がなくても、まちがえずに弾けると思ったのだ。

「うん、それ、僕《ぼく》も好《す》き。一番好きな曲」

そう言って立ちあがった黒田くんに席《せき》をゆずってもらって、陽菜はゆっくりとその椅子《いす》に座《すわ》った。①汗《あせ》ですべってしまわないよう、手をひざでそっと拭《ふ》く。

そして、そのあとはもう、夢中《むちゅう》だった。

緊張《きんちょう》で、指がうまく動かない。

陽菜は驚《おどろ》くと同時に、楽しくなってきた。

（草野《くさの》たき『またね、かならず』）

(1) ①汗《あせ》ですべってしまわないよう、手をひざでそっと拭《ふ》くとありますが、このときの陽菜《ひな》の心情《しんじょう》にあてはまるものを次から選《えら》び、記号で答えなさい。〈25点〉

ア 黒田《くろだ》くんに、自分が上手に弾《ひ》くところを早く見てほしい。

イ 黒田くん以上《いじょう》に、ピアノが上手だと思われたい。

ウ 黒田くんに失望《しつぼう》されないように、絶対《ぜったい》に失敗《しっぱい》したくない。

エ 黒田くんに、汗っかきだということを知られたくない。

(2) ②それでも弾きつづけているとありますが、このときの陽菜の心情にあてはまるものを次から選び、記号で答えなさい。〈25点〉　［　　］

ア 陽菜のピアノが思ったよりへたなことにあきれて、黒田くんが帰ってしまうことをおそれている。

イ 陽菜ひとりだと緊張《きんちょう》してうまく弾けないので、黒田くんにいっしょに弾いてほしいと思っている。

うっ、ミスタッチ……。

あっ、まただ……。

へただなあって思われているだろうな。クラスでピアノ係りをしているのに、この程度《ていど》なんだって、きっと、がっかりしている……。

ふいに、視界《しかい》のすみにいる黒田くんが離《はな》れるのがわかった。

えっ、帰っちゃうの？

もうこれ以上《いじょう》聞きたくないって思ったの？

不安《ふあん》になりながら、②それでも弾きつづけていると、黒田くんは陽菜の隣《となり》に椅子を運んできて座った。

そして……。

「そのままつづけて、あわせるから」

そう言われたけれど、意味がわからない……。

だけど、陽菜が弾いている鍵盤《けんばん》のすぐ横に黒田くんの手が見えて、同時にその手が踊《おど》りはじめる。

そこで③ようやく、わかった。

連弾《れんだん》だ。

黒田くんは、陽菜の弾いている《トルコ行進曲》を伴奏《ばんそう》するみたいに、同じ曲を弾いていた。

陽菜の手をいっさい邪魔《じゃま》することなく、低音《ていおん》部分だけを使って、陽菜の《トルコ行進曲》の盛《も》り上げ役に徹《てっ》して弾いているのだ。

ウ ミスタッチをくり返してしまったので、もう一度初《はじ》めからえんそうを聞いてほしいと思っている。
エ 上手にピアノを弾けないことに落ちこみ、黒田くんからピアノを教えてもらえることを期待している。
［　　］

(3) ③ようやく、わかった。連弾《れんだん》だとありますが、黒田くんが連弾を始めてくれたと気づいたことで、陽菜はどのような気持ちになりましたか。それがわかる一文を文章中からさがして最初《さいしょ》と最後の三字をぬき出しなさい。（句読点《くとうてん》も一字と数えます。）〈完答25点〉

□□□～□□□

(4) この文章の主題について次のようにまとめたとき、□にあてはまる内容《ないよう》を書きなさい。〈25点〉
・ひとりでうまくいかないときは、□ことが大切である。

［　　］

過《か》去《こ》問題にチャレンジ②

30分

/100

答え40ページ

学習日　月　日

1 次の文章を読んで、あとの問いに答えなさい。

〈鎌倉学園中学校・改〉

本田《ほんだ》次郎《じろう》は幼《おさな》い頃《ころ》に乳母《うば》に預《あず》けられていたことで実の母親になつかず、父方（本田）の祖母《そぼ》から憎《にく》まれていました。そのため、その祖母と町で暮《く》らしている家族とははなれて、母の実家である正木《まさき》家に預けられています。次郎は、中学校の入学試験《しけん》をひかえています。

みんなは一名の先生につきそわれて、試験のはじまる二日まえから、西福寺という町のお寺に合宿することになった。二日もまえから合宿をはじめるのは、町の地理や、中学校の建物《たてもの》の様子などに、まえもっていくらかでも慣《な》れさしておくことが、みんなの試験度胸《どきょう》をつくるのに必要《ひつよう》だと思われたからである。しかし、みんなとしては、そんなことよりも、一日も早くにぎやかな町に行き、そこでいっしょに寝泊《ねと》まりできるということが、ただわけもなく楽しかった。――一般《いっぱん》にこのへんの児童《じどう》は、入学試験に対しては割合《わりあい》にのんきで、競《きょう》争《そう》意識《いしき》で神経《しんけい》をいらだたせる、といったようなことはあまりなかったのである。

付《つ》き添《そ》いの先生は、次郎や*竜一《りゅういち》たちを四年から受け持ってくれていた権田原《ごんだわら》先生だった。

この先生は、児童たちが何かいたずらでもやっているのを見つけると、その大きな眼《め》をむいて拳固《げんこ》をふりかざしておきながら、すぐその手でやさしく児童たちの頭をなで、「これから気をつけるんだぞ。」と言って、それっきり、けろりとなるといったふうな、*飄然《ひょうぜん》としたなかに、いかにも温情《おんじょう》のあふれている先生で、年歳《とし》はもう四十を越《こ》していたが、*師《し》範《はん》を出ていないせいか、学校での*席次《せきじ》は、まだ四席かそこいらのところだった。毛むくじゃらな、まんまるい顔を、羊《よう》羹《かん》色の制服《せいふく》の上にとぼけたようにのっけて、天井《てんじょう》を見ながらのっそりと教壇《きょうだん》に上がって来るくせがあったが、その様子が、不思議《ふしぎ》に児童たちの気持ちをまじめにもし、またなごやかにもするのだった。

この先生が付き添いときまってからは、①合宿はみんなにとっていよいよ輝《かがや》かしいものに思われ、彼《かれ》らはよるとさわるとその話をして、町に行く日を首をながくして待っていた。

ただひとり楽しめなかったのは次郎だった。彼《かれ》は、むろん、合宿に加《くわ》わりたいのが精《せい》いっぱいで、町に自分の家があるのがうらめしい気にさえなり、

（先生のほうで、みんなを合宿させることにきめてくれるといいが――）

と、心のうちで祈《いの》ったりしていた。しかし、権田原先生は、自分が付き添いときまった日に、みんなを集めて、合宿に必要な諸注意《しょちゅうい》や、費用《ひよう》のことなどを話したあと、次郎の頭をなでながら言った。

「本田は合宿のめんどうがなくていいね。だが、試験の時間におくれんように気をつけるんだぞ。いずれ先生が君のうちに寄《よ》って、よく打ち合わせておくが。」

次郎はがっかりした。

（中略《ちゅうりゃく》）

みんなが合宿のために町に出ていく日、次郎は権田原先生に、「世の中には、たくさんの幸福にめぐまれながら、たった一つの不幸《ふこう》のために、自分を非常《ひじょう》に不幸な人間だと思っている人がいる」という話をされた。

何度もその言葉を心のうちでくりかえしているうちに、先生が何のためにそんなことを言ったのかが、次第《しだい》にはっきりして来た。彼は、乳母、父、正木一家、*春子《はるこ》、恭一《きょういち》（中略）と、つぎからつぎに、自分との交渉《こうしょう》の深かった人たちのことを思いうかべてみた。そして、現在《げんざい》自分の不幸の原因《げんいん》になっている人は、けっきょく本田のお祖母《ばあ》さんだけだと気がついた時に、彼は、自分というものが急にまるでちがった世界におかれたような気がして、何か驚《おどろ》きに似《に》たものを感じずにはおれなかった。

（中略）

次郎は、それからかなりたってから、だしぬけに言った。

「先生、僕《ぼく》、これまで、まちがっていたんです。僕、こんどはうちで恭ちゃんに教えてもらって、うんと勉強します。」

「うむ。……恭ちゃんて、君の兄さんだったね。」

「ええ、中学校の二年生です。僕と仲《なか》よしなんです。」

「そりゃいいね。だが、試験間ぎわの勉強はかえってよくない。それよりか、気持ちを愉快《ゆかい》にしていることだ。つまらんことで腹《はら》をたてたりしちゃいかんぞ。ひょっとして腹がたつことがあったら、すぐ合宿のほうに遊びにやって来い。」

「はい。でも、僕、もう腹をたてません。」

次郎は、先生が自分のことをなにもかも知っていてくれるような気がして、うれしかった。で、彼は誓《ちか》うように、はっきり答えたのである。

「そうか、うむ。……だが、君は、合宿に加われんぐらいなことで、こないだから腹をたてていたようだね。」

次郎は頭をかいた。先生は微笑《びしょう》しながらその様子を見てい

たが、また急にまじめな顔になって、「君を合宿に加《くわ》えるのは何でもないことさ。だが、それでは本田次郎《ほんだじろう》は卑怯者《ひきょうもの》になってしまう。②先生は、君を卑怯者にしたくなかったんだ。正《まさ》木のお祖父《じい》さんだって、先生と同じ考えにちがいない。……偉《えら》い人にはね、本田、きらいな人間もなければ、きらいな場所もないんだ。それは勇気《ゆうき》があるからさ。正しい勇気さえあれば、どんなことにだってぶつかっていける。本田のように好《す》ききらいがあるのは、ちと卑怯だぞ。」

　先生はまた「卑怯だぞ」と言った。そして次郎には、この時ほど先生の「卑怯だぞ」がぴんと心にひびいたことはなかった。

（そうか、先生はそんなことを考えていたんか――）

　次郎は、何度も心の中でそう思いながら、このごろにない快《こころよ》い興奮《こうふん》を感じた。

（下村湖人《しもむらこじん》『次郎物語《じろうものがたり》』）

（注）○竜一《りゅういち》＝次郎の友だち。
○飄然《ひょうぜん》＝俗事《ぞくじ》にこだわらずのんきなさま。
○師範《しはん》＝教員を養成《ようせい》するための学校。師範学校。
○席次《せきじ》＝成績《せいせき》・地位《ちい》などの順位《じゅんい》。
○春子《はるこ》＝竜一の姉。

---

(1) ――線部①「合宿はみんなに……ものに思われ」とありますが、この理由を説明《せつめい》したものとして最《もっと》も適切《てきせつ》なものを次の中から選《えら》び、記号で答えなさい。〈20点〉

ア 親身になって面倒《めんどう》を見てくれる権田原《ごんだわら》先生と行けば、試験《しけん》でよい結果《けっか》を出せると思ったから。

イ 小さなことにこだわらない権田原先生と行けば、試験に向けて度胸《どきょう》をつけられると思ったから。

ウ 生徒《せいと》を束縛《そくばく》しない権田原先生と行けば、勉強以外《いがい》の楽しい活動を自由にできると思ったから。

エ 生徒思いで優《やさ》しい権田原先生と行けば、合宿がますます楽しいものになると思ったから。

〔　　〕

(2) ――線部②「先生は、君を卑怯者《ひきょうもの》にしたくなかったんだ」とありますが、先生はどのようなことを卑怯だと考えているのですか。その説明として最も適切なものを次の中から選び、記号で答えなさい。〈20点〉

ア 自分の心の中にきらいな人やきらいな場所があることを認《みと》めないこと。

イ 自分の中の弱い部分を隠《かく》すためにきらいな人や場所をつくってしまうこと。

ウ　自分にきらいな人や場所があることを正直に打ち明けないこと。

エ　自分がきらいな人やきらいな場所と関《かか》わろうとしないで逃《に》げてしまうこと。

〔　　〕

(3)　先生の児童《じどう》に対する態度《たいど》や考え方を説明したものとして最も適切なものを次の中から選び、記号で答えなさい。〈30点〉

ア　児童の行動を無理《むり》におさえつけようとするのではなく、児童が自分で考えて行動できるように状況《じょうきょう》に応《おう》じて様々な指導《しどう》のしかたをしている。

イ　積極的《せっきょくてき》に児童に関《かか》わるということはないが、相手を理解《りかい》してふさわしい指導ができるように冷静《れいせい》な目で児童の様子をよく観察《かんさつ》している。

ウ　いつもは優しく朗《ほが》らかな態度で接《せっ》しているが、児童が誤《あやま》った行動をとった時には厳《きび》しくしかって相手に反省《はんせい》を求《もと》めるような指導をしている。

エ　言葉による指導によって相手の行動を変《か》えさせようとするのではなく、自分の人柄《ひとがら》を感じとらせることによって正しい行動に導《みちび》いている。

〔　　〕

(4)　本文の内容《ないよう》に合うものとして最も適切なものを次の中から選び、記号で答えなさい。〈30点〉

ア　次郎は先生の話を聞くまで自分が合宿に行けるか行けないかだけにこだわっていたが、先生の話を聞いて考え方に感銘《かんめい》を受け、これからは自分のことだけではなく人のことも考えられる人間になろうと決意した。

イ　次郎は合宿に連《つ》れて行ってもらいみんなと楽しく過《す》ごすことを望《のぞ》んでいたが、先生の話を聞いて何が大切なことなのかをきちんと考え、みんなといっしょに合宿に行くことよりも試験に向けて一生懸命《いっしょうけんめい》勉強することを選ぼうと決意した。

ウ　次郎は先生が自分を合宿に連れて行かないことを不満《ふまん》に思っていたが、先生の話を聞いてそれが嫌《いや》なことにも立ち向かう勇気《ゆうき》をもたせようという意図的《いとてき》なはからいだったとわかり、感情《かんじょう》の高ぶりを覚《おぼ》えた。

エ　次郎は合宿に行けないことに加《くわ》え、本田《ほんだ》の家に行かなければならないことを苦にしていたが、先生の話を聞いて人に対して愛情《あいじょう》をもって接することの大切さに気づき、本田家で過ごすことは先生から課《か》された宿題のようなものだと思った。

〔　　〕

説《せつ》明《めい》文《ぶん》の読《どっ》解《かい》

13 指《し》示《じ》語《ご》

学習日　月　日

ねらい
指示語が指している内容を、前後の文脈から、正確に読み取れるようになる。

★標準レベル

15分

／100

答え41ページ

1 次の文章を読んで、あとの問いに答えなさい。

アサガオはつる植物で、細くて長い茎《くき》だけでは、からだをささえることができません。①そのかわり、茎は物にまきつく性質《せいしつ》があり、それをささえに生長します。

アサガオのつるの先を、じっくり観察《かんさつ》していると、目には見えませんが、ゆっくり動いていることに気がつきます。つるは、まるで首をふるように、左まわりに回転していきます。一回まわるのに、一時間あまりかかります。

アサガオのつるは、ゆっくりと回転しながら、途中《とちゅう》で物にふれると、こんどはすばやく②それにまきついていきます。

アサガオのつる、つまり茎は、いったん棒《ぼう》などにまきつくと、あとは棒を中心に、上から見て左まきのらせんをえがきながら、上へのびていきます。

③このまき上がり運動は、二つの運動がくみあわさったものです。そのひとつは、茎が棒にふれると、ふれた反対側《はんたいがわ》が

(1) ①そのかわりとありますが、何のかわりですか。あてはまるものを次から選《えら》び、記号で答えなさい。〈15点〉

ア アサガオが、ヘチマと同じつる植物であること。
イ アサガオが、からだをささえられない茎《くき》をもつこと。
ウ アサガオの茎が、ゆっくり動いていること。
エ アサガオの茎に、物にまきつく性質《せいしつ》があること。

［　　］

(2) ②それとありますが、何を指しますか。あてはまるものを次から選び、記号で答えなさい。〈15点〉

ア 左まわりに回転するアサガオのつる
イ ゆっくりと回転するアサガオのつる
ウ アサガオのつるを観察《かんさつ》している人
エ 回転の途中《とちゅう》でアサガオのつるがふれた物

［　　］

より多く生長する、まきつき運動です。もうひとつは、茎が上へのびようとする運動です。

つるには、下向きに細い毛がたくさんはえています。つるが、棒からずり落ちないように役立っているのです。

ヘチマもアサガオと同じつる植物です。葉のつけ根から長いまきひげをのばし、④それで物につかまって、立っています。まきひげは、ちょうど投げなわをまわすような回転運動をしながら、まきつく物をさがします。

ヘチマのまきひげが、投げなわ運動をしているときに、棒にふれると、その先端《せんたん》は急に棒にまきついていきます。まきつくのは、二まきくらいです。

まきつきおわると、こんどはまきひげそのものが、らせん状《じょう》にまきはじめ、バネができていきます。

二十時間以上《いじょう》たつと、りっぱなバネができあがり、ヘチマの茎は、棒にしっかりと、くくりつけられたようになります。

⑤このバネは、ヘチマの茎をしっかりと棒にむすびつけているだけではありません。強風から身をまもるのにも役立っています。台風のような強い風があたっても、バネがのびちぢみして、葉にあたる風をやわらげてくれます。

（清水清《しみずきよし》『植物は動いている』）

---

(3) ③このまき上がり運動とありますが、アサガオのつるはどのような形でのびていきますか。文章中から七字でぬき出しなさい。〈15点〉

［　　　　　　　］

(4) ④それとありますが、何を指しますか。文章中から六字でぬき出しなさい。〈15点〉

［　　　　　　］

(5) ⑤このバネについて次の問いに答えなさい。

1 「このバネ」が何を指すかを説明《せつめい》した次の文にあてはまる言葉を、文章中から a は四字、b は六字でぬき出しなさい。〈15点×2〉

・ a 自体がまきはじめて b たってできるもの。

a ［　　　　］　b ［　　　　　　］

2 バネのはたらきとして、**あてはまらないもの**を次から選び、記号で答えなさい。〈10点〉

ア 強風から身をまもる
イ 茎を棒《ぼう》にむすびつける
ウ 棒からずれ落ちるのをふせぐ
エ 葉にあたる風をやわらげる

［　　］

★★ 上級レベル

15分

/100

答え42ページ

学習日　月　日

1 次の文章を読んで、あとの問いに答えなさい。

深海にもぐる夢《ゆめ》を人間がはじめてかなえたのは、そう遠い昔ではない。

一九三〇年にアメリカの生物学者のウイリアム・ビービーが、直径《ちょっけい》一・五メートルの鉄の球「バチスフェア」の中に入って、三百メートルをこえる深さまでもぐったのがはじまりとされている。

「バチスフェア」は、海の上の船とワイヤーロープで結《むす》ばれているだけだった。だから、①もしそれが切れたらと思うと、たいへんな冒険《ぼうけん》であった。四年後には、九百二十三メートルまでもぐった。

その後、深海へのチャレンジは意外なことに、正反対の、空高く上がる気球が大きなヒントになって発達《はったつ》した。

スイスの科学者、オーギュスト・ピカールは、②こう考えたのだ。

「今までは、わたしのつくった気球がいちばん空高く上がった。浮《う》きあがるためのこの技術《ぎじゅつ》を使って、海の底《そこ》に行くことはできないだろうか」

海の底へもぐるには、おもりを積《つ》めば船は沈《しず》む。しかし、

(注)○トリエステ＝ピカールが、バチスカーフ型《がた》潜水船を何機《なんき》かつくったあとに開発した潜水船。
○今＝作品の執筆《しっぴつ》時点のこと。

(1) ①もしそれが切れたらと思うと、たいへんな冒険《ぼうけん》であったのはなぜですか。「それ」の意味を明らかにして書きなさい。〈20点〉

[　　　　]

(2) ②こう考えたとありますが、ピカールの考えはどのようなものでしたか。次の言葉につなげて書きなさい。〈20点〉

船が海の底《そこ》へもぐるにはおもりを積《つ》めばよいが、海上へもどるには浮《う》きあがるための大きな力がいるので、

[　　　　]

海上へもどるには、浮きあがるための大きな力がいる。そこでピカールは、ベルギーの国の助けを借《か》りて、ゴンドラのぶらさがった気球を海に沈める研究をはじめた。

「気球の中には、空気でなくガソリンを満《み》たして、浮きあがる力を生みだそう」

ピカールは、水より軽いガソリンに目をつけたのだ。手に入れやすいこと、それに、水圧《すいあつ》がかかっても縮《ちぢ》みにくい性質《せいしつ》なので、気球のゆがみをおさえられることが③その理由だった。

実際《じっさい》には、気球のかわりの大きなタンクにガソリンをつめた。その下には、クロームモリブデンという金属製《きんぞくせい》の真ん丸の球を、ゴンドラに見立ててつりさげる。

ピカールは、④このような気球の考えをもとにした潜水船《せんすいせん》の形を、ギリシャ語のバチスカーフ（深い）とスカーフス（船）から、バチスカーフとよんだ。

（中略《ちゅうりゃく》）

アメリカにわたった「*トリエステ」は、さらに改良《かいりょう》が進められた。一九六〇年一月二十三日に、太平洋のマリアナ海《かい》溝《こう》にあるチャレンジャー海淵《かいえん》で、人を乗せてもっとも深海にもぐった記録《きろく》、一万九百十六メートルを達成《たっせい》している。⑤これは、*今も破《やぶ》られていないのだ。

（山本省三《やまもとしょうぞう》『すごいぞ！「しんかい6500」地球の中の宇宙《うちゅう》、深海を探《さぐ》る』）

---

(3) ③その理由とありますが、どのようなことが理由でしたか。二つ、書きなさい。〈10点×2〉

［　　　］

［　　　］

(4) ④このような気球の考えをもとにしたとありますが、何を気球の部品に見立てましたか。それを説明《せつめい》した次の文の［a］にあてはまる言葉を書き、［b］にはあてはまる言葉を、文章中から五字でぬき出しなさい。〈10点×2〉

・［a］を気球に、金属《きんぞく》でできた［b］をゴンドラに見立てた。

a［　　　］

b □□□□□

(5) ⑤これの説明として**あてはまらないもの**を次から選《えら》び、記号で答えなさい。〈20点〉

ア 一九六〇年一月二十三日にたてられた記録《きろく》。

イ マリアナ海溝《かいこう》にあるチャレンジャー海淵《かいえん》の深さの記録。

ウ 一万九百十六メートルの深さまでもぐった記録。

エ 人を乗せて最《もっと》も深く海にもぐった記録。

［　　　］

★★★ 最高レベル

40分

/100

答え 43ページ

学習日　月　日

1 次の文章を読んで、あとの問いに答えなさい。

〈明治大学付属明治中学校・改〉

速読家の知識《ちしき》は、①単《たん》なる脂肪《しぼう》である。決して、自分自身の身となり、筋肉《きんにく》となった知識ではない。それよりも、ほんの少量《しょうりょう》でも、自分が本当においしいと感じた料理《りょうり》の味を、豊《ゆた》かに語れる人のほうが、人からは食通として尊敬《そんけい》されるだろう。読書においても、たった一冊《いっさつ》の本の、たった一つのフレーズであっても、②それをよく噛《か》みしめ、その魅力《みりょく》を十分に味わい尽《つ》くした人のほうが、読者として、知的《ちてき》な栄養《えいよう》を多く得《え》ているはずである。

（中略《ちゅうりゃく》）

速読とは、「明日《あす》のための読書」である。翌日《よくじつ》の会議《かいぎ》のために速読術《そくどくじゅつ》で大量の資料《しりょう》を読みこなし、今日の話題のために、慌《あわ》ただしい朝の時間に新聞をざっと斜《なな》め読みする。

③それに対して、スロー・リーディングは、「五年後、一〇年後のための読書」である。それは、今日、明日という即効《そっこう》性《せい》があるわけではないが、長い目で見たときに、間違《まちが》いなく、その人に人間的な厚《あつ》みを与《あた》え、本当に自分の身についた教養《きょうよう》を授《さず》けてくれるだろう。私《わたし》たちが尊敬するのは、もちろん、

細部を捨《す》てて、主要《しゅよう》なプロットに*還元《かんげん》する読み方をやめて、むしろ、プロットへの還元から零《こぼ》れ落ちる細部にこそ、目を凝《こ》らすべきである。

（平野《ひらの》啓一郎《けいいちろう》『本の読み方　スロー・リーディングの実践《じっせん》』）

（注）○妙味＝すぐれた味わい。
○ノイズ＝雑音《ざつおん》。
○還元＝元の状態《じょうたい》にかえすこと。

(1) ――部①「単《たん》なる脂肪《しぼう》である」とありますが、これはどのようなことをたとえたものか、答えなさい。〈10点〉

［　　　　］

(2) ――部②「それ」、③「それ」、⑤「そうした読み方」の指示《しじ》内容《ないよう》を答えなさい。〈5点×3〉

②［　　　　］

③［　　　　］

⑤［　　　　］

そういう人だ。

　今やネット検索《けんさく》の時代である。単なる物知りであることには何の意味もなくなった。およその意味を知りたいだけなら、誰《だれ》もがその語句《ごく》を検索してみるだろう。しかし、それ以上《いじょう》の理解《りかい》は、ネットの検索だけでは不十分《ふじゅうぶん》である。④スロー・リーダーの出現《しゅつげん》は、情報化《じょうほうか》社会において、猛《もう》スピードで交換《こうかん》されている表面的な知識を補《おぎな》うという意味で、反動どころか、いわば現代の必然《ひつぜん》なのである。

　そもそも小説《しょうせつ》は、速読可能《かのう》だろうか？

　確《たし》かに、何も考えずに文字だけ追っていれば楽しいという小説もあるだろう。しかし、名作といわれるもののほとんどは、⑤そうした読み方では、十分に魅力が理解できないものだ。単に謎解《なぞと》きを楽しむだけの読書、意外なストーリーの展開《てんかい》を楽しむだけの読書を卒業《そつぎょう》して、もう少し複雑《ふくざつ》な小説の＊妙味《みょうみ》を知るようになれば、人は自《おの》ずとスロー・リーダーとなるはずである。
　□、なぜ、小説は速読できないのだろうか？　それは、⑥小説には、様々な＊ノイズがあるからである。
（中略）

　ノイズは、私たちに現実の多様さを教え、「恋愛《れんあい》」のように何度となく繰《く》り返《かえ》されてきた主題が、決していつも同じでないことを知らしめてくれる。私たちは、小説を読むとき、

(3) ――部④「スロー・リーダーの出現《しゅつげん》は……知識《ちしき》を補《おぎな》う」とありますが、それはなぜか答えなさい。〈15点〉

〔　　〕

(4) 文中の□に入る最適《さいてき》なつなぎ言葉を次のア～オから選《えら》び、記号で答えなさい。〈5点〉

ア なぜなら　イ あるいは　ウ だから
エ しかし　オ では

〔　　〕

(5) ――部⑥「小説《しょうせつ》には、様々なノイズがある」とありますが、その「ノイズ」は、読者にどのようなことを教えるのか、説明《せつめい》している一文を本文から抜《ぬ》き出し、初《はじ》めの五字を答えなさい。（句読点《くとうてん》も一字と数えます。）〈5点〉

2 次の文章を読んで、あとの問いに答えなさい。

〈普連土学園中学校・改〉

何を今ごろと言われそうだが、①いわゆる若者《わかもの》言葉で、ヤバイという言葉の意味を聞いたときは正直驚《おどろ》いた。私《わたし》たちが使ってきたニュアンスとはまったく逆《ぎゃく》。「あの試験《しけん》どうもヤバイなあ」と言えば、落っこちそうだということだったはず。いつの間にか「このコーヒー、めっちゃヤバイ」が、すごく旨《うま》いというニュアンスになっていた。

言葉が時代とともに変《か》わっていくのはやむをえないことであり、とどめようもないところがある。いまとなっては「ら抜《ぬ》き言葉」の是非《ぜひ》を云々《うんぬん》すること自体、どこか間が抜けていると感じるほどに、わずか20年ほどのあいだに「ら抜き言葉」が一般化《いっぱんか》してしまった。

私自身はいまもはかない抵抗《ていこう》を続《つづ》けていて、どうしても「見れる」とか「食べれる」などの「ら抜き言葉」は使えないし、使うつもりもないが、②若者たちの「ヤバイ」にはそれとは違《ちが》った違和感《いわかん》と危惧《きぐ》を抱《いだ》いている。「ヤバイ」が「旨い」「おもしろい」「かっこいい」「素敵《すてき》だ」「気持ちいい」など、ほんらいかなりニュアンスの違った感覚《かんかく》、感情《かんじょう》をすべてひっくるめて一語で代弁《だいべん》してしまうというところにまず引っかかる。

（中略《ちゅうりゃく》）

短歌では、作者のもっとも言いたいことは敢《あ》えて言わないで、その言いたいことをこそ読者に感じ取ってもらう。単純《たんじゅん》化《か》して言えば、短詩型《たんしがた》文学の本質《ほんしつ》がここにあると私は思っている。

④これはかなり高度な感情の伝達《でんたつ》に関《かん》する例《れい》であるが、私たちは自分の思い、感じたこと、思想などを表現するのに、できるだけ〈出来あいの言葉〉を使わずに、自分の言葉によって、自分の思いを、人に伝《つた》える。この大切さをもう一度確認《かくにん》しておきたいものだと思う。

（永田《ながた》和宏《かずひろ》『知の体力』）

（注）○語彙＝言葉を集めた全体。ここではその人の持っている言葉、という意味。
○符牒＝記号や符号のこと。ここでは表現、という意味。

(1) 文中の A ・ B に入る最《もっと》も適当《てきとう》な漢字二字の語を、本文中から抜《ぬ》き出して、それぞれ答えなさい。〈5点×2〉

A

B

ある感動を表現《ひょうげん》するとき、たとえば「good!」一語で済《す》ませてしまうのではなく、そこにニュアンスの異《こと》なったさまざまな表現があること自体が、文化なのである。「旨い」にしても、「おいしい」「まろやかだ」「コクがある」「とろけるようだ」などなど、どのように「旨い」かを表《あら》わすために、私たちの先人はさまざまに表現を工夫《くふう》してきた。それが［A］であり、民族《みんぞく》の豊《ゆた》かさである。

いつも、もってまわった高級な表現を使えというのではまったくないが、必要《ひつよう》に応《おう》じて、自分自身が持ったはずの〈感じ〉を自分自身の言葉で表現する、そんな機会《きかい》は、人生において必《かなら》ず訪《おとず》れるはずである。③そんなときのために、私たちは普段《ふだん》は使わなくともさまざまな*語彙《ごい》を用意しているのである。語彙は自然《しぜん》に増《ふ》えるものではなく、読書をはじめとするさまざまな経験《けいけん》のなかで培《つちか》われていくものである。すでに大野晋《おおのすすむ》氏の言葉を紹介《しょうかい》したように、ひょっとしたら一生に一度しか使わないかもしれないけれど、それを覚悟《かくご》で一つの語彙を自分のなかに溜《た》め込《こ》んでおくことが、生活の豊かさでもあるはずなのだ。

すべてが「ヤバイ」という*符牒《ふちょう》で済んでしまう世界は、［B］で効率《こうりつ》がいいかもしれないが、その便利《べんり》さに慣《な》れていってしまうことは、実はきわめて薄《うす》い文化的《ぶんかてき》土壌《どじょう》のうえに種々《しゅじゅ》の種《たね》を蒔《ま》くことに等しいのであるかもしれない。

---

(2) ——線部①「いわゆる若者《わかもの》言葉で、……正直驚《おどろ》いた」とありますが、筆者が「驚いた」のはなぜですか。説明《せつめい》しなさい。〈10点〉

(3) ——線部②「若者たちの『ヤバイ』には……危惧《きぐ》を抱《いだ》いている」とありますが、「ら抜き言葉」の問題と比《くら》べて、「ヤバイ」という表現《ひょうげん》に筆者はどのような問題を感じているのですか。説明しなさい。〈10点〉

(4) ——線部③「そんなとき」とありますが、それはどのようなときですか。答えなさい。〈10点〉

(5) ——線部④「これはかなり高度な……例《れい》である」とありますが、この例のような感情《かんじょう》の伝達《でんたつ》が「高度」であると言えるのはなぜですか。説明しなさい。〈10点〉

説明文《せつめいぶん》の読解《どっかい》

14 接続語《せつぞくご》・文と文との関係《かんけい》

★標準レベル

10分

／100

答え44ページ

ねらい　接続語の働きを理解し、文と文のつながりを正確に読み取る力をつける。

学習日　月　日

1 次の文章を読んで、あとの問いに答えなさい。

①相場というのは、辞書的《じしょてき》に言うと「ものの値段《ねだん》」ってことなんだけれど、ここでは、「みんなが思っているだいたいの値段」「その時々の値打ち」って意味で使いたい。どんなふうに使うかというと、

「その値段は相場より高いよ」

「まったく相場がわかってないなぁ」

なんて感じで使います。そのとき、まわりの様子がどんなふうなのかをセンサーでちゃんと感じているかってことです。

ものを買うときに、「これぐらいのものは、だいたいこれぐらいの値段だ」ってことを知らないと、すごく高い値段で買っちゃったりするんだよね。これはボンクラだね。ボンクラというのは、状況《じょうきょう》がよくわかっていない人のことを言います。

［A］、情報《じょうほう》をキャッチするアンテナを張《は》り巡《めぐ》らせておものの値段というのは、「だれもがほしいけれど数が少ないもの」は高くなります。「だれもほしがらないもの」は、安い値段にしないと売れないよね。

いろいろ情報を集めると、そんな相場の感覚がわかってきます。

（齋藤孝《さいとうたかし》『ちょっとお金持ちになってみたい人、全員集合！』）

(1) ①相場とありますが、「相場がわかっている」とは、どのようなことですか。それを説明《せつめい》した次の文の□にあてはまる言葉を文章中から十四字でさがし、最初《さいしょ》と最後の四字をぬき出しなさい。〈完答15点〉

・一般的《いっぱんてき》なものがどれぐらいの値段《ねだん》かを□ということ。

□□□□～□□□□

かないと、選《えら》ぶのはうまくいかないという話だ。

相場を知れ。これが、ものを選ぶときに大事。

　B 、同じ品物でも、違《ちが》う店では別《べつ》の値段で売っていることがあります。だったら、安い店で買ったほうがおトクだよね。それに、似《に》た品物なんだけど、細かい差《さ》によっていろいろな種類《しゅるい》が出ていることもあるよね。そういうときは、見まくる。調べまくる。そうやって比《くら》べることが大切です。

僕《ぼく》は、選ぶのが大好《だいす》きです。たとえば、家を借《か》りたときも、すごく調べました。

　C 、情報をたくさん仕入れます。不動産《ふどうさん》屋さんに行って、物件《ぶっけん》（借りるかもしれない家）を五軒《ごけん》は紹介《しょうかい》してもらいます。そして、不動産屋さんも五軒は行く。そうすると、五×五で二十五軒の家を見ることになる。②さすがに、これだけ行けば③相場がわかってきます。

「ああ、この町では、家はこれくらいの値段で借りられるんだな」

「もうひと部屋、増《ふ》やしたければ、これくらい値段が上がるものなんだな」

といった感覚《かんかく》が、体のなかに入ってきましたね。

ただ単純《たんじゅん》に値段が高いからダメ、安いからヨシ、ってもんじゃないんだ。自分が手に入れたいものと、値段とのつりあいを考える。

---

(2) A ～ C にあてはまる言葉を次から選《えら》び、記号で答えなさい。ただし、同じ記号は二回使えません。〈15点×3〉

ア まず　**イ** しかし　**ウ** つまり　**エ** たとえば

A〔　　〕　B〔　　〕　C〔　　〕

(3) ②さすがにとありますが、その前後の文の関係《かんけい》としてあてはまるものを次から選び、記号で答えなさい。〈20点〉

ア 前の三文からみちびける予想と反対の内容《ないよう》を、あとの文でのべている。

イ 前の一文の内容をくわしく説明する例《れい》を、あとの一文であげている。

ウ 前の三文からみちびける当然《とうぜん》の結果《けっか》を、あとの文でのべている。

エ 前の一文の内容に対して、あとの一文の内容をくらべている。

〔　　〕

(4) ③相場がわかってきますとありますが、それによってどのようなことを考えられるようになりますか。文章中から二十一字でぬき出し、最初と最後の四字を書きなさい。〈完答20点〉

□□□□ ～ □□□□

I 次の文章を読んで、あとの問いに答えなさい。

　見上げる星空には、さまざまな天体がかがやいています。星座《せいざ》を形づくる星々や惑星《わくせい》や月も、それぞれに地球からの距《きょ》離《り》がちがっています。［A］、その距離はとても遠いので、ながめているだけでは、その距離の差《さ》は感じられません。そのため天体は、［B］①大きな丸い天井《てんじょう》にはりついているように見えます。

　この丸い天井が地平線の下にもつづいていて、地球を取り囲《かこ》んでいると考えると②べんりなときがあります。このプラネタリウムのような大きな球面のことを「天球」とよびます。天球を考えると地上からながめる星や、太陽の動きなどが、とても説明《せつめい》しやすくなります。

（中略《ちゅうりゃく》）

　１日たつと、太陽も星もほぼ同じ位置《いち》にやってきます。［C］、天球全体が東から西へ１日にほぼ１回、回転していると考えることができます。③もちろん、これは天球がまわっているのではなく、わたしたちのいる地球が北極《ほっきょく》と南極とを結《むす》ぶ線（地軸《ちじく》）を軸として、「自転」していることによる見かけの動きです。この軸の北の方向が、北極星の方向に

(1) ［A］～［D］にあてはまる言葉を次から選《えら》び、記号で答えなさい。ただし、同じ記号は二回使えません。〈10点×4〉

ア また　イ なぜなら　ウ つまり
エ ですが　オ まるで

A［　　］　B［　　］
C［　　］　D［　　］

(2) ①大きな丸い天井《てんじょう》にはりついているように見えますとありますが、なぜそう見えるかを、あとの言葉につなげて書きなさい。〈10点〉

［　　　　　　　　］距離《きょり》の差《さ》が感じられないから。

(3) ②べんりなときとありますが、どのようなときにべんりなのかを書きなさい。〈10点〉

［　　　　　　　　］

(4) ③もちろんとありますが、その言葉をふまえて、本文の内容《ないよう》にあてはまるものを次から選び、記号で答えなさい。〈10点〉

ほぼ一致《いっち》するので、天球が北極星を中心にまわるように見えるのです。これを「日周運動《にっしゅううんどう》」とよんでいます。

④一方、毎日同じ時刻《じこく》に観察《かんさつ》すると、見える天体の位置は微妙《びみょう》にちがっていきます。特《とく》に月は、東へとかなり大きく動きます。これは、月が地球の周《まわ》りをまわっているからです。

［D］、星座をつくる星々は、微妙に西に動いています。何日もすると、その動きははっきりします。測《はか》ってみると、その動きは1日あたり角度で約《やく》1度ほどです。こうして、同じ時刻に見える星座は、どんどん西に動いていき、東からつぎの星座が上がってきます。⑤季節《きせつ》ごとに見える星座が異《こと》なるのは、このためです。

こうして、1年後にはまた同じ星座が見えるようになります。このような動きを「年周運動」とよびます。この年周運動も、地球が太陽の周りを1年で1周する、つまり「公転」することによる見かけの動きです。

（渡部潤一《わたなべじゅんいち》『天文・宇宙《うちゅう》の科学　天体観測《かんそく》入門』）

ア 地球から見た天球はまわっているように見えるが、実《じっ》際《さい》は地球が動いている可能性《かのうせい》がある。
イ 天球が、北極《ほっきょく》と南極を結《むす》ぶ線を軸《じく》として自転しているのは、当然《とうぜん》のことである。
ウ 天球が回転して見えるが、地球と天球のどちらが自転しているからなのかはわからない。
エ まわっているのは天球ではなく、地球だというのは、当たり前のことである。

［　　］

(5) ④一方とありますが、何と何をくらべているのですか。次の文の［a］・［b］にあてはまるものをあとから選び、記号で答えなさい。〈10点×2〉

・［a］行う観測《かんそく》では天体がほぼ同じ位置《いち》にやってくる一方で、［b］行う観測では天体の位置は微妙《びみょう》にちがってくること。

ア 毎日同じ時刻《じこく》に　イ 朝と夜に
ウ 1日を通して　エ 1年を通して

a［　　］ b［　　］

(6) ⑤季節《きせつ》ごとに見える星座《せいざ》が異《こと》なるのは、このためですとありますが、それはなぜですか。〈10点〉

［　　］

★★★ 最高レベル

40分

/100

答え46ページ

学習日　月　日

I 次の文章を読んで、あとの問いに答えなさい。

〈明治大学付属明治中学校・改〉

新しい絵はわからないという人がよくあります。新しい絵というのは抽象《ちゅうしょう》絵画のことでしょう。よくわからないというのは、その絵が本来、魚を描《えが》いたものか、女を描いたものかわからないという意味でしょう。それならば、新しい絵はわかる必要《ひつよう》のないものです。わからないでけっこうといえば、話がいちおう片《かた》づきます。また、音楽がわからないという人があります。音楽が本来、魚を表《あら》わしているか、女を表わしているかがわからないというのではなく、聴《き》いてもおもしろくないというほどの意味でしょう。その場合にも、話はいちおう、人好《す》き好《ず》きということで片づくかもしれません。

[A]、本を読むということになると、これはどうしてもわからなければ無意味《むいみ》です。魚のことを言っているのか、女のことを言っているのかわからなくてはどうにもなりません。少なくとも、ある種《しゅ》の美術《びじゅつ》はわかる必要のないものです。音楽は絵と同じ意味ではなにものも表現《ひょうげん》していないので、そもそもわかるはずがない。読書だけが絵を見ることや音楽を聴くことと違《ちが》うのです。すべての本は言葉からできあがっていて、すべての言葉はなにかを意味します。その意味をとらえて、意味相互《そうご》のあいだの関係《かんけい》を理解《りかい》することが、本を読む法、つまり本をよくわかることでしょう。読むこととわかることとは切り離《はな》せません。

しかし、世の中にはむずかしい本があります。どうすればたくさんの本を読んで、いつもそれをわかることができるようになるでしょうか。その方法《ほうほう》は簡単《かんたん》です。しかし、おそらく読書においてもっとも大切なことの一つです。すなわち、自分のわからない本はいっさい読まないということ、そうすれば、絶《た》えず本を読みながら、どの本もよくわかることができます。少しページをめくってみて、[B]少し読みかけてみて、考えてもわかりそうもない本は読まないことにするのが賢明《けんめい》でしょう。

（中略《ちゅうりゃく》）

意味のあいまいな文章に長い時間をかけ、あれこれと想像《そうぞう》してみることも、時と場合によっては必要でしょうが、一般《いっぱん》には、いっそそういう本は、投げ出してしまったほうが①経《けい》済的《ざいてき》である。実際《じっさい》、世にいわゆる「むずかしい本」といわれるもののかなりの部分が、香川景樹《かがわかげき》のいうじょうずな文章でなく、へたな文章で書かれているのです。これはもちろん著《ちょ》者《しゃ》の責任《せきにん》であって、読者の側《がわ》で、わからないことに劣等感《れっとうかん》を感じる理由は少しもありません。

（中略）

あまりへたな文章で書かれた本は、いっさい無視《むし》してかえりみないというのも、短い人生の短い時間を大切にするために、必要な考え方ではないでしょうか。

それでも、文学以外《いがい》の本については、たとえば技術的《ぎじゅってき》な専《せん》門《もん》の本については、へたな文章を多少辛抱《しんぼう》しなければならない場合もあるでしょう。その本のなかには、ほかで得《え》られない資料《しりょう》があるかもしれません。しかし、少なくとも文学に関《かん》するかぎり、②そういうことはないといってよろしい。

（中略）

文章があいまいなのは、多くの場合に、単《たん》なる技術面ばかりではなく、言おうとすることを筆者がよく考えていなかったということ、あるいは文章の内容《ないよう》を、作者自身が十分に理解していなかったということを意味するでしょう。筆者当人さえもよく理解していない内容を、読者がどうして十分に理解することができるでしょうか。

私《わたし》たちがよく知っている例《れい》でも、［C］、だれにもわかりようのない西洋哲学《てつがく》の翻訳書《ほんやくしょ》などがあります。訳者がドイツ語をよく知らないか、哲学的思考に慣《な》れていないか、あるいはたぶんその両方で、原文を十分に理解しないままに、日本語に置《お》きかえているという場合が少なくありません。その訳文から原文を想像し、原文の言おうとしたことを推察《すいさつ》するのは、あまりにむずかしい、ほとんど不可能《ふかのう》に近いことです。そういう場合には、その本を読むことをやめて、もっとよい翻訳をさがしたほうが*合理的でしょう。


（加藤周一《かとうしゅういち》『読書術』）

（注）○合理的＝理屈《りくつ》に合っていること。

(1) 文中の［A］～［C］にあてはまる最適《さいてき》な言葉を次の**ア**～**オ**から選《えら》び、記号で答えなさい。〈5点×3〉

ア もちろん　**イ** ちょうど　**ウ** たとえば
エ しかし　**オ** あるいは

A［　］　B［　］　C［　］

(2) ——部①は、どういうことを言っているのか、説明《せつめい》しなさい。〈20点〉

［　　］

(3) ——部②の指示内容《しじないよう》を、答えなさい。〈20点〉

［　　］

2 次の文章を読んで、あとの問いに答えなさい。

〈サレジオ学院中学校・改〉

頭の中に知識《ちしき》をインプットするのはなぜだろう？　どうして頭の中に入れなければならないのか。それは、とっさのときに辞書《じしょ》など引いていられなかったり、人にきくことができない環境《かんきょう》であれば、頭にストックしている価値《かち》がある。今は、みんながスマホを持っていて、なんでも手軽に検索《けんさく》できるのだから、この価値は下がっているだろう。

であれば、苦労《くろう》して覚《おぼ》えなくても、ただ辞書を買って持っていれば良《よ》いではないか、という話になる。ネットに依存《いぞん》している現代人《げんだいじん》の多くが、これに近い方針《ほうしん》で生きているようにも見えてしまう。

しかし、そうではない。知識を頭の中に入れる意味は、その知識を出し入れするというだけではないのだ。頭の中で考えるときに、この知識が用いられる。じっくりと時間をかけて考えるならば、使えるデータがないかと外部のものを参照《さんしょう》できるし、人にきいたり議論《ぎろん》をすることもできるが、一人で頭を使う場合には、そういった外部に頼《たよ》れない。

（中略《ちゅうりゃく》）

本には、日常《にちじょう》から距離《きょり》を取る機能《きのう》がある。本を開き、活字を読み始めるだけで、一瞬《いっしゅん》にして遠くまで行ける感覚《かんかく》がある。

---

(1) ——線「これに近い方針《ほうしん》で生きている」とありますが、それはどのようなことですか。その説明《せつめい》として最《もっと》も適切《てきせつ》なものを次の中から一つ選《えら》び、記号で答えなさい。〈20点〉

ア 多くの情報《じょうほう》を頭の中にストックしておき、必要《ひつよう》な時にはいつでも取り出せるようにしておこうと心がけていること。

イ 辞書《じしょ》を買いそろえておけば知識《ちしき》をたくわえておかなくても問題ないと考えて、本を読まずにすごしていること。

ウ 情報が必要な時にはそのつどネットで検索《けんさく》すればすむと考えて、知識をたくわえることを重要視《じゅうようし》しないでいること。

エ ネット環境《かんきょう》があれば多くの情報が簡単《かんたん》に手に入ると考えて、辞書を所有することの必要性《ひつようせい》を感じないでいること。

〔　　〕

時間をさかのぼることも容易《ようい》だし、自分以外《いがい》の人物の視点《してん》でものを見ることもできる。経験《けいけん》したことのない感情《かんじょう》も知ることができるし、人の思考の流れをたどることだってできる。

難《むずか》しい本を読むと、意味がわからないことがある。文章としては読めるし、一つ一つの単語《たんご》は知っているものなのに、その論理展開《ろんりてんかい》についていけない。何を言っているのか、と文章を読み直すことがあるだろう。

［　　空欄《くうらん》　　］

それが、本であれば、誰《だれ》でも彼《かれ》の書いたものを読めるのである。ここが、本の最《もっと》も凄《すご》いところだ。なんというのか、奇《き》跡《せき》に近いような機会《きかい》だと思う。

わからないけれど凄そう、という感想を抱《いだ》くことはないだろうか。わからないのに、凄いことがわかるのである。こういった人間の感覚は実に素晴《すば》らしい。

（森博嗣《もりひろし》『読書の価値』）

---

(2) 本文中の空欄《くうらん》の箇所《かしょ》には、以下《いか》のa～dの文章がありました。意味が通るように文章を並《なら》びかえた時の順序《じゅんじょ》を示《しめ》したものとして最も適切なものを次の中から一つ選び、記号で答えなさい。〈25点〉

a もしこれがなければ、勉強しようとも思わないだろう。なんとかわかりたい、近づきたいと感じるとすれば、貴《き》重《ちょう》な動機《どうき》を得《え》られたといえる。

b しかし、落胆《らくたん》することはない。「わからない」ということがわかったのだ。それだけでも読んだ価値《かち》がある。自分にはわからないことがこの世界にある、と知ることができた。知っていてもわからないことがある、ということを理解《りかい》したのである。

c アインシュタインに普通《ふつう》の子供《こども》は会えない。彼《かれ》はもういない。もしいたとしても、わざわざ遠いところへ訪《たず》ねてきて、子供と会って話をしたりはしないだろう。

d 「わからない」ということを体験《たいけん》できるのも、本の特徴《とくちょう》である。たとえば、小さい子供は相対性理論《そうたいせいりろん》の本を読んでもわからないはずである。

ア d→b→a→c　**イ** d→c→b→a

ウ d→a→b→c　**エ** d→c→a→b

［　　］

15 段《だん》落《らく》の関《かん》係《けい》

ねらい
段落同士の関係に着目して文脈をつかむ力をつける。

学習日　月　日

★標準レベル

15分

/100

答え47ページ

1 次の文章を読んで、あとの問いに答えなさい。

[1]夏のはじめ、雑木林《ぞうきばやし》にいってみると、1本の木にいろいろな虫たちがとまっていました。虫たちは、①木の幹《みき》のぬれたような場所に、あつまっています。

[2]幹がぬれているのは、樹液《じゅえき》というあまずっぱいしるが出ているからです。樹液は、カミキリムシなどが幹にあけたあなや、木にできたきずをふさぐために、木の中からしみでてきます。栄養《えいよう》をふくんでいて、虫たちにとっては、とてもよい食べ物なのです。

[3]ですから、あまずっぱい樹液がしみだしている木には、オオムラサキやゴマダラチョウなどのチョウや、カナブン、スズメバチなど、さまざまな虫たちがやってきます。たくさんの虫たちが食事をしにやってくるので、「虫たちのレストラン」ともいわれます。

[4]雑木林では樹液だけに虫たちがあつまるわけではありませ

(1) ①木の幹《みき》のぬれたような場所とありますが、それについて次の問いに答えなさい。

1 木の幹は何によってぬれていますか。文章中から十三字でぬき出し、最初《さいしょ》と最後の四字を答えなさい。〈完答10点〉

□□□□～□□□□

2 何のために木の幹はぬれるのですか。文章中から三十一字でさがし、最初と最後の四字をぬき出しなさい。〈完答10点〉

□□□□～□□□□

3 「木の幹のぬれたような場所」をたとえた言葉を文章中から九字でぬき出しなさい。〈10点〉

□□□□□□□□□

ん。クヌギの葉をみてみると、10円玉くらいの大きさに丸く切りとられていました。これは、ハキリバチというハチが、巣《す》の材料《ざいりょう》にするために切りとったものです。

5まわりをみると、②いろいろな木の葉がいろいろな形や大きさに切りとられています。木の葉を食べ物や巣の材料として利用《りよう》している虫がたくさんいるのです。どんな虫がいるのか、みてみましょう。

6雑木林のクヌギの葉には、虫の食べあとのほかに、③ふしぎな形のものがついていることもあります。つつのようにまるめられた葉も、そのひとつです。これは、オトシブミという虫がつくったものです。

7オトシブミのなかまのメスは、夏のはじめにクヌギなどの葉をおりたたんで卵《たまご》を産《う》みつけ、葉で卵をつつみ、幼虫《ようちゅう》が育つための巣（ようらん）をつくるのです。種類《しゅるい》によって、ようらんを枝《えだ》にそのままのこす場合と、枝から切りはなして地面に落とす場合とがあります。

8卵はようらんによって、風や雨、敵《てき》からまもられます。ようらんの中でふ化した幼虫は、自分をとりまいている葉をたべて成長《せいちょう》し、さなぎになります。そして、成虫《せいちゅう》になると、ようらんのかべをくいやぶって外に出てきます。

（大木邦彦《おおきくにひこ》『カブトムシ　昆虫《こんちゅう》と雑木林』）

1～8は段落番号《だんらくばんごう》です。

---

(2) ②いろいろな木の葉が……切りとられていますとありますが、何という虫が切りとっていますか。文章中からぬき出して答えなさい。〈10点〉

［　　　　］

(3) ③ふしぎな形のものとありますが、そのうちのひとつの名前を文章中から四字でぬき出しなさい。〈10点〉

□□□□

(4) この文章を大きく二つに分けたとき、後半はどこからになりますか。1～8の中から答えなさい。〈10点〉

［　　］

(5) 雑木林《ぞうきばやし》について説明《せつめい》した次のア～エのうち、正しいものには○、間違《まちが》っているものには×を、それぞれ答えなさい。〈10点×4〉

ア 樹液《じゅえき》や木の葉など、虫たちに食べ物をていきょうする。
イ 一本の木に、一種類《しゅるい》の虫たちが集まる。
ウ 虫たちの卵《たまご》の育つ場や、すみかになる。
エ 樹液のみを目的《もくてき》として虫たちが集まる。

ア □　イ □　ウ □　エ □

★★ 上級レベル

15分

/100

答え48ページ

学習日　月　日

1 次の文章を読んで、あとの問いに答えなさい。

1 地球上に最初《さいしょ》に現《あらわ》れた原始的《げんしてき》なハチのなかまは、ハバチやキバチなどです。

2 ハバチの幼虫《ようちゅう》は、その多くがチョウやガの幼虫のように植物の葉を食べています。いまでもふつうに見られ、日本でも800種《しゅ》以上《いじょう》のハバチのなかまが見つかっています。

3 キバチは、木の中に卵《たまご》を産《う》みます。幼虫は、木の中みの材《ざい》を食べています。

4 [A] 進化の途中《とちゅう》で、木の材ではなく同じ材の中にいるカミキリムシやタマムシなど、ほかの昆虫《こんちゅう》の幼虫をエサにするハチがあらわれました。木に卵を産むつもりが、まちがって幼虫に産んでしまったのがきっかけともいわれています。

5 ヤドリキバチは、①こうして植物食から肉食にふみだしたハチです。

6 [B]、植物より栄養価《えいようか》の高い虫を食べるようになったハチは、木の中の虫だけではなく、ほかにもたくさんいる②虫やクモまでも利用《りよう》するようになります。

7 ただ、地表を自由に動き回る虫や危険《きけん》なクモを相手にするルもできるようです。

1～14は段落番号《だんらくばんごう》です。

（藤丸篤夫《ふじまるあつお》『ハチという虫』）

(1) [A]・[B]にあてはまる言葉を次から選《えら》び、記号で答えなさい。〈10点×2〉

ア あるいは　イ なぜなら　ウ こうして　エ つまり　オ ところが

A〔　〕　B〔　〕

(2) ①こうして植物食から肉食にふみだしたとありますが、どういうことですか。「きっかけ」という言葉を使って書きなさい。〈20点〉

〔　〕

(3) ②虫やクモまでも利用《りよう》するようになりますとありますが、ハチは虫やクモをどのように利用するようになったのですか。それを説明《せつめい》した次の文にあてはまる言葉を、文章中から [a] は九字、[b] は二字でぬき出しなさい。〈10点×2〉

には、体の変化《へんか》が必要《ひつよう》でした。

⑧それは、ハバチなど原始的なハチには見られない胸《むね》と腹《はら》の間のくびれです。正確《せいかく》には腹部《ふくぶ》の1節目《せつめ》と2節目の間がくびれたのですが、この変化によって腹部をより自由に動かせるようになり、針《はり》のような鋭《するど》くとがった産卵管《さんらんかん》で素早《すばや》く毒《どく》を注入したり、卵を産みつけたりすることができるようになりました。

⑨寄生《きせい》バチ（有錐類《ゆうすいるい》）の誕生《たんじょう》です。

⑩寄生バチの寄生の方法《ほうほう》は2通りで、③外部寄生と内部寄生に分かれます。

⑪外部寄生は、寄生する虫やクモ（寄主《きしゅ》）の体の表面に卵を産みつけて、幼虫が外がわから食べていく方法です。

⑫外部寄生は、木の中や葉の中にかくれている虫などに寄生する場合によく使われる方法です。その場合寄生された虫は完全《かんぜん》に動けない状態《じょうたい》になっていることが多いのですが、地表で活動する虫やクモに外部寄生する場合は、ある時期までふつうに動き回れるようにしています。

⑬一方、生かしたまま少しずつ内側《うちがわ》から食べていく内部寄生は、地表で活動する虫に寄生するときによく使われている方法です。ただ、虫の体内に卵を産みこんだ場合、普通《ふつう》であれば体を守る免疫《めんえき》作用によって排除《はいじょ》されてしまいます。

⑭また、寄生バチは寄主の成長《せいちょう》を遅《おく》らせるなどのコントロー

・[a]によって自由で素早《すばや》い動きが可能《かのう》になり、虫やクモに[b]することで虫やクモを利用するようになった。

a

b

(4) ③外部寄生《きせい》と内部寄生とありますが、「外がわ」「内側《うちがわ》」という言葉を使って、「外部寄生」と「内部寄生」の食べ方のちがいを説明しなさい。〈20点〉

(5) 次の文は、文章中のいずれかの段落《だんらく》のあとに入ります。入る場所の直前の段落の番号を書きなさい。〈20点〉

> そうならないように内部寄生するハチは、卵《たまご》といっしょに毒液《どくえき》とウイルスを注入しています。それらの作用によって異物扱《いぶつあつか》いされなくなったハチの卵や幼虫《ようちゅう》は、寄主《きしゅ》（宿主《しゅくしゅ》）の体内で生《い》き続《つづ》けることができるのです。

30分

/100

答え49ページ

学習日　月　日

I 次の文章を読んで、あとの問いに答えなさい。〈市川中学校・改〉

中学生くらいになると、親に何か言われるたびに鬱陶《うっとう》しく感じ、反発したくなる。

いわゆる反抗期《はんこうき》になったのだ。親からすれば、子どものためを思って言っているのに、なんでわからないんだと言いたくもなるだろうが、心の発達《はったつ》という観点《かんてん》からすれば、これはむしろ歓迎《かんげい》すべきことなのである。

「親と価値観《かちかん》が合わないから、言われることすべてが納得《なっとく》いかない」

という人もいるが、それは親の価値観とは異《こと》なる自分なりの価値観ができつつあることを暗に示《しめ》している。

「親の言うとおりにすればうまくいくかもしれないけど、それはどうしても抵抗《ていこう》があるんです。自分の思うようにやってみたいんです」

という人もいるが、それは心の中に主体性《しゅたいせい》が育ってきていることのあらわれと言える。

[A]

たしかに行動は外から観察可能《かんさつかのう》だが、心の中で何を考えて

自分の意思を押し通そうとすることである。

したがって、反抗しない者には押し通すような意思がないということになる。

（榎本博明《えのもとひろあき》『「さみしさ」の力　孤独《こどく》と自立の心理学』）

(1) [A]～[C]に入る文章として最も適当《てきとう》なものを次の中から選《えら》び、それぞれ記号で答えなさい。〈完答50点〉

ア そんな親子の間で起こっていることについて、亀井《かめい》はつぎのように言及《げんきゅう》している。

「専制的《せんせいてき》な権力《けんりょく》は、考える人を極度《きょくど》に警戒《けいかい》するが、すべて政治的《せいじてき》なるものは、考え深くあることに対して不断《ふだん》の危惧《きぐ》を抱《いだ》いているようにみうけられる。むろん少年の僕《ぼく》がこんな感想をもったのではない。少年にとって最も身近な専制的権力とは、家族である。考えるということは、まず家族に対する反逆《はんぎゃく》であり、肉親の不満《ふまん》をかう。これを薄々《うすうす》感じはじめたのである。人間に孤独感《こどくかん》を抱かせる最初《さいしょ》のものは家族であり、家族への呪《のろ》いが起《おこ》る。この経《けい》験《けん》のない精神《せいしん》はおそらくない。」

いるかは外からはわからない。反抗的《はんこうてき》な態度《たいど》や言葉は親にあからさまに伝《つた》わってしまうが、心の中で反抗していても親に即座《そくざ》に見透《みす》かされることはない。

認知能力《にんちのうりょく》の発達により、抽象的《ちゅうしょうてき》思考が活発に動き出す青年期には、親にも窺《うかが》い知れない自分独自《どくじ》の世界ができてくるのだ。だから、青年期に突入《とつにゅう》した子をもつ親は、「ウチの子は、この頃《ごろ》、何を考えてるんだか、さっぱりわからない」などと言うわけだ。自分にはコントロールできない存在《そんざい》になりつつあるわが子との間に、見えない壁《かべ》があるのを感じるのだろう。

〔B〕

今どきの親は、「ほめて育てる」とか「叱《しか》らない子育て」といった標語《ひょうご》に惑《まど》わされ、子どもに対してやたらと迎合《げいごう》することがあり、そのような親に接《せっ》する者は、とくに反抗すべき対象《たいしょう》として親を意識《いしき》することはないかもしれない。

だが、自分の考えを理不尽《りふじん》に押《お》しつけてくる親ではなくても、こちらが何を考えているのかわからず腫《は》れ物に触《さわ》るようにしている親であっても、そんな親の言葉や態度を鬱陶しく感じる。それが一般的《いっぱんてき》な青年期の感受性なのではないだろうか。

〔C〕

結局《けっきょく》、反抗というのは、親の言いなりになることに抵抗を示し、自分の思うようにしたいと自己主張《じこしゅちょう》すること、つまり

イ 生きがいや人生の意味についての探求《たんきゅう》で知られる精神《せいしん》科医神谷美恵子《かみやみえこ》は、反抗期《はんこうき》について、つぎのように述《の》べている。

「親や教師《きょうし》にとっては頭の痛《いた》いことだが、反抗期を経《へ》ずに成長《せいちょう》することは、必《かなら》ずしもよろこぶべきことではない。あまりにも素直《すなお》に育ってしまった青年は、それだけひ弱い大人、あるいは個性《こせい》のない大人になる可能性《かのうせい》がある。」

「私《わたし》が言いたいのは、反抗期がつよく現《あらわ》れるような子どもや青年は、あとでしっかり者になる確率《かくりつ》が大きい、ということである。」

ウ 評論家《ひょうろんか》の亀井勝一郎《かついいちろう》は、少年時代を振《ふ》り返って、つぎのように記している。

「人に隠《かく》れて、ひとり考え事をする。――考えるということは、すでに何ものかから己《おのれ》を隠すことであるらしい。」

A〔　　〕　B〔　　〕　C〔　　〕

2　次の文章を読んで、あとの問いに答えなさい。

〈和洋九段女子中学校・改〉

踏《ふ》まれる場所に生える代表的《だいひょうてき》な雑草《ざっそう》に、オオバコがあります。

A

オオバコは漢字では、「大葉子」といいます。その名のとおり、大きな葉を持っているのが特徴《とくちょう》です。その葉は見た目にはとても柔《やわ》らかです。しかし、その葉の中には丈夫《じょうぶ》な筋《すじ》がしっかりと通っています。だからオオバコの葉は、踏みにじられてもなかなかちぎれないのです。柔らかいだけでは簡単《かんたん》にちぎれてしまいます。柔らかさの中に固《かた》さがあるから、その柔らかな葉は丈夫なのです。

また、葉とは逆《ぎゃく》に、茎《くき》の外側《そとがわ》は固い皮で覆《おお》われていて、茎の内部は柔らかいスポンジ状《じょう》の髄《ずい》が詰《つ》まっています。固いだけでは強い力がかかると耐《た》えきれずに折《お》れてしまいます。柔らかいだけではちぎれてしまいます。固さの中に柔らかさがあるから、その頑強《がんきょう》な茎はしなやかで折れにくいのです。

B

「柔《じゅう》よく剛《ごう》を制《せい》す」という言葉があります。この言葉は、剛（固いもの）よりも柔（しなやかなもの）が強いと解釈《かいしゃく》されることが多いですが、本当はそうではないようです。本来の

こうなると、オオバコにとって踏まれることは、耐えることでも、克服《こくふく》すべきことでもありません。

踏まれなければ困《こま》るほどまでに、踏まれることを利用《りよう》しているのです。道ばたのオオバコたちは、どれも、みんな踏んでもらいたいと願《ねが》っているはずです。まさに逆境《ぎゃっきょう》をプラスに変《か》えているのです。

逆境をプラスに変えるというと、ポジティブシンキングのように、悪いことを良《よ》いこととして考えることかと捉《とら》えられがちです。

確《たし》かにマイナスのことをどのようにプラスに捉えるかは大切です。

しかし、単《たん》なるレトリックではなく、実際《じっさい》に雑草はより合理的に、より具体的に、マイナスを確かなプラスに変えているのです。

（稲垣栄洋《いながきひでひろ》『はずれ者が進化をつくる　生き物をめぐる個性《こせい》の秘密』）

意味は、「柔も剛もそれぞれの強さがあり、両方を併《あわ》せ持つことが大切である」という意味だそうです。

踏まれるところに生える雑草の多くは、固さと柔らかさを併せ持った構造《こうぞう》をしています。固いだけでも柔らかいだけでも踏みつけに耐えることはできません。固さと同時にしなやかな柔らかさを持ち、柔らかさの中にしっかりとした固さを持っている。それが踏まれて生きる雑草の強さの秘密《ひみつ》なのです。

C

踏まれる場所に生える雑草にとって、踏まれることはつらいことなのでしょうか？

オオバコの例《れい》を見てみることにしましょう。

植物は種子《しゅし》をタンポポのように綿毛《わたげ》で飛《と》ばしたり、ひっつき虫と呼《よ》ばれるオナモミやセンダングサのように他の動物にくっつけたりして、広い範囲《はんい》に散布《さんぷ》します。

オオバコはどうでしょうか。

オオバコの種子は水に濡《ぬ》れるとゼリー状の粘着液《ねんちゃくえき》を出します。そして、靴《くつ》や動物の足にくっつきやすくするのです。

D

こうして、オオバコの種子は人や動物の足によって運ばれていきます。車に踏まれれば車のタイヤにくっついて運ばれていきます。

---

(1) ——線部とはどういうことですか。最《もっと》もふさわしいものを次のア～オの中から選《えら》び、記号で答えなさい。〈25点〉

ア 踏《ふ》まれることによって、苦しみに耐《た》えて乗り切る力がつくということ。

イ 種子《しゅし》が踏まれにくくなるように、少しずつ進化しているということ。

ウ 種子が踏まれにくくなるように、踏まれにくい場所へ移動《いどう》するということ。

エ 踏まれることによって、種子を遠くへ運ぶことができるということ。

オ 踏まれることによって、上に伸《の》びる植物との競争《きょうそう》に勝つということ。

〔　　〕

(2) 次の［　］の文を入れるのに最もふさわしい部分を文中の A ～ D の中から選び、記号で答えなさい。〈25点〉

しかし、オオバコのすごいところは、それだけではありません。

〔　　〕

復《ふく》習《しゅう》テスト⑤

15分

/100

答《こた》え50ページ《ぺーじ》

学習日　月　日

1 次の文章を読んで、あとの問いに答えなさい。

1 バーチャルリアリティというのは、よく仮想現実《かそうげんじつ》と訳《やく》されます。このような言葉から、映画《えいが》やアニメのようにコンピューターグラフィックなどを使って、現実《げんじつ》には存在《そんざい》しない架空《かくう》の世界をつくりあげるような技術《ぎじゅつ》だと思っている人もたくさんいます。［　A　］、①そのイメージはちょっとまちがっています。

2 バーチャルという言葉には、「見かけは実際《じっさい》のものと少しちがっても、人間にとっては実際のものと同じ効果《こうか》をもたらすもの」という意味が含《ふく》まれています。つまり、バーチャルリアリティというのは、人間の感覚《かんかく》を刺激《しげき》して、実際と同じような体験《たいけん》をできるようにする技術ということができます。

3 飛行機《ひこうき》のパイロットや電車の運転手の訓練生《くんれんせい》は、いきなり本物を操作《そうさ》するのではなく、最初《さいしょ》のうちはシミュレーターというものを使って、操作する技術を学んでいきます。このシミュレーターは実際の機体《きたい》や車両ではありませんが、コンピューターの力を使って本当に操作しているような感覚を味わうことができます。これも立派《りっぱ》なバーチャルリアリティで

ます。

7 わたしたちは現実の世界の光をそのまま見ている気がしていますが、じつは、網膜で3つの色に分けられた信号を再現しているだけなのです。これはほかの感覚にもいえることで、音も、においも、皮膚の感覚も、すべて電気信号に変換《へんかん》された後、脳の中で再現することで感じています。つまり、わたしたちの感覚自体がバーチャルリアリティそのものであるといえるのです。

（荒船良孝《あらふねよしたか》『近未来《きんみらい》科学ファイル20XX　3　超人的《ちょうじんてき》テクノロジーの巻《まき》　空とぶ車でドライブへ!?』）

1～7は段落《だんらく》番号です。

(1) ①そのイメージはちょっとまちがっていますとありますが、バーチャルリアリティは正しくはどのような技術《ぎじゅつ》かを説明《せつめい》した内容《ないよう》を、文章中から三十二字でさがして、最初《さいしょ》と最後の四字をぬき出しなさい。〈完答10点〉

～

す。また、映画館でよく上映されるようになった3D《スリーディー》映画も、映画の世界に入りこみやすいという意味でバーチャルリアリティといっていいでしょう。

4 バーチャルリアリティという言葉を聞くと、なにか特別《とくべつ》なことのように感じてしまいますが、そんなことはありません。じつは、わたしたちはふだんからバーチャルリアリティを体験しているのです。ちょっと考えてみてください。わたしたちは、自分のまわりに広がる世界のことをどのように知るのでしょうか。

5 わたしたちは、目でものを見て、耳で音を聞き、手、つまり皮膚《ひふ》でかたさややわらかさ、温度などを感じていきます。ふつうはそう考えますし、②それはまちがいではありません。でも、③正しくもないのです。目、耳、皮膚などは感覚器《かんかくき》とよばれ、確《たし》かに風景《ふうけい》、音、かたさややわらかさなどをとらえています。しかし、その情報《じょうほう》は脳《のう》に伝《つた》わらないと、わたしたちは実際に感じることができません。

6 [B]、色を例《れい》にして考えていきましょう。わたしたちは光を目からとらえ、さまざまな色を見分けています。光は眼球《がんきゅう》の奥《おく》にある網膜《もうまく》の部分でとらえていきます。ここには赤、緑、青の色を感じる細胞《さいぼう》があり、そこで、赤、緑、青の色をしめす電気信号《しんごう》におきかえられます。[C]、これらの電気信号が脳に伝わると、網膜がとらえた光を脳の中で再現《さいげん》し

---

(2) [A]・[B]・[C]にあてはまる言葉を次から選《えら》び、記号で答えなさい。〈10点×3〉

ア すなわち　イ では　ウ まるで
エ そして　オ しかし

A〔　　〕　B〔　　〕　C〔　　〕

(3) ②それとは何を指すか、書きなさい。〈15点〉

〔　　　　〕

(4) ③正しくもないとありますが、なぜですか。その理由について説明した次の文にあてはまる内容を、文章中から、[a]は四字で、[b]は八字でぬき出しなさい。〈15点×2〉

・わたしたちは感覚《かんかく》を、[a]に変換《へんかん》して[b]ことで感じているにすぎないから。

a [　　　　]

b [　　　　　　　　]

(5) この文章を次のように分けたとき、後半は何段落《だんらく》からになりますか。段落番号を答えなさい。〈15点〉

・前半…「バーチャルリアリティとはどのような技術か」
・後半…「わたしたちの感覚自体がバーチャルリアリティだということ」

〔　　〕

16 話題と要点《ようてん》

ねらい 何について書かれているかを見通し、段落ごとに大切なところを読み取れる力をつける。

学習日　　月　　日

★標準レベル

15分

/100

答え51ページ

1 次の文章を読んで、あとの問いに答えなさい。

[1] ①葉緑体は植物が「有機物《ゆうきぶつ》」をつくるところです。

[2] 生物のからだをつくっている物質《ぶっしつ》の約《やく》60～80%《パーセント》（重《おも》さの割合《わりあい》）は水です。人は60%、魚は75%、スイカやトマトは90%が水でできています。そして、残《のこ》りのほとんどは有機物です。

[3] 有機物とは、タンパク質・炭水化物・脂質《ししつ》（油分）などのことです。タンパク質はからだ（細胞《さいぼう》）をつくる大事な物質で、炭水化物や脂質はエネルギーをつくりだし、体温を保《たも》ったり、からだを動かすために必要《ひつよう》な物質です。つまり、有機物なしにはどんな生物も生きていけません。

[4] 植物は、有機物を自分でつくることができます。太陽の光を利用《りよう》して、水や二酸化炭素《にさんかたんそ》から有機物をつくります。このはたらきを「光合成《こうごうせい》」といい、光合成をおこなう場所が、葉の細胞のなかの葉緑体です。

---

(1) この文章の話題を説明《せつめい》した次の文の［a］・［b］にあてはまる言葉を文章中からそれぞれ三字でぬき出しなさい。〈15点×2〉

・あらゆる生物が生きるために必要《ひつよう》な［a］と、それをつくる［b］というはたらきについて。

a［　　　］
b［　　　］

(2) ①葉緑体は植物が「有機物《ゆうきぶつ》」をつくるところとありますが、それはどのようにつくられるのかを文章中の[6]段落《だんらく》までから一文でさがし、最初《さいしょ》と最後の四字をぬき出しなさい。（句読点《くとうてん》も一字と数えます。）〈完答20点〉

［　　　　］～［　　　　］

5 一方、葉緑体をもっていない動物は、光合成ができません。動物は、自分で有機物をつくることができないので、ほかの生物を食べて、有機物をからだのなかに取り入れています。そのために、食べものをもとめて動きまわるのです。

6 ライオンなどの肉食動物は、シマウマなどの草食動物を食べています。草食動物が食べているのは植物です。また、カマキリはセミを食べ、セミは木の樹液《じゅえき》を吸《す》っています。このようにどんな動物も食べているものをたどっていくと、かならず植物にいきつくことがわかります。つまり、すべての生物は、植物のおこなう光合成によって、生きているのです。

7 光合成に必要な物質は、水と二酸化炭素です。植物は、水を土のなかから、二酸化炭素を空気中から取り入れています。この2種類《しゅるい》の物質を材料《ざいりょう》に、光のエネルギーを利用《りよう》して有機物をつくりだし、同時にできた酸素は空気中に出しています。

8 有機物は、おもに炭素と水素と酸素が結《むす》びついた物質で、空気中で燃《も》やすと、大きなエネルギーを出して、二酸化炭素と水になります。つまり②有機物は大きなエネルギーをもつ物質で、このエネルギーによって、すべての生物が活動できるのです。

（青木夏子《あおきなつこ》『植物はどうして緑なのか』）

1～8は段落《だんらく》番号です。

(3) 2段落の要点《ようてん》（重要なところ）としてあてはまる内容《ないよう》を次から選《えら》び、記号で答えなさい。〈15点〉

ア 人や魚などの生物のからだをつくる物質《ぶっしつ》のうち、最《もっと》も多い物質は有機物だ。

イ 生物のからだをつくる物質のうち、最も多いものは水で、その次が有機物だ。

ウ 生物のからだをつくる物質のうち、人、魚、スイカやトマトの順番《じゅんばん》で水の割合《わりあい》が多い。

エ 人のからだをつくっている物質のうち、約《やく》60～80％《パーセント》を有機物がしめている。

［　］

(4) 6段落の要点となる二文をさがし、最初と最後の四字をぬき出しなさい。（句読点も一字と数えます。）〈完答20点〉

～

(5) ②有機物は大きなエネルギーをもつ物質とありますが、そういえる理由を一文でさがし、最初と最後の四字をぬき出しなさい。（句読点も一字と数えます。）〈完答15点〉

～

★★ 上級レベル

15分

／100

学習日　月　日

答え52ページ

1 次の文章を読んで、あとの問いに答えなさい。

ひとりの木型屋《きがたや》さんが、わたしにこんなことをいってぼやいた。

「蝉《せみ》は土の中で七年、外に出て七日というけれど、たとえ七日でも陽《ひ》の目を見られればいいやね。わたしなんぞは、木型屋をもう六十年もやってるけれど、①ずっと土の中ですよ」

鋳物《いもの》工場がたくさんあることで知られる、埼玉《さいたま》県の川口《かわぐち》市の職人《しょくにん》さんだった。

木型屋は陽のあたらない仕事だと自嘲《じちょう》する気持《きもち》が、わたしにもわからないわけではない。②でも、それはちがう。

木型は、鋳物を作るときに使う。いろいろな機械《きかい》の部品には、鉄を溶《と》かして作ったものが多い。身近なものには、お寺の鐘《かね》や鉄瓶《てつびん》や風鈴《ふうりん》、べえごまもある。鉄を溶かして、ある形にするためには、一般《いっぱん》には砂型《すながた》を使う。その砂型のもとになるのが木型である。だから、木型は鋳物の原型《げんけい》である。たとえば、お寺の鐘を作るとしたら、お寺の鐘と同じものを、まず木で作る。その③木の内外《うちそと》を砂で固《かた》めたら、木型を抜《ぬ》きとる。それをすると、砂の空洞《くうどう》になった部分は、鐘の形をしている。それを砂型という。砂型に、溶けた鉄を流しこめば、鐘を作るこ

スターモデルの複雑《ふくざつ》な木型を作っていた。このくらいの木型を作るのには、何年くらいの経験《けいけん》が、というわたしの質問《しつもん》に山本さんは、

「やはりまあ、二十年てとこかねえ」

と、こともなげに答えた。

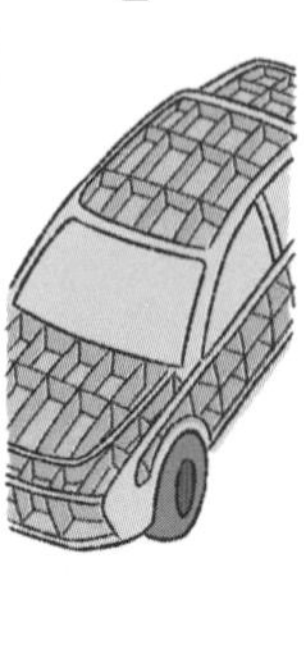

（小関智弘《こせきともひろ》『ものづくりに生きる』）

(1) ①ずっと土の中ですよには、木型屋《きがたや》さんのどのような気持ちがこめられているか、文章中の言葉を使って書きなさい。〈20点〉

［　　　　］

(2) ②でも、それはちがうの説明《せつめい》としてあてはまるものを次から選《えら》び、記号で答えなさい。〈20点〉

ア 木型屋は、べえごまなどを作る楽しい仕事である。

イ 木型屋は、鋳物《いもの》の原型《げんけい》を作る大切な仕事である。

ウ 木型屋は、形の残《のこ》らないつまらない仕事である。

エ 木型屋は、地味でおもしろみのない仕事である。

［　　］

とができる。

いつも、砂の中で役目を終わるのが木型だから、六十年たっても土の中だと、蟬になぞらえたたとえは、なかなかうまい。

たしかに地味な仕事にはちがいなく、

「ベンツに乗っている人を見たら、医者か弁護士《べんごし》か金型屋」

といわれた金型屋ほどには、脚光《きゃっこう》を浴《あ》びてこなかった。

しかし、技術的《ぎじゅつてき》にはとても高度なものがある。鐘と同じものを、木で作れば木型だと書いたが、④そんな単純《たんじゅん》なものではない。

砂を固めたあとで、砂が崩《くず》れないように抜き取れる木型を作らなければならない。どのように作ったら、砂を崩さないで、上手に木型を抜き出せるかを想像《そうぞう》してほしい。ヒントは、木型は組木細工だということである。

それだけではない。鉄に限《かぎ》らず、金属《きんぞく》はみな、冷《ひ》えれば縮《ちぢ》む。だから、その縮み代《しろ》を予測《よそく》して、木型を作る。それでないと、設計《せっけい》どおりの鋳物は作れない。

（中略《ちゅうりゃく》）

木型を作るというのは、このようにいろんな知識《ちしき》と技《わざ》が必《ひつ》要《よう》で、山本《やまもと》さんたち昔の職人さんのほとんどは、高等小学校を出ただけで、それらを身につけたのだった。

「はじめのうちは、門前の小僧《こぞう》でね」

という山本さんの工場では、ちょうどそのとき、自動車のマ

---

(3) ③木の内外《うちそと》を砂《すな》で固《かた》めたら、木型を抜《ぬ》きとるとありますが、木型の使われ方を言いかえた次の文の□にあてはまる内容《ないよう》を、文章中から十字でぬき出しなさい。〈20点〉

・木型は最終的《さいしゅうてき》に砂型から抜きとられるため、つねに□。

(4) ④そんな単純《たんじゅん》なものではない理由を説明した次の文にあてはまる内容を、a は文章中から二十三字でさがして最《さい》初《しょ》と最後の四字をぬき出し、b は自分で考えて書きなさい。〈10点×2・aは完答〉

・a 木型を作るのはむずかしいだけではなく、b を予測《よそく》して作らなければならないから。

a □～□

b 「　」

(5) この文章は二つの話題で構成《こうせい》されています。一つ目と同様に、二つ目の話題についてまとめなさい。〈20点〉

・木型屋が自身の仕事を陽があたらないと自嘲《じちょう》するが、木型屋の技術《ぎじゅつ》はとても高度なものである。

「　」

★★★最高レベル

40分

/100

学習日　月　日

答え53ページ

1 次の文章を読んで、あとの問いに答えなさい。〈灘中学校・改〉

白飯《しろめし》と味噌汁《みそしる》に焼《や》き魚や煮物《にもの》という最《もっと》もシンプルな食事でさえ、一食作るだけでも途方《とほう》もない数の手順《てじゅん》が、同時並行《へいこう》で手際《てぎわ》よく進められます。上手な人ほど、料理《りょうり》の完成《かんせい》と同時に、調理具の洗浄《せんじょう》まで完了《かんりょう》しているものです。調理とは、こうした複雑《ふくざつ》きわまりない作業を、ほぼ反射的《はんしゃてき》に行う①曲芸《きょくげい》です。

どうしてヒトはそこまで苦労《くろう》して調理をするのでしょうか。調理する動物はヒトだけです。自然界《しぜんかい》には新鮮《しんせん》な生肉や生野《なまや》菜《さい》が溢《あふ》れ、そうした自然食材《しょくざい》から栄養《えいよう》を得《え》られることは、野生界を生き抜《ぬ》く多数の動物たちが証明《しょうめい》しています。こう考えると②調理は珍妙《ちんみょう》な習慣《しゅうかん》です。

この習慣には、食卓《しょくたく》を彩《いろど》る料理を眺《なが》めていただけでは見逃《みのが》されてしまう③重要《じゅうよう》な利点《りてん》が潜《ひそ》んでいます。ハーバード大学のロサティ博士《はかせ》らは、チンパンジーに生のポテトと茹《ゆ》でたポテトを差《さ》し出し、どちらを選《えら》ぶかを観察《かんさつ》しました。すると選んだポテトの89%は茹でたポテトでした。おそらくおいしいからでしょう。

「おいしさ」とは、舌《した》の味覚器《みかくき》でアミノ酸《さん》や糖《とう》を感知する

を制御《せいぎょ》する知恵《ちえ》だけです。

ギリシャ神話ではプロメテウスがヒトに火を伝授《でんじゅ》したことになってはいますが、実際《じっさい》のヒトがいつ火を手に入れたかは正確《せいかく》にはわかっていません。南アフリカの発掘調査《はっくつちょうさ》では、100万年前の地層《ちそう》から炭化した植物や焦《こ》げた骨《ほね》が見つかっています。つまり現生人類《げんせいじんるい》ホモ・サピエンスが出現する前から、古代人類たちは火を使っていたようです。

火の用途《ようと》は多様です。料理だけでなく、寒さをしのいだり、夜闇《やみ》を照《て》らしたりと多くの使い方ができます。火を手にした瞬間《しゅんかん》、人類の生活が一変《いっぺん》したことでしょう。現在《げんざい》では火は、厳《おごそ》かな聖火《せいか》、装飾用《そうしょくよう》の蝋燭《ろうそく》、花火、弾薬《だんやく》など、さらに多彩《たさい》な目的で活用されています。ヒトは食材のみならず、⑤火さえも「調理」する生物なのです。

（池谷裕二《いけがやゆうじ》『脳はすこぶる快楽主義《かいらくしゅぎ》　パテカトルの万脳薬《ばんのうやく》』）

（注）○咀嚼＝食物を細かくなるまでよくかむこと。
○合目的的性＝ある目的にかなった性質《せいしつ》のこと。

ことです。アミノ酸や糖は栄養素《えいようそ》です。生の食材に火を通すと、タンパク質《しつ》や炭水化物が加熱分解《かねつぶんかい》され、こうした小さな分子に変化《へんか》します。これが消化の助けとなり、胃腸《いちょう》からの吸収率《しゅうりつ》が高まります。つまり火を通すと利用可能《かのう》な栄養量《えいようりょう》が増《ふ》えるのです。野生のチンパンジーは生の食材しか手に入りませんから、消化が悪く起床《きしょう》している時間帯《たい》の半分ほどを*咀《そ》嚼《しゃく》に費《つい》やさなくてはなりません。

要《よう》するに、「栄養満点《まんてん》」であるという化学信号《しんごう》は、舌《した》では「おいしさ」という味覚信号として脳《のう》に届《とど》けられるという*合目《ごうもく》的的性《てきてきせい》があるわけです。動物たちが「おいしいものを好《この》む」のは、生物学的な利点から、そうデザインされているのです。つまり、「おいしいから好《す》き」なのではなく、むしろ逆《ぎゃく》で、「④身体に有益《ゆうえき》なものをおいしいと感じる」というわけです。

（中略《ちゅうりゃく》）

さて先のロサティ博士は、チンパンジーにオーブンのような簡単《かんたん》な調理器《ちょうりき》を与《あた》えたところ、すぐに調理器でポテトを加熱して食べることを覚《おぼ》えました。わざわざ遠方から生のポテトを運び、加熱して食べるチンパンジーもいました。

調理には、①食材と料理の因果関係《いんがかんけい》を理解する能力《のうりょく》、②目前の食材を食べずに我慢《がまん》する自制心《じせいしん》、など高度な認知機能《にんちきのう》が必要《ひつよう》です。チンパンジーがここまで料理への理解力と嗜好《しこう》を備《そな》えているのであれば、あと必要なのは、加熱するための火

---

(1) ——線部①とありますが、筆者が調理のことを「曲芸《きょくげい》」と言うのはなぜですか。理由を答えなさい。〈10点〉

「　　」

(2) ——線部②「調理は珍妙《ちんみょう》な習慣《しゅうかん》」とありますが、筆者がそのように考えるのはなぜですか。理由を答えなさい。〈10点〉

「　　」

(3) ——線部③「重要《じゅうよう》な利点《りてん》」とは、どのような「利点」ですか。問題文中から十字程度《ていど》でぬき出して答えなさい。〈10点〉

「　　」

(4) ——線部④「身体に有益《ゆうえき》なものをおいしいと感じる」とありますが、これはなぜですか。理由を答えなさい。〈10点〉

「　　」

(5) ——線部⑤「火さえも『調理』する」とありますが、これはどういうことですか、説明《せつめい》しなさい。〈10点〉

「　　」

2 次の文章を読んで、あとの問いに答えなさい。

〈跡見学園中学校・改〉

同じ木でも、新茶のあとに摘《つ》まれるお茶の葉が、二番茶、三番茶とよばれるもので、よく「新茶は甘《あま》く旨《うま》みがあり、二番茶、三番茶は渋《しぶ》みや苦みがある」と表現《ひょうげん》されます。しかし、これは「新茶の方がいい」とか、「二番茶、三番茶の方がいい」などという、お茶の価値《かち》の優劣《ゆうれつ》を言うものではありません。

新茶が甘く、旨みがあるその理由は、新茶には、お茶の木が冬の寒さに耐《た》えたあとに出てきた葉っぱが使われるからです。冬の寒さに耐えるために、お茶の木は、葉っぱに糖分《とうぶん》やビタミン、アミノ酸《さん》などを増《ふ》やします。これらを増やせば、葉っぱが凍《こお》りにくくなるからです。

①これは、お茶の木に限《かぎ》った現象《げんしょう》ではありません。植物が冬の寒さに耐えて生きるためには、葉っぱが凍ってはいけません。そのため植物は、冬に向かって、葉っぱや根の中に、凍らないための物質《ぶっしつ》を増やします。それらが糖分やビタミン、アミノ酸などです。

なぜ冬の寒さに耐える葉っぱが凍りにくいのかは、これらの物質を溶《と》かした水と、溶かしていない水を比較《ひかく》すればわか

下旬以降《げじゅんいこう》です。その時期は、太陽の光が強くなっているので、お茶の木は、紫外線《しがいせん》に負けないように抗酸化《こうさんか》物質であるカテキンやタンニンという物質の量を増やします。

カテキンは、カキやクリの渋みの成分であるタンニンの一《いっ》種《しゅ》なので、渋みを出す成分で、タンニンも緑茶の苦みを出すと言われる成分です。そのため、「二番茶、三番茶は渋みや苦みがある」と言われるのです。この渋みや苦みは、虫に食べられることや紫外線から、からだを守るためのものです。

お茶の木は、寒さの中では、葉っぱの甘みを増《ま》すことで凍らないようからだを守る一方で、強くなる紫外線や、虫の活動が活発になる時期は、カテキンやタンニンの量を増やして自らを変化《へんか》させ、臨機応変《りんきおうへん》に、したたかに生きています。

生き方は、決して一つである必要《ひつよう》はありません。植物たちは、状況次第《じょうきょうしだい》で自分を変え、強くかしこく生き抜《ぬ》いているのです。

（田中修《たなかおさむ》『植物のかしこい生き方』）

ります。

たとえば、甘みをもたらす糖分の代表である砂糖《さとう》を溶かしていない水と、砂糖を溶かした砂糖水とで、どちらが凍りにくいかを考えれば、砂糖水の方が、凍りにくくなります。またこれは、溶けている砂糖の量《りょう》が多くなればなるほど、ますます凍りにくくなります。

水が凍って固体《こたい》の氷に変《か》わることは「凝固《ぎょうこ》する」と表現され、これが生じる温度を「凝固点」といいます。ふつうの水の場合、凝固点は零度《れいど》です。ところが、水に糖分やビタミン、アミノ酸などの物質が溶けると、凝固点は低《ひく》くなります。これが②「凝固点降下《こうか》」とよばれる現象です。

つまり葉っぱや根に含《ふく》まれる水の中に、多くの糖分などが溶け込《こ》めば溶け込むほど、その水分が凍る温度は低くなり、葉っぱや根は凍りにくくなるわけです。冬の寒さを越《こ》えた野菜《やさい》、たとえば、ダイコンやハクサイ、キャベツなどが、「甘い」とか「旨みがある」と言われるのは、このためです。

新茶には、冬の寒さを乗り越えるために、こうした成分《せいぶん》が多く含まれています。特《とく》に、お茶の甘み、旨みの成分であると言われるテアニンが多く含まれているのです。そのため、新茶は甘く、旨みがあるのです。

それに対し、二番茶や三番茶が摘み取られる時期は、五月

---

(1) ――部①「これ」の指し示《しめ》す内容《ないよう》を、本文中の語句《ごく》を用いて説明《せつめい》しなさい。〈15点〉

［　　　　］

(2) ――部②「『凝固点降下《ぎょうこてんこうか》』とよばれる現象《げんしょう》」とありますが、この現象によってダイコンやハクサイ、キャベツはどうなりますか。説明しなさい。〈15点〉

［　　　　］

(3) 本文の内容として正しいものには○を、間違《まちが》っているものには×を答えなさい。〈5点×4〉

ア 五月上旬《じょうじゅん》に市場に出回るお茶には、カテキンやタンニンが多く含《ふく》まれており、苦みや渋《しぶ》みが強い。

イ 水の中に糖分《とうぶん》やビタミン、アミノ酸《さん》などが多く含まれることによって、水は凍《こお》りにくくなる。

ウ テアニンが多く含まれている新茶は、二番茶三番茶と呼《よ》ばれるお茶よりも高品質《こうひんしつ》なお茶といえる。

エ お茶の葉は、抗酸化《こうさんか》物質を体内にたくわえることによって、冬の厳《きび》しい寒さから身を守っている。

ア □　イ □　ウ □　エ □

3章

説《せつ》明《めい》文《ぶん》の読《どっ》解《かい》

17 要《よう》旨《し》・要《よう》約《やく》(1)

★標準レベル

15分

／100

答え54ページ

ねらい 文章から要旨をのべている部分を見つけ、問いに対して正しく答えられるようになる。

学習日　月　日

1 次の文章を読んで、あとの問いに答えなさい。

①絶滅《ぜつめつ》の原因《げんいん》は、狩猟《しゅりょう》や、環境《かんきょう》汚染《おせん》、森林の破壊《はかい》、温暖化《おんだんか》など、じつはホッキョクグマがへったのと同じく「ほとんど人間によるもの」です。

三十八億年前《おくねんまえ》、地球に生命がたんじょうしてから、環境にあわせてさまざまな進化がおこり、今いる生きものたちが姿《すがた》をあらわしました。

生きものはそれぞれ、どくとくの色や形、とくちょうをもっています。それは、ひとつとして同じものはなく、人《じん》工的《こうてき》にはつくりだすことのできない「芸術品《げいじゅっひん》」です。それらの生きものが多様に地球上でくらすことにより、ゆたかな「生命の輪《わ》」がきずかれていました。

しかし、わたしたち人間は、もっとゆたかに、もっとべんりになりたいと、自分たちの生活を優先《ゆうせん》させたため、知らず知らずのうちに貴重《きちょう》な「 A 」をいためつけ、「 B 」

(1) ①絶滅《ぜつめつ》の説明《せつめい》としてあてはまるものを次から選《えら》び、記号で答えなさい。〈20点〉

ア ある生きものの絶滅により、三十八億年《おくねん》より短い期間で進化した生きものがふえてしまう。

イ 絶滅の原因《げんいん》は環境《かんきょう》の変化《へんか》などであり、人間によるものではない。

ウ ある生きものが絶滅すると、多様であるべき生命の輪《わ》をこわしてしまう。

エ 人間のようにゆたかにべんりにくらせない生きものは、絶滅してしまう。

［　　］

(2) A ・ B にあてはまる言葉を、Aは三字、Bは四字でそれぞれ文章中からぬき出しなさい。〈10点×2〉

A ［　　　］

B ［　　　　］

をこわしてきたのです。
今こそ、数がへってしまった生きものの命をまもり、あとの世代につたえていくことが、②わたしたち人間の使命なのではないでしょうか。
その活動を実際《じっさい》におこなうことができるのが、動物園です。動物園には、絶滅しかけている生きものの数をふやし、野生にもどすことも期待されています。
③ひとつの種類《しゅるい》の生きものが絶滅すると、生態系《せいたいけい》のバランスがくずれ、それ以外《いがい》の多くの生きものにも影響《えいきょう》をあたえます。ほかの生きものが急にふえたり、反対にいっしょに絶滅したりすることもあります。
たとえば、エゾオオカミが絶滅したことが一因となり、北海道ではエゾシカが数十万頭にまでふえ、大きな問題になってしまいました。せっかくつくった農作物を食べられてしまい、被害額《ひがいがく》は毎年何十億円にのぼっています。エゾシカが自動車や電車にぶつかる事故《じこ》も、多発しています。
エゾオオカミは、人間による狩猟などが原因で、百年以上《いじょう》前《まえ》に絶滅しました。オオカミのような天敵《てんてき》がいなくなると、シカのなかまは、あっというまに数がふえてしまいます。

（高橋《たかはし》うらら『ホッキョクグマの赤ちゃんを育てる！ 円山《まるやま》動物園のねがい』）

(3) ②わたしたち人間の使命とは何ですか。文章中から三十四字でさがし、最初《さいしょ》と最後の四字をぬき出しなさい。〈完答20点〉

□□□□～□□□□

(4) ③ひとつの……あたえますとありますが、a何が絶滅し、b何に影響《えいきょう》をあたえましたか。文章中の例《れい》から、それぞれ具体的《ぐたいてき》にぬき出しなさい。〈10点×2〉

a［　　　］　b［　　　］

(5) 次のア～エのうち、文章の要点《ようてん》として正しいものには○、誤《あやま》っているものには×を答えなさい。〈5点×4〉

ア 生きものが絶滅の危機《きき》にあるのは、その生きものが「芸術品《げいじゅつひん》」のようにデリケートであったためである。

イ 動物園には、絶滅しかけている生きものの命をまもり、野生にもどす使命がある。

ウ 絶滅の危機《きき》にある生きものを救《すく》うため、人間は、もっとべんりになりたいと望《のぞ》んではいけない。

エ 生命は、必《かなら》ずどこかでつながり、輪となっているものである。

ア□　**イ**□　**ウ**□　**エ**□

15分

/100

学習日　月　日

答え 54ページ

1 次の文章を読んで、あとの問いに答えなさい。

A

人類《じんるい》が未来《みらい》を健全《けんぜん》に生きのびるために、国境《こっきょう》をこえ、民族《みんぞく》、宗教《しゅうきょう》などさまざまなわくをこえて、今すぐみんなが取り組まなければならない課題《かだい》があります。①地球温暖化《おんだんか》の問題です。空気中の水蒸気《すいじょうき》や二酸化炭素《にさんかたんそ》、メタンなどは温室効果《おんしつこうか》ガスといわれ、太陽からのエネルギーは通しますが、加熱《かねつ》された地上から放射《ほうしゃ》される熱は吸収《きゅうしゅう》してその一部を再《ふたた》び下向きに放射し、地表を暖《あたた》めています。人間活動が活発になるにつれて温室効果ガスの濃度《のうど》が上がり、大気中にもどされる熱が増《ふ》えて温暖化が進むと考えられています。

②人為的《じんいてき》に発生する二酸化炭素の量《りょう》は発電所や工場、車からの排《はい》ガスなどが主な原因《げんいん》といわれています。私《わたし》たちは現在《げんざい》の豊《ゆた》かな生活を維持《いじ》するために、毎日化石燃料《かせきねんりょう》を燃《も》やして二酸化炭素を排出しているのです。最近《さいきん》では、省《しょう》エネ運動、ノーカーデー、クールビズなど政府主導《せいふしゅどう》の対策《たいさく》がさかんに報《ほう》じられています。また、京都議定書《ぎていしょ》をはじめ、世界各国《かっこく》がさまざまな方策《ほうさく》をめぐらせていますが、残念《ざんねん》ながら、世界最大の二酸化炭素排出国であるアメリカが加《くわ》わっていません。また日

---

(1) ①地球温暖化《おんだんか》の問題ですとありますが、温暖化のしくみを説明《せつめい》した次の文にあてはまる言葉を、[a]は六字、[b]は二字でそれぞれ文章中からぬき出しなさい。〈10点×2〉

・[a]が、太陽の光で熱《あつ》くなった地上から放射《ほうしゃ》された熱《ねつ》の一部を再《ふたた》び下向きに放射し、[b]を暖《あたた》める。

a
b

(2) ②人為的《じんいてき》に発生する二酸化炭素《にさんかたんそ》とありますが、なぜ人為的に二酸化炭素は発生するのですか。**あてはまらないもの**を、次から選《えら》び、記号で答えなさい。〈20点〉

ア 私《わたし》たちが豊《ゆた》かな生活の維持《いじ》を優先《ゆうせん》しているから。
イ 人間が毎日化石燃料《かせきねんりょう》を燃《も》やしているから。
ウ 二酸化炭素の増加《ぞうか》が地球に悪いと知る人が少ないから。
エ 発電所や、個人《こじん》の車からも排《はい》ガスが出るから。

〔　〕

本もふくめ、設定《せってい》した二酸化炭素削減基準《さくげんきじゅん》にまだまだ到達《とうたつ》していない国がほとんどであるなど、③実状《じつじょう》は深刻《しんこく》です。

B 地球温暖化は、どうして起こるのか

④もし地球の気温が現在より1度か2度上がればどのような影響《えいきょう》が起きるか、いろいろな*シミュレーションが行《おこ》なわれています。気温分布《ぶんぷ》が変《か》わることによって異常気象《いじょうきしょう》が起こりやすくなり、洪水《こうずい》や干《かん》ばつが増え、酷暑《こくしょ》になる地域《ちいき》も増えます。北極《ほっきょく》や南極の氷が溶《と》けて海水面が上昇《じょうしょう》し、地域によっては水没《すいぼつ》の危険性《きけんせい》があります。*植生生態学的《しょくせいせいたいがくてき》には現在の植生配分が変わり、農作物への影響、森林破壊《はかい》、生物種《せいぶつしゅ》の絶滅《ぜつめつ》の危機《きき》なども予測《よそく》され、さらに人間の生存《せいぞん》そのものにも直接《ちょくせつ》間接影響を与《あた》えかねません。

地球温暖化防止《ぼうし》のためにはあらゆる努力《どりょく》をしなければなりません。

（宮脇昭《みやわきあきら》『森は地球のたからもの3　森の未来』）

（注）○シミュレーション＝物事について、模型《もけい》や数式などで近いじょうけんを作って実験《じっけん》をすること。
○植生＝その地域に生えている植物全体。

(3) ③実状《じつじょう》は深刻《しんこく》ですとありますが、この説明としてあてはまるものを、次から**すべて**選び、記号で答えなさい。〈完答20点〉

ア　日本は温暖化に関《かん》する会議《かいぎ》のリーダーである。
イ　アメリカは温暖化を肯定《こうてい》している。
ウ　アメリカは温暖化に関する会議に加《くわ》わっていない。
エ　世界各国《かっこく》が定めた二酸化炭素削減基準《さくげんきじゅん》に、ほとんどの国が到達《とうたつ》していない。

［　　　　］

(4) B 地球温暖化は、どうして起こるのか のような内容《ないよう》の小見出しを A に入れる場合、あてはまるものを次から選び、記号で答えなさい。〈20点〉

ア　温室効果《おんしつこうか》ガスの発生のしかた
イ　私たちが、現在《げんざい》の豊かな生活を維持する方法《ほうほう》
ウ　温暖化防止《ぼうし》は、全人類《じんるい》が取り組むべき問題
エ　政府主導《せいふしゅどう》の温室効果ガス対策《たいさく》の問題点
オ　アメリカと日本の外交の失敗《しっぱい》

［　　　　］

(5) ④もし……起きるかとありますが、起こりうる影響《えいきょう》を説明した次の文の a ・ b にあてはまる内容を書きなさい。〈10点×2〉

・気温分布《ぶんぷ》の変化《へんか》によって a なり、植生生態学的《しょくせいせいたいがくてき》にも今の b しまう。

a［　　　　］

b［　　　　］

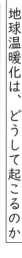

★★★ 最高レベル

40分　　／100　　答え55ページ　　学習日　月　日

1

次の文章を読んで、あとの問いに答えなさい。〈帝京大学中学校・改〉

　ひとりで考え、①哲学《てつがく》するには、孤独《こどく》になる必要《ひつよう》がありますが、「孤独は連帯《れんたい》と表裏《ひょうり》一体である」ことを忘《わす》れてはいけません。孤独になっても、他者とのつながり、連帯感を持ち続《つづ》けることが非常《ひじょう》に大切なことです。そしてまた、「連帯といっても誰《だれ》と連帯するか」、それが大事な問題です。

　そのために常日頃《つねひごろ》から、自分の考え、好《この》み、思想をしっかり固《かた》めておく必要があります。人に会って、対話を重ねている時、共感《きょうかん》がうまれ、握手《あくしゅ》をするには、自分の思想・感覚《かんかく》が前提《ぜんてい》になるからです。

　哲学するには、なにも哲学書を読むとはかぎりません。自分を見つめ、人々を観察《かんさつ》し、人間とはなにものかを常日頃から考えるのです。人は善人《ぜんにん》に見えても、[A]があり、悪人でも[B]を秘《ひ》めていたりします。そこで自分はどう生きればよいか、を考えるのです。

　そうして哲学する時、人間を取り巻《ま》く社会環境《かんきょう》にも視線《しせん》が向けられるのは、ごく自然《しぜん》のなりゆきです。その視線が、自分を取り巻く社会から国へ、さらに国と国、国際《こくさい》社会へ、地

クーデタが起こって、住民《じゅうみん》の自由がうばわれ、圧政《あっせい》が敷《し》かれた場合、自由、平等、友愛《ゆうあい》の国フランスの名において、心ある人たちは、街頭に出て、その国の住民との「連帯」を呼《よ》びかけ、デモをおこないます。

　ともあれ、高校生の時から、身辺《しんぺん》や国内政治や世界情勢《じょうせい》などに、アンテナを張り、日頃から動向をキャッチする習慣《しゅうかん》が求《もと》められます。

（小島俊明《こじまとしはる》『ひとりで、考える――哲学する習慣を』）

(1) ——線①「哲学《てつがく》する」とありますが、それはどういうことですか。「～こと。」につながる形で本文から四十字以内《いない》で抜《ぬ》き出し、はじめと終わりの五字を答えなさい。〈完答10点〉

□□□□□ ～ □□□□□ こと。

(2) [A]・[B]にあてはまる表現《ひょうげん》として適切《てきせつ》なものを次の中から一つずつ選《えら》び、ア～カの記号で答えなさい。〈10点×2〉

球全体へ、そして宇宙《うちゅう》にまで向かうのも、当然《とうぜん》のことです。

大きくは、地球の温暖化《おんだんか》、北極《ほっきょく》・南極の氷河《ひょうが》の解凍《かいとう》、など地球をめぐる気象状況《きしょうじょうきょう》への関心《かんしん》、近くは、生きていくうえで、まず自分を取り巻く共同《きょうどう》社会へ向けてアンテナを張《は》り、できることならもっと住みやすい社会・国家であってほしいと願《ねが》うのも、ごくあたりまえのことでしょう。

そこで、社会や政治《せいじ》のありかたが今のままでよいのか。ここをこう変《か》えたらもっと生きやすい、より良《よ》い社会・国家になるのではないか。そのためには、今、自分はどう行動したらよいか。

そういったことを考えるのは、選挙《せんきょ》で②政治家を選《えら》ぶ権利《けんり》（選挙権）をあたえられた者の義務《ぎむ》でさえあります。

日本でも、選挙権が、やっと欧米《おうべい》なみに、十八歳《さい》からあたえられました。

高校生は、選挙権を行使する準備《じゅんび》にとりかかる必要があります。

フランスの高校生が、正式に教科として「哲学」を学ぶことについては先にふれました。それと並《なら》んで、社会参加《さんか》や誰と連帯するかを考えることも学ぶのです。選挙権を行使する前の段階《だんかい》として、街頭《がいとう》デモをすることも、③フランスではゆるされています。両腕《りょううで》を組みあって、街路《がいろ》いっぱいに、ゆっくり歩くあの「フランス式デモ」です。

（中略《ちゅうりゃく》）

デモは自国の国政についてとはかぎりません。外国で軍事《ぐんじ》

ア 裏切《うらぎ》ること　**イ** 不安《ふあん》な気持ち　**ウ** 悔《くや》しがること

エ 真剣《しんけん》な思い　**オ** 反省《はんせい》すること　**カ** 清《きよ》らかな愛《あい》

A □　B □

(3) ――線②「政治家《せいじか》を選ぶ……者の義務《ぎむ》」とありますが、それはどのようなことですか。四十字以内で答えなさい。〈20点〉

(4) ――線③「フランスではゆるされています」とありますが、フランスで高校生にデモをすることがゆるされているのはなぜですか。次の□に入るように本文から四十字以内で抜き出し、はじめと終わりの五字を答えなさい。〈完答10点〉

高校生に□を身につけさせたいから。

□□□□□ ～ □□□□□

2 次の文章を読んで、あとの問いに答えなさい。

〈攻玉社中学校・改〉

教育において、子どもたちの「生きる力」を育てることの重要性《じゅうようせい》が強調されるようになった。しかし、考えてみると、人間誰《だれ》しも「生きる力」を持っているはずで、そんなことをわざわざ言いたてることもあるまいと思われる。このようなことを強調しなくてはならなくなったのは、やはり①日本の現在《げんざい》の家庭や社会などの状況《じょうきょう》のためであることを最初《さいしょ》にまず認識《にんしき》しなくてはならない。

（中略《ちゅうりゃく》）

これは、これまでの日本の教育（特《とく》に初等《しょとう》教育）が失敗《しっぱい》したというのではなく、むしろ、日本の敗戦《はいせん》から僅《わず》か五十年の間にここまで立ち上がり、先進国の仲間《なかま》に入るという点では、大いに成功《せいこう》してきたとさえ言える。しかし、日本が「経済《けいざい》大国」などと言われるようになった現在では、これまでの教育方針《ほうしん》を大いに転換《てんかん》しなくてはならなくなった。

これまでは、できるだけ皆《みな》がそろって、全体の平均値《へいきんち》をあげる努力《どりょく》をしてきた。しかし、それはどうしても画一的《かくいつてき》にならざるをえない。子どもたちの個々《ここ》の人間としての在《あ》り方を無視《むし》して、画一的な受験《じゅけん》勉強を強制《きょうせい》したり、知識《ちしき》の量《りょう》によって子どもの価値《かち》を一様に測《はか》ったりするようなことが生じてき

性を生きていることが必要である。「親であること」、「教師であること」に対して、自分の個性とのからみ合いのなかで、どれほどの楽しみを見い出しているだろうか。「楽しい」というのは、生きる力がはたらいているときである。ほんとうに楽しむためには、自分が生かされていないと駄目《だめ》である。それができていてはじめて、子どもの生きる力を育てる土壌になれるのである。（河合隼雄《かわいはやお》『中学生までに読んでおきたい哲学《てつがく》』）

(1) ——線部①「日本の現在《げんざい》の家庭や社会などの状況《じょうきょう》」とありますが、次の文は日本の社会の状況について説明《せつめい》したものです。空欄《くうらん》a・bのそれぞれに当てはまる四字の言葉を本文中より抜《ぬ》き出して答えなさい。〈10点×2〉

戦後《せんご》五十年で[a]と呼《よ》ばれるほどに成長《せいちょう》したが、その代償《だいしょう》として様々な問題が噴出《ふんしゅつ》し、[b]を大きく切り換《か》えることになった。

a

b

(2) ——線部②「『生きる力』を失《うしな》わせるような指導《しどう》や教育」とありますが、次の中でこれに**当てはまらない**と考えられるものを一つ選《えら》び、記号で答えなさい。〈10点〉

た。このようになると、子どもに対する圧力《あつりょく》が強くなりすぎて、たとえば、いじめとか不登校《ふとうこう》などの問題が多発するようになった。

　だからと言って、子どもをまったく放任《ほうにん》する方がよいとか、鍛《きた》えない方がよいというのではない。②「生きる力」を失《うしな》わせるような指導《しどう》や教育が問題だというのである。個性《こせい》を殺《ころ》すのではなく、個性を生かす教育が必要《ひつよう》なのである。このように言っても、実際《じっさい》に実行するのは大変《たいへん》である。

（中略）

　子どもを「育てる」と言う。しかし、本来は子どもが「育つ」という面もあることを忘《わす》れてはならない。特に個性とか、生きる力などというと自ら育ってくるところが大きいのである。しかし、「育つ」と言っても、まったく棄《す》てておいて、育つはずはない。③育つための基盤《きばん》がいる。土壌《どじょう》と言ってもいいし、器《うつわ》と言ってもいい。

　生きる力が育っていくための「土壌」として親や教師《きょうし》が存《そん》在《ざい》する。このことを具体的に言うと、「安心して好《す》きなことができる」環境《かんきょう》ということになろう。「あの先生が居《い》てくれる」、というだけで、子どもたちが心をはずませて好きなことができる。そのなかで、子どもたちの生きる力は、まちがいなく育ってくる。

　このような親や教師になるためには、自分自身が自分の個

ア 物事を短時間で大量に記憶《きおく》する能力《のうりょく》を試《ため》すこと。

イ 多くの生徒《せいと》に対して一つの指導方法《ほうほう》だけで教えること。

ウ 正解《せいかい》、不正解《ふせいかい》にとらわれず思考の過程《かてい》を尊重《そんちょう》すること。

エ 非科学的《ひかがくてき》な精神論《せいしんろん》をふりかざして指導すること。

オ 全員が同じやり方で答えにたどりつけるようにすること。

［　　］

(3) ——線部③「育つための基盤《きばん》」を作るにはどのようなことが必要《ひつよう》でしょうか。その説明として最《もっと》も適当《てきとう》なものを次の中から選び、記号で答えなさい。〈10点〉

ア 指導経験《けいけん》の豊《ゆた》かな大人たちが、若《わか》い親だけでなく教員までも指導し、子どもの教育環境《かんきょう》を昔のように整備《せいび》すること。

イ 生きる希望《きぼう》を見つけた大人たちが、子どもたちに自己体験《じこたいけん》を語り、生きる喜《よろこ》びを見つけられるようにアドバイスすること。

ウ 夢《ゆめ》を実現《じつげん》した大人たちが、貧《まず》しい子どもたちの生活だけでなく学費《がくひ》も援助《えんじょ》し、子どもの夢を実現させるようにすること。

エ 苦しみに耐《た》え成功《せいこう》を勝ち取った大人たちが、頑張《がんば》っている子どもたちを叱咤激励《しったげきれい》し、壁《かべ》を乗り越《こ》えられるように導《みちび》くこと。

オ 自分らしく充実《じゅうじつ》した時間を過《す》ごしている大人たちが、子どもたち一人一人が好《す》きなことをできるように、工夫《くふう》しながら見守ること。

［　　］

説明文《せつめいぶん》の読解《どっかい》

18 要旨《ようし》・要約《ようやく》(2)

学習日　　月　　日

ねらい
筆者の最も言いたいことがどこに書かれているかを見つけ、正確に読み取れるようになる。

★ 標準レベル

15分

／100

答え 57ページ

1 次の文章を読んで、あとの問いに答えなさい。

リサイクルと石油の節約《せつやく》について、もうすこしお話ししましょう。

ペットボトルや、食品がのっていた発泡《はっぽう》スチロール製《せい》の白いトレーなどを捨《す》てるときは、汚《よご》れたままではリサイクルしにくいので、水で洗《あら》って、ある程度《ていど》きれいにしてから捨てることになっています。

ほんとうは、きれいにすればするほど、そのプラスチックごみを次のプラスチック製品の原料《げんりょう》にするには都合がよいのですが、これはかならずしも①「リサイクル」の本来の目的《もくてき》にかなうとはかぎりません。

たとえば、水では汚れが落ちにくいのでお湯を使ったとします。お湯をわかすにはエネルギーが必要《ひつよう》です。エネルギー源《げん》として石油を使ったとすると、必要な石油の量《りょう》は、そのプラスチック製品を石油から新しく作るより多いという見方もついています。こうした問題に答えるには、プラスチックごみのことだけではなく、わたしたちの暮《く》らしや社会のしくみ全体を考えていかなければなりません。わたしたちはこれから、どういう社会をどのようにして作っていけばよいのか。②それは、わたしたち一人ひとりが考えなければならない問題です。

（保坂直紀《ほさかなおき》『クジラのおなかからプラスチック』）

(1) ①「リサイクル」の本来の目的《もくてき》とは何ですか。文章中から一つ目は五字でぬき出し、二つ目は二十三字でさがして最《さい》初《しょ》と最後の四字をぬき出しなさい。〈15点×2（二つ目は完答）〉

〜

あります。（中略《ちゅうりゃく》）

また、ジュースを売るとき、ペットボトルの代わりに、くりかえし使えるガラスのびんを使ったとしましょう。たしかにプラスチックの節約にはなりますが、重くなるので、トラックなどで運ぶときに、より多くのガソリンを使うことになります。プラスチックを使わないようにするためにガソリンをたくさん使うというのでは、何のためにプラスチックを節約しているのかわかりません。

食べ物を包《つつ》むプラスチックは、その食べ物が傷《いた》まないようにする役目もはたしています。もしプラスチックを使わないことにすれば、食べ物が傷んだりくさったりしやすくなって、食べられずに捨てなければならない食べ物が増《ふ》えるかもしれません。これも資源《しげん》のむだ使いです。

プラスチックをどのようにリサイクルすればよいのか。プラスチックをできるだけ使わないようにしたとき、かえってむだやごみが増えるのではないか。どうすれば資源の節約になり、しかも、プラスチックごみで汚れていない地球でくらすことができるのか。プラスチックは、わたしたちの生活に深く入りこんでいるだけに、さまざまな社会の問題とも結《むす》び

---

(2) リサイクルの本来の目的から外れている例《れい》を挙《あ》げた次の文にあてはまる言葉を、文章中から［a］、［c］は二字、［b］は四字でそれぞれぬき出しなさい。〈15点×3〉

・プラスチック容器《ようき》を［a］を使ってわかしたお湯で洗《あら》う、プラスチックの代わりに重いガラスびんを使うことで運搬《うんぱん》に多くの［b］が必要《ひつよう》になる、食品包装《ほうそう》ラップを使わずに食べ物をくさらせ、［c］のむだ使いになるなど。

a

c

b

(3) ②それは……問題ですの説明《せつめい》としてあてはまるものを次から選《えら》び、記号で答えなさい。〈25点〉

ア プラスチックのリサイクルは、くりかえし使えるガラスびんなどを使うことで解決《かいけつ》しなければならない。

イ プラスチックのリサイクルは、食中毒《しょくちゅうどく》につながるかもしれないので、考えるべきではない。

ウ プラスチックのリサイクルは、かえってむだが増《ふ》えやすいので、考えなくてもよい。

エ プラスチックのリサイクルは、みんなで社会全体について考えることで解決しなくてはならない。

［　　］

1 次の文章を読んで、あとの問いに答えなさい。

経済成長《けいざいせいちょう》を目標《もくひょう》とするぼくたちの社会は「①足し算社会」だ、とぼくは思う。人々は足し算ばかりやっていて、引き算のことなんかすっかり忘《わす》れている。まるで、みんな「足し算教」という宗教《しゅうきょう》の信者《しんじゃ》になってしまったかのようだ。

(中略《ちゅうりゃく》)

「足し算教」は英語《えいご》でいえば、モア教。モア(more)とは、「多い」とか「たくさん」を意味するmanyやmuchの比較《ひかく》級《きゅう》で、「もっと」とか「より多い」という意味だ。このモア教では、more=moreという等式が信じられている。つまり、「より多いことは、より多いことである」。例《たと》えば、お金が多ければ多いほど人はより(多く)幸せであるとか、モノが多ければ多いほど社会の豊《ゆた》かさが増《ふ》えるとか。

このmore=moreという考え方のいい例《れい》が、②*GNP(国民総生産《こくみんそうせいさん》)や*GDP(国内総生産)というモノサシだ。きみも聞いたことがあるだろう、GNPやGDPが上がったの、下がったの、と大人たちが大騒《おおさわ》ぎしているのを。日本ではこの数十年間ずっと、GNPやGDPが大きくなることこそが社会にとって何より大事だと考えられてきた。GNPや

---

(1) ①足し算社会の説明《せつめい》として、次の文の□にあてはまる言葉を、文章中から八字でぬき出しなさい。〈15点〉

・ものやお金が□、よいとされる社会。

(2) ②GNP(国民総生産《こくみんそうせいさん》)や……というモノサシとありますが、何を計るモノサシか、書きなさい。〈15点〉

[ ]

(3) ③この量《りょう》の……信《しん》じているとありますが、モア教の信者たちが信じていることとして、あてはまるものを次から**すべて**選《えら》び、記号で答えなさい。〈完答20点〉

ア GNPやGDPが低《ひく》くても、国民は幸せである。

イ GNPやGDPが低い国の国民は幸せではない。

ウ GNPやGDPが高い国でも、国民は幸せではない。

エ GNPやGDPが高い国の国民は幸せだ。

[ ]

GDPとは、ひとつの国で生産されるモノ（Pはプロダクツ、つまり商品としてのモノ）とそれを売買するお金の量《りょう》を計るモノサシなのだ。モア教の信者たちは、③この量の大きさによって社会の豊かさや人々の幸せが計れると信じている。たとえば、GNPが世界で一番大きいアメリカと二番の日本が、世界で最《もっと》も豊かで幸せな国だと思いこんでいる。

しかし、モノの量やお金の量が大きいほど豊かで幸せだというmore＝moreの考え方はあまりにも④単純《たんじゅん》だときみは思わない？

経済学者の中にも、⑤GNPやGDPというモノサシのおかしさに気づいた人たちがいる。第一、「使われたお金」が多ければ多いほどいいとすれば、そのお金がいったい何のために使われたのか、はどうでもいいことになってしまう。いいことに使われたお金も、悪いことに使われたお金も、みんなGNPを増やすものとして同じ価値《かち》をもつことになってしまうのだ。現《げん》に、犯罪《はんざい》や事故《じこ》や災害《さいがい》や病気や離婚《りこん》のためにかかる莫大《ばくだい》なお金は経済成長の一部とみなされる。たとえば、タンカーが座礁《ざしょう》して大量の重油が海に流れるという事故は、被害《ひがい》の規模《きぼ》が大きいほど、GNPを押《お》し上げることになる。原生林が伐採《ばっさい》によって失《うしな》われるたびに、誰《だれ》かがガンの宣告《せんこく》を受けるたびにGNPが上がる。

（辻信一《つじしんいち》『「ゆっくり」でいいんだよ』）

（注）○GNP、GDP＝作品の執筆《しっぴつ》時点の大きさでの説明《せつめい》になっています。

(4) ④単純《たんじゅん》とありますが、なぜ筆者はこのように問いかけていますか。次の文の□にあてはまる言葉を書きなさい。〈15点〉

・使われたお金が多ければいいとする考え方は、□についてては考えていないから。

［　　　　］

(5) ⑤GNPやGDPというモノサシのおかしさとありますが、その「おかしさ」とは何ですか。次の文の□にあてはまる言葉を～～線部に対比《たいひ》させて書きなさい。〈15点〉

・お金が□に使われても、GNPやGDPが増《ふ》えさえすれば、良《よ》いことだとはんだんされるから。

［　　　　］

(6) 次の文は、文章中のどこに入りますか。前にくる段落《だんらく》の最後《さいご》の五字をぬき出しなさい。（句読点《くとうてん》も一字に数えます。）〈20点〉

・つまり、豊《ゆた》かさを計るはずのGNPというこのモノサシの中には、社会に害《がい》となることも、自然《しぜん》に害となることも、一緒《いっしょ》くたに混《ま》じりこんでいるのだ。

★★★最高レベル

40分

／100

答え58ページ

学習日　月　日

1 次の文章を読んで、あとの問いに答えなさい。

〈成城学園中学校・改〉

白いチョウが飛《と》んでいる。モンシロチョウだなと思って見ていると、どうも飛びかたが少しちがう。①モンシロチョウなら飛ばないはずの日かげや梢《こずえ》の上を飛ぶのである。捕《つか》まえてみるとスジグロシロチョウだった。

（中略《ちゅうりゃく》）

モンシロチョウは元来、中国大陸《たいりく》の平野部にいたチョウで、それが海を渡《わた》って日本にもやってきたのだろうと考えられている。

彼《かれ》らは日がよく照《て》る開けた場所が好《す》きであり、体もそのようにできている。（中略）

一方、スジグロシロチョウのほうは、昔から日本に住みついていた。中国大陸の平原とちがって森や林ばかりの日本で生まれたこのチョウは、林の木もれ日の環境《かんきょう》を好《この》み、そういう場所の弱い日ざしを受けて体温を保《たも》ちながら生きていけるようにできている。けれど、太陽にがんがん照らされると、体は過熱《かねつ》して熱麻痺《ねつまひ》に陥《おちい》り、飛べなくなってしまう。

（中略）

たん東京の町に高層建築ができはじめ、日かげが増えだすと、こういう自然《しぜん》の林に近い緑地や公園にいるスジグロシロチョウが、次第《しだい》に高層建築の生みだした新しい「林」に進出していったのではあるまいか？

その結果《けっか》として東京には、②モンシロからスジグロへという種類《しゅるい》の入れかわりはあったにせよ、白いチョウが街《まち》の中をひらひら舞《ま》うという、何となく心安まる状況が残《のこ》ったのだ。

（日高敏隆《ひだかとしたか》『生き物たちに魅《み》せられて』）

(1) ――線①「モンシロチョウなら……スジグロシロチョウだった」について

・「モンシロチョウ」と「スジグロシロチョウ」のちがいについて次の表にまとめました。空らんa・bに当てはまる語句《ごく》を五字以上《いじょう》十字以内で文章中から探《さが》し、それぞれ抜《ぬ》き出して答えなさい。ただし、Bは解答《かいとう》らんに合うように抜き出しなさい。〈10点×2〉

	モンシロチョウ	スジグロシロチョウ
もともとの生息地	〔　a　〕	森や林ばかりの日本
好《この》むところ	〔　b　〕ところ	林の木もれ日

あのころの日本経済《けいざい》の繁栄《はんえい》によって東京に高層建築《こうそうけんちく》が増《ふ》えはじめると、東京という都市の中心部は、高い建物《たてもの》の陰《かげ》が増え、日かげの多い林の中と同じ状況《じょうきょう》になったのではないか。
　そうなると、日なたの好きなモンシロチョウは住みにくくなる。明るい公園やお堀端《ほりばた》ぐらいがよく日の当たる場所となり、それ以外《いがい》は日かげの多い林と同じ、生活にも繁殖《はんしょく》にも幼《よう》虫《ちゅう》の発育にも具合の悪いところになってしまう。
　けれど、片《かた》や日かげの好きなスジグロシロチョウにとってみれば、高層建築が増えたことはもっけの幸いであった。昔の平たい東京とはちがって、あちこちに日かげができ、ちょうど林の中にいるようなものだ。
（中略）
　東京は家や建物の立ち並《なら》ぶ大都市であるが、思ったより公園や緑地が多い。その多くは明るく整備《せいび》された近代的《きんだいてき》公園であるが、こういうところはあまり意味をもたない。明るいからモンシロチョウの住む場所には向いているかもしれないが、「雑草《ざっそう》」は征伐《せいばつ》して清潔《せいけつ》な明るい公園にしているから、そこでモンシロチョウが育つことはできない。
　けれど、明治神宮《めいじじんぐう》をはじめとするいわゆる「社叢《しゃそう》」には、木がかなりこんもり茂《しげ》っていて日かげが多く、「雑草」もまだたくさん生えている。こういう場所にはモンシロチョウはほとんど居《お》らず、スジグロシロチョウが住みついている。いっ

a

b

(2) ——線②「モンシロからスジグロへという種類《しゅるい》の入れかわり」が起こった理由を筆者はどのように推測《すいそく》していますか。理由としてふさわしいものを次の**ア**～**オ**の中から二つ選《えら》び、それぞれ記号で答えなさい。〈15点×2〉

ア 東京には時々寒波がやって来て、モンシロチョウが冬を越《こ》せなかったから。

イ 東京では高層建築《こうそうけんちく》が増《ふ》え、日かげの多い林の中と同じ状況《じょうきょう》になったから。

ウ 東京には近代的《きんだいてき》公園がつくられ、エサとなる植物が植えられたから。

エ 東京ではまだまだ畑地が多く、田園地帯《ちたい》が広がっていたから。

オ 東京には明治神宮《めいじじんぐう》のような自然《しぜん》の林に近い緑地や公園があったから。

〔　　〕〔　　〕

2 次の文章を読んで、あとの問いに答えなさい。

〈浦和明の星女子中学校・改〉

日本人は、遠い昔から、何が美であるかということよりも、むしろどのような場合に美が生まれるかということにその感《かん》性《せい》を働《はたら》かせて来たようである。それは「実体の美」に対して、「状況《じょうきょう》の美」とでも呼《よ》んだらよいであろうか。

例《たと》えば、「古池や蛙《かわず》飛《と》びこむ水の音」という一句《いっく》は、「古池」や「蛙」が美しいと言っているわけではなく、もちろん「水の音」が妙音《みょうおん》だと主張《しゅちょう》しているのでもない。ただ古い池に蛙《かえる》が飛びこんだその一瞬《いっしゅん》、そこに生じる緊張感《きんちょうかん》を孕《はら》んだ深い静《せい》寂《じゃく》の世界に芭蕉《ばしょう》はそれまでにない新しい美を見出《みいだ》した。そこには何の実体物もなく、あるのはただ状況だけなのである。

①日本人のこのような美意識《びいしき》を最《もっと》もよく示《しめ》す例《れい》の一つは、「春は曙《あけぼの》、やうやうしろくなりゆく山ぎはすこしあかりて……」という文章で知られる『枕草子《まくらのそうし》』冒頭《ぼうとう》の段《だん》であろう。これは春夏秋冬それぞれの季節《きせつ》の最も美しい姿《すがた》を鋭敏《えいびん》な感覚《かんかく》で捉《とら》えた、いわば模範的《もはんてき》な「状況の美」の世界である。すなわち春ならば夜明け、夏は夜、そして秋は夕暮《ゆうぐれ》というわけだが、その秋について、清少納言《せいしょうなごん》は次のように述《の》べている。

秋は夕暮。夕日のさして山の端《は》いと近うなりたるに、烏《からす》の寝《ね》どころへ行くとて、三つ四つ二つ三つなど、飛《と》

（注）○万古不易＝いつまでも変わらないこと。

(1) 次は、傍線部《ぼうせんぶ》①「日本人のこのような美意識《びいしき》」の内容《ないよう》を説明《せつめい》した文です。空欄《くうらん》a・bに入る適切《てきせつ》な表現《ひょうげん》を、傍線部①以前《いぜん》の本文中からそれぞれ指定の字数で抜《ぬ》き出し、答えなさい。〈10点×2〉

「日本人のこのような美意識」とは、実体物として美を捉《とら》えるのではなく、a（十五字）ということに感性《かんせい》を働《はたら》かせ、b（二字）の中に美を見出《みいだ》す意識のことを指している。

a

b

びいそぐさへあはれなり。まいて雁《かり》などのつらねたるがいとちひさく見ゆるは、いとをかし……。

これはまさしく「夕焼《ゆうや》けの空に小鳥たちがぱあっと飛び立っているところ」というあの現代人《げんだいじん》の美意識にそのままつながる感覚と言ってよいであろう。日本人の感性は、千年の時を隔《へだ》ててもなお変《か》わらずに生き続《つづ》けている。

「実体の美」は、そのもの自体が美を表《あら》わしているのだから、状況がどう変わろうと、いつでも、どこでも「美」であり得《う》る。《ミロのヴィーナス》は、紀元前《きげんぜん》一世紀《せいき》にギリシャの植《しょく》民地《みんち》であった地中海のある島で造《つく》られたが、二一世紀の今日、パリのルーヴル美術館《びじゅつかん》に並《なら》べられていてもその美しさに変わりはない。仮《かり》に砂漠《さばく》のなかにぽつんと置《お》かれても、同じように「美」を主張するであろう。だが「状況の美」は、状況が変われば当然《とうぜん》消えてしまう。春の曙や秋の夕暮《ゆうぐ》れの美しさは、長くは続かない。状況の美に敏感に反応《はんのう》する日本人は、それゆえにまた、②美とは*万古不易《ばんこふえき》のものではなく、うつろいやすいもの、はかないものという感覚を育てて来た。うつろいやすいものであるがゆえに、いっそう貴重《きちょう》で、いっそう愛《あい》すべきものという感覚である。日本人が、春の花見、秋の月見などの季節ごとの美の鑑賞《かんしょう》を、年中行事として特《とく》に好《この》んで今でも繰《く》り返しているのも、③そのためであろう。

(高階秀爾《たかしなしゅうじ》『日本人にとって美しさとは何か』)

---

(2) 傍線部②「美とは万古不易《ばんこふえき》のものではなく、うつろいやすいもの、はかないもの」とありますが、この見方とは対《たい》照的《しょうてき》な見方が本文中に示《しめ》されています。その部分を本文中から二十五〜三十字以内で「〜という見方」に続《つづ》く形で抜き出し、答えなさい。(句読点《くとうてん》も一字と数えます。)〈15点〉

［　　］**という見方。**

(3) 傍線部③「そのため」が指す内容の説明として最《もっと》も適切なものを次から選《えら》び、記号で答えなさい。〈15点〉

ア 日本ならではの四季《しき》ごとの行事のあり方に、うつろいやはかなさを感じとるため。

イ 昔から変《か》わらず続いているものを大切にしようとする精神《せいしん》が育まれているため。

ウ 四季折々《おりおり》の風情《ふぜい》は、その時々にしか味わえないことを深く理解《りかい》しているため。

エ どの季節《きせつ》にも変わりなく感じられる自然《しぜん》の姿《すがた》に強い愛《あい》着《ちゃく》を持っているため。

〔　　〕

復《ふく》習《しゅう》テスト⑥

15分

/100

答《こた》え60ページ

学習日　　月　　日

1 次の文章を読んで、あとの問いに答えなさい。

造林《ぞうりん》計画とは、広葉樹《こうようじゅ》からなる天然林《てんねんりん》を伐採《ばっさい》し、代わりにスギやヒノキ、カラマツ、アカマツなどの針葉樹《しんようじゅ》に置《お》き換《か》えていくことをいう。針葉樹は成長《せいちょう》が比較的《ひかくてき》早く、建築用材《けんちくようざい》として価値《かち》が高いからだ。つまり、お金にはならない広葉樹をなくし、代わりに高く売れる針葉樹への植《う》え替《か》えが、戦後《せんご》（1945年以降《いこう》）、日本各地《かくち》で行われてきた。

ニホンジカがエサとしていた、栗《くり》やどんぐりの実がなる①広葉樹が、植え替えによってなくなってしまった。当然《とうぜん》、ニホンジカは、エサを求《もと》めて歩き回り、生きのびるために②次第《しだい》に人の住む集落に近づいてくるようになった。

しかし、鹿《しか》は元来人間を恐《おそ》れる生き物で、警戒心《けいかいしん》がとても強い。そう簡単《かんたん》に人の住む集落に入り込《こ》んで来ないのが普通《ふつう》だ。（中略《ちゅうりゃく》）それなのに、多くの鹿が山から下りてきて、田畑を荒《あ》らすようになってしまったのはどうしてなのだろう？

一番の原因《げんいん》は、「里山」が激減《げきげん》していることだと考えられている。

カが増《ふ》え続《つづ》け、やがてエサ不足《ぶそく》になってニホンジカの数も自然と減っていくのかもしれないが、その前に山の生態系そのもののバランスが崩《くず》れ、取り返しのつかないことになるに違いない。各地でニホンジカやイノシシの生息数を適正《てきせい》に管理《かんり》するための対策《たいさく》が強化されているのは、そのためなのだろう。

（今西乃子《いまにしのりこ》『命の境界線　保護《ほご》されるシカと駆除《くじょ》される鹿』）

(1) ①広葉樹《こうようじゅ》が、植《う》え替《か》えによってなくなってしまったを説明《せつめい》した次の文にあてはまる言葉を、[a]は四字で、[b]は三字で文章中からそれぞれぬき出しなさい。〈15点×2〉

・広葉樹より成長《せいちょう》が早く、[a]として価値《かち》が高い[b]に植え替えられていった。

a

b

里山とは、野生動物と人間、それぞれが住む場所の「境界《きょうかい》線《せん》」のような地域《ちいき》のことだ。人の住む集落に密接《みっせつ》している山で、人が山の木々を切って燃料《ねんりょう》の薪《まき》を取ったり、炭を作ったりしていた。人が手を入れることで里山の生態系《せいたいけい》は守られていた。

ところが、時代の移《うつ》り変《か》わりとともに、里山から人の気配が消えてしまった。

多賀町《たがちょう》は、森林が町の86パーセントを占《し》め、かつては林業が盛《さか》んで町の中心となる産業《さんぎょう》だった。しかし、日本の木材は外国からの安い輸入《ゆにゅう》木材に押《お》され、価格競争《かかくきょうそう》に勝てなくなって、林業に見切りをつけざるを得《え》なくなっていった。また、電気やガスが普及《ふきゅう》したことで、薪を燃料として使わなくなり、里山とともに暮《く》らす人びとは次第に減《へ》っていった。

放置《ほうち》された里山には、野生動物が出て来やすくなる。そして、里山からちょっと足をのばせば、密接する集落に稲《いね》や野《や》菜《さい》などおいしい食べ物がたくさんある。一度おいしい作物を味わった動物たちは、危険《きけん》を承知《しょうち》で山を下りてくる。人が育てた農作物は山で得られるエサとは比《くら》べものにならないほど栄養価《えいようか》が高く、野生動物の出生率《しゅっしょうりつ》も上がるに違《ちが》いない。

これは多賀町にかぎってのことではない。集落と山との境界線になっていた里山が消滅《しょうめつ》することで、③日本各地で同じ問題が起きている。このまま問題を放っておけば、ニホンジ

---

(2) ②次第《しだい》に人の住む集落に近づいてくるようになったとありますが、ニホンジカが人の住む集落へ行くのは何をするためかを、次の言葉につなげて、理由もあわせて書きなさい。〈25点〉

栗《くり》やどんぐりの実がなる広葉樹が植え替えられ、

〔　　〕

(3) 里山とは、どのような場所かを書きなさい。〈25点〉

〔　　〕

(4) ③日本各地《かくち》で同じ問題が起きているとありますが、里山が消滅《しょうめつ》することで起きる**一番大きな問題**として、あてはまるものを次から選《えら》び、記号で答えなさい。〈20点〉

ア 増《ふ》え続《つづ》けたニホンジカが、エサ不足《ぶそく》で数が減《へ》り、やがてぜつめつしてしまうこと。

イ 危険《きけん》を承知《しょうち》で山から下りてくる野生動物たちが、人間にかいならされ、ペット化してしまうこと。

ウ 栄養価《えいようか》の高い農作物《のうさくぶつ》を食べた野生動物たちが、人間がかかる病気になってしまうこと。

エ 里山を失《うしな》った結果《けっか》、動物の数が増え、山の生態系《せいたいけい》のバランスが崩《くず》れてしまうこと。

〔　　〕

過《か》去《こ》問題にチャレンジ③

30分

/100

答え61ページ

学習日　月　日

1 次の文章を読んで、あとの問いに答えなさい。

〈共立女子中学校・改〉

A 時間の経過《けいか》に注目すると、人間の体には、ある①おもしろい現象《げんしょう》が起きていることに気づきました。人間は毎日、時間の経過と共《とも》に、自分を形づくっている細胞《さいぼう》をどんどん入れ替《か》えているのです。

気づかないうちに、あなたは体の外から入ってきた新しいものと、今のあなたを構成《こうせい》している細胞の中身とを交換《こうかん》しています。例《たと》えば、胃《い》や小腸《しょうちょう》、大腸などの細胞は、たった2、3日で入れ替わります。筋肉《きんにく》の細胞は、2週間くらいで約《やく》半数が入れ替わっています。あなた自身の細胞はウンチなどでどんどん捨《す》てられていく一方で、食事や外の環境《かんきょう》からやってくる新しいものが取り入れられているのです。だから1年もすれば、あなたを形づくっていた細胞は、あなたの中からほとんどなくなってしまいます。いわば、②今のあなたは、1年前のあなたとは物質的《ぶっしつてき》に「別人《べつじん》」なのです。

それでも見かけ上は、あなたはあなたであるように見えます。ジグソーパズルでたとえるなら、全部のピースが一度に入れ替わるのではなく、他のピースとの関係性《かんけいせい》を保《たも》ちながらピースが一つひとつ入れ替わっているのです。ピースをひとつ抜《ぬ》いても、③全体の絵柄《えがら》はそう変《か》わりません。

おもしろいのは、新しいものを入れる前に、体は自分で自分のことを分解《ぶんかい》し、古いピースを捨てていることです。自分の一部を壊《こわ》し、捨てては入れて、また捨てては入れてと、体は絶《た》えず動きながら「あなたであること」のバランスを取っています。

私《わたし》はそのことに「動的平衡《へいこう》」という名前をつけました。「動的」は動いていること、「平衡」はバランスのこと。絶えず変化《へんか》し、動きながらバランスを取る姿《すがた》そのものを表現《ひょうげん》する言葉をつくったのです。

生命とは、遺伝子《いでんし》のことでもなければ細胞のことでもない。自分で細胞をどんどん壊す。壊し続《つづ》けることで安定する。そう、生命は動的平衡である——これが私の見つけた、「生命とは何か？」への私なりの答えでした。

B　ところで、④なぜ私たち生命は、わざわざ壊してまで、自分の一部を入れ替え続けているのでしょうか。その背景《はいけい》には、すべての生き物が抱《かか》えている運命がありました。

宇宙《うちゅう》には、あらゆるものは「整った状態《じょうたい》」から「散《ち》らかった状態」の方向へと動く、という大原則《だいげんそく》があります。ちょっと難《むずか》しいので、身近な例《れい》で説明《せつめい》しましょう。

例えば、あなたが部屋の片《かた》づけを終えたばかりだとします。きれいに整理整頓《せいとん》した部屋は、もう二度と散らかることがないように見えるでしょう。ところが、何もしなければ、1か月もすると散らかってしまいます。また、あなたが恋《こい》をしたとします。どんなに「あなたを愛《あい》し続けます」と誓《ちか》っても、「恋をしたばかりの気持ちのままずっと変わらない」なんてことはないのです。

どちらも、あなたのせいではありません。形あるものは崩《くず》れ、光っているものは錆《さ》びる。宇宙にあるものはすべて、何もせずにそのままでいたら、ただ悪いほうへと転がり落ちていく運命にあるのです。

植物や生き物も同じです。[　　]、人間の体も時間が経《た》つと*酸化《さんか》して、肌《はだ》にシミができたり、血液《けつえき》がドロドロになったりします。

生き物は常《つね》に、劣化《れっか》する脅威《きょうい》にさらされています。だから、できるだけ長く生き続けるために、自分自身をどんどん壊し、入れ替えて、変化していくことが必要《ひつよう》なのです。古くなったものや悪いもの、ごみのようなものを捨て続けながら、変わることで生きていく。だから、生命は「動的平衡」なのです。

この「動的平衡」の考え方は、生き物だけではなく、世界のあらゆるものの見方までをも変えていきます。

C　自分自身を壊し、パーツを入れ替えて、絶えず動きながらバランスを取っている。そんな「動的平衡」という考え方で世の中を見てみると、気づいたことがありました。それは、生命以外《いがい》にも「動的平衡」なものがある、ということです。

(中略《ちゅうりゃく》)

あなたの学校にも、長く続く伝統《でんとう》のある部活がありませんか？一見変わらないように見えても、毎年先輩《せんぱい》が卒業《そつぎょう》し、新入生が入部し、長い期間で見ると常にメンバーが変化しています。人や時代が変わるたびに、部活の決まりごとや成果《せいか》も変わっているかもしれません。それでも「○○部の伝統」と言われるようなものが、なぜか変わらず続いていく。

これは、細かい部分を少しずつ入れ替えながら、⑤同じものであり続けるためにバランスを取っているからです。むしろ、ずっと同じ人たちだけで何年も続けていたら、そのうちマンネリ化したり、弱体化したりすることもあるでしょう。常《つね》に動いて変化《へんか》し、変化することでバランスを取る。この「生命っぽい」ふるまいは、何もせずにいたら劣化《れっか》する運命の中で、何かを長続きさせていくヒケツです。

（福岡伸一《ふくおかしんいち》「生命とは何か？」『スタディサプリ　三賢人《さんけんじん》の学問探究《たんきゅう》ノート(3)』生命を究める）

（注）○酸化《さんか》＝物質《ぶっしつ》が酸素《さんそ》と結《むす》びつくこと。

(1) ——線①「おもしろい現象《げんしょう》」とありますが、筆者が「おもしろい」と感じていることとして**ふさわしくないもの**を次の中から一つ選《えら》び、記号で書きなさい。〈15点〉

ア 胃《い》や小腸《しょうちょう》、大腸などの細胞《さいぼう》が、たった2、3日で入《い》れ替《か》わること

イ 形あるものは崩《くず》れ、光っているものは錆《さ》びること

ウ 古くなったものや悪いもの、ごみのようなものを捨《す》て続《つづ》けながら、生きていくこと

エ 「○○部の伝統《でんとう》」と言われるようなものが、変《か》わらず続いていくこと

〔　　〕

(2) ——線②「今のあなたは、1年前のあなたとは物質的《ぶっしつてき》に『別人《べつじん》』なのです」とありますが、これはどのようなことですか。その説明《せつめい》としてふさわしいものを次の中から一つ選び、記号で書きなさい。〈15点〉

ア 「今のあなた」は、様々な経験《けいけん》を積《つ》むことで、全く新しい自分へと生まれ変わっていくということ

イ 「今のあなた」の記憶《きおく》を絶《た》え間なく更新《こうしん》することで、新しい自分へと成長《せいちょう》していくということ

ウ 「今のあなた」の中にある「あなたらしさ」は実体がなく、意識《いしき》の上でのみ存在《そんざい》するということ

エ 「今のあなた」の中には、「1年前のあなた」を形づくっていた細胞はほとんどないということ

オ 「今のあなた」の細胞は、「1年前のあなた」の細胞よりも強く生まれ変わっているということ

〔　　〕

(3) ——線③「全体の絵柄《えがら》」が例《たと》えているものとしてふさわしいものを次の中から一つ選び、記号で書きなさい。〈15点〉

ア 新しく生まれた細胞　**イ** 放出された細胞

ウ 新しい「あなた」　**エ** かつての「あなた」

オ 見かけ上の「あなた」

〔　　〕

(4) ——線④「なぜ私たち生命は、わざわざ壊《こわ》してまで、自分の一部を入れ替え続けているのでしょうか」とありますが、この理由は何ですか。その答えを次の（　）にあてはまるかたちにして、三十五字以内《いない》で書きなさい。その際《さい》、「長く」ということばを必《かなら》ず用いること。〈15点〉

すべての生き物は、（　　　　）から

(5) [　] にあてはまる例《れい》としてふさわしいものを次の中から一つ選び、記号で書きなさい。〈15点〉

ア 小さな水滴《すいてき》が年月をかけて石に穴《あな》を開けるように

イ 雑草《ざっそう》を放っておくとどんどんと生いしげっていくように

ウ リンゴを切って置《お》いておくと茶色に変色《へんしょく》するように

エ 雪が少しずつとけて水となり川に流れていくように

オ 主要《しゅよう》都市からはなれた地域《ちいき》に空き家が増《ふ》えていくように

〔　〕

(6) ――線⑤「同じものであり続けるためにバランスを取っている」とありますが、これはどのようなことですか。その説明としてふさわしいものを次の中から一つ選び、記号で書きなさい。〈15点〉

ア 最初《さいしょ》から存在するルールや方法《ほうほう》などを、そのまま次の世代に伝《つた》えることで、「伝統」を守るということ

イ メンバーを変えながらもやり方を工夫《くふう》し、常《つね》に成績《せいせき》や結果《けっか》を残《のこ》すことで、「伝統」を守るということ

ウ かつての栄光《えいこう》を共通《きょうつう》の大切な思い出とし、変化するものを最小限《さいしょうげん》にとどめることで、「伝統」を守るということ

エ 部員や規則《きそく》などを少しずつ変化させながら、理念《りねん》やシンボルなどを大切にすることで、「伝統」を守るということ

オ 常に新しい思想や手法《しゅほう》を取り入れ、それまでの「伝統」をあえて否定《ひてい》することで、「伝統」を守るということ

〔　〕

(7) この文章の構成《こうせい》を説明した文としてふさわしいものを次の中から**二つ**選び、記号で書きなさい。〈5点×2〉

ア 筆者の考えとそれに対立した意見との二つを始めに提示《てい》することで、筆者の立場をわかりやすくしている。

イ 筆者の発見や考えを、具体例を交えつつ丁寧《ていねい》に説明しながら、中心となる主張《しゅちょう》をくり返している。

ウ 筆者の考えを一つの分野の中で例を挙《あ》げて説明することで、筆者の主張に説得力《せっとくりょく》を持たせている。

エ 専門性《せんもんせい》の高い話題を初《はじ》めに挙げ、少しずつ簡単《かんたん》な言葉を増やし、わかりやすい結論《けつろん》へとつなげている。

オ 一つのことがらに関《かん》する考えを明確《めいかく》に示《しめ》し、そこから視点《してん》を移《うつ》し、論理を発展《はってん》させている。

〔　〕〔　〕

4章 随筆《ずいひつ》の読解《どっかい》

19 経験《けいけん》と感想(1)

★ 標準レベル

15分　/100　答え63ページ

学習日　月　日

ねらい　筆者がどのようなことを経験して、そのことから何を感じたのかを読み取れるようになる。

1 次の文章を読んで、あとの問いに答えなさい。

一月《ひとつき》ほど前、少し遠い地に行って、タクシーに乗ったおり、運転手さんがいいました。

「お客さん。夕方には、雨が降《ふ》りますよ」

「え。こんなに晴れているのに？」

①私《わたし》はおどろいた声のまま、ききました。

「天気予報《よほう》で、そういっていましたか？」

「いいえ。ほら、右側《みぎがわ》のむこうの高い山に、雲がかかっているでしょう。あの山に雲がかかると、[A]って、じいさんがいつもいってたもんですからね」

「まあ、運転手さんのおじいさんですか」

私は、運転をしている方の綺麗《きれい》な白髪《しらが》をうしろからみながら、たずねました。

「ええ。じいさんの天気予報は、よくあたりましてねえ、近所の人がわざわざ、ききにきたぐらいですよ。

---

(1) ①私《わたし》はおどろいた声のままとありますが、おどろいた理由の説明《せつめい》としてあてはまるものを次から選《えら》び、記号で答えなさい。〈20点〉

ア 運転手さんの天気の予想はよくあたると近所でもひょうばんだから。

イ 運転手さんが天気予報《よほう》をきいて親切にも私に教えてくれたから。

ウ 外は晴れているのに運転手さんが夕方には雨が降《ふ》るといったから。

エ 雨が降りそうだと私が思っていたことを運転手さんがいいあてたから。

[　　]

(2) [A]にあてはまる言葉を次から選び、記号で答えなさい。〈20点〉

ア 晴れる　**イ** 風がふく

ウ 雪が降る　**エ** 雨が降る

[　　]

じいさんは、毎朝起きると、すぐ外にでて、空をみるんです。そして雲や風のぐあいで、その日の天気をいいましたね。子どもの私もいっしょに［B］をみてね、［B］をみるだけで天気をいいあてるなんて、じいさんって偉《えら》い人だなあって尊敬《そんけい》していましたよ」

運転手さんのあたたかい笑《わら》い声をきいているうち、空をみあげている②老人《ろうじん》と小さい男の子が、くっきり影《かげ》絵《え》のように浮《う》かびました。

「それは、かけがえのない、いい時間でしたね」

そういったとき、③私はどきっとしました。

天気予測《よそく》をするため空をみあげるという、この原始的《げんしてき》で豊《ゆた》かな時間を、自分が全く失《うしな》っていることに気がついたからです。天気予報の*恩恵《おんけい》に、それほど浸《ひた》っているということでしょう。

（あまんきみこ『空の絵本』）

（注）○恩恵＝めぐみ。

(3) 二つの［B］にあてはまる漢字一字を文章中からぬき出しなさい。〈20点〉

［　　］

(4) ②老人と小さい男の子とありますが、それぞれだれのことですか。文章中からそれぞれ五字でぬき出しなさい。〈10点×2〉

老人　［　　　　　］

小さい男の子　［　　　　　］

(5) ③私はどきっとしましたとありますが、その理由の説明としてあてはまるものを次から選び、記号で答えなさい。〈20点〉

ア 空をみあげる老人と小さい男の子のすがたが、あまりにもくっきりと目にうかんだことにおどろいたから。

イ 天気のうつり変《か》わりを知るために空をみるという、簡《かん》単《たん》なことさえしなくなっている自分に気がついたから。

ウ 昔のかけがえのない時間を思い出させて、運転手さんを悲しい気持ちにさせてしまったと思ったから。

エ あたりまえのように天気予報がある生活のありがたさに改《あらた》めて気がついたから。

［　　］

15分

／100

答え63ページ

学習日　月　日

1 次の文章を読んで、あとの問いに答えなさい。

アメリカには家のなかで靴《くつ》を脱《ぬ》ぐ習慣《しゅうかん》がないことは、昔から①重々*承知《しょうち》していたつもりだけれど、こちらにやって来て、実際《じっさい》にそのことに馴染《なじ》もうとすると、なかなか難《むずか》しいものだということがわかった。

スミソニアンの保育園《ほいくえん》、デイケアセンターでは、お昼ご飯《はん》を食べたあと、子供達《こどもたち》は②お昼寝《ひるね》タイムに入ることになっている。【絨毯敷《じゅうたんじ》きの床《ゆか》の上にそれぞれ愛用《あいよう》のブランケットを広げ、ビデオのアニメ映画《えいが》を見ているうちに、ゴロンと身体を横たえ、指をくわえて本当に寝てしまう子あり、最後《さいご》まで画面に食い入っている子あり、ビデオに飽《あ》きて、おしゃべりをしては先生に叱《しか》られている子あり。】

さまざまに過《す》ごす時間だが、どちらにしても、皆一様《みないちよう》に靴は履《は》いたまま。ブランケットの片方《かたほう》の隅《すみ》を口にくわえ、もう一方の隅には堂々《どうどう》とスニーカーを乗せている。

その姿《すがた》を見ているかぎり、③もしかしてアメリカ人の靴は汚《よご》れないいんじゃないかという錯覚《さっかく》に陥《おちい》ってしまう。

しかも次の瞬間《しゅんかん》、先生の一人が、やはり靴のまま子供達のブランケットの上をズッカズッカと渡《わた》り歩き、騒《さわ》いでいる子

(1) ①重々承知《しょうち》していたとありますが、承知していたことの説《せつ》明《めい》としてあてはまるものを次から選《えら》び、記号で答えなさい。〈20点〉

ア 家のなかで靴《くつ》を脱《ぬ》ぐのは日本だけだということ。

イ アメリカと日本とでは習慣《しゅうかん》がちがうということ。

ウ アメリカで生活していくのは難《むずか》しいということ。

エ アメリカでは家のなかでは靴を脱ぐということ。

［　　］

(2) ②お昼寝《ひるね》タイムとありますが、そのときの子供達《こどもたち》の様子を説明した次の文の□にあてはまる言葉を、文章中から五字でぬき出しなさい。〈20点〉

・子供達は時間を□過《す》ごしている。

供を注意して回る。それを見て思わず、ああー、ひえーと、声を上げたくなった。叱りにいくのは結構《けっこう》だが、なにもそんなにしっかりべったりブランケットを踏《ふ》まなくたっていいんではないでしょうか。

子供の頃《ころ》、布団《ふとん》の上を歩いて叱られた覚《おぼ》えがある。布団は寝るところであり、どうしても上を通らなければならない場合は、せめて端《はし》っこや足元の部分を選《えら》びなさい。そう教えられて育った者としては、ブランケットの上に靴を乗せる気にはとうていなれない。

そこで私《わたし》だけ、お昼寝の時間にはついつい靴を脱いで子供の相手をしてしまう。すると子供達、私のひざに座《すわ》りながら、「④サワーコ、どうして靴を脱いでるの?」と聞くのである。

「この方が楽チンなんだもん」

軽く答えてから思い直した。いや、ここはひとつ、日本の良《よ》き風習をアメリカの子供に知らしめる必要《ひつよう》がある。そこで、家のなかでリラックスするときは、靴を脱ぐほうが快適《かいてき》だし清潔《せいけつ》でしょ、と、乏《とぼ》しき英語力《えいごりょく》を駆使《くし》して説明《せつめい》に*尽力《じんりょく》したが、チビどもときたら、もはや関心《かんしん》は私の髪《かみ》の毛で三つ編《あ》みを結《ゆ》うことに移《うつ》ったらしく、ぜんぜん聞いちゃいなかった。

(阿川佐和子《あがわさわこ》『どうにかこうにかワシントン』)

(注) ○承知=分かっていること。
○尽力=一生けんめいになること。

---

(3) ③もしかしてアメリカ人の靴は汚《よご》れないんじゃないかとありますが、その理由を説明した次の文の□にあてはまる内容《ないよう》を、文章中の言葉を使って二十字以内《いない》で書きなさい。〈20点〉

・□にスニーカーを乗せても気にする様子がないから。

(4) ④サワーコ、どうして靴を脱いでるの?とありますが、このときの子供達の気持ちを、次につなげて書きなさい。〈20点〉

靴を

〔　　〕

(5) 保育園《ほいくえん》での経験《けいけん》を通して筆者が感じたこととしてあてはまるものを次から選び、記号で答えなさい。〈20点〉

ア 日本の良《よ》い風習は他国にもすぐに広まるとわかった。
イ 現地《げんち》の習慣に合わせないとくらしにくいとわかった。
ウ 異国《いこく》の習慣に馴染《なじ》むのは簡単《かんたん》ではないとわかった。
エ 他国の風習のちがいは想像《そうぞう》通りだったとわかった。

〔　　〕

40分

学習日　月　日

/100

答え 64ページ

1 次の文章を読んで、あとの問いに答えなさい。〈城北中学校・改〉

十四年前に進学のため十八歳《さい》で上京した「私《わたし》」は、二十年飼《か》った猫《ねこ》のミャアがそろそろ旅立ちそうですとの知らせを受けて帰省《きせい》します。

母は台所に立って行った。父もビールの用意をし始めた。

「廊下《ろうか》に手摺《てす》りが付《つ》いてたな」

両親が席《せき》をはずしたのを見計らったように、弟が声を潜《ひそ》めて言った。

それは私も気づいていた。玄関《げんかん》に入った途端《とたん》に目が行った。

「廊下だけじゃないよ、階段《かいだん》にもトイレにも付けてある」答えたのは姉である。

「さっき、ちょっと聞いたんだけど、かあさん、去年の暮《く》れに、廊下で転んで捻挫《ねんざ》したんだって。しばらく、松葉《まつば》づえをついてたみたい」

初《はじ》めて聞く話だった。

「やだ、何で知らせてくれなかったんだろう。あんた、知ってた？」

「いや、全然《ぜんぜん》」と、弟が首を振《ふ》る。

（中略）

振り絞《しぼ》って、私たちに別《わか》れを告《つ》げているのだ。

最初《さいしょ》に泣《な》いたのは父である。肩《かた》を震《ふる》わせ、私たちにはばかることなく嗚咽《おえつ》した。母もこぼれる涙《なみだ》をぬぐおうともせず、ミャアの名を呼《よ》び続《つづ》けた。

私たちきょうだいは、黙ってふたりを見ていた。

ミャアがこの家に来た日、飼って欲しいと泣きじゃくったのは私たちだった。あの日から二十年。今、泣いているのは父と母だった。

胸《むね》を締《し》め付けるのは、ミャアへの悲しみばかりでない。私たちは確《たし》かに今、過《す》ぎた月日の重さを噛《か》み締《し》めていた。ここにきょうだい三人を呼んだのは、ミャアの最後《さいご》の意思に違《ちが》いないと思えた。

（唯川恵《ゆいかわけい》「ミャアの通り道」『みちづれの猫』所収《しょしゅう》）

「大した怪我《けが》じゃなかったから、余計《よけい》な心配をかけたくなかったんだって。だけど、これから先のことを考えると、やっぱり手摺りを付けた方がいいってことになったらしい」

「そっか……」

思わず息を吐《つ》いた。弟も、どう言えばいいのか言葉が見つからないようだった。しばらく、三人とも黙《だま》っていた。（中略《ちゅうりゃく》）

両親が老《お》いてゆくことに気づかなかったわけじゃない。ただ、頭の中にある両親は、いつまでも昔の姿《すがた》のままだった。自分より大きくて、怖《こわ》くて、強い存在《そんざい》だった。しかし、それはただそうであって欲《ほ》しいという、娘《むすめ》や息子《むすこ》の勝手な思い込《こ》みなのだろう。

（中略）

ミャアが意識《いしき》を取《と》り戻《もど》したのは、食事が終《お》わりかけた頃《ころ》である。

「あ、目を開けたぞ」と、父がいちはやく気付《きづ》いた。

私たちは慌《あわ》てて駆《か》け寄《よ》り、ミャアを取り囲《かこ》んだ。覗《のぞ》き込むと、確《たし》かに目が開いていた。

それは、驚《おどろ》くような澄《す》んだ目だった。その目で、ミャアはゆっくりと父を見た。それから母を見た。次に姉を、そして私を、弟を見た。

その目は、どこまでも深い海のようでもあった。その時が来た、と、誰《だれ》もが思ったはずである。ミャアは残《のこ》された力を

問 私《わたし》たちは確《たし》かに今、過《す》ぎた月日の重さを噛《か》み締《し》めていたとありますが、この時の「私たち」の気持ちを説明《せつめい》したものとして最《もっと》もふさわしいものを次の中から選《えら》び、記号で答えなさい。〈20点〉

ア 大きくて強い存在《そんざい》だと思っていた両親が子どもだった自分たちと同じように泣いている姿《すがた》を目にして、二人が年老《としお》いてしまったことを実感し、やるせなさを抱《いだ》いている。

イ 両親だけが泣《な》いている現実《げんじつ》から、自分たちがいない間に彼《かれ》らとミャアとが共《とも》に過ごした時の長さを痛感《つうかん》して、ミャアの世話を後回しにしてきたことを悔《く》やんでいる。

ウ 泣いてミャアの死を悲しむ両親の様子を見ていると、ミャアの死を現実として受け入れざるを得《え》ず、大切な家族の一員を失《うしな》ってしまった深い喪失感《そうしつかん》にさいなまれている。

エ 幼《おさな》かったミャアが年老いて逝《い》ったことを考えると、今は元気でいてくれる両親もまたいつかは自分たちを置いて逝ってしまう運命にあることを感じ、悲嘆《ひたん》にくれている。

［　　］

2 次の文章を読んで、あとの問いに答えなさい。

〈立教池袋中学校・改〉

一時間ほど歩いて、小休止することにした。少し平らで開けた場所に出たからだ。以前《いぜん》、来たときも同じ場所で休憩《きゅうけい》した記憶《きおく》がある。

私《わたし》から「休みませんか？」と提案《ていあん》した。そうしないと、竹《たけ》内《うち》はそのまま歩いていきそうだったからだ。引き止めたという感じだった。

出発したときには強かった雨脚《あまあし》は幸いなことにかなり弱まってきた。樹林帯《じゅりんたい》ということもあるのだろう、雨具がなくてもほとんど濡《ぬ》れそうにない。それでも地面はべったりと濡れているので、どこかに座《すわ》って休むわけにはいかない。仕方ないので、立ったまま休むことにした。

私は汗《あせ》だくだというのに、竹内はまったく汗をかいていない。

「どうして汗をかかないんですか？」

思わず訊《たず》ねた。

「汗をかかないのではなく、かかないように［　　］います。汗をかきそうになったら、ペースを落としたり、上着のボタンを開けたりします。でも、止まることはありません」

「どうしてですか？」

だ。ただ、それが目に見えず、わかりにくいだけにすぎないのだ。これはきっと事実だ。新鮮《しんせん》な気持ちになった。プロのすごさの一端《いったん》に初めて触《ふ》れた気がした。

（中略）

竹内のザックが極端《きょくたん》に小さいのは、これまでの経験《けいけん》から生まれた知恵《ちえ》によるのだと、こんなところで気がついた。もしかしたら駅前でペットボトルを買ったのも、水筒を忘《わす》れたからではなく、最初《さいしょ》からそのつもりだったのではないだろうか。

（小林紀晴《こばやしきせい》『だからこそ、自分にフェアでなければならない。プロ登山家・竹内洋岳《ひろたか》のルール』）

(1) ［　　］にふさわしい語句《ごく》を、本文中から三字で抜《ぬ》き出しなさい。〈20点〉

［　　　］

「止まると身体《からだ》が冷《ひ》えるからです。だからできるだけ、休憩もしません」

「休憩しないんですか？」

「はい」

（中略《ちゅうりゃく》）

「それに、歩いている途中《とちゅう》であまり食べたり飲んだりもしません」

「何故《なぜ》ですか？」

「食べると疲《つか》れるからです」


言っている意味がわからない。私は休憩のたびに、必《かなら》ず何かを口に放り込《こ》む。それもできるだけ高カロリーのものを。それを竹内はしないという。

実際《じっさい》、目の前の竹内はザックから何一つ出そうとしない。駅前で買ったペットボトルもその中に入ったままだ。それに対し、私は水筒《すいとう》の水を飲み、飴《あめ》を歩きながらなめ、そしていまチョコレートを食べている。これは疲れることなのか……。

ではどちらが正しいのか。いや、すでに比《くら》べることではないのだろう。そのことにうっすらと気がつく。あまりにレベルが違《ちが》うのだ。いま同じ山の中にいて、同じ頂上《ちょうじょう》を目指していることに変《か》わりはないが、置《お》かれている状況《じょうきょう》はあまりにかけ離《はな》れているはずだ。たとえれば、目の前で竹内は高速で回転している。なのに、私はもたもたと歩いているようなもの

---

(2) 言っている意味がわからないとありますが、それは筆者が、「食べる」ことにどのような意味があると考えていたからですか。〈20点〉

［　　　　　　　　］

(3) 新鮮《しんせん》な気持ちになった理由としてあてはまらないものは、〈20点〉

ア 自分とはかけ離《はな》れた世界があるのだとわかったから。
イ プロとの差《さ》は大きいが追いつこうと思えたから。
ウ レベルが違《ちが》うのだと開き直ることができたから。
エ プロと比《くら》べる必要《ひつよう》はないのだと気づいたから。

［　　］

(4) プロのすごさとありますが、筆者はそのプロらしさの一つを彼《かれ》の持ち物に見ています。それは何ですか。〈20点〉

［　　　　　　　　］

20 経験《けいけん》と感想(2)

ねらい 日常生活の中で経験したいろいろなことがらに対して筆者が感じたことを読み取れるようになる。

学習日 月 日

★標準レベル

15分

/100

答え66ページ

1 次の文章を読んで、あとの問いに答えなさい。

*ひところタイプライターでドイツ語を書いていた。プロのタイピストのようにキーをたたいた。だからパソコンだって、すぐに上達《じょうたつ》するだろう。

「①そろそろ手書きと、おさらばしたら?」

しきりにすすめられる。モノカキ業でも今どき手書きというのは、きわめて少数派《しょうすうは》らしいのだ。

それでもペンで書くのをやめる気にはならない。もともと万年筆が好《す》きなせいもある。誰《だれ》が名づけたのか「□」も書ける筆ときて、スケールが大きい。たしかに②モチのよい道具であって、現在《げんざい》のものは八年前から使いつづけているし、先代は十数年もお世話になった。

インクがきれると、インク瓶《びん》から吸《す》い上げるスタイルである。インクがきれかけると、ペン先だけでなくアタマの走りぐあいも悪くなる。だからいつも少し前に補充《ほじゅう》するのだが、

---

(1) ①そろそろ手書きと、おさらばしたら?とありますが、この説明《せつめい》としてあてはまるものを次から選《えら》び、記号で答えなさい。〈20点〉

ア 手書きはやめてもう少しうまくパソコンを使えるように練習してはどうかということ。

イ もう年をとってしまったから、便利《べんり》なパソコンを使って書くようにしてはどうかということ。

ウ 今どき手書きで文章を書く人は少ないから、そろそろパソコンで書いてはどうかということ。

エ 手書きの文字は読みにくいので、きれいに書けるパソコンを使ってはどうかということ。

〔　　〕

(2) □にあてはまる言葉を文章中から二字でぬき出しなさい。〈20点〉

その間、ほんのひとときの休止がはさまる。仕事はつづいているが手は休んでいる。その間に脳《のう》が「これまで」と「これから」をすばやく点検《てんけん》するらしい。というのは休止のあいだに、まるきり予期していなかったことを思いついたりするからだ。

③けっこう大事な空白なのだ。

（中略《ちゅうりゃく》）

それにまた何よりも、④私《わたし》は手書きの漢字が好きなのだ。うまを「馬」と書くとき、あきらかに馬のかたちをなぞっている。首をのばし、タテガミをなびかせた四《よ》つ脚《あし》がさっそうと走っていく。さらにその「首」にしても、いかにも髪《かみ》のはえた頭からできた文字であって、「首」と書いていると、ペン先で首筋《くびすじ》にふれているような気がする。

「魚」は魚体を縦《たて》に象形化《しょうけいか》したというが、なるほど、字にもきちんと口元、腹《はら》、ヒレがついている。

（中略）

手書きをしていると、事物が文字にうつる意味深い過程《かてい》を指先で体験《たいけん》している。それこそ言葉の「いのち」というもの。いのちを技術《ぎじゅつ》に売りわたしてまで、便利《べんり》さを得《え》ようとは思わない。

（池内紀《いけうちおさむ》『世の中にひとこと』）

（注）○ひところ＝以前《いぜん》、あるころ。

(3) ②モチのよい道具とありますが、この意味としてあてはまるものを次から選び、記号で答えなさい。〈20点〉

ア 持って重さがちょうどよい。　イ 長く使える。

ウ 持っていてじまんできる。　エ うまく字が書ける。

〔　　〕

(4) ③けっこう大事な空白なのだとありますが、これはどのようなことですか。その説明としてあてはまるものを次から選び、記号で答えなさい。〈20点〉

ア 仕事の内容《ないよう》を空っぽにして、漢字の形を思いうかべることができる時間だということ。

イ 仕事をわすれて大好《だいす》きな万年筆のことだけを考えていられる大事な時間だということ。

ウ 仕事中には確認《かくにん》できない次の予定の空きを知ることができる大切な時間だということ。

エ 仕事を休止することで頭を整理し、新たな気づきにつながる大切な時間だということ。

〔　　〕

(5) ④私《わたし》は手書きの漢字が好きなのだとありますが、その理由を説明した次の文の□にあてはまる言葉を文章中から三字でぬき出しなさい。〈20点〉

・漢字を手で書くことによって、書き表すものが文字として□を得《え》る瞬間《しゅんかん》を自らの指先で感じることができるから。

★★ 上級レベル

15分

/100

答え67ページ

学習日　月　日

1 次の文章を読んで、あとの問いに答えなさい。

　あの年は台風もなく穏《おだ》やかで、木の葉がいつまでも枝《えだ》に残《のこ》っていた。①学校のグラウンド沿《ぞ》いに、青桐《あおぎり》とプラタナスが、道をはさんで植えられていた。それも十一月ともなれば、紅葉《こうよう》の華《はな》やかさはないものの、黄に茶に濃淡《のうたん》をつけて、晩秋《ばんしゅう》の陽《ひ》に、大きな葉はいい色合《いろあい》をみせて、ちょっと着てみたいような秋色コートを、その木たちは身に纏《まと》ってゆったりと整列していた。

　グラウンドのはずれに小さな集会室があり、私《わたし》はそこへ向《むか》っていた。小学校、中学校、子供《こども》は九年間通いつづけて、来春は高校進学を迎《むか》える。そのための保護者会《ほごしゃかい》であった。今より遥《はる》かに世情《せじょう》はゆるやかではあったが、親も子も一つの転機《てんき》に差《さ》しかかっていた。だが、目の前の小春日和《こはるびより》に、二、三ヵ月先の厳《きび》しさはまだ身に滲《し》みず、つい何時《いつ》までも此《こ》のまゝ《ま》の時があればと思いながら部屋に入った。

　定刻《ていこく》に学年担任《たんにん》の先生方から、来年に向けての心構《こころがま》えや、諸手続《しょてつづ》きについて説明《せつめい》が始められ、いつも賑《にぎ》やかな②保護者の席《せき》は、固《かた》く緊張《きんちょう》して静《しず》かだった。その時、いきなり真上で雷《かみなり》が鳴り響《ひび》き、スレートぶきの屋根に雹《ひょう》のあたる激《はげ》しい音

(1) ①学校とありますが、筆者が学校をおとずれたのはなぜですか。次の言葉につなげて書きなさい。〈25点〉

子供《こども》が

(2) ②保護者《ほごしゃ》の席《せき》は、固《かた》く緊張《きんちょう》して静《しず》かだったとありますが、なぜですか。それを説明《せつめい》した次の文の□にあてはまる内容《ないよう》を文章中から五字でぬき出しなさい。

・親も子も□に差《さ》しかかっていたので、いつものように楽しい気持ちでいられなかったから。〈25点〉

がした。室内は暗くかげり、互《たが》いの顔だけが浮上《うきあ》がって見えた。（中略《ちゅうりゃく》）先生は話をつづけ、それを聞く父母も、一瞬《いっしゅん》ちらっと窓《まど》を見たがやはり静かだった。ただ誰《だれ》の胸《むね》にも一様に、③雷鳴《らいめい》と共《とも》に変化《へんか》した外の様子は自分たち親子が出合うこの冬の厳しさと受取《うけと》らずには居《い》られなかった。

「お子さん方の健康《けんこう》は勿論《もちろん》のこと、ご家族の皆《みな》さんも十分気を付《つ》けて過《す》ごして頂《いただ》きたいと願《ねが》っています」

ほっと肩《かた》を落《おと》して、溜息《ためいき》をつき、離《はな》れる時が来ていると寂《さび》しさがあった。外へ出れば足元に白く氷の粒《つぶ》がころがり、寒気が立ちはだかっている。さっき、茶色の美しい姿《すがた》だった木々は、一枚《いちまい》の葉もなく剝《む》き出しになって、裸《はだか》の枝は冬空に向って立っていた。行きと帰りの、この僅《わず》かな間の変化に目を奪《うば》われた。（中略）

子は育っている。何か胸が熱《あつ》くなる思いで立っていた。木は葉を落とす前に、来春の芽《め》を守る仕度《したく》をして冬を凌《しの》ぐという。

いつまでも子供と思う親の気付《きづ》かぬうちに、子は確《たし》かな成《せい》長《ちょう》を見せていた。たまたま寒冷《かんれい》前線が通っていっただけのこと、木は毎年落葉する。何の驚《おどろ》くことがある、と言えばそれまでだが、④あの時の景色《けしき》は忘《わす》れがたいものがあった。

（青木玉《あおきたま》『なんでもない話』）

(3) ③雷鳴《らいめい》と共《とも》に変化《へんか》した外の様子を見たことで、自分たち親子についての筆者の考えはどのように変化しましたか。それを説明した次の文の□にあてはまる内容を文章中から十字でぬき出しなさい。（句読点《くとうてん》も一字と数えます。）〈25点〉

・□がまだ身に滲《し》みておらず、ずっと今のままでいられたらと思っていたが、自分たち親子にとってこの冬は大変《たいへん》な時期になると感じた。

□□□□□□□□□□

(4) ④あの時の景色《けしき》は忘《わす》れがたいものがあったとありますが、どういうことですか。その説明としてあてはまるものを次から選《えら》び、記号で答えなさい。〈25点〉

ア 木が毎年落葉するのは当たり前のことではあるが、あまりに短い時間で葉が落ちたので驚《おどろ》いたということ。

イ 少しの間で木は葉を落としていたが、その前に来春の芽《め》を守る仕度《したく》をしていたと知って感心したということ。

ウ 子と離《はな》れる時が来ている寂《さび》しさを感じたあとだったので、その時見た景色をたまたまおぼえているということ。

エ 短い時間で葉を落としていた木と、気付《きづ》かぬうちに成《せい》長《ちょう》している子の姿《すがた》が重なり、印象的《いんしょうてき》だったということ。

〔　〕

40分

／100

答え68ページ

学習日　月　日

1 次の文章を読んで、あとの問いに答えなさい。〈桐朋中学校・改〉

（男性《だんせい》である筆者はアメリカのシカゴをおとずれたときに、男性用と女性用のトイレを間違《まちが》えそうになりました。）

入り口寸前《すんぜん》でそれが女性用だと気づき、すましてくるりと向きを変《か》えた。

するとあとからやって来た二十歳《はたち》前後の女性と向き合う形になった。といっても、両方で立ち止まったというようなことはなく、たちまちすれちがったのだが、その女性がくるりと向きを変《か》えた私《わたし》を見て、五、六歩は離《はな》れていただろうか、とても可笑《おか》しそうに吹《ふ》き出すように笑《わら》ったのである。自分はどうしたかは思い出せない。ともあれ女性は笑いながら私にうなずき、たちまちすれちがって女性用に入ってしまった。

①その笑顔《えがお》がとてもよかった。

邪気《じゃき》のない笑いで、それはたとえば、目の前で小学校三、四年の男の子が同じ間違いをしてすまして引き返すのを見た大人の女性がつい笑ってその子にうなずくというような状況《じょうきょう》に近いけれど、そういう上下がなかった。もっと対等で、友人が思わず笑ってうなずいたような親密《しんみつ》さが過《よぎ》り、あっといが、思いがけなく他人の気持ちの底《そこ》に残《のこ》るというようなことを考えるのも、いくらかその笑顔の記憶《きおく》のせいだと思う。

ある時——といっても随分《ずいぶん》昔のことになるが、アランを読んでいたら、こんな文章に出会った。『人生論集《じんせいろんしゅう》』である。

「なにかのはめで道徳論《どうとくろん》を書かざるをえないことになれば、わたしは義務《ぎむ》の第一位《だいいちい》に上きげんをもってくるに違いない」

（「上きげん」）

その時も、シカゴの女性の笑顔が甦《よみがえ》った。道徳かあ、道徳とまでは思わなかったけど、と③その笑顔で私の中に生まれた幸福感の意味がはっきりしたような気持ちになった。

（山田太一《やまだたいち》『夕暮《ゆうぐ》れの時間に』）

(1) ——線部①について。「その笑顔《えがお》」が「私《わたし》」に何をもたらしたのか。本文中から一〇字前後でぬき出して答えなさい。〈15点〉

う間にいなくなってしまった。

あけっぴろげなのに、同時に目の中に節度《せつど》もはじらいもあったように思うのは、あとから加《くわ》えた空想かもしれないが、私は男性用に入りながら、たぶん笑顔になっていたと思う。小便《しょうべん》をしながら、思いがけないほどの幸福感がこみあげて、また少し笑ったと思う。

(中略《ちゅうりゃく》)

とりわけ東京では、見知らぬ人同士《どうし》が微笑《びしょう》してうなずくなどということはほとんどないから、②同じようなことがあっても気づかぬふりをするか、「ドジ」というように避《さ》けて通るというような事ばかりである。咄嗟《とっさ》に楽しそうに笑ってうなずいてすれちがうというように、外側《そとがわ》に気持ちがひらいていない。

(中略)

街《まち》を歩くのに、機嫌《きげん》よく歩こうと不機嫌《ふきげん》に歩こうと無論《むろん》自由だが、どちらかといえば機嫌よく歩いた方がいいのではないか、と思ってしまうところが、私にはある。その笑顔体験《たいけん》のせいだと思う。

暗い気持ちの人には、他人の機嫌のよさは不快《ふかい》かもしれないのだから、機嫌がよければいいというものではないと思うのだが、暗い顔で歩いている自分に気づくと、反射的《はんしゃてき》に機嫌のよさを装《よそお》うとしてしまうところがある。ごく些細《ささい》なこと

---

(2) ——線部②について。これは他人に対するどのような接《せっ》し方か。わかりやすく説明《せつめい》しなさい。〈20点〉

[　　　　　　　　]

(3) ——線部③について。私がそのような気持ちになった理由として、最《もっと》もふさわしいものを次の中から選《えら》び、記号で答えなさい。〈15点〉

ア その笑顔には苦しみが多い世の中を批判《ひはん》し、それを変《か》えようとする意志《いし》があったことに気づいたから。

イ その笑顔には他人に対する思いやりが込《こ》められており、それによって励《はげ》まされたことに気づいたから。

ウ その笑顔には義務《ぎむ》を果《は》たし続《つづ》けることの大切さが感じられ、それに教えられていることに気づいたから。

エ その笑顔には世の中全体を考える視点《してん》があり、悩《なや》んでいるのは自分だけでないということに気づいたから。

[　　]

2 次の文章を読んで、あとの問いに答えなさい。

〈桐朋中学校・改〉

僕《ぼく》の手元に、武生《たけふ》東*尋常《じんじょう》高等小学校の一年生の頃《ころ》のクラス写真が残《のこ》っています。

今のように写真を撮《と》るのも撮られるのも日常的《にちじょうてき》という時代ではありませんから、坊主頭《ぼうずあたま》、おかっぱの少年少女たちは、こちらをじっと見返すような顔で居住《いず》まいを正して、いささか緊張《きんちょう》気味に写っています。そしてよく見ると、子どもたちは、みんな、裸足《はだし》です。学校まではゴム靴《ぐつ》を履《は》いてきても、校内や遊ぶ時は靴を脱《ぬ》いだのです。

当時のゴム靴は、親指のところが擦《す》れて、よく穴《あな》が開いてしまう。だからと言って、またすぐに新しいものを買ってもらえるはずもない。大事にしなきゃと思って、みんな、裸足になった。鬼《おに》ごっこなんかをする時も、まず靴を脱いで、裸足になって駆《か》けていきました。

セピア色の写真の中の僕は、①母が編《あ》んだ縞《しま》のセーターを着て、担任《たんにん》の田辺先生とともに神妙《しんみょう》な顔で後列に写っていますが、足下《あしもと》はやっぱり裸足だったはずです。

（中略《ちゅうりゃく》）

町内会の知らせで、戦地《せんち》に向かう兵隊《へいたい》たちを見送りに行ったあの時の光景《こうけい》を、僕は忘《わす》れることができません。

運命という言葉もまだ知らなかったけれど、国民《こくみん》の模範《もはん》だと思っていた兵隊たちの静《しず》かな、厳《きび》しい表情《ひょうじょう》から直感的に何かを感じとっていたのでしょう。

学校でどう教わろうと、そうして②出征していくことの本当の意味を、子どもたちでさえ無言《むごん》のうちに見抜《みぬ》いていたのだと思います。

（かこさとし『未来《みらい》のだるまちゃんへ』〈文春文庫〉より。ただし、途中《とちゅう》を省略《しょうりゃく》した部分がある。）

（注）○尋常高等小学校一年＝現在《げんざい》の小学校五年。

(1) ――線部①の「母が編《あ》んだ縞《しま》のセーターを着て」「足下《あしもと》はやっぱり裸足《はだし》だった」という表現《ひょうげん》から、どのような生活ぶりを思い出していることがわかりますか。次の中で最《もっと》もふさわしいものを選《えら》び、記号で答えなさい。〈20点〉

ア 母親の心遣《こころづか》いも知らないまま、身なりなど気にもしないで過《す》ごしていたこと。

イ 友達《ともだち》と夢中《むちゅう》で遊んでいるときは、物を大事にすることも忘《わす》れてしまったこと。

ウ 親から愛情《あいじょう》は注がれていたが、他の子どもたちと同じように貧《まず》しかったこと。

エ 比較的豊《ひかくてきゆた》かな家に生まれたものの、誰《だれ》とも分《わ》け隔《へだ》てなくつきあっていたこと。

［　　］

出征《しゅっせい》する兵隊たちを見送るのは、僕にとって初《はじ》めてのことでした。

「何時の列車だから、近くの者は皆《みな》、駅に来るように」

学校でそう言われて、子どもたちは一旦《いったん》、家に帰ってから駅に向かいました。

寒い駅の裏側《うらがわ》に、三十人くらいは集まっていたでしょうか。手に手に旗《はた》を持って待っていると、その列車がやってきました。

鯖江《さばえ》から舞鶴《まいづる》に向かい、船で外地に出征していくのです。

手を振《ふ》る兵隊たちはみんな、もう一方の手に真新しい白布《はくふ》に包《つつ》まれた鉄砲《てっぽう》を持っていました。その鮮《あざ》やかな白さが、今も目に焼《や》きついています。

集まった人たちは、大人も、子どもも「万歳《ばんざい》！」「万歳！」と声をあげ、しきりに旗を振ったけれど、兵隊たちは、笑《わら》っている人はひとりもいなくて、誰《だれ》も彼《かれ》も、寂《さび》しい顔をしていました。

後に連《つら》なる貨物《かもつ》列車からは、軍馬《ぐんば》が顔を突《つ》き出《だ》していて、馬でさえ寂しい長い顔をしているように見えました。

出征というのは、こんなにも寂しいものなのか。

そう思ったのは、どうやら僕だけではなかった。

いつもは戦争《せんそう》ごっこをしてははしゃぎまわっている子どもたちも、帰り道は、皆、おし黙《だま》って、しんとしていました。

---

(2) ――線部②「出征《しゅっせい》していくことの本当の意味」について述《の》べた次の文の空欄《くうらん》にあてはまることばを答えなさい。［a］・［b］は、本文の（中略《ちゅうりゃく》）より後の部分から三字以内《いない》でぬき出し、［c］は自分で考えて五字以内で書きなさい。〈10点×3〉

出征する者は、戦地《せんち》に身を置《お》く以上、死と背中《せなか》合わせにならざるをえない［a］にあり、自分の大事な人たちと二度と会えないかもしれないのに、［b］という思いを［c］ことさえできないまま別《わか》れていかなくてはならないということ。

a

b

c

復《ふく》習《しゅう》テスト⑦

15分

／100

答《こた》え70ページ

学習日　月　日

1 次の文章を読んで、あとの問いに答えなさい。

デビューして間もないころ、①原稿《げんこう》に「こんにちわ」と書いたら、たちまち編集者《へんしゅうしゃ》のアカが入り、「わ」を「は」に直された。

「こんにちわ」ではなく、「こんにちは」が正しいのである。

ハテ、と考えて辞書《じしょ》を引いてみると、

「今日は……と言う挨拶語《あいさつご》の下略《げりゃく》。昼間の訪問《ほうもん》または対面の時に言う挨拶語」

とあった。

だいたいからして、改《あらた》めて辞書を引くような言葉ではない。また、身近なわりに小説《しょうせつ》の中にはほとんど出現《しゅつげん》しない。よって私《わたし》は作家になっても「こんにちわ」だと信《しん》じていたのである。

つまり、こういうことだ。

「今日は、よいお日和《ひより》ですねえ」

「今日は、お元気そうで何よりです」

「今日は、よろしくお願《ねが》いします」

結性《けっせい》を欠《か》いているせいであろう。はるかな時代の父祖《ふそ》が大らかにかわし合ったたがいの心情を、集約しきれぬ分だけのバツの悪さ、思いのたけを声にできぬ分だけの哀愁である。

そうこう考えれば、私たちが今さら辞書を引くまでもなく使用している、④簡潔《かんけつ》で身近な日本語ほど奥《おく》が深い。

（浅田次郎《あさだじろう》『パリわずらい　江戸《えど》わずらい』）

(1) ①原稿《げんこう》に「こんにちわ」と書いたとありますが、なぜ筆者は「こんにちわ」と書いたのですか。〈30点〉

[　　　　　　　　]

(2) ②左様なら理解《りかい》できるとありますが、この部分の表現《ひょうげん》の工《く》夫《ふう》を説明《せつめい》した次の文にあてはまる言葉を、[a]、[b]は五字で、[c]は四字でぬき出しなさい。〈5点×3〉

・別《わか》れの挨拶《あいさつ》[a]が接続詞《せつぞくし》であったと知り、本来の意味

などという会話が省略《しょうりゃく》されて、「こんにちは」の挨拶となったらしい。

そこでふと思いつき、「さようなら」を引いてみた。

「左様《さよう》なら。元来、接続詞《せつぞくし》で、それならばの意。別《わか》れの挨拶語。さよなら」

ほう、そうか。もともとは接続詞かよ、②左様なら理解《りかい》できる。たとえば、こういうことだ。

「忙《いそが》しい一日だったが、左様なら家に帰ってゆっくり休みましょう」

「ずいぶんすったもんだしたけど、左様ならここいらで別れよう」

などという会話が大幅《おおはば》に省略されて、「さようなら」の挨拶となったのである。現代ふうに言い直せば、「ま、そんなわけで」ということになろうか。

きっと大昔の日本人は、出会うにしろ別れるにしろ、たがいにものすごく長い挨拶をかわしていたにちがいない。人間の数が増《ふ》え、社会が整備《せいび》されてあわただしくなるにつれ、「こんにちは」「こんばんは」「さようなら」と、心情《しんじょう》を集約《しゅうやく》するようになったのであろう。

なるほど、そういえば「こんにちは」と何気なく口にしたとき、その一言では③どうにも物足らぬバツの悪さを感ずる。「さようなら」に必《かな》ずまとわりつく哀愁《あいしゅう》も、言葉としての完《かん》

である［b］という意味で［c］という表記を使っている。

a ［　　　］

b ［　　　］

c ［　　　］

(3) ③どうにも物足らぬバツの悪さとありますが、筆者がこのように感じるのはなぜかを書きなさい。〈25点〉

［　　　　　　　　］

(4) ④簡潔《かんけつ》で身近な日本語ほど奥《おく》が深いとありますが、これについて説明した次の文の［　］にあてはまる内容《ないよう》を、「心《しん》情《じょう》」「集約《しゅうやく》」という言葉を使って二十字以内《いない》で書きなさい。〈30点〉

・私《わたし》たちが生活の中で当たり前に使っている「こんにちは」「こんばんは」「さようなら」といった短い挨拶の言葉ではあるが、その中には［　］と言えるから。

［　　　　　　　　　　］

過《か》去《こ》問題にチャレンジ④

30分

/100

答え 71ページ

学習日　月　日

1 次の文章を読んで、あとの問いに答えなさい。

〈東邦大学付属東邦中学校・改〉

彼女《かのじょ》は——もう名前も忘《わす》れてしまったけれど、十三歳《さい》で、中学一年生になりたてだった。わたしは大学四年生だった。

いろいろな事情《じじょう》から、彼女と、その友だちの家庭教師《かていきょうし》をすることになったときの第一印象《だいいちいんしょう》は、頭がよさそうで、手強《てごわ》そうな子だなということだった。人をまっすぐに見る目が、そう思わせた。

色は浅黒《あさぐろ》く、まっくろな長い髪《かみ》、目は切れ長で、ちょっと*興福寺《こうふくじ》の阿修羅像《あしゅらぞう》ににていた。一目で、相手に強く印象づけるものをもっていた。全身から、もやもやした苛《いら》だちのようなものを発散《はっさん》していた。急激《きゅうげき》に成長《せいちょう》してゆく精神《せいしん》に、体がついていかない感じだった。

一方の友だちは、ちょっと*『おしん』の子ども時代の子役女優《じょゆう》ににていた。小学生のなごりのある、かわいい子だった。そうして気の強い、ピリピリした阿修羅少女が、教師や大人とぶつかるのをはらはら見守っているふうだった。

（中略《ちゅうりゃく》）

よくあるように、阿修羅少女——かりに阿子《あこ》ちゃんのほうが、だんぜん、のみこみが早かった。一方のおしんちゃんはのみこみが遅《おそ》いぶん、性格《せいかく》がよくて、宿題はかならずやってきたし、単語《たんご》の書き取りも、飽《あ》きることなく書きつづけた。

阿子ちゃんのほうは、

「もう、これ覚《おぼ》えちゃったよ。センセ」

といってシャーペンを放り出してしまい、のたのたしているおしんちゃんを軽蔑《けいべつ》するように、ふん、と笑《わら》うのだった。

彼女はあきらかに、ふたり同時に、おなじ速度で教えてもらうことで、みずからの優位性《ゆういせい》に確信《かくしん》をもちはじめていた。

（中略）

おしんちゃんがわたしから本を借《か》りて、その感想を遠慮《えんりょ》がちにしゃべる習慣《しゅうかん》ができたころ、彼女も、

「センセイが好《す》きな本、どれ」

といって、借りていった。数日後、コーヒーをこぼしちゃったといって、全ページが汚《よご》れた本を返してきた。汚しちゃった、弁償《べんしょう》するよと不敵《ふてき》に笑《わら》いながら。

彼女は、中学生のころのわたしに、ちょっと似《に》ていた。

当時のわたしは顔こそ阿修羅には似てもにつかない童顔《どうがん》だったけれど、かなり気がつよく、年上の姉の影響《えいきょう》もあって、中学生が読まないような雑誌《ざっし》や本をよみ、レコードを聴《き》いていたわりに、それについて、おしゃべりできるクラスメートがいないことに苛立ち、たぶん、ひそかに①誇《ほこ》っていたのだ。

好きな男の子がいながら、その子がおもしろみのない優等《ゆうとう》生《せい》であることに苛立ち、校則《こうそく》のことばかりいう教師にも不満《ふまん》がいっぱいで、その不満を口にすることに躊躇《ちゅうちょ》がなかった。

そういうわたしを、ハラハラして見守る優《やさ》しい姉のようなクラスメートがいて、彼女はわたしを親友だといって憚《はばか》らなかった。

わたしが生意気な口をきいて職員室《しょくいんしつ》によばれ、

「おまえは傲慢《ごうまん》だ。謙虚《けんきょ》さってものを身につけろ」

と叱《しか》られ、めちゃめちゃになったプライドを抱《かか》えて、青ざめて教室に戻《もど》ると、彼女はすぐに走りよってきて、とても心配そうに、

「気にしちゃダメだよ、サエちゃんは根がいい人なんだから」

とトンチンカンなことをいうのだった。

彼女がやさしいこと、悪意というものがないことを、わたしはよく知っていたし、だから彼女を嫌《きら》いはしなかったけれど、ときどき、とても苛々《いらいら》させられた。

（中略）

わたしは、傲慢だ、謙虚さを身につけろといわれて、血の気が失《う》せるほど打撃《だげき》をうけたけれど、かといって、気にしちゃダメだよと優しく慰《なぐさ》めてくれる彼女の鈍感《どんかん》さ、といって悪ければ幼《おさな》さや無邪気《むじゃき》さには、うんざりさせられた。なるほど、わたしは傲慢だった。

あるとき、理由は忘《わす》れたけれど、彼女にまつわりつかれるのがほとほと嫌《いや》になって、

「あたし、ひとりになって、いろいろ考えたいこともあるし。あたしたち、しばらくともだちづきあい、止《や》めない？」

と昼休みの教室で、彼女にいい放った。彼女は呆然《ぼうぜん》とし、みるみるうちに目に涙《なみだ》をうかべ、顔を歪《ゆが》めて泣《な》きだした。

（中略）

絶交宣言《ぜっこうせんげん》はいちはやく教師の耳にとどいたらしく、その学期の通信簿《つうしんぼ》の通信欄《つうしんらん》に、

「ともだちの気持ちを思いやる、やさしさを身につけてほしい」

というようなことが書いてあった。

わたしは彼女の善意《ぜんい》を疑《うたが》っていなかったし、たぶん、彼女のほうが大人の世界では正しいのだろうと思ったけれど、なにか理不尽《りふじん》な怒《いか》りを覚《おぼ》えた。〝やさしさを身につけろ〟とい

う世界は、誠実《せいじつ》な顔つきで、真綿《まわた》で首をしめてくる、いやな世界だった。②嘘《うそ》っぱちの世界だった。わたしはすべてに苛《いら》立《だ》ち、もがいていた。

そういった我《が》の強さ、傲慢《ごうまん》さ——といって悪ければひりひりするような過剰《かじょう》な自意識《じいしき》。たしかに阿子《あこ》ちゃんはわたしに似《に》ていた。

コーヒーでごわごわになった*『オズの魔法《まほう》使い』を眺《なが》めながら、

「阿子ちゃんはきっと、あたしの気持ちなんか、おまえにわかるもんかと思ってるんでしょうね」

とわたしは呟《つぶや》いた。阿子ちゃんは*矜持《きょうじ》というものを知っている少女の目を、まっすぐにわたしに当てたまま、

「そりゃそうでしょ。わかりっこないよ」

と頬《ほお》をゆがめて笑《わら》った。確信《かくしん》にみちた言い方だった。わたしはそのとき、③自分の少女時代が終わったことを知った。彼女《かのじょ》を一瞬《いっしゅん》、生意気なくそガキが！　と憎《にく》むことによって。

（氷室冴子《ひむろさえこ》「さようなら女の子」『新版《しんぱん》　いっぱしの女』所収《しょしゅう》）

（注）○興福寺《こうふくじ》の阿修羅像《あしゅらぞう》＝国宝《こくほう》。三つの顔と六本の腕《うで》を持ち、細身の体つきや少年のような顔立ちなどに特色《とくしょく》がある仏像《ぶつぞう》。

○『おしん』＝テレビドラマ。貧《まず》しい農家に生まれた少女・おしんが、明治《めいじ》・大正・昭和《しょうわ》という激動《げきどう》の時代を必死《ひっし》に生きる姿《すがた》をえがく。

○『オズの魔法使い』＝アメリカのＬ・Ｆ・ボーム作の児童小説《じどうしょうせつ》。少女ドロシーが竜巻《たつまき》に巻き上げられて魔法使いオズの支配《しはい》する国を旅する。

○矜持＝自分の能力《のうりょく》を信《しん》じていだく誇《ほこ》り。プライド。

---

(1) ——線①「誇《ほこ》っていたのだ」とありますが、このときの「わたし」の気持ちを説明《せつめい》した次の文の□にあてはまる言葉を本文中から**十一字**でぬき出して答えなさい。（句読《くとう》点《てん》・記号等も字数に数えます。）〈30点〉

・ほかのクラスメートに対して、□を持っていた。

(2) ——線②「嘘《うそ》っぱちの世界」とは、具体的《ぐたいてき》にはどのような世界ですか。その説明としてもっとも適切《てきせつ》なものを次の**ア**〜**オ**の中から一つ選《えら》び、記号で答えなさい。〈30点〉

ア　やさしさを身につけろと言いながら、相手の都合を考えずに自分の考えるやさしさだけを主張《しゅちょう》する人しかいないような悪意に満《み》ちた世界。

イ　やさしさを身につけろと言いながら、少しでも反抗的《はんこうてき》な態度《たいど》をとる人間はすぐに仲間外《なかまはず》れにされるような親しみのかけらもない世界。

ウ　やさしさを身につけろと言いながら、相手が本当に求《もと》めていることに気づこうとしないような、他人に対する無関心《むかんしん》さにあふれた世界。

エ　やさしさを身につけろと言いながら、目の前にいる相手を傷《きず》つけることを言う人が野放しになっているような

殺伐《さつばつ》とした世界。

オ やさしさを身につけろと言いながら、生意気な態度をとる人だけをねらいうちにして責《せ》め立てるような道理に合わない世界。

〔　　〕

(3) ――線③「自分の少女時代が終わった」とありますが、なぜ「わたし」はそのように思ったのですか。その理由としてもっとも適切なものを次の**ア**～**オ**の中から一つ選び、記号で答えなさい。〈40点〉

ア「わたし」自身、かつては「阿子《あこ》ちゃん」と同じように、プライドの高さがもとで生きづらさを感じていて、そういう意味で「阿子ちゃん」に対して親近感をいだいていたが、「阿子ちゃん」から自分の気持ちは「わたし」にわかりっこないと言われたことで、自分と「阿子ちゃん」を同一視《どういつし》するような考えは捨《す》てようと決意したから。

イ「わたし」自身、かつては「阿子ちゃん」と同じように、「わたし」の気持ちを理解《りかい》することができない周囲《しゅうい》の人々を見下すような態度をとる少女であったが、「阿子ちゃん」の態度に不快感《ふかいかん》をおぼえたことで、いつの間にか自分も「傲慢《ごうまん》だ、謙虚《けんきょ》さを身につけろ」と思う側《がわ》の人間になってしまったのだと実感したから。

ウ「わたし」自身、かつては「阿子ちゃん」と同じように、気が強く自意識過剰《じいしきかじょう》だったこともあり、周囲の人々を傷つけることもたびたびあったが、「阿子ちゃん」の横暴《おうぼう》な態度に怒《いか》りをおぼえたことで、当時の自分がいかに傲慢であったかを改《あらた》めて思い知り、これから先は決してあのような態度をとるまいとかたく心に決めたから。

エ「わたし」自身、かつては「阿子ちゃん」と同じように、頭が良いことを鼻にかけて、周囲の人たちに対して生意気な態度をとる傲慢な少女であったが、「わたし」が貸《か》してあげた本を「阿子ちゃん」が傷つけたことで、「阿子ちゃん」に対する憎《にく》しみが生まれるとともに、今の自分はさすがにそこまでひどくはないと思い直したから。

オ「わたし」自身、かつては「阿子ちゃん」と同じように、自分は周囲の友だちと比《くら》べて能力《のうりょく》が高いという自負心をもって生きていたが、しだいに「阿子ちゃん」の我《が》の強さや傲慢さ、過剰な自意識が鼻につくようになり、本を汚《よご》された一件《いっけん》が決め手となって、「阿子ちゃん」に共感《きょうかん》することはもうできないと強く感じたから。

〔　　〕

学習日　月　日

21 詩の読解・表《ひょう》現《げん》技《ぎ》法《ほう》

ねらい
詩の内容をつかみ、表現技法の判別ができるようになる。

★標準レベル

15分

／100

答え72ページ

1 次の詩を読んで、あとの問いに答えなさい。

山への*思慕《しぼ》　田中冬二《たなかふゆじ》

①しずかな冬の日
私《わたし》はひとり日向《ひなた》の縁側《えんがわ》で
遠い山に向《むか》っている

②山は父のようにきびしく正しく
また母のようにやさしい

山をじっと見つめていると
何か泪《なみだ》ぐましいものが湧《わ》いて来る
そして心はなごみ澄《す》んで来る

しずかな冬の日
私ひとり縁側で暖《あたたか》い日を浴《あ》びて
遠い山に向っている

（注）○思慕＝恋《こい》しく思うこと。

(1) ①しずかな冬の日、②山は父のようにきびしく正しく／また母のようにやさしいとありますが、ここに使われている表現《ひょうげん》技法《ぎほう》としてあてはまるものを次から選《えら》び、それぞれ記号で答えなさい。〈20点×2〉

ア 倒置法《とうちほう》（言葉の順番《じゅんばん》をぎゃくにする技法）
イ 体言止め（文の最後《さいご》を体言（名詞《めいし》）で終わらせる技法）
ウ 擬人法《ぎじんほう》（人間以外《いがい》のものを人間のように表現する技法）
エ 省略法《しょうりゃくほう》（言葉を省《はぶ》いて読者の想像《そうぞう》にゆだねる技法）

①［　　］　②［　　］

2 次の詩を読んで、あとの問いに答えなさい。

空をかついで

石垣《いしがき》りん

肩《かた》は
首の付《つ》け根《ね》から
なだらかにのびて。
肩は
①地平線のように
つながって。
人はみんなで
空をかついで
きのうからきょうへと。
子どもよ
②おまえのその肩に
おとなたちは
きょうからあしたを移《うつ》しかえる。
この重たさを
この輝《かがや》きと暗やみを
あまりにちいさいその肩に。
少しずつ
③少しずつ。

(1) ①地平線のようにとありますが、これは何がどのようであるる様子を表しているかを説明《せつめい》したものとしてあてはまるものを次から選び、記号で答えなさい。〈20点〉

ア 空がどこまでも広く晴れわたっている様子。
イ 今日から明日へと時間がうつり変《か》わっていく様子。
ウ 子どもたちの肩《かた》がまっすぐにつながっている様子。
エ おとなたちの肩がたのもしく見える様子。

〔　　〕

(2) ②おまえとありますが、これはだれを指しているか、詩の中から三字でぬき出しなさい。〈20点〉

(3) ③少しずつとありますが、このあとに省略されている言葉を詩の中から五字でぬき出しなさい。〈20点〉

15分

学習日　月　日

／100

答え72ページ

1 次の詩を読んで、あとの問いに答えなさい。

木

田村隆一《たむらりゅういち》

木は黙《だま》っているから好《す》きだ
木は歩いたり走ったりしないから好きだ
木は愛《あい》とか正義《せいぎ》とかわめかないから好きだ

ほんとうにそうか
ほんとうにそうなのか

見る人が見たら
木は囁《ささや》いているのだ　ゆったりと静《しず》かな声で
木は歩いているのだ　空にむかって
木は稲妻《いなずま》のごとく走っているのだ　地の下へ
木はたしかにわめかないが
木は
愛そのものだ　それでなかったら小鳥が飛《と》んできて
枝《えだ》にとまるはずがない
正義そのものだ　それでなかったら地下水を根から吸《す》いあげて
空にかえすはずがない

若木《わかぎ》
老樹《ろうじゅ》

ひとつとして同じ木がない
ひとつとして同じ星の光りのなかで
目ざめている木はない

木
ぼくはきみのことが大好きだ

(1) この詩から読み取れる木に対する作者の考えを表す言葉として**あてはまらないもの**を次から選《えら》び、記号で答えなさい。〈30点〉

ア 愛情《あいじょう》深い。
イ 不思議《ふしぎ》なそんざいだ。
ウ 個性的《こせいてき》だ。
エ 正義感《せいぎかん》が強い。

〔　　〕

2 次の詩を読んで、あとの問いに答えなさい。

□

吉野弘《よしのひろし》

何故《なぜ》　生まれねばならなかったか。

子供《こども》が
①それを父に問うことをせず
ひとり耐《た》えつづけている間
父は　きびしく無視《むし》されるだろう。
そうして　父は
耐えねばならないだろう。

子供が
②彼《かれ》の生を引受《ひきう》けようと
決意するときも　なお
父は　やさしく避《さ》けられているだろう。
父は　そうして
やさしさにも耐えねばならないだろう。

(1) ①それを父に問うことをせずとありますが、何を問わないのですか。二十字程度《ていど》で答えなさい。〈30点〉

(2) ②彼《かれ》の生を引受《ひきう》けようと／決意するとありますが、これはどういうことかを説明《せつめい》したものとしてあてはまるものを次から選び、記号で答えなさい。〈20点〉

ア 父親がここまで自分を育ててくれたことをふり返って考えるということ。
イ これからどのように生きていくべきかを父親とともに考えるということ。
ウ これからは年老《としお》いた父親の面倒《めんどう》を見ていこうと決意するということ。
エ 自分自身の人生を自らの力で生きていこうと決意するということ。

〔　　〕

(3) □にはこの詩の題名が入ります。あてはまる言葉を詩の中から一字でぬき出しなさい。〈20点〉

□

★★★ 最高レベル

30分

/100

答え 73ページ

学習日　月　日

1 次の詩を読んで、あとの問いに答えなさい。

〈東京都市大学付属中学校・改〉

何が面白《おもしろ》くて駝鳥《だちょう》を飼《か》うのだ。
動物園の四坪半《よつぼはん》のぬかるみの中では、
脚《あし》が大股過《おおまたす》ぎるじゃないか。
頸《くび》があんまり長過ぎるじゃないか。
雪の降《ふ》る国にこれでは羽がぼろぼろ過ぎるじゃないか。
腹《はら》がへるから堅《かた》パンも喰《く》うだろうが、
駝鳥の眼《め》は遠くばかり見ているじゃないか。
身も世もない様に燃《も》えているじゃないか。
瑠璃色《るりいろ》の風が今にも吹《ふ》いて来るのを待ちかまえているじゃないか。
あの小さな素朴《そぼく》な頭が無辺大《むへんだい》の夢《ゆめ》で逆《さか》まいているじゃないか。
これはもう駝鳥じゃないじゃないか。
人間よ、
もう止《よ》せ、こんな事は。

（高村光太郎《たかむらこうたろう》「ぼろぼろな駝鳥」）

(1) 詩の表現《ひょうげん》について説明《せつめい》したものとして最《もっと》もふさわしいものを次から一つ選《えら》び、記号で答えなさい。〈15点〉

ア 比喩《ひゆ》表現をひとつも使わずに、自身の思いを直接伝《ちょくせつつた》えようとしている。
イ 駝鳥《だちょう》のようすをやや大げさにえがいて、こっけいさを感じさせている。
ウ 多くの文末《ぶんまつ》を同一の表現でたたみかけて、読者の共感《きょうかん》をさそっている。

［　　］

(2) 詩をとおして作者はどういうことをうったえようとしていますか。最もふさわしいものを次から一つ選び、記号で答えなさい。〈15点〉

ア 動物園で飼育《しいく》されている駝鳥のみじめなようすを描《えが》くことによって、よりよい環境《かんきょう》で飼育することの大切さをうったえている。
イ 飼育にふさわしくない場所に駝鳥を無理《むり》に押《お》しこめているようすを描くことで、人間のふるまいの身勝手さをうったえている。
ウ 自由にならない環境で生きていかざるをえない駝鳥を描くことで、我々《われわれ》人間も自然《しぜん》な生き方にもどるべきだとうったえている。

［　　］

2 次の詩を読んで、あとの問いに答えなさい。

〈東京都市大学付属中学校〉

空の石盤《せきばん》に
鷗《かもめ》がＡＢＣを書く

海は灰色《はいいろ》の牧場《ぼくじょう》です
白波は綿羊《めんよう》の群《むれ》であらう(ろ)

船が散歩《さんぽ》する
煙草《たばこ》を吸《す》ひ(い)ながら

船が散歩する
口笛を吹《ふ》きながら

【堀口大学《ほりぐちだいがく》「海の風景《ふうけい》」(『新編《しんぺん》日本現代詩』〈双文社出版《そうぶんしゃしゅっぱん》〉所収《しょしゅう》)】

(1) 詩の表現について説明した次の文の中から正しいものを二つ選び、記号で答えなさい。〈完答15点〉

ア 最も代表的《だいひょうてき》な表現《ひょうげん》技法《ぎほう》である「直喩」が、一か所にだけ見られる。

イ 「隠喩《いんゆ》」が多用されることにより、読者に情景《じょうけい》を想像《そうぞう》させている。

ウ 「対句《ついく》」が第二連《だいにれん》だけに使われ、ことばのリズムを生んでいる。

エ 詩の後半に、語順《ごじゅん》をかえて強調する「反復法《はんぷくほう》」が使われている。

オ 第三連と第四連に「擬人法《ぎじんほう》」を使い、イメージを深めている。

カ 規則的《きそくてき》なことばの使い方をする、いわゆる「定型詩《ていけいし》」である。

〔　・　〕

(2) 詩でえがかれている海の風景を説明したものとして、最もふさわしいものを次から一つ選び、記号で答えなさい。〈15点〉

ア カモメが複雑《ふくざつ》な飛《と》び方《かた》をしたり白波が立っていたりなど、大自然のあらあらしさをえがいている。

イ 石盤《せきばん》の空や牧場《ぼくじょう》の海など灰色《はいいろ》の風景をえがくことにより、作者のしずんだ心情をあらわしている。

ウ 汽笛を鳴らしながら進む蒸気船《じょうきせん》を登場させることによって、ほのぼのとした印象《いんしょう》をあたえている。

エ 海には存在《そんざい》しない風物が詩の中にちりばめられており、現実ばなれした情景をつくり出している。

〔　〕

3 次の【Ⅰ】と【Ⅱ】、二つの詩を読んで、後の問いに答えなさい。

〈芝浦工業大学附属中学校・改〉

【Ⅰ】

これまでいちばん美味《おい》しかったのは
と問われれば
娘《むすめ》が子どものころ植えた種《たね》から芽吹《めぶ》いたビワが
初《はじ》めてつけた実三つほどと答える
その後繁《しげ》りに繁って隣家《りんか》の玄関《げんかん》に
大きな影《かげ》を落とすようになったので
先日ばっさばっさと枝《えだ》を切り落とした
今日　二階の窓《まど》から
誰《だれ》かが書斎《しょさい》を覗《のぞ》く気配があり
はっとして顔を上げると
細くなったそのビワの木の先っぽが
ガラス窓の左隅《ひだりすみ》でゆれた
あまり切らないでよ　と
声を聞いたようだった
いずれ梯子《はしご》をかけて
切ろうと思っていたところだった

---

(1) ——線「今日」の前後での、作者によるビワの木の見方の変化《へんか》について説明《せつめい》した文として適切《てきせつ》なものを次の中から一つ選《えら》び、記号で答えなさい。〈20点〉

ア それまでは単《たん》に自宅《じたく》に植えた植物として見ていたが、書斎《しょさい》を覗《のぞ》かれていると感じたことで心を持った存在《そんざい》だと感じるようになった。

イ それまでは美味《おい》しい実をつけるありがたい植物として見ていたが、文句《もんく》を言われた気がしたことで敵対《てきたい》する存在だと感じるようになった。

ウ それまでは自分の思い通りになるものとして見ていたが、不意《ふい》を突《つ》かれたことで油断《ゆだん》ならない存在だと感じるようになった。

エ それまでは隣家《りんか》に迷惑《めいわく》をかけるうっとうしいものとして見ていたが、話しかけられた気がしたことで友人のような存在だと感じるようになった。

［　　］

【Ⅱ】
だれかが背伸《せの》びして
二階の書斎を覗いている
と思ったら
ビワの木の先端《せんたん》だった
娘が子どものころ種を植えたのが
よくもまあ育ったものだ
陽光を大幅《おおはば》に遮《さえぎ》るので今日あたり
ざっくり枝々を切り払《はら》おうと思っていたところだった
機先《きせん》を制《せい》された

（川崎洋《かわさきひろし》「ビワの木」『あなたの世界が広がる詩』所収《しょしゅう》）

---

(2) 【Ⅰ】と【Ⅱ】の違《ちが》いについて説明した文として適切なものを次の中から一つ選び、記号で答えなさい。〈20点〉

ア 【Ⅰ】よりも【Ⅱ】の方が、ビワの木に書斎を覗かれていると感じたことに対する緊張《きんちょう》が強い。

イ 【Ⅰ】の詩でも、【Ⅱ】の詩でも、ビワの木は生長しすぎたためにすでに一度枝《えだ》を切り払《はら》われている。

ウ 枝を切る予定が【Ⅰ】「いずれ」から【Ⅱ】「今日あたり」になることで、出はなをくじかれた作者の滑稽《こっけい》さが強まる。

エ 【Ⅰ】では「誰《だれ》か」と漢字表記なのに、【Ⅱ】では「だれか」とひらがな表記なのは、ビワの実の柔《やわ》らかさを表すためである。

［　　］

韻《いん》文《ぶん》の読《どっ》解《かい》

22 短歌・俳《はい》句《く》の読解、表《ひょう》現《げん》技《ぎ》法《ほう》

ねらい 短歌や俳句の内容をつかみ、表現技法の判別ができるようになる。

学習日　月　日

★標準レベル

15分

／100

答え75ページ

1 次の短歌を読んで、あとの問いに答えなさい。

A　たのしみは　妻子《めこ》*むつまじく　*うちつどひ《(い)》　頭《かしら》ならべて　物をくふ《(う)》時　　橘《たちばな》曙覧《あけみ》

B　「寒いね」と　話しかければ　「寒いね」と　答える人の　いるあたたかさ　　俵《たわら》万智《まち》

C　*かすみたつ　ながきはるひに　こどもらと　*てまりつきつゝ《(つ)》　このひくらしつ　　良寛《りょうかん》

（注）○むつまじく＝仲《なか》よく。
○うちつどひ＝集まり。
○かすみたつ＝かすみ（うすいもやがかかったように、景色《けしき》がぼんやりとして見えること）がかかる。
○てまり＝手でつくなどして遊ぶ、ボールのようなもの。

---

(1) A～Cの短歌に共通《きょうつう》する内容《ないよう》の説明《せつめい》としてあてはまるものを次から選《えら》び、記号で答えなさい。〈20点〉

ア たいくつな一人の時間をどうすごそうか考えている。

イ すぎてしまった時間をなつかしく思い出している。

ウ 人とふれあっていることのぬくもりを感じている。

エ 人生にはいろんなことがあるとしみじみ感じている。

［　　］

(2) A・Bの短歌に共通する表現技法《ひょうげんぎほう》としてあてはまるものを次から選び、記号で答えなさい。〈10点〉

ア 倒置法《とうちほう》（言葉の順番《じゅんばん》をぎゃくにする技法）

イ 対句法《ついくほう》（同じつくりの文を二つ以上《いじょう》ならべる技法）

ウ 擬人法《ぎじんほう》（人間以外《いがい》のものを人間のように表現する技法）

エ 体言止め（文の最後《さいご》を体言（名詞《めいし》）で終わらせる技法）

［　　］

2 次の俳句《はいく》を読んで、あとの問いに答えなさい。

A　いくたびも　雪の深さを　尋《たず》ねけり　　正岡子規《まさおかしき》

B　夏河《なつかわ》を　越《こ》すうれしさよ　手に草履《ぞうり》　　与謝蕪村《よさぶそん》

C　*むめ《(う)》一輪《いちりん》　一りんほどの　あたゝ《(た)》かさ　　服部嵐雪《はっとりらんせつ》

（注）○むめ＝梅《うめ》。

(1) A・B・Cの俳句の季語《きご》をぬき出し、季節《きせつ》をそれぞれ書きなさい。〈5点×6〉

A　季語［　　］　季節［　　］

B　季語［　　］　季節［　　］

C　季語［　　］　季節［　　］

(2) Bの俳句について説明した文としてあてはまるものを次から選び、記号で答えなさい。〈20点〉

ア 暑い夏に、草履《ぞうり》をぬいではだしで川をわたったときの気持ちよさを表現している。

イ 暑い夏に川をわたるには、草履を手に持たなければならない不便《ふべん》さを表現している。

ウ 川をわたるときに自分の草履を持ってくれた人への、感謝《かんしゃ》の気持ちを表現している。

エ 川をわたるときに草履を持ってはしゃいでいた昔をなつかしむ気持ちを表現している。

［　　］

(3) Cの俳句の内容を説明した次の文の□にあてはまる言葉をあとから選び、記号で答えなさい。〈20点〉

・梅《うめ》の花が一輪《いちりん》ずつさいていくということは少しずつ春が近づいているということで、そのことに□を感じている。

ア よろこび

イ おどろき

ウ 悲しさ

エ さびしさ

［　　］

★★ 上級レベル

15分　　/100　　答え75ページ　　学習日　月　日

1 次の短歌と俳句《はいく》を読んで、あとの問いに答えなさい。

A もの思へ《（え）》ば　沢《さわ》のほたるも　わが身より　*あくがれ出《い》づ《（ず）》る　*たまかと*ぞ見る
和泉式部《いずみしきぶ》

B あき*きぬと　めには*さやかに　*見えねども　風のを《（お）》とにぞ　おどろかれぬる
藤原敏行朝臣《ふじわらのとしゆきあそん》

C み渡《わた》せば　花もみぢ《（じ）》も　*なかりけり　*浦《うら》の苫屋《とまや》の　秋の夕ぐれ
権中納言定家《ごんちゅうなごんさだいえ》

D 荒海《あらうみ》や　*佐渡《さど》に*よこたふ《（とう）》　天河《あまのがわ》
松尾芭蕉《まつおばしょう》

E 冬菊《ふゆぎく》の　まとふ《（う）》は*おのが　ひかりのみ
水原秋櫻子《みずはらしゅうおうし》

F 咳《せき》の子の　なぞなぞあそび　きりも*なや
中村汀女《なかむらていじょ》

(1) A～Cの短歌の中で一つだけ季節《きせつ》のことなるものがあります。その季節を書き、季節のわかる言葉をぬき出しなさい。〈10点×2〉

季節〔　　〕

季節のわかる言葉〔　　〕

(2) A～Cの短歌の中で一つだけ聴覚《ちょうかく》（耳で聞く感覚）を働《はたら》かせてよんだものがあります。その短歌を選《えら》び、記号で答えなさい。〈10点〉

〔　　〕

(3) Aの短歌ではあるものを別《べつ》のものにたとえて表現《ひょうげん》しています。何を何にたとえているか、次の文の□にあてはまる言葉を書きなさい。〈完答《かんとう》20点〉

・ア を イ にたとえている。

ア〔　　〕　イ〔　　〕

（注）○あくがれ出づる＝さまよい出る。
○たま＝たましい。
○ぞ＝強調する言葉。短歌の意味を考えるときには省《はぶ》いてよい。
○きぬ＝来た。
○さやかに＝はっきりと。
○見えね＝見えない。
○なかりけり＝ないのだなあ。
○浦の苫屋＝海辺《うみべ》にある、粗末《そまつ》なつくりの小屋。
○佐渡＝佐渡島《さどがしま》。
○よこたふ＝横たわる。
○おのが＝自分の。
○なや＝ないことよ。

(4) Cの短歌で表現されている気持ちとしてあてはまるものを次から選び、記号で答えなさい。〈15点〉

ア うれしさ　**イ** 楽しさ

ウ さびしさ　**エ** か弱さ

［　　］

(5) D・Eの俳句の季語《きご》を次から選び、それぞれ記号で答えなさい。また、季節をそれぞれ書きなさい。〈5点×4〉

ア 荒海《あらうみ》　**イ** 佐渡《さど》　**ウ** 天河《あまのがわ》

エ 冬菊《ふゆぎく》　**オ** まとふ　**カ** ひかり

D 季語［　　］季節［　　］

E 季語［　　］季節［　　］

(6) D〜Fの俳句について説明《せつめい》した次の文からあてはまるものをそれぞれ選び、記号で答えなさい。〈5点×3〉

ア 寒さの中で植物がりりしいすがたでそんざいする様子を印象的《いんしょうてき》に表現している。

イ 見渡《みわた》すかぎりに大きく目の前に広がる自然《しぜん》の風景《ふうけい》を力強く表現している。

ウ おさない子どものむじゃきなすがたをいとおしく思う親の視点《してん》で表現している。

D［　　］E［　　］F［　　］

★★★ 最高レベル

30分

/100

答え76ページ

学習日　月　日

1

次のA～Gの作品にはすべて「雪」が出てきます。これらを読んで、後の問いに答えなさい。

〈東京都市大学付属中学校〉

A　田子《たご》の浦《うら》にうち出《いで》てみれば白妙《しろたえ》の富士《ふじ》の高嶺《たかね》に雪は降《ふ》りつつ　山部赤人《やまべのあかひと》

B　朝ぼらけありあけの月と見るまでに吉野《よしの》の里にふれる白雪　坂上是則《さかのうえのこれのり》

C　いざさらば雪見にころぶ所まで　松《まつ》尾《お》芭《ば》蕉《しょう》

D　いくたびも雪の深さを尋《たず》ねけり　正岡《まさおか》子《し》規《き》

E　雪残《のこ》る頂《いただき》ひとつ国境《くにざかい》　正岡子規

F　雪の夜の紅茶《こうちゃ》の色を愛《あい》しけり　日《ひ》野《の》草城《そうじょう》

G　ゆきふるといひ《(い)》しばかりの人しづ《(ず)》か　室生《むろう》犀星《さいせい》

---

(1)　AとBはともに、藤原定家《ふじわらのさだいえ》が飛鳥時代《あすかじだい》から鎌倉時代《かまくらじだい》までの名歌を選《えら》んで編《あ》んだ歌集に収《おさ》められている歌です。その歌集の名前（通称《つうしょう》）を漢字四字で答えなさい。〈5点〉

〔　　　〕

(2)　C～Gの中で、よまれた季節《きせつ》が一つだけ異《こと》なるものがあります。その記号と、よまれた季節を春夏秋冬の漢字一字で答えなさい。〈3点×2〉

記号〔　　〕　季節〔　　〕

(3)　次の1～3は、A～Gのいずれかについて説明《せつめい》したものです。どれについてのものか考え、それぞれA～Gの記号で答えなさい。〈3点×3〉

1　作者は病気をわずらっており、思うように外出できない中でよまれた作品。作者のもどかしさがよくあらわれている。

2　作者の動きとともに雄大《ゆうだい》な景色《けしき》が目の前にひらけていく印象《いんしょう》の作品。字あまりが独特《どくとく》のリズム感を生み出している。

3　家の中で女性《じょせい》と二人で対面している場面をよんだ作品といわれている。特徴《とくちょう》のある表記法《ひょうきほう》がやさしさを生んでいる。

1〔　　〕　2〔　　〕　3〔　　〕

2 次の1～4は、『奥《おく》の細道《ほそみち》』で松尾芭蕉が詠《よ》んだ俳句《はいく》についての鑑賞文《かんしょうぶん》です。それぞれの鑑賞文に当てはまる俳句を後の**ア**～**ク**から選《えら》び、記号で答えなさい。

〈普連土学園中学校・改〉〈3点×4〉

1 雲が変化《へんか》する様子と不動《ふどう》の山の存在《そんざい》との対比《たいひ》が表現《ひょうげん》され、動と静《せい》が両立した句となっている。

2 自分の住んでいた家を人に譲《ゆず》り、いよいよこれから旅に出ようとする芭蕉の決意が伺《うかが》われる。

3 深まりゆく秋に、別《わか》れを惜《お》しみながら新たな旅を続《つづ》けていこうとする芭蕉の姿《すがた》や心情《しんじょう》が映《うつ》し出されている。

4 藤原氏《ふじわらし》の栄華《えいが》の痕跡《こんせき》はあとかたもなくなり、ただ草が青々と生《お》い茂《しげ》る風景《ふうけい》を目《ま》の当たりにして、人の世のはかなさを詠んでいる。

ア 草の戸も住替《すみか》はる代ぞ雛《ひな》の家
イ あらたふと青葉若葉《わかば》の日の光
ウ 夏草や兵《つわもの》どもが夢《ゆめ》の跡《あと》
エ 五月雨《さみだれ》の降残《ふりのこ》してや光堂《ひかりどう》
オ 涼《すず》しさやほの三日月《みかづき》の羽黒山《はぐろやま》
カ 雲の峰幾《みねいく》つ崩《くずれ》て月の山
キ 荒海《あらうみ》や佐渡《さど》に横たふ天河《あまのがわ》
ク 蛤《はまぐり》のふたみに別れ行く秋ぞ

1〔　　〕2〔　　〕3〔　　〕4〔　　〕

---

3 次の1～7は、動物を季語としてふくむ俳句を春から冬、新年の順《じゅん》に並《なら》べたものです。それぞれの□に当てはまる動物を後の**ア**～**コ**から選び、記号で答えなさい。ただし、同じものはくり返して使えません。

〈灘中学校〉〈3点×7〉

1 直線のあつまりて街《まち》□来る　津川絵理子《つがわえりこ》（春）
2 □のすっかり浮《う》いてから泳ぐ　高田正子《たかだまさこ》（夏）
3 線香《せんこう》のけむりのやうな□かな　金子敦《かねこあつし》（夏）
4 ぴいと啼《な》く尻声《しりごえ》悲し夜の□　松尾芭蕉（秋）
5 丘《おか》の上に雲と遊びて□肥《こ》ゆる　森田峠《もりたとうげ》（秋）
6 □や大きくなりし夜の山　三橋敏雄《みつはしとしお》（冬）
7 木屑《きくず》より出て□の髭《ひげ》うごく　福田甲子雄《ふくだきねお》（新年）

ア 伊勢海老《いせえび》　**イ** 牛　**ウ** 馬　**エ** 亀《かめ》の子
オ 水母《くらげ》　**カ** 鹿《しか》　**キ** 雀《すずめ》　**ク** 燕《つばめ》
ケ 泥鰌《どじょう》　**コ** むささび

1〔　　〕2〔　　〕3〔　　〕4〔　　〕
5〔　　〕6〔　　〕7〔　　〕

4 次の俳句《はいく》の中には、冬の季節《きせつ》とは**関係《かんけい》のないもの**が一つあります。それはどれですか、記号で答えなさい。〈横浜雙葉中学校〉〈5点〉

ア 流れ行く　大根の葉の　早さかな　高浜虚子《たかはまきょし》

イ 海に出て　木枯《こがらし》帰る　ところなし　山口誓子《やまぐちせいし》

ウ 咳《せき》の子の　なぞなぞ遊び　きりもなし　中村汀女《なかむらていじょ》

エ 旅人の　蜜柑《みかん》くひ(い)行く　枯野《かれの》かな　正岡子規《まさおかしき》

オ 肩《かた》に来て　人懐《なつ》かしや　赤蜻蛉《あかとんぼ》　夏目漱石《なつめそうせき》

［　　］

5 次の俳句には「季語」から考えると、よまれていない季節が一つある。その季節を漢字一字で答えなさい。〈大妻中学校〉〈6点〉

・菜《な》の花や月は東に日は西に　与謝蕪村《よさぶそん》

・涼風《りょうふう》の曲がりくねって来たりけり　小林一茶《こばやしいっさ》

・行水《ぎょうずい》の捨所《すてどころ》なし虫の声　上島鬼貫《うえじまおにつら》

・雪残《のこ》る頂《いただき》一つ国境《くにざかい》　正岡子規

［　　］

6 次の1～4の俳句と関係の深いものを**ア**～**オ**の中から一つ選《えら》んで、それぞれ記号で答えなさい。〈横浜雙葉中学校〉〈3点×4〉

1 赤を黄を　寺にも分かち　やまよそおう　鷹羽狩行《たかはしゅぎょう》

［**ア** 満開《まんかい》　**イ** 新緑　**ウ** 蟬《せみ》しぐれ　**エ** 紅葉《こうよう》　**オ** 初雪《はつゆき》］

2 かぜかおる　鳩《はと》と雀《すずめ》の　二重奏《にじゅうそう》　稲畑廣太郎《いなはたこうたろう》

［**ア** 一月　**イ** 三月　**ウ** 五月　**エ** 九月　**オ** 十一月］

3 水にまだ　あをぞら(お)のこる　しぐれかな　久保田万太郎《くぼたまんたろう》

［**ア** 雲　**イ** 雷《かみなり》　**ウ** 雪　**エ** 雨　**オ** 霜《しも》］

4 春一番　のぼった坂を　駆《か》けくだる　わたなべじゅんこ

［**ア** 風　**イ** 光　**ウ** 草　**エ** 花　**オ** 川］

1［　　］2［　　］3［　　］4［　　］

7

次のA〜Dの作品にはすべて「海」が登場します。これらを読んで、後の問いに答えなさい。〈東京都市大学付属中学校〉

A　大海の磯《いそ》もとどろに寄《よ》する波われてくだけてさけて散《ち》るかも　源実朝《みなもとのさねとも》

B　東海の小島の磯の白砂《しらすな》に
われ泣《な》きぬれて
蟹《かに》とたは《(わ)》むる　石川啄木《いしかわたくぼく》

C　春の海ひねもすのたりのたりかな　与謝蕪村

D　夕立《ゆうだち》が始まる海のはづ《(ず)》れかな　小林一茶

(1) A・Bのような三十一音からなる形式の作品を何と言いますか。漢字二字で答えなさい。〈6点〉

□□

(2) B〜Dから擬態語《ぎたいご》を一つ探《さが》し、ぬき出しなさい。〈6点〉

〔　　〕

8

次の1〜4の俳句の□に入る言葉として、最《もっと》も適当《てきとう》なものをそれぞれア〜エから選《えら》び、記号で答えなさい。ただし、同じものはくりかえして使えません。〈灘中学校・改〉〈3点×4〉

1　□の音突《つ》きぬけの明るさに　上村占魚《うえむらせんぎょ》

2　□の身をさかさまに初音《はつね》かな　榎本其角《えのもときかく》

3　□が掠《かす》めし水のみだれのみ　中村汀女

4　八雲《やくも》わけ大□の行方《ゆくえ》かな　沢木欣一《さわききんいち》

ア　うぐいす　　イ　かわせみ
ウ　きつつき　　エ　はくちょう

1〔　　〕　2〔　　〕
3〔　　〕　4〔　　〕

復《ふく》習《しゅう》テスト⑧

15分

/100

答《こた》え78ページ

学習日　月　日

1 次の詩を読んで、あとの問いに答えなさい。

風　　丸山《まるやま》　薫《かおる》

繁《しげ》みの中で一《ひ》と声《こえ》、牛が鳴く。
枝《えだ》が一斉《いっせい》に打ち消すようにそよいで、
　まちまちに静《しず》かになる。

繁みの中で一と声、牛が鳴く。
枝が一斉に打ち消すようにどよめいて、
　まちまちに笑《わら》い痴《ほう》ける。

繁みの中で一と声、牛が鳴く。
枝がまちまちにざわめいて、やがて一斉に笑い崩《くず》れる。

繁みの中で一と声、牛が鳴く。
と、枝はまちまちにさざめいて、
さざめきはそのまま枝にかくれる。

かくれていたさざめきが一斉に枝を揺《ゆす》って笑い出した。
その笑いに重ねてもう一と声、牛が鳴く。

(1) この詩の中で、擬人法《ぎじんほう》によって表現《ひょうげん》されているのは何のどのような様子ですか。書きなさい。〈20点〉

［　　　　］

(2) この詩の鑑賞文《かんしょうぶん》としてあてはまるものを次から選《えら》び、記号で答えなさい。〈15点〉

ア これから冬をむかえるじゅんびにいそがしい生き物たちの様子が生き生きとえがかれている詩である。

イ 耳に入ってくる音や声のみを表現し、目をつぶっていてものどかな牧歌的《ぼっかてき》な風景《ふうけい》が目にうかぶ詩である。

ウ わが子に早くひとり立ちをするようにせかしている親牛のすがたがほほえましくえがかれた詩である。

エ すべての生き物たちが子牛の誕生《たんじょう》をよろこぶ様子がえがかれたほほえましい詩である。

［　　］

2 次の俳句《はいく》・短歌を読んで、あとの問いに答えなさい。

A 暑き日を　海にいれたり　最上川《もがみがわ》　　松尾芭蕉《まつおばしょう》

B 雪とけて　村一ぱいの　子ども哉《かな》　　小林一茶《こばやしいっさ》

C 遠山《とおやま》に　日の当《あ》たりたる　枯野《かれの》かな　　高浜虚子《たかはまきょし》

D あしひきの　山のしづ(ず)くに　*妹《いも》待つと　われ立ち*濡《ぬ》れぬ　山のしづくに　　大津皇子《おおつのみこ》

E 東《ひんがし》の　野に*炎《かぎろい》の　立つ見えて　かへ(え)り見すれば　[　]傾《かたぶ》きぬ　　柿本人麻呂《かきのもとのひとまろ》

F *清水《きよみず》へ　*祇園《ぎおん》をよぎる　桜《さくら》[　]夜《よ》　こよひ(い)逢《あ》ふ(う)人　みなうつくしき　　与謝野晶子《よさのあきこ》

(注)
○妹＝あなた。女性《じょせい》に対して、親しみをこめてよぶときに使う。
○濡れぬ＝濡れてしまった。
○炎＝明け方に見える太陽の光。
○清水＝京都にある清水寺《きよみずでら》。
○祇園＝京都の地名。清水寺の近くにある。

---

(1) A～Cの俳句の季節《きせつ》をそれぞれ書きなさい。〈5点×3〉

A〔　　〕　B〔　　〕　C〔　　〕

(2) 次の1～3はA～Dのいずれかについて説明《せつめい》したものです。どれについてのものか考え、それぞれA～Dの記号で答えなさい。〈10点×3〉

1 恋人《こいびと》と会うためにずっと待っているが、相手がなかなか来ないために待ちぼうけをしている切なさをよんだ作品。

2 はるか遠くに見える明るい景色《けしき》と、目の前のさびしげな景色を対照的《たいしょうてき》にとらえ、空間的な広がりを感じさせる作品。

3 暑かった夏の一日の終わりにすべてを洗《あら》い流してしまうかのような、さっぱりとした気分を感じさせてくれる作品。

1〔　　〕　2〔　　〕　3〔　　〕

(3) E・Fの短歌の[　]には同じ言葉が入ります。あてはまる言葉を次から選び、記号で答えなさい。〈20点〉

ア 春　**イ** 朝　**ウ** 日　**エ** 月　〔　　〕

過《か》去《こ》問題にチャレンジ⑤

30分

/100

答え79ページ

学習日　月　日

1 次の【A】～【I】の作品にはすべて「雨」が出てきます。これらを読んで、後の問いに答えなさい。

〈東京都市大学付属中学校〉

【A】

雨がふります　雨がふる
遊びにゆきたし　傘《かさ》はなし
紅緒《べにお》の木履《かっこ》も　緒が切れた

雨がふります　雨がふる
いやでもお家《うち》で　遊びましょう
千代紙折《お》りましょう　たたみましょう

雨がふります　雨がふる
けんけん小雉子《こきじ》が　今啼《な》いた
小雉子も寒かろ　寂《さび》しかろ

雨がふります　雨がふる
お人形寝《ね》かせど　まだ止《や》まぬ
お線香花火《せんこうはなび》も　みな焚《た》いた

雨がふります　雨がふる
昼もふるふる　夜もふる
雨がふります　雨がふる

（北原白秋《きたはらはくしゅう》「雨」）

【B】
村雨《むらさめ》の露《つゆ》もまだ干《ひ》ぬ真木の葉に
霧《きり》立ちのぼる秋の夕暮《ゆうぐ》れ
寂蓮法師《じゃくれんほうし》

【C】
五月雨《さみだれ》の晴れ間に出《い》でてながむれば
青田涼《すず》しく風わたるなり
良寛《りょうかん》

【D】
雨のふる牡丹《ぼたん》の花に傘すれば
妬《ねた》み顔なる垣《かき》の山吹《やまぶき》
正岡子規《まさおかしき》

【E】
初時雨猿《はつしぐれさる》も小蓑《こみの》をほしげなり

【F】 本降《ほんぶ》りになって出て行く雨宿り

【G】 夕立や草葉をつかむむら雀《すずめ》

【H】 さみだれや大河《たいが》を前に家二軒《けん》

【I】 五月雨をあつめて早し最上川《もがみがわ》

(1) 【A】の表現上《ひょうげんじょう》の特色《とくしょく》について説明《せつめい》した次の文のうち、**間《ま》違《ちが》いをふくむもの**を一つ選《えら》び、記号で答えなさい。〈10点〉

ア 口語詩《こうごし》ではあるものの、ところどころに文語表現を使っており、定型《ていけい》を基本《きほん》とした独特《どくとく》のリズムを生んでいる。

イ すべての連《れん》に対句法《ついくほう》を用いることで、雨が降《ふ》りつづくようすを強調し、情景《じょうけい》を印象《いんしょう》づける工夫《くふう》がなされている。

ウ 人物そのものが描《えが》かれてはいないものの、作品の中に登場する小道具によって、人物とその心情《しんじょう》が把握《はあく》できる。

エ 具体的《ぐたいてき》な場面を描写《びょうしゃ》した連を重ねて、読者に時間の流れを感じさせることで、最終連《さいしゅうれん》の表現効果《こうか》を高めている。

〔　　〕

(2) 【A】の第三連と同じような心情や情景がよまれた作品が【B】～【F】の中に一つあります。その作品をB～Fの記号で答えなさい。〈10点〉

〔　　〕

(3) 【B】・【D】の句末《くまつ》に共通《きょうつう》して使われている表現技法《ぎほう》の名前を四字で答えなさい。〈10点〉

□□□□

(4) 【E】～【I】の中には、「川柳《せんりゅう》」とよばれる作品が一つあります。次の説明を参考《さんこう》にして川柳を一つさがし、E～Iの記号で答えなさい。〈10点〉

「川柳」とは、江戸《えど》時代中期ごろから盛《さか》んになった文《ぶん》芸《げい》で、俳句《はいく》と同様の十七字の短い詩である。俳句とはちがって季語《きご》や切れ字などは必要《ひつよう》としない。人情や世の中のようすなどを題材《だいざい》に、軽みやおもしろみなどをもって描《えが》くところに特色がある。

〔　　〕

(5) 【E】～【I】の中から、次の1・2の説明にあうものを一つずつ選び、E～Iの記号で答えなさい。〈10点×2〉

1 東北地方を旅しながらよんだ松尾芭蕉《まつおばしょう》の句。現地《げんち》での体験《たいけん》をもとにした句で、ひたすら自然《しぜん》の力強さに光を当てている。

2 画家としても有名だった与謝蕪村《よさぶそん》の句。情景を細かく描写した絵画のような作品で、対象《たいしょう》へのあたたかさも感じられる。

1〔　　〕 2〔　　〕

2 次の【A】〜【G】の作品にはすべて「虫」の名前が出てきます。これらを読んで、後の問いに答えなさい。
〈東京都市大学付属中学校〉

【A】
蜂《はち》の羽音が
チューリップの花に消える
微風《そよかぜ》の中にひっそりと
客を迎《むか》えた赤い部屋

三好達治《みよしたつじ》「チューリップ」

【B】
蟻《あり》が
蝶《ちょう》の羽をひいて行く
ああ
ヨットのようだ

三好達治「土」

【C】
小舎《こや》の水車　藪《やぶ》かげに一株《ひとかぶ》の椿《つばき》
新しい轍《わだち》に蝶が下りる　それは向きをかえながら
静《しず》かな翼《つばさ》の抑揚《よくよう》に　私《わたし》の歩みを押《お》しとどめる
「踏切《ふみきり》よ　ここは……」私は立ちどまる

三好達治「信号《しんごう》」

【D】
ただひとつ風にうかびてわが庭に
秋の蜻蛉《とんぼ》のながれ来にけり

若山牧水《わかやまぼくすい》

【E】
砂原《すなはら》と空と寄《よ》り合ふ《う》九十九里の
磯《いそ》行く人ら蟻のごとしも

伊藤佐千夫《いとうさちお》

【F】
やれ打つな蠅《はえ》が手をすり足をする

小林一茶《こばやしいっさ》

【G】
金亀虫《こがねむし》擲《なげう》つ闇《やみ》の深さかな

高浜虚子《たかはまきょし》

(1) 【A】〜【G】の作品の中には季節感《きせつかん》が感じられるものがいくつかあります。その中でどの作品にも感じられない季節が一つだけあるとすれば四季のうちどれですか。漢字で答えなさい。〈15点〉

〔　　〕

3 次の文章を読んで、後の問いに答えなさい。（問題の都合上、本文を変《か》えているところがあります。＊のついた説明《せつめい》は出題者が加《くわ》えたものです。）

〈大妻中学校・改〉

「滝《たき》」は現代《げんだい》では夏を代表する季語のひとつといってよいが、①歳時記《さいじき》に登場したのは昭和のはじめである。それに至《いた》るまでが興味《きょうみ》深い。

滝という言葉は『万葉集』にも登場し、当時は「たぎ」と濁《にご》って発音されていた。しかもいわゆる滝ではなく、早瀬《はやせ》（＊川の流れの急なところ）のことだった。動詞《どうし》「たぎつ」の「たぎ」と同義《どうぎ》である。現代の滝を意味するのは「垂水《たるみ》」であった。

石《いわ》ばしる垂水の上のさ蕨《わらび》の
萌《も》えいづる春になりにけるかも

志貴皇子《しきのみこ》
（『万葉集』巻《まき》八、春）

よく知られているこの歌の「垂水」が滝であると分かれば、②情景《じょうけい》がはっきり浮《う》かぶだろう。

（片山由美子《かたやまゆみこ》『季語を知る』）

---

(1) ――線①「歳時記《さいじき》」の説明として最《もっと》も適当《てきとう》なものを、次の中から一つ選《えら》んで記号で答えなさい。〈10点〉

ア 行事や古いならわしに関《かん》する季語を、俳句《はいく》と共《とも》に季節の順《じゅん》に記した書物。

イ 俳句の季語を分類《ぶんるい》してならべ、解説《かいせつ》をつけて実例《じつれい》となる句をそえた書物。

ウ 伝統的《でんとうてき》な旧暦《きゅうれき》を用い、一日ごとにその日にふさわしい季語を配し解説した書物。

エ その年ごとに作られた優《すぐ》れた俳句を選び出し、春夏秋冬の四巻《よんかん》にまとめた書物。

〔　　〕

(2) ――線②「情景《じょうけい》がはっきり浮《う》かぶだろう」とあるが、どんな「情景」が浮かぶのか。最も適当なものを、次の中から一つ選んで記号で答えなさい。〈15点〉

ア 夏なのに涼《すず》しくて、ワラビの季節である春とかんちがいしそうな、滝壺《たきつぼ》近くの情景。

イ 激流《げきりゅう》に耐《た》え、けなげに岩にへばりついているワラビを、滝殿《たきどの》から眺《なが》めている情景。

ウ ワラビが小さな芽《め》を出しているそのそばで、滝が勢《いきお》いよく流れ落ちている情景。

エ 滝を見上げて、はるか高いところにワラビの芽が出ているのを見つけた情景。

〔　　〕